国际私法

Private
International Law

何其生 著

图书在版编目(CIP)数据

国际私法/何其生著. —北京:北京大学出版社,2023.9
21世纪法学规划教材
ISBN 978-7-301-34402-6

Ⅰ.①国… Ⅱ.①何… Ⅲ.①国际私法—高等学校—教材 Ⅳ.①D997

中国国家版本馆 CIP 数据核字(2023)第 169814 号

书 名	国际私法 GUOJI SIFA
著作责任者	何其生 著
责任编辑	许心晴 王晶
标准书号	ISBN 978-7-301-34402-6
出版发行	北京大学出版社
地 址	北京市海淀区成府路 205 号 100871
网 址	http://www.pup.cn
新浪微博	@北京大学出版社 @北大出版社法律图书
电子邮箱	编辑部 law@pup.cn 总编室 zpup@pup.cn
电 话	邮购部 010-62752015 发行部 010-62750672 编辑部 010-62752027
印 刷 者	河北滦县鑫华书刊印刷厂
经 销 者	新华书店
	787 毫米×1092 毫米 16 开本 24.75 印张 618 千字 2023 年 9 月第 1 版 2024 年 3 月第 2 次印刷
定 价	69.00 元

未经许可,不得以任何方式复制或抄袭本书之部分或全部内容。
版权所有,侵权必究
举报电话:010-62752024 电子邮箱:fd@pup.cn
图书如有印装质量问题,请与出版部联系,电话:010-62756370

法律文件缩略表

全称	简称
2020年《中华人民共和国民法典》	《民法典》
2019年《中华人民共和国外商投资法》	《外商投资法》
2010年《中华人民共和国涉外民事关系法律适用法》	《法律适用法》
2007年《中华人民共和国物权法》（已失效）	《物权法》
2006年《中华人民共和国企业破产法》	《企业破产法》
1999年《中华人民共和国海事诉讼特别程序法》	《海事诉讼特别程序法》
1999年《中华人民共和国合同法》（已失效）	《合同法》
1995年《中华人民共和国票据法》（2004修正）	《票据法》
1995年《中华人民共和国民用航空法》（2021修正）	《民用航空法》
1992年《中华人民共和国仲裁法》（2017修正）	《仲裁法》
1992年《中华人民共和国海商法》	《海商法》
1991年《中华人民共和国民事诉讼法》（2023修正）	《民事诉讼法》
1990年《中华人民共和国著作权法》（2020修正）	《著作权法》
1986年《中华人民共和国民法通则》（2009修正）（已失效）	《民法通则》
1985年《中华人民共和国继承法》（已失效）	《继承法》
1984年《中华人民共和国专利法》（2020修正）	《专利法》
1982年《中华人民共和国商标法》（2019修正）	《商标法》
1980年《中华人民共和国婚姻法》（2001修正）（已失效）	《婚姻法》
2001年《中华人民共和国技术进出口管理条例》（2020修正）	《技术进出口管理条例》
2015年《最高人民法院关于适用〈中华人民共和国民事诉讼法〉的解释》（2022修正）	《民事诉讼法解释》
2012年《最高人民法院关于适用〈中华人民共和国涉外民事关系法律适用法〉若干问题的解释（一）》（2020修正）	《法律适用法解释（一）》
2007年《最高人民法院关于审理涉外民事或商事合同纠纷案件法律适用若干问题的规定》（已失效）	《民商事合同法律适用规定》
2006年《最高人民法院关于涉外民事或商事案件司法文书送达问题若干规定》（2020修正）	《民商事司法文书送达解释》
2006年《最高人民法院关于适用〈中华人民共和国仲裁法〉若干问题的解释》（2008调整）	《仲裁法解释》

(续表)

全称	简称
2003年《最高人民法院关于适用〈中华人民共和国海事诉讼特别程序法〉若干问题的解释》(2008调整)	《海事诉讼特别程序法解释》
2002年《最高人民法院关于涉外民商事案件诉讼管辖若干问题的规定》(2020修正)	《集中管辖规定》
2001年《最高人民法院关于民事诉讼证据的若干规定》(2019修正)	《民事诉讼证据规定》
1992年《最高人民法院关于适用〈中华人民共和国民事诉讼法〉若干问题的意见》(已失效)	《民事诉讼法意见》
1988年《最高人民法院关于贯彻执行〈中华人民共和国民法通则〉若干问题的意见(试行)》(已失效)	《民法通则意见》
2019年海牙《承认与执行外国民商事判决公约》(Convention of 2 July 2019 on the Recognition and Enforcement of Foreign Judgments in Civil or Commercial Matters)	《海牙判决公约》
2015年《海牙国际商事合同法律选择通则》(Principles on Choice of Law in International Commercial Contracts)	《海牙国际商事合同法律选择通则》
2012年《欧洲议会和欧洲联盟理事会关于在遗产继承领域的管辖权、准据法、判决的承认与执行、公证书的接受与执行以及关于欧洲遗产继承证书的设立的第650/2012号(欧盟)规则》(Regulation (EU) No 650/2012 of the European Parliament and of the Council of 4 July 2012 on Jurisdiction, Applicable Law, Recognition and Enforcement of Decisions and Acceptance and Enforcement of Authentic Instruments in Matters of Succession and on the Creation of a European Certificate of Succession)	《欧盟继承条例》
2008年《关于合同义务法律适用的593/2008号条例》(Regulation (EC) No 593/2008 of the European Parliament and of the Council of 17 June 2008 on the Law Applicable to Contractual Obligations (Rome Ⅰ))	《罗马条例Ⅰ》
2007年《非合同义务法律适用2007/864号条例》(Regulation (EC) No 864/2007 of the European Parliament and of the Council of 11 July 2007 on the Law Applicable to Non-contractual Obligations (Rome Ⅱ))	《罗马条例Ⅱ》
2006年修订的联合国《贸易法委员会国际商事仲裁示范法》(UNCITRAL Model Law on International Commercial Arbitration)	《国际商事仲裁示范法》
2005年海牙《选择法院协议公约》(Convention of 30 June 2005 on Choice of Court Agreements)	《选择法院协议公约》
2004年《联合国国家及其财产管辖豁免公约》(United Nations Convention on Jurisdictional Immunities of States and Their Property)	《联合国国家豁免公约》
1994年《美洲国家间国际合同法律适用公约》(Inter-American Convention on the Law Applicable to International Contracts)	《美洲国家间国际合同法律适用公约》
1993年联合国《船舶优先权和抵押权国际公约》(International Convention on Maritime Liens and Mortgages)	《船舶优先权和抵押权国际公约》
1989年海牙《死者遗产继承法律适用公约》(Convention of 1 August 1989 on the Law Applicable to Succession to the Estates of Deceased Persons)	《死者遗产继承法律适用公约》
1980年海牙《国际司法救助公约》(Convention of 25 October 1980 on International Access to Justice)	《国际司法救助公约》

(续表)

全称	简称
1980《联合国国际货物销售合同公约》(United Nations Convention on Contracts for the International Sale of Goods, CISG)	《联合国国际货物销售合同公约》
1973年海牙《遗产国际管理公约》(Convention of 2 October 1973 Concerning the International Administration of the Estates of Deceased Persons)	《遗产国际管理公约》
1970年海牙《关于从国外调取民事或商事证据的公约》(Convention of 18 March 1970 on the Taking of Evidence Abroad in Civil or Commercial Matters)	《海牙取证公约》
1965年海牙《关于向国外送达民事或商事司法文书和司法外文书公约》(Convention of 15 November 1965 on the Service Abroad of Judicial and Extrajudicial Documents in Civil or Commercial Matters)	《海牙送达公约》
1961年海牙《关于遗嘱处分方式法律冲突的公约》(Convention on the Conflicts of Laws Relating to the Form of Testamentary Dispositions)	《遗嘱处分方式法律冲突的公约》
1964年《维也纳外交关系公约》(Vienna Convention on Diplomatic Relations)	《维也纳外交关系公约》
1963年《维也纳领事关系公约》(Vienna Convention on Consular Relations)	《维也纳领事关系公约》
1958年联合国《承认及执行外国仲裁裁决公约》(United Nations Convention on the Recognition and Enforcement of Foreign Arbitral Awards)	《纽约公约》
1954年海牙《民事诉讼程序公约》(Convention of 1 March 1954 on Civil Procedure)	《民事诉讼程序公约》
1910年《统一船舶碰撞若干法律规定的国际公约》(International Convention for the Unification of Certain Rules of Law with Respect to Collisions between Vessels)	《统一船舶碰撞若干法律规定的国际公约》
2007年1月1日施行的《日本法律适用通则法》	《日本法律适用通则法》
1987年12月18日通过,2017年修订的《瑞士联邦国际私法法规》	《瑞士联邦国际私法法规》
1978年6月15日通过,2015年修订的《奥地利联邦国际私法法规》	《奥地利联邦国际私法法规》
1971年美国《冲突法重述(第二次)》(Restatement (Second) of Conflict of Laws)	《冲突法重述(第二次)》
1942年8月生效,1979年6月修改,1987年2月再次修订的《意大利民法典》	《意大利民法典》
1898年制定的《日本民法典》	《日本民法典》
1896年8月18日批准,1900年1月1日生效的《德国民法施行法》	《德国民法施行法》
1804年公布的《法国民法典》	《法国民法典》

注:
1. 本书涉及的欧盟国际私法条例,奥地利、瑞士、德国等国家国际私法法规,参照了邹国勇译注:《外国国际私法立法选译》,武汉大学出版社2017年版;邹国勇译注:《外国单行国际私法立法选译》,武汉大学出版社2022年版;
2. 海牙国际私法会议的有关公约,可参见中华人民共和国外交部条约法律司编:《海牙国际私法会议公约集》,法律出版社2012年版;
3. 相关立法例及其原文亦可参见黄进、何其生、萧凯编:《国际私法:案例与资料》,法律出版社2004年版。

目 录

1   法律文件缩略表

第一编   国际私法总论

3   第一章   国际私法的概念与范围
- 3   第一节   国际私法的调整对象与调整方法
- 4   一、国际私法的调整对象
- 5   二、国际私法的主要任务
- 6   三、国际私法的调整方法
- 7   第二节   国际私法的范围和价值
- 7   一、国际私法的范围
- 8   二、国际私法的价值

11   第二章   国际私法的渊源
- 11   第一节   国内法渊源
- 11   一、国内立法
- 11   二、国内判例
- 13   第二节   国际法渊源
- 13   一、国际公约
- 15   二、国际惯例
- 16   三、中国法的规定

18   第三章   国际私法的历史
- 18   第一节   国际私法的萌芽
- 18   一、罗马法时代
- 20   二、种族法时代与绝对属地法时代
- 21   第二节   法则区别说时代
- 21   一、意大利的法则区别学说
- 22   二、法国的法则区别学说

23	三、荷兰胡伯的国际礼让说
25	四、法则区别说与早期国际私法的成文化
25	第三节　19世纪的国际私法学说
26	一、斯托雷的国际礼让说
26	二、萨维尼的法律关系本座说
27	三、孟西尼的三原则
28	四、戴西的既得权说
28	五、19世纪国际私法的成文化
29	第四节　20世纪的国际私法理论
29	一、美国
32	二、欧洲大陆国家
32	三、苏联东欧
32	第五节　中国国际私法的发展
32	一、古代中国国际私法的发展
34	二、中华人民共和国的国际私法
34	第六节　国际私法理论发展总评

37　第四章　国际私法的主体

37	第一节　外国人民事法律地位
37	一、外国人民事法律地位的一般制度
38	二、中国法的规定
39	第二节　自然人
39	一、自然人国籍的冲突及其解决
41	二、自然人住所的冲突及其解决
42	三、惯常居所
49	第三节　法人
49	一、法人的国籍
50	二、法人的住所
50	三、外国法人的认可
51	四、中国法的规定
52	第四节　国家
52	一、国家作为国际私法关系主体的特殊性
52	二、国家豁免的含义和内容
53	三、国家豁免的理论
54	四、《联合国国家及其财产管辖豁免公约》评述
55	五、中国国家豁免的主要立场

56	第五节	国际组织
57		一、国际组织作为民事关系主体的特殊性
57		二、政府间国际组织的特权与豁免

第二编　法律适用法

61	**第五章**	**冲突规范与准据法**
61	第一节	冲突规范的概念及类型
61		一、冲突规范的概念与特点
62		二、冲突规范的结构
62		三、冲突规范的类型
63		四、冲突规范的灵活化
63	第二节	连结点
63		一、连结点的概念
64		二、连结点的意义
64		三、连结点的分类
64		四、连结点的选择
64	第三节	系属公式
64		一、系属公式的概念
65		二、常见的系属公式
65	第四节	准据法的确定
65		一、准据法的概念及特点
66		二、准据法的确定方法
67		三、实体问题与程序问题
67		四、普通法与特别法
68	第五节	特殊法律冲突下准据法的确定
68		一、区际法律冲突与准据法的确定
68		二、人际法律冲突与准据法的确定
70		三、时际法律冲突与准据法的确定
73	**第六章**	**冲突法的一般问题**
73	第一节	识别
73		一、识别的概念
74		二、识别冲突
75		三、解决识别冲突的方法

76		四、中国法的规定
77	第二节	先决问题
77		一、先决问题的概念
78		二、先决问题的构成
79		三、先决问题的准据法
79		四、中国法的规定
79	第三节	反致
79		一、反致的概念
80		二、反致的类型
82		三、反致的分歧
82		四、中国法的规定
83	第四节	外国法的查明
83		一、外国法查明的含义与性质
84		二、外国法查明的方法
84		三、外国法无法查明时的解决办法
85		四、外国法适用错误的救济
85		五、中国法的规定
86	第五节	法律规避
87		一、法律规避的概念与特征
88		二、法律规避的效力
88		三、中国法的规定
89	第六节	公共秩序保留
89		一、公共秩序保留的基本理论
91		二、公共秩序保留和法律规避的区别
91		三、中国法的规定

93　第七章　合同之债的法律适用

93	第一节	合同法律适用概述
93		一、涉外合同的含义
93		二、合同法律适用的历史沿革
94		三、合同法律适用的理论分歧
96		四、世界主要经济体合同法律适用的规定
102	第二节	一般合同的法律适用
102		一、意思自治原则
106		二、最密切联系原则

111		三、合同自体法
112		四、直接适用的法
113	第三节	特殊合同的法律适用
113		一、消费者合同
115		二、劳动合同
116		三、三资合同
117		四、不动产合同

122 第八章 非合同之债的法律适用

122	第一节	侵权行为法律适用概述
122		一、侵权行为的概念与分类
123		二、侵权行为的法律冲突
124		三、世界主要经济体侵权行为之债法律适用的规定
126	第二节	一般侵权行为准据法的确定方法
127		一、侵权行为地法原则
128		二、重叠适用侵权行为地法与法院地法
130		三、当事人共同属人法原则
130		四、侵权行为自体法
135		五、当事人意思自治原则
137		六、对受害人有利的法律
138	第三节	特殊侵权行为的法律适用
138		一、产品责任
142		二、人格侵权
144	第四节	不当得利和无因管理的法律适用
144		一、不当得利的法律适用
146		二、无因管理的法律适用
148		三、中国法的规定

151 第九章 物权的法律适用

151	第一节	物权法律适用的一般原则
151		一、物之所在地法原则
154		二、物之所在地法的适用范围
156		三、物之所在地法适用的例外
157	第二节	中国关于物权的法律适用
157		一、立法概况

158		二、不动产物权的法律适用
159		三、动产物权的法律适用
161		四、权利物权的法律适用
165	第三节	国有化及其补偿问题
165		一、国有化的概念
167		二、国有化的域外效力
168		三、国有化的补偿标准
169		四、中国法的规定与实践

172　第十章　知识产权的法律适用

172	第一节	知识产权的法律冲突概述
172		一、知识产权概述
173		二、知识产权法律冲突
174		三、知识产权的国际保护
174	第二节	知识产权地域性原则与管辖权、法律适用
174		一、知识产权地域性原则的发展
177		二、管辖权与知识产权地域性
179		三、法律适用与知识产权的地域性
180	第三节	中国知识产权的法律适用
180		一、知识产权归属、内容和效力
182		二、知识产权侵权
183		三、知识产权的转让和许可

186　第十一章　婚姻家庭的法律适用

186	第一节	概述
188	第二节	结婚
188		一、结婚的实质要件
191		二、结婚的形式要件
194		三、同性婚姻
196	第三节	夫妻关系
197		一、夫妻人身关系
198		二、夫妻财产关系
200	第四节	离婚
200		一、离婚概述
201		二、离婚的法律适用

202		三、中国法的规定
204	第五节	父母子女关系
204		一、婚生子女与非婚生子女的准正
205		二、父母子女关系的法律适用
206	第六节	收养
206		一、收养的一般问题
206		二、收养成立的条件和手续
207		三、收养效力的法律适用
207		四、收养解除的法律适用
208	第七节	扶养
208		一、扶养的一般问题
209		二、扶养的法律适用
209		三、中国法的规定
210	第八节	监护
210		一、监护概述
211		二、监护的法律适用
212		三、中国法的规定

214 第十二章 继承的法律适用

214	第一节	概述
215	第二节	法定继承
215		一、法定继承的法律冲突
216		二、法定继承的法律适用
217		三、海牙《死者遗产继承法律适用公约》
219		四、海牙《遗产国际管理公约》
220		五、中国法的规定
220	第三节	遗嘱继承
221		一、遗嘱的法律冲突
222		二、遗嘱实质要件及效力的法律适用
222		三、遗嘱形式要件的法律适用
224		四、遗嘱变更或撤销的法律适用
224		五、中国法的规定
225	第四节	无人继承财产
225		一、无人继承财产及其法律冲突

225	二、无人继承财产的法律适用
226	三、中国法的规定与实践

228　第十三章　票据的法律适用

228	第一节　票据的法律冲突
228	一、票据与涉外票据
229	二、票据的法律冲突
230	第二节　票据的法律适用
230	一、票据法律适用的原则
231	二、票据债务人的行为能力
232	三、票据行为方式
233	四、票据债务人的义务
234	五、票据追索权的行使期限
235	六、涉外票据的提示期限、拒绝证明出具方式
235	七、票据权利的保全与行使

第三编　国际条约与国际惯例

239　第十四章　国际条约的适用

239	第一节　国际组织与统一国际私法
239	一、统一国际私法的国际组织
242	二、统一法的形式和规范
244	三、统一国际私法方法与统一法的形式
245	第二节　国际条约与国内法的关系
245	一、条约必须遵守原则
246	二、国际条约与国家法律体系的组成
246	三、国际条约与国内法的位阶关系
247	四、国际条约在国内的适用方式
248	五、中国法的规定
250	第三节　国际私法条约在中国的适用
250	一、国际私法条约的概念
251	二、间接适用
252	三、直接适用
260	四、混合适用
260	五、按照国际条约解释国内法

262 第四节 当事人选择对我国未生效国际条约的适用
- 262 一、概述
- 262 二、早期我国法院的实践分歧
- 263 三、司法解释的统一认定
- 264 四、未对我国生效条约在我国适用的限制

266 **第十五章 国际惯例的适用**
- 266 一、国际惯例的概念
- 267 二、补缺适用
- 267 三、当事人选择适用
- 268 四、直接适用

第四编 国际民事诉讼

273 **第十六章 国际民事诉讼概述**
- 273 第一节 国际民事诉讼的基础理论
  - 273 一、国际民事诉讼的特殊性
  - 274 二、国际民事诉讼程序与法院地法
  - 275 三、国际民事诉讼中的诉和诉权
  - 277 四、涉外民事诉讼在中国的识别
- 278 第二节 外国当事人的诉讼地位
  - 278 一、一般原则
  - 278 二、外国人的诉讼行为能力
  - 279 三、当事人出境限制
  - 280 四、律师代理
  - 281 五、领事代理
  - 282 六、诉讼费用担保和救助
  - 284 七、国际民事诉讼中的语言、文字

286 **第十七章 国际民事诉讼的管辖权**
- 286 第一节 国际民事诉讼管辖权概述
  - 286 一、管辖权的类型及其概念
  - 286 二、国际民事诉讼管辖权的概念
  - 286 三、国际民事诉讼管辖权的功能

287	第二节　国际民事诉讼的管辖权根据
287	一、国际民事诉讼的管辖权根据
287	二、英美法系:对人管辖权和对物管辖权
289	三、大陆法系:属地管辖权和属人管辖权
292	四、中国的涉外民事管辖权
296	第三节　国际民事诉讼的管辖权冲突
297	一、管辖权冲突及其原因
297	二、管辖权积极冲突及其解决
300	三、管辖权消极冲突及其解决

303	**第十八章　国际民事诉讼中的送达**
303	第一节　域外送达的概念与性质
303	一、域外送达的概念
303	二、大陆法系:"公"权力
304	三、英美法系:"私"的性质
306	第二节　《海牙送达公约》评述
306	一、《海牙送达公约》概述
306	二、《海牙送达公约》规定的送达方式
308	三、文书送达的相关规定
308	第三节　中国域外送达的立法与实践
309	一、条约途径
310	二、外交途径
310	三、领事途径
310	四、向诉讼代理人送达
311	五、向外国法人的特别送达
311	六、向外国自然人的特别送达
311	七、邮寄送达
311	八、电子送达
311	九、受送达人同意的方式送达
311	十、公告送达

313	**第十九章　国际民事诉讼中的取证**
313	第一节　国际民事诉讼中的取证制度概述
313	一、国际民事诉讼取证制度的概念

313		二、两大法系取证制度的不同
315		三、域外调查取证的范围
315		第二节　国际民事诉讼中取证的方式
315		一、请求书取证
316		二、外交代表或领事官员取证
317		三、特派员取证
317		四、当事人或诉讼代理人取证
317		第三节　我国的域外取证制度
317		一、中国到域外取证的途径
319		二、外国在中国取证的许可

321　第二十章　外国法院判决的承认与执行

321		第一节　外国法院判决的承认与执行概述
321		一、承认与执行外国法院判决的概念
322		二、承认与执行的关系
323		三、承认与执行外国法院判决的理论依据
324		第二节　承认与执行外国法院判决的条件
324		一、原判决国法院具有合格的管辖权
324		二、诉讼程序具有必要的公正性
325		三、有关国家之间存在互惠关系
326		四、不违反被请求国的公共秩序
326		五、外国法院判决是确定的合法判决
327		六、外国法院判决不是通过欺诈获得的
327		七、不与其他有关法院判决相抵触
327		第三节　承认与执行外国法院判决的程序
327		一、请求承认与执行外国法院判决的提出
328		二、承认与执行外国法院判决的具体程序
329		三、我国承认与执行外国法院判决的程序

第五编　国际商事仲裁

333　第二十一章　国际商事仲裁的概念和性质

333		第一节　国际商事仲裁的概念
333		一、仲裁及其分类

333	二、国际商事仲裁的概念
335	三、国际商事仲裁的种类
336	四、中国法的规定与实践
336	第二节　国际商事仲裁的特点与性质
336	一、国际商事仲裁的特点
337	二、国际商事仲裁的性质
338	三、国际商事仲裁的优势

341　第二十二章　国际商事仲裁协议

341	第一节　国际商事仲裁协议的概述
341	一、国际商事仲裁协议的概念
342	二、国际商事仲裁协议的形式
343	三、国际商事仲裁协议的内容
344	第二节　国际商事仲裁协议的效力
344	一、国际商事仲裁协议效力的概念
345	二、国际商事仲裁协议的独立性
346	三、国际商事仲裁协议效力的认定机构

349　第二十三章　国际商事仲裁中的法律适用

349	第一节　国际商事仲裁法律适用概述
349	一、国际商事仲裁法律适用的概念
349	二、国际商事仲裁法律适用的立法模式
350	第二节　国际商事仲裁协议的法律适用
350	一、当事人意思自治
350	二、仲裁地法或裁决地法
351	三、最密切联系原则
351	四、中国法的规定
352	第三节　国际商事仲裁程序问题的法律适用
352	一、仲裁程序问题的法律适用概述
353	二、仲裁程序法与仲裁规则
354	三、仲裁程序法适用的理论依据
356	四、中国法的规定
357	第四节　国际商事仲裁实体问题的法律适用
357	一、概述

	357	二、国际商事仲裁实体问题准据法的确定方法
	358	三、仲裁实体问题准据法的表现形式
	358	四、中国法的规定

360 第二十四章 国际商事仲裁裁决的撤销

	360	一、仲裁裁决的种类
	361	二、对仲裁裁决的异议
	361	三、撤销仲裁裁决的理由
	361	四、重新仲裁制度
	362	五、中国法的规定

364 第二十五章 国际商事仲裁裁决的承认与执行

	364	第一节 国际商事仲裁裁决的承认与执行概述
	364	一、国际商事仲裁裁决
	364	二、国际商事仲裁裁决的国籍
	365	三、国际商事仲裁裁决的承认与执行
	366	四、中国法的规定
	367	第二节 联合国《承认与执行外国仲裁裁决公约》评述
	367	一、互惠保留
	367	二、商事保留
	367	三、当事人提交的文件
	368	四、承认与执行的费用限制
	368	五、拒绝承认与执行外国仲裁裁决的理由
	372	六、中国法的规定
	372	第三节 国际商事仲裁裁决在中国的承认与执行
	373	一、中国与《纽约公约》
	373	二、管辖
	373	三、当事人提交的文件
	373	四、申请承认和执行的期限
	374	五、内部报告制度

375 后 记

第一编　国际私法总论

第一章

国际私法的概念与范围

第一节　国际私法的调整对象与调整方法

★热身问题：

（1）有人说英美法系国家将国际私法称为"冲突法"，这个名称本身是个错误，你是否认同？

（2）如果一个案件适用内国法或外国法，判决结果一致，也即内外国法规定相同，还有法律冲突吗？

国际私法是一个体系庞大、内涵丰富的学科。其英文翻译之一"international private law"，通常是指国际民商事法律，调整的是国际民商事法律关系。而另外一种翻译"private international law"则通常是指法律适用法，是在具体的案件中用来确定实体法的法律选择规则，但二者现在有混用的趋势。

国际私法最初的学名是 13、14 世纪意大利学者所使用的"法则区别说"（theory of statutes）[①]，并延续到 17、18 世纪的法国和荷兰。1841 年，德国学者谢夫纳（W. Schaeffner）在其著作《国际私法发展史》（Entwicklung des Internationalen Privatrechts）中使用了"Internationales Privatrecht"（英文翻译为"international private law"）的名称。

在英美法系当中，国际私法通常被称为"冲突法"（conflict of laws）。这一称谓自 17 世纪以来一直被使用。

示例1.1　"conflict of laws"这个名称本身是个错误吗？

★ The name "conflict of laws" is somewhat misleading, since the object of this branch of the law is to eliminate any conflict between two or more systems of law (including English law) which have competing claims to govern the issue which is before the court, rather than to provoke such a conflict, as the words may appear to suggest.[②]

[①] "statute theory"或"theory of statutes"，直译应该是"规则理论"，但根据当时的学说理论，译为"法则区别说"更为准确。

[②] J. G. Collier, *Conflict of Laws*, 3rd ed., Cambridge University Press, 2001, p. 7.

在欧洲大陆,国际私法通常被称为"private international law"。因为它首先是国际法,即在各国管辖权和法律之间进行选择的法律部门。但"国际"一词,并非支配国家之间的公法关系,而是处理国家间的私法关系。

在中国,用"国际私法"这一名称来称呼这一法律部门或法律学科已约定俗成。

国际私法是以直接调整方法和间接调整方法相结合来调整平等主体之间的涉外民商事法律关系并解决涉外民商事法律冲突的法律部门。此定义涵盖了国际私法的三个核心内容:一是国际私法的调整对象是涉外民商事关系,或国际民商事关系;二是国际私法解决的是国际法律冲突;三是国际私法的调整方法包括直接调整方法和间接调整方法。

一、国际私法的调整对象

(一)"国际"或"涉外"因素

国际私法调整的对象,从国际的层面来看,是国际民商事关系;从国内的层面来看,是涉外民商事关系。在现代人的日常生活中,"涉外"因素可以说无处不在。

示例 1.2 日常生活充满涉外因素

> 早上 7:30,中国北京,从事涉外法律行业的何子媛从 IKEA 床上起床,洗漱完毕后,喝了一杯 Starbucks 咖啡,戴上 Omega 手表,找到 Apple 手机,开着她的 Audi 汽车去上班。今天,她有一个 Zoom 国际会议,需要早点去办公室准备自己的英文发言。
>
> 同一时间,美国西部哈里森一家结束了一天的忙碌。哈里森先生泡了一杯"信阳毛尖"茶,打开联想电脑,链接腾讯会议,准备给北京某高校的学生讲一讲"海牙管辖权项目"谈判的最新进展。厨房里,哈里森夫人打开"海尔"冰箱,准备晚餐。客厅里的"创维"电视机不时传来有关"俄乌冲突"的新闻。女儿安娜一边抱着"中国制造"的各种玩具,一边通过微信给在中国的外婆打视频电话,在中英文夹杂的对话中时不时传来快乐的笑声。

对于"涉外民事关系"中"涉外"的界定,《法律适用法解释(一)》第 1 条指出,民事关系具有下列情形之一的,人民法院可以认定为涉外民事关系:

(1) 当事人一方或双方是外国公民、外国法人或者其他组织、无国籍人;
(2) 当事人一方或双方的经常居所地在中华人民共和国领域外;
(3) 标的物在中华人民共和国领域外;
(4) 产生、变更或者消灭民事关系的法律事实发生在中华人民共和国领域外;
(5) 可以认定为涉外民事关系的其他情形。

关于"涉外"因素的典型案例可参见北京朝来新生体者休闲有限公司申请承认和执行外国仲裁裁决案、西门子国际贸易(上海)有限公司诉上海黄金置地(上海)有限公司案、上海连尚网络科技有限公司与上海亿起联科技有限公司申请撤销仲裁裁决案[二维码案例]。

(二)民商事关系

对于"民商事关系",也应从广义的角度来理解,包括具有外国或涉外因素的各类财产关系、人身非财产关系。由于一些国家"民商事项"并没有分立,因此,又统称为"涉外民事关系"。

示例 1.3 《法律适用法》

> 第 1 条 为了明确涉外民事关系的法律适用,合理解决涉外民事争议,维护当事人的合法权益,制定本法。
>
> 第 2 条 涉外民事关系适用的法律,依照本法确定。其他法律对涉外民事关系法律适用另有特别规定的,依照其规定。
>
> 本法和其他法律对涉外民事关系法律适用没有规定的,适用与该涉外民事关系有最密切联系的法律。

由上述规定可以推论出如下三个特征:一是在《法律适用法》的前述规定中,"涉外民事关系"是其主要调整对象。二是第 2 条"涉外民事关系适用的法律,依照本法确定"的规定,说明了人民法院在涉外案件的处理上适用我国冲突规范的原则,《涉外民事法律适用法》并不是可有可无的任意性规则,而通常适用于涉外民事关系的强制性规则,也即一旦某一民事关系具有涉外因素,该法律关系即由《法律适用法》加以调整。当然,其他法律有特别规定的则为例外。三是《法律适用法》确定涉外民事关系法律适用的基本原则是最密切联系原则。

国际社会广泛使用民商事项指涉国际私法的调整对象,诸如 1965 年《海牙送达公约》、1970 年《海牙取证公约》以及 2005 年《选择法院协议公约》等,都是民商事领域的国际公约。从本质上来说,民商事项的判断要考虑如下因素:

(1) 民商事项的范围由争议当事人间法律关系的特征性元素或者标的来决定,即关于"民商事项"争议的识别由争议的性质决定;

(2) 民商事项的性质不由法院的性质或当事人的情况(私人或者国家机关)决定;

(3) "民商事项"是和"公法或者刑法"相对而用的,对于后者,国家是以主权者身份行事,如果一方当事人是以行使公权力的角色行事,则争议就不能识别为"民商事项";

(4) 为了确定诉讼是否是民商事项,有必要识别争议当事人的法律关系。[①]

二、国际私法的主要任务

国际私法的主要任务是解决国际法律冲突。传统的国际私法理论中,法律的差异性所导致的法律冲突经常被视为主权的冲突。[②] 而私人之间的跨国法律关系,由于各国法律制度的差异,无疑需要一定的制度和方法来协调。

国际私法上的法律冲突不同于国内法上的法律冲突,它是指两个或两个以上不同国家或法域的民事法律(不管对该民事关系的规定是否相同),由于与某一法律关系的联系,可能竞相适用于该民事关系,从而造成的该民事关系在法律适用上存在的潜在冲突现象。这种法律冲突主要表现在如下方面:

(1) 内容差异。韩德培先生认为,国际私法的法律冲突是指对同一民事关系因所涉国

---

① 详细论述参见何其生:《国际规则中的"民商事项"——范围之争与解释方法》,载《北大法律评论》第 19 卷第 2 辑,北京大学出版社 2019 年版,第 1—25 页。

② Yasamine J. Christopherson, "Conflicted about Conflicts: A Simple Introduction to Conflicts of Law", 21 *South Carolina Lawyer* 35(2009).

家法律规定不同而发生的法律适用上的冲突。① 李浩培先生指出:"我们知道,世界各国的民法是不一致的。这是由于各国是根据自己的主权,自己的政策,自己的情况来制定自己的法律的,因而各国的民法和商法,在内容上当然不会一致,会存在着法律的抵触,或叫法律的冲突(conflict of laws)。但是,我想还是叫法律的抵触,说冲突似乎太严重,过分了一点。由于在许多国家中,大部分商法的内容包含在民法中,所以民法和商法的不一致,实质上就是民法的不一致,就是民法的抵触。"因此,国际私法的目的"就是在于解决在各国民法不一致的情况下的法律抵触问题,即解决适用哪一个国家的法律的问题"。②

(2)效力差异。国际私法的冲突首先是效力冲突,即外国法律的域外效力与本国法律的域内效力之间,或本国法律的域外效力与外国法律的域内效力之间发生的冲突。③

(3)思维差异。多数英美学者认为,法律冲突只是法官头脑中矛盾的反映,这一矛盾就是法官应该选择哪一个法域的法律。简言之,法律冲突就是法律选择上的矛盾。所以,英美学者常常把法律冲突问题称为法律选择问题(choice of law)。

(4)场所差异。日本国际法学会编写的《国际法辞典》认为,法律冲突是指两个以上不同的法表面上似乎同时支配一个法律关系的情况。其最主要的形式是场所的冲突,即因场所不同而形成两种以上法律秩序并存的情况。

★法律冲突的直观表现是因为不同国家或法域的法律对于同一民事关系规定不同而产生的冲突,实际上,即使两个及以上法律内容相同,也存在效力上的冲突。因此,法律冲突是指法律内容和效力的双重冲突,其首先是效力上的冲突。

三、国际私法的调整方法

在古代,战争无疑是一种解决法律冲突的方式。罗马的万民法就随着罗马帝国的扩张而不断延伸其适用范围。但这种方式在今天无疑不具有可适用性。

至于绝对的属地主义方法,即法院在审理涉外民事案件时只适用内国法,根本不考虑外国法的适用,也已经被抛弃。

现在解决法律冲突的方法主要为国际私法方法,具体分为间接调整方法和直接调整方法:

(1)间接调整方法主要是冲突法方法,即针对各种不同性质的国际民商事法律关系,通过制定国内的冲突规范,来指定应适用的法律,从而解决国际民商事法律冲突的方法。冲突法方法尊重各国法律制度的差异,同时通过冲突规则的指引,来确定涉外民商事关系的法律适用,而并不是只适用内国法或外国法,可以说是费孝通先生所言的"各美其美,美人之美"。

(2)直接调整方法是指直接适用某一实体规范来调整国际民商事法律关系当事人之间权利义务的方法。国内法、国际条约和国际惯例中均有这种直接调整当事人权利义务的规范。直接调整方法有两种:统一实体法方法和国内法中直接适用的法。统一实体法方法具体来说是统一国际私法方法,即通过制定国际公约或国际惯例,规范当事人的权利与义务,调整国际民商事法律关系,从而避免或消除国际民商事法律冲突。"统一实体法通过把同一法律关系置于一个共同的、统一的实体性质法律规范之下来直接调整国际民商关系,规范国

---

① 参见韩德培主编:《国际私法》(第三版),高等教育出版社、北京大学出版社2014年版,第88页。
② 李浩培:《李浩培文选》,法律出版社2000年版,第3页。
③ 姚壮、任继圣:《国际私法基础》,中国社会科学出版社1981年版,第22—23页。

际民商事行为。"①相对于冲突规范来说,它更加符合国际民商事关系的本质要求,能够增加法律的可预见性与确定性,真正达到"美美与共,天下大同"的理想秩序。国内法中直接适用的法是指国内法中直接调整国际民商事法律关系的实体规范,例如,国内法中规定外国人在内国民商事法律地位的规范等。此类规范对于内国法院来说通常具有强行法的性质。

在现代中国的对外交往中,提倡"尊重世界文明多样性,以文明交流超越文明隔阂、文明互鉴超越文明冲突、文明共存超越文明优越"②。而国际私法方法无疑契合了时代主题。但间接调整方法和直接调整方法所形成的国际规则和秩序并不相同。就间接调整方法而言,因为冲突法主要是国内法,在某种程度上是对国外文明和制度的认同。这种方法能否形成统一性的法律秩序,实际上还取决于各国冲突法制度和实体法制度的一致性程度。而直接调整方法是统一法的方法,形成的是统一性的法律制度和秩序。但无论如何,国际私法方法作为解决涉外法律冲突的方法,无疑应该成为中国未来推进国际合作、积极参与国际规则制定的重要手段和方法。

第二节 国际私法的范围和价值

一、国际私法的范围

由于各国法律传统和制度的不同,在全球范围内,国际私法并没有固定的内容和体系。其最狭义的内容是法律选择,即我国所称"法律适用法",这一内容是全球所共同认可的。

（一）英美法系

英美法系国家的学者大都主张国际私法就是冲突法,它主要解决涉外案件的管辖权、法律适用、外国法院判决和仲裁裁决的承认与执行问题。因此,国际私法包括三种规范,即对涉外案件的管辖权规范、冲突规范(也就是法律适用规范或法律选择规范)、承认与执行外国法院判决以及仲裁裁决的规范。

示例 1.4 英国的国际私法范围

> Private international law is a separate and distinct unit in the English legal system just as much as the law of tort or contract, but it possesses this unity, not because it deals with one particular topic, but because it is always concerned with one or more of three questions, namely
> (a) Jurisdiction of the English court
> (b) Recognition and enforcement of foreign judgments
> (c) The choice of law
> We must be prepared to consider almost every branch of private law, but only in connection with these three matters.③

---

① 参见李双元、徐国建主编:《国际民商新秩序的理论建构——国际私法的重新定位与功能转换》,武汉大学出版社1998年版,第4—5页。

② 习近平:《决胜全面建成小康社会 夺取新时代中国特色社会主义伟大胜利——在中国共产党第十九次全国代表大会上的报告》,2017年10月18日。

③ James Fawcett and Janeen M. Carruther, *Cheshire and North's Private International law*, 14th ed., Oxford University Press, 2008, p.7.

(二) 大陆法系

在大陆法系国家,国际私法的范围因国别的差异而有所不同。许多学者认为国际私法通常包括四种规范:国籍法规范、外国人的法律地位规范、法律适用规范以及有关涉外民商事案件的管辖权规范。

示例 1.5

> 关于国际私法的对象的结论——法国的传统将国籍、外国人地位、法律冲突和管辖权冲突归为同一类问题,这样就对个人在各种国际性私法关系中的法律地位问题给予了一个完整的答案,法国传统的国际私法依次研究权利主体(国籍和外国人地位),权利的行使(法律冲突)和权利的承认(管辖权冲突)等问题。这些不同问题由于某些事件,例如外国人的移居,会同时受到影响,这可以由果溯因地表明它们之间的关系。①

(三) 中国

在中国,应该说,对于国际私法的范围,学者们所处的时代和认识问题的视角不同,观点也不同。我们认为,从国际私法主要是调整国际民商事法律关系的角度,国际私法的主要内容包括:

(1) 国际统一实体规范,即国际民商事领域的国际公约和国际惯例;

(2) 冲突规范,即通常所说的法律适用规范;

(3) 国际民商事争议解决规范,包括国际民事诉讼规范、国际商事仲裁规范和国际商事调解规范等。

示例 1.6

> 韩德培教授认为,国际私法就如同一架飞机一样,其内涵是飞机的机身,其外延是飞机的两翼。国际私法的"机身"包括冲突法,也包括统一实体法,甚至还包括国家直接适用于涉外民事关系的法律。而"两翼"之一则是国籍及外国人法律地位问题,这是处理涉外民事关系的前提;另一"翼"则是在发生纠纷时,解决纠纷的国际民事诉讼及仲裁程序,这包括管辖权、司法协助、外国判决和仲裁裁决的承认与执行。②

为简化起见,本书认为,国际私法的主干是法律适用法,也即冲突规范或法律选择规范,一翼是统一实体法,另一翼则是程序法,即国际民商事争议解决法。具体可参见图 1.1。

二、国际私法的价值

国际私法的上述内容决定了它在现代国际社会有着重要的价值:一是解决国际民商事

---

① 〔法〕亨利·巴蒂福尔、保罗·拉加德:《国际私法总论》,陈洪武等译,中国对外翻译出版公司1989年版,第7—8页。

② 参见韩德培主编:《国际私法》(第三版),高等教育出版社、北京大学出版社2014年版,第7页。

图1.1 国际私法的范围

争议,二是促进形成国际民商事法律秩序。

(1)解决国际民商事争议。在争议解决领域,以英美冲突法为例,冲突法制度和方法贯穿国际民商事案件处理的全过程。

首先,管辖权问题是一国是否有权审理案件的前提。

其次,法院地的冲突规则是该国法院处理涉外案件必须适用的法律,法院不能逾越法律适用法而直接适用某一国实体法。例如,对于中国涉外民商事案件的审理,必须要适用《法律适用法》等法律所规定的冲突规范,来指引程序问题和实体问题的准据法。这是因为该法第2条明确规定:"涉外民事关系适用的法律,依照本法确定……"

最后,判决的承认和执行既涉及当事人权利义务的最终实现,也涉及该国法院判决的效力。

(2)促进形成国际民商事法律秩序。法律因其性质,可区分为公法和私法。作为区分的首创者,古罗马法学家乌尔比安在其著作中写道:"它们有的造福公共利益,有的造福于私人。"[1]之后,这一区分被查士丁尼钦定的《法学阶梯》所肯定:"法律学习分为两部分,即公法与私法。公法涉及罗马帝国的政体,私法则涉及个人利益。"[2]按此区分,国际法作为法律,当然有公法和私法之分,其所调整的国际法律关系或者维护的国际法律秩序因而有国际公法秩序和国际私法秩序之分。国际私法秩序聚焦于私权即私人利益,调整的是私人之间的跨国法律关系,即国际民商事法律关系。它是对全球性国际公法秩序的重要补充。[3]

"有社会就有法律"(ubi societas, ibi ius),古罗马人用这样一句格言描述了一个社会现实。同样,有国家,有国际社会,就有国际法。[4] 主权国家的民族性植根于历史和现实的土壤,文化、种族、肤色、宗教和社会制度等都是培养民族性的养料,民族性决定了各国法律制度的差异性。但国际交往又使国家之间相互依存,"不同民族之间更加多变、更加主动的交往……民族性之间的悬殊差异必然为之消除"[5]。亦如菲德罗斯的观点,众多独立主权国家的存在是国际法的前提,而国家间往来的事实则是另一个前提,国家交往生成和发展了法律

---

① 〔意〕彼德罗·彭梵得:《罗马法教科书》,黄风译,中国政法大学出版社1992年版,第9页。
② 〔罗马〕查士丁尼:《法学总论——法学阶梯》,张企泰译,商务印书馆1989年版,第5页。
③ See Hans van Loon, "The Global Horizon of Private International Law", 380 *Recueil des cours* 108(2016).
④ 参见梁西:《国际法的社会基础与法律性质》,载《武汉大学学报(社会科学版)》1992年第4期,第32—38页。
⑤ 参见〔德〕弗里德里希·卡尔·冯·萨维尼:《法律冲突与法律规则的地域和时间范围》,李双元等译,法律出版社1999年版,第9页。

规则。① 尤其是在私人之间的跨国交往中,一些共通性的法律原则,诸如主体地位平等、当事人意思自治、公平、诚实信用、约定必须遵守、不可抗力免责、公序良俗等原则,成为各方共同珍视的价值和原则。这些规则和原则进而形成统一的私法秩序。因此,民族性决定了法律之间的差异,而相互依存性则要求一定的国际性私法规则来维护这种共同的秩序。

考虑到国际私法主要调整的是国际民商事法律关系,维护的是国际社会的私法秩序,其是涉外民商事交往必备的法律知识。

【推荐参考资料】

1. 王胜明:《涉外民事关系法律适用法若干争议问题》,载《法学研究》2012 年第 2 期;
2. 王胜明:《〈涉外民事关系法律适用法〉的指导思想》,载《政法论坛》2012 年第 1 期;
3. 黄进:《中国涉外民事关系法律适用法的制定与完善》,载《政法论坛》2011 年第 3 期;
4. He Qisheng, "The EU Conflict of Laws Communitarization and the Modernization of Chinese Private International Law", *Rabels Zeitschrift für ausländisches und internationales Privatrecht* 76 (2012);
5. 何其生:《国际私法秩序与国际私法的基础性价值》,载《清华法学》2018 年第 1 期;
6. 何其生:《中国国际私法学的危机与变革》,载《政法论坛》2018 年第 5 期;
7. 何其生:《多元视野下的中国国际私法》,高等教育出版社 2019 年版;
8. 黄进、何其生、萧凯编:《国际私法:案例与资料》,法律出版社 2004 年版;
9. 沈涓:《冲突法及其价值导向》(修订本),中国政法大学出版社 2002 年版。

---

① 参见〔奥〕阿·菲德罗斯等:《国际法》(上册),李浩培译,商务印书馆 1981 年版,第 10—19 页。

第二章

国际私法的渊源

第一节 国内法渊源

一、国内立法

在国际私法的发展史上,国内立法是最为古老的法律渊源。时至今日,国际私法的国内立法主要有以下几种模式:

(1) 分散立法式,即在民法典不同篇章或单行法规的不同章节中分别列入相关的冲突规范。前者如1804年《法国民法典》,后者如1882年《英国票据法》、1962年《美国统一商法典》、1999年中国《合同法》等。

(2) 专章专篇式,即在民法典或其他法典中专节、专章、专编比较系统地对冲突规范加以规定。例如,1986年中国《民法通则》等。

(3) 单行立法式,即以单行法规的形式制定系统的国际私法规范。诸如,2010年中国《法律适用法》、1896年《德国民法施行法》等。

(4) 专门法典式,即以专门法典来系统制定国际私法规范。典型代表是1987年《瑞士联邦国际私法法规》(后经过多次修改)。

总体看来,在全球范围内,国际私法在立法模式上日益呈现出向单行法方向发展的趋势,在形式上也有总则和分则之分。中国的冲突法立法日渐增多,不仅制定了单行的《法律适用法》,而且在商事法律中就所涉法律问题制定了专门的冲突法规范,例如,《海商法》第14章、《民用航空法》第14章、《票据法》第5章。另外,在中国的国际私法实践中,还采取司法解释的形式来补充和扩大其立法范围。例如,1988年最高人民法院《民法通则意见》(已失效)、2012年《法律适用法解释(一)》(2020年修订)等。

二、国内判例

判例是英美法系国家的主要法律渊源,英文主要用"case"和"precedent"。"case"既指判例又指案件,作判例时是指"对一项诉讼的报告,包括作出判决的法官或法官们的意见,在这里判例被看作某一问题的法律解释,并有可能作为以后案件的先前判例"。[1] "precedent"作

---

[1] 〔英〕戴维·M.沃克:《牛津法律大辞典》,邓正来等译,光明日报出版社1988年版,第139—140页。

判例解释时主要是指先例,《牛津法律大辞典》则称之为"司法先例",是指"高等法院先前判决,这些判决被认为包含了一个原则,即在后来的有着相同的或非常相关的法律问题的案件中,这个原则可被看作规定性或限制性的原则,它至少可以影响法院对该案的判决,甚至就是在遵循先例原则指导下决定案件。先例即在后来的案件中作为法律渊源的先前的司法判决"①。

在英美法系国家,虽然在成文法中也有一些零星的国际私法规范,但大量的、主要的国际私法规则来自法院的司法判例。国际私法的许多制度,都是根据权威判例建立的。例如,在英国国际私法中,确定契约领域的准据法适用当事人意思自治原则,一般被认为系曼斯菲尔德法官(Lord Mansfield)在1760年对Robinson v. Bland一案作出的判决及随后的一系列相关案例的支持而确立起来的。

由于判例较多且十分零乱,一些著名的国际私法学者和民间机构便开始了系统的汇编和整理工作。其中,英国学者戴西(Albert Venn Dicey)于1896年编著出版的《冲突法》(*Conflict of Laws*),便是这方面的名著。在美国,美国法学会(the American Law Institute)这一非官方机构承担了冲突法的编纂工作。1934年比尔(Joseph H. Beale)任报告员,出版了《冲突法重述(第一次)》[Restatement (First) of the Law of Conflict of Laws],1971年以里斯(Willis L. M. Reese)为报告员出版了《冲突法重述(第二次)》。这两次重述可以说是对美国冲突法判例规则的重要总结。

在大陆法系国家,判例也有重要的意义。在法国,国际私法的主要渊源至今还是最高法院及其下属法院的判例。②

在中国现行法律体制下,判例不是正式的法律渊源。但由于涉外民事关系的特殊性和复杂性,尤其是新兴的涉外民事关系不断涌现,仅仅依靠我国现有成文法来处理涉外案件,难以满足客观的需要。另外,在涉及外国法适用的情况下,如果该外国法以判例为主要的法律渊源,直接援引有关判例就势所必然。

示例 2.1

> 在香港泉水有限公司诉宏柏家电(深圳)有限公司案③中,双方当事人对于争议的解决方式既约定了诉讼又约定了仲裁。对于仲裁协议是否有效的问题,深圳市中级人民法院委托深圳市蓝海现代法律服务中心对美国相关法律进行查明。法律专家不仅提供了美国《联邦仲裁法》和加利福尼亚州《民事诉讼法》的规定,而且提供了9个美国联邦法院和州法院的案例。深圳市中级人民法院分别分析了这9个案例,并得出仲裁协议有效的结论。

在中国法院的实践中,司法判例的作用主要体现为以下四种方式:

其一,最高人民法院总结我国涉外民事审判的实践经验,对有关法律条文进行解释,或

---

① 〔英〕戴维·M. 沃克:《牛津法律大辞典》,邓正来等译,光明日报出版社1988年版,第708页。
② 〔法〕亨利·巴蒂福尔、保罗·拉加德:《国际私法总论》,陈洪武等译,中国对外翻译出版公司1989年版,第22页。
③ 广东省深圳市中级人民法院民事裁定书,(2015)深中法涉外仲字第91号。

对司法审判中的具体问题作出"解答""批复",这类司法解释对法院和其他有关机关、个人具有拘束力。

其二,最高人民法院针对地方各级人民法院的个案请求所作出的各种"答复"等。这类答复在仲裁的司法审查方面,表现得尤为突出。其虽然是对个案审判的指导性意见,但对下级人民法院审理同类案件无疑具有普遍性的指导作用。

示例 2.2

2016 年,最高人民法院《关于申请人保罗·赖因哈特公司与被申请人湖北清河纺织股份有限公司申请承认和执行外国仲裁裁决一案请示的答复》就明确指出,在外国仲裁裁决的承认与执行中,中国法院对仲裁裁决是否存在《纽约公约》第 5 条第 1 款拒绝承认和执行情形,必须依当事人的请求进行审查,当事人未请求的,人民法院不予审查。

其三,最高人民法院发布的指导性案例,各级人民法院审判类似案例时应当参照。根据 2010 年《最高人民法院关于案例指导工作的规定》,对全国法院审判、执行工作具有指导作用的指导性案例,由最高人民法院确定并统一发布。指导性案例是指裁判已经发生法律效力,并符合以下条件的案例:(1) 社会广泛关注的;(2) 法律规定比较原则的;(3) 具有典型性的;(4) 疑难复杂或者新类型的;(5) 其他具有指导作用的案例。最高人民法院审判委员会讨论决定的指导性案例,统一在《最高人民法院公报》、最高人民法院网站、《人民法院报》上以公告的形式发布。

其四,最高人民法院业务部门编辑出版了一些案例资料,例如,最高人民法院在《最高人民法院公报》上发布的案例,最高人民法院民四庭在《涉外商事海事审判指导》上发布的案例,对下级人民法院审理案件具有参考作用,能够统一地方各级法院在相同或类似案件上的做法。

第二节 国际法渊源

★热身问题:

在涉外民商事案件的审理中,我国法律关于国际条约和国际惯例的适用是如何规定的?

一、国际公约

目前世界上包含国际私法规范的国际条约很多,大致可归纳为以下几类:关于统一实体法规范的国际条约、关于冲突法规范的国际条约、关于国际民事诉讼的国际公约和关于国际商事仲裁的国际公约。

(一)统一实体法方面的国际条约

在统一实体法领域,国际条约众多,其中重要领域的重要条约包括:

(1) 关于货物买卖即传统的国际贸易条约,如 1980 年《联合国国际货物销售合同公约》、1974 年《联合国国际货物买卖时效期限公约》、2005 年《联合国国际合同使用电子通信公约》;

(2) 在海事运输方面,如1924年《统一提单的若干法律规则的国际公约》(《海牙规则》)、1968年《修改1924年8月25日在布鲁塞尔签定的统一提单的若干法律规则的国际公约的议定书》(《维斯比规则》)、1974年《海上旅客及其行李运输雅典公约》、1978年《联合国海上货物运输公约》(《汉堡规则》)、1980年《联合国国际货物多式联运公约》、2008年《联合国全程或部分海上国际货物运输合同公约》(《鹿特丹规则》);

(3) 在航空运输方面,如1929年《统一国际航空运输某些规则的公约》(《华沙公约》)、1955年《修改1929年10月12日在华沙签定的统一国际航空运输某些规则的公约的议定书》(《海牙议定书》)、1961年《统一非缔约承运人所办国际航空运输某些规则以补充华沙公约的公约》(《瓜达拉哈拉公约》);

(4) 在铁路运输方面,如1961年《铁路货物运输国际公约》(国际货约);

(5) 在国际支付方面,如1930年日内瓦《统一汇票及本票法公约》、1931年日内瓦《统一支票法公约》、1988年《联合国国际汇票和国际本票公约》;

(6) 在知识产权方面,主要有1883年《保护工业产权的巴黎公约》、1886年《伯尔尼保护文学和艺术作品公约》、1891年《商标国际注册马德里协定》、1952年《世界版权公约》(1971年7月24日巴黎修订)。

(二) 冲突规范方面的国际条约

在冲突规范方面,综合性国际私法公约包括1928年《关于国际私法的公约》(附件为国际私法典,即《布斯塔曼特法典》)、1979年《美洲国家间关于国际私法通则的公约》。

有关特别事项的冲突法公约,数量也不少,简要介绍如下:

(1) 国籍与住所方面,如1930年海牙《关于国籍法冲突若干问题的公约》、1955年海牙《解决本国法和住所地法冲突的公约》;

(2) 外国人(法人)的法律地位方面,如1928年哈瓦那《关于外国人地位的公约》、1954年纽约《关于无国籍人地位的公约》、1956年海牙《承认外国公司、社团和财团法律人格的公约》、1968年布鲁塞尔《关于相互承认公司和法人团体的公约》、1979年蒙得维的亚《美洲国家间关于贸易公司法律冲突的公约》;

(3) 财产方面,如1958年海牙《国际有体动产买卖所有权转移法律适用的公约》、1955年海牙《国际有体动产买卖法律适用公约》;

(4) 债方面,如1971年海牙《公路交通事故法律适用公约》、1973年海牙《产品责任法律适用公约》、1978年海牙《代理法律适用公约》、1980年罗马《关于合同义务法律适用的公约》、1986年海牙《国际货物买卖合同法律适用公约》;

(5) 票据方面,如1930年日内瓦《解决汇票及本票若干法律冲突公约》(附议定书)、1931年日内瓦《解决支票若干法律冲突公约》(附议定书);

(6) 婚姻方面,如1902年海牙《婚姻法律冲突公约》、1902年海牙《离婚及分居法律冲突与管辖冲突公约》、1905年海牙《婚姻对夫妻身份和财产关系效力的法律冲突公约》、1931年斯德哥尔摩《关于婚姻、收养和监护的某些国际私法规定的公约》、1978年海牙《夫妻财产制法律适用公约》、1980年海牙《结婚仪式和承认婚姻有效公约》;

(7) 家庭方面,如1980年海牙《国际诱拐儿童民事方面的公约》、1993年海牙《关于跨国收养的儿童保护和合作的公约》、1996年海牙《关于保护儿童的父母责任和措施的管辖权、准据法、承认、执行和合作的公约》;

(8) 继承方面,如 1961 年海牙《遗嘱处分方式法律冲突公约》、1973 年海牙《遗产国际管理公约》、1973 年华盛顿《国际遗嘱方式统一法》、1988 年海牙《死者遗产继承法律适用公约》。

(三) 国际民事诉讼方面的公约

国际民事诉讼程序方面的公约与日俱增,重要的国际公约如:1961 年海牙《关于取消外国公文认证要求公约》、1965 年《海牙送达公约》、1970 年《海牙取证公约》、1980 年海牙《国际司法救助公约》、2005 年海牙《选择法院协议公约》。

(四) 国际商事仲裁方面的公约

国际商事仲裁方面主要的国际条约有:1958 年《纽约公约》、1965 年《关于解决各国和其他国家国民之间投资争端的公约》(华盛顿公约)。

二、国际惯例

1986 年《民法通则》第 142 条第 3 款规定:"中华人民共和国法律和中华人民共和国缔结或者参加的国际条约没有规定的,可以适用国际惯例。"《民法典》生效后,《民法通则》的上述规定被废除。《民法典》第 10 条规定:"处理民事纠纷,应当依照法律;法律没有规定的,可以适用习惯,但是不得违背公序良俗。"如果对"习惯"一词作扩大解释,或许可以成为国际惯例补缺适用的依据。

对于国际惯例(international custom),《国际法院规约》第 38 条给国际习惯下过一个权威定义,即"作为通例(general practice)之证明而经接受为法律者"。[①] 根据该定义,国际惯例由两个因素组成:一是客观因素,即各国重复的类似行为或实践,进而形成"通例";二是主观因素,即被"接受为法律"。

对于国际惯例,有两种不同的类型:一是强制性的国际惯例。这类惯例不需要当事人选择,必须遵守。例如,通过长期国际实践形成的"国家及其财产豁免"原则就属于这种惯例。二是任意性的国际惯例。这类惯例只有经过当事人选择,才对其有约束力。如国际货物买卖中的 FOB、CIF 等价格条件,不仅是买卖中成交的价格条款,而且是划分买卖双方当事人权利与义务的依据。国际私法中的国际惯例大多数是后一种类型的国际商事惯例。[②] 国际商事惯例的发展是一个循序渐进的过程。"它常常始于一些有影响的企业的商业活动过程,而后成为建立在平行行为基础上的特定贸易中的一般做法(general practice),再发展为贸易习惯性做法(usage),最终将取得具有稳定性的惯例(custom)的地位。它不仅在国内范围发展,而且具有国际性。"[③]

目前主要的国际惯例有:

(1) 英国伦敦保险协会:《伦敦保险协会货物条款》,1983 年修订;

[①] 需要注意的是,《国际法院规约》第 38 条第 1 款的正式中文本将"international custom"译为"国际习惯"。但我国外交文件和国内法规中很少使用"国际习惯"这一表达,取而代之的是"国际惯例"。例如,1970 年 10 月 13 日《中、加两国建立外交关系的联合公报》中声称:"中、加两国政府商定……在平等互利的基础上,根据国际惯例,在各自首都为对方的建馆及其执行任务提供一切必要的协助"。

[②] 在国际私法领域存在一些国际社会共同遵守的原则和理念,例如公共秩序原则、既得权原则、不动产物权依物之所在地法原则、程序问题适用法院地法原则等。这些原则能否称为国际惯例,学者们之间存有不少争论。

[③] 〔英〕施米托夫:《国际贸易法文选》,赵秀文选译,中国大百科全书出版社 1993 年版,第 18 页。

(2) 国际法协会：《1932年华沙—牛津规则》，1932年；

(3) 美国商会、美国进口协会及美国全国对外贸易协会所组成的联合委员会：《1941年美国对外贸易定义修订本》，1941年；

(4) 国际海事委员会：《1974年约克—安特卫普规则》，1974年；

(5) 国际商会：《联合运输单证统一规则》，1975年修订；

(6) 国际商会：《合同担保统一规则》，1978年；

(7) 国际商会：《托收统一规则》，1995年修订；

(8) 国际统一私法协会：《国际商事合同通则》，2004年修订；

(9) 国际商会：《跟单信用证统一惯例》（UCP600），2007年修订；

(10) 国际商会：《见索即付保函统一规则》，2010年修订；

(11) 国际商会：《国际贸易术语解释通则》（INCOTERMS），2020年修订。

值得指出的是，国际商会（International Chamber of Commerce，ICC）近年来在国际商事惯例的制定上发挥了重要的作用。1919年10月，国际商会在美国新泽西州大西洋城举行的国际贸易会议上发起，1920年6月在巴黎成立，总部设在巴黎。国际商会是国际民间经济组织。它是有一百多个国家参加的经济联合会，包括商会、工业、商业、银行、交通、运输等行业协会。ICC的宗旨是推动国际经济的发展，促进自由企业和市场组织的繁荣，促进会员之间的经济往来，协助解决国际贸易中出现的争议和纠纷，并制定有关贸易、银行、货运方面的规章和条款。国际商会所主持制定的《国际贸易术语解释通则》和《跟单信用证统一惯例》等，虽然是非强制性的，但实际上已为世界各国普遍接受和采用，其在规则制定方面的活动应该为中国业界所关注。

除了前述法律渊源外，对于法理、法律学说，尽管学界多有讨论，但从目前的立法和司法实践来看，均不构成我国的法律渊源。

三、中国法的规定

★1985年《涉外经济合同法》最早规定了国际条约和国际惯例的适用。该法第6条规定："中华人民共和国缔结或者参加的与合同有关的国际条约同中华人民共和国法律有不同规定的，适用该国际条约的规定。但是，中华人民共和国声明保留的条款除外。"我国《民法通则》强调了国际条约在涉外审判中的直接适用性，第142条第2款、第3款规定："中华人民共和国缔结或者参加的国际条约同中华人民共和国的民事法律有不同规定的，适用国际条约的规定，但中华人民共和国声明保留的条款除外。中华人民共和国法律和中华人民共和国缔结或者参加的国际条约没有规定的，可以适用国际惯例。"①该规定成为我国民商事法律处理中国法律与国际条约规定不一致的立法范式。我国《票据法》第95条、《海商法》第268条、《民用航空法》第184条均采纳了相同的表述。在阿卜杜勒·瓦希德诉中国东方航空股份有限公司航空旅客运输合同纠纷案[二维码案例]中，我国法院就根据前述规定，适用了国际条约。

对于尚未对中国生效的国际条约，《法律适用法解释（一）》第7条规定，当事人在合同中

---

① 随着《民法典》于2021年1月1日起施行，《民法通则》被废除，但《民法典》并无有关国际条约和国际惯例适用的规定。

援引尚未对中华人民共和国生效的国际条约的,人民法院可以根据该国际条约的内容确定当事人之间的权利义务,但违反中华人民共和国社会公共利益或中华人民共和国法律、行政法规强制性规定的除外。

详细内容可参考后文第 14、15 章。

【推荐参考资料】

1. 宋晓:《国际私法与民法典的分与合》,载《法学研究》2017 年第 1 期;

2. 单文华:《中国有关国际惯例的立法评析——兼论国际惯例的适用》,载《中国法学》1997 年第 3 期;

3. 陈安:《论适用国际惯例与有法必依的统一》,载《中国社会科学》1994 年第 4 期。

4. 邹国勇译注:《外国国际私法立法选译》,武汉大学出版社 2017 年版;

5. 黄进、杜焕芳等:《中国国际私法司法实践研究(2001—2010)》,法律出版社 2014 年版;

6. 中华人民共和国外交部条约法律司编:《海牙国际私法会议公约集》,法律出版社 2012 年版;

7. 万鄂湘主编,最高人民法院民事审判第四庭编著:《〈中华人民共和国涉外民事关系法律适用法〉条文理解与适用》,中国法制出版社 2011 年版;

8. 黄进主编:《中华人民共和国涉外民事关系法律适用法建议稿及说明》,中国人民大学出版社 2011 年版;

9. 杜涛:《涉外民事关系法律适用法释评》,中国法制出版社 2011 年版。

第三章

国际私法的历史

★ **热身问题：**

一国所制定的法律通常只在其境内有效，那么在涉外民商事案件的处理中，为什么要适用外国法呢？

国际私法的历史，既是国际私法的产生和发展史，也是国际私法的学说史，本章将围绕"为什么适用外国法"这一问题，结合各个时代不同的社会和经济背景，重点分析国际私法的重要理论。总括来说，本章所涉及的内容如图 3.1：

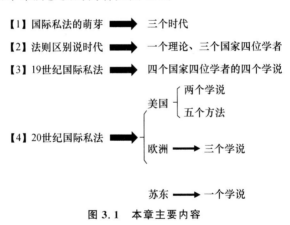

图 3.1　本章主要内容

第一节　国际私法的萌芽

国际私法的萌芽时期，可简要分为三个时代，即罗马法时代、种族法时代和领土法时代。具体可见图 3.2。

一、罗马法时代

古代，欧洲大陆的一些国家已有不少对外交往，如古希腊、古罗马等国家均有外国侨民居住。然而，它们普遍否认外国人享有法律关系的主体地位。以古希腊为例，其各城邦的法律对于外国人的婚姻与财产均不予保护，甚至在外国人遭海盗劫掠时也不予保护。古罗马建国初期同古希腊一样，仅承认罗马公民是权利主体，外国人被视为敌人，他们因被俘虏沦

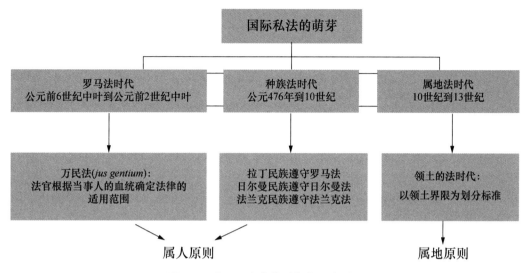

图 3.2 国际私法萌芽时期的三个时代

为奴隶而不受法律保护。但公元 242 年,罗马设立了外事裁判官(prator peregrinus),在异邦人或者罗马人与异邦人之间执法。这一事件说明罗马人与异邦人之间的争议已达到一定的数量,且需要统一处理。①

其时,陈旧、僵硬的市民法已远远不能满足不断对外扩张的罗马帝国在解决外邦人在罗马的法律地位这一问题上的需求,外事裁判官遂根据自然法的一般原理处理纠纷,并逐渐发展出一个反映罗马及与其有交往的异邦异国所共有的法律制度组成的规则体系,罗马法学家称其为万民法。②

古罗马在逐渐扩张的过程中,与其他民族交往增加,从而注意到其他法的存在,同时也提出了如何处理罗马法和异邦人的关系的问题。盖尤斯的《法学阶梯》中认为,当时的法律分为两部分:一是仅适用于自己国民的国内法(ius civile);二是根据自然理想建立的万民法(jus gentium)。③ 罗马征服邻邦时,并未把那里的人同罗马人一样对待,因此产生了一种专门调整非罗马市民之间以及罗马市民与非罗马市民之间民事关系的"万民法"。④ 万民法曾被认为是国际法最早的起源。⑤ 在法学领域,西塞罗(公元前 106—43 年)在其名著《国家篇》中为后来鲜有哲学情调的罗马法学注入了源自古希腊的自然法精神。西塞罗还首创了理论

---

① 参见〔意〕朱塞佩·格罗索:《罗马法史》,黄风译,中国政法大学出版社 1994 年版,第 235—236 页。
② 参见〔罗马〕查士丁尼:《法学总论——法学阶梯》,张企泰译,商务印书馆 1989 年版,第 6 页注 1。
③ 参见〔古罗马〕盖尤斯:《法学阶梯》,黄风译,中国政法大学出版社 1996 年版,第 2 页。
④ 〔法〕亨利·巴蒂福尔、保罗·拉加德:《国际私法总论》,陈洪武等译,中国对外翻译出版公司 1989 年版,第 11 页。
⑤ 中世纪时,西方人讲国际法用的是罗马时期的拉丁语 jus gentium,一直到格劳秀斯创立近代国际法时,表达国际法一词用的仍是 jus gentium。1650 年,英国牛津大学教授苏世(Richard Zouche,1590—1660)在其《万国法的解释和一些有关问题》一书中,开始使用 jus intergentes(万国法,英语为 law of nations)。之后,law of nations 一词在西欧曾流行过一段时间。1789 年,英国著名法律改革家边沁(J. Bentham,1748—1832)在其《道德及立法原理导论》一书第十七章中,正式使用了 international law 一词。边沁解释说,law of nations 一词不仅平凡无意义,而且容易被人误解为国内法,因此,使用 international law 更好。从此,international law 一词遂成为西方表达国际法这一学科的通用术语。参见刘达人、袁国钦:《国际法发达史》,商务印书馆 1937 年版,第 16—18 页。

意义上的万民法概念。① 西塞罗说:"我们的祖先认为,万民法和市民法是有区别的:市民法不可能同时是万民法,但是万民法应该同时也是市民法。"②

"万民法"作为与"市民法"对应的概念,在罗马法中的显著特征是由法官根据当事人的血统确定法律的适用范围。盖尤斯(约130—180年)是这样论述市民法与万民法的关系的:所有受法律和习惯调整的民族都一方面使用他们自己的法,另一方面使用对于所有人来说是共同的法。实际上,每一个民族都为自己创立法,一个城邦的法就是这种法,它被称为"市民法",可以说它是该城邦自己的法。自然理性在所有人中创立的那个法,由所有人平等遵守,它被称为"万民法",可以说它是对所有民族都适用的法。③

不过,万民法并没有形成完整的体系,它也不是法律适用规则。罗马法学家比较罗马和外邦的市民法时,认为外邦的法律"粗制滥造"(西塞罗语),当时还没有产生法律选择的思想。因此罗马法时代不存在严格意义上的国际私法。

二、种族法时代与绝对属地法时代

(一)种族法

公元212年,安东尼努斯·卡拉卡拉(Antoniniata Caracalla)皇帝颁布了一个著名的敕令(The Edict of Caracalla),授予罗马帝国内所有自由人以市民权,以推进罗马法的普适效力。此举将万民法归入市民法之中,罗马法也因此成为既适用于罗马人之间,也适用于罗马人与非罗马人之间的法律。④ 但后来日耳曼人的入侵改变了这一局面,拉开了种族法的序幕。

公元476年,西罗马帝国灭亡,出现了日耳曼法与罗马法的二元结构。⑤ 但在日耳曼法律下,无论一个人到何处去,都受其本民族法约束,称为"属人的原籍地法",如拉丁民族遵守罗马法,日耳曼民族遵守日耳曼法,法兰克民族遵守法兰克法。一个民族的法律仅支配本民族,不以领土划分法域,这种现象自西罗马帝国灭亡后大约持续了四百年,后世称之为"种族法时代"(period of racial laws)。⑥

(二)绝对属地法

公元10世纪后,欧洲进入封建时代,建立了许多封建王国,形成了割据局面。领土观念的逐渐增强使得属地法主义逐渐替代属人法主义,在一国居住的任何民族都必须服从当地的法律和习惯。当西欧的法律很快转变为地方习惯甚至不再以部族的名称命名时,属地法

---

① 对此,考夫曼如此评价:"在他(指盖尤斯——笔者注)的影响下,在罗马还产生了万民法(jus gentium),它不是今天所指的国际法,而是自然法,它适于每一个人,而不论他是市民还是外来民,是自由民还是奴隶。"参见考夫曼:《法哲学的问题史》,载〔德〕阿图尔·考夫曼、温弗里德·哈斯默尔主编:《当代法哲学和法律理论导论》,郑永流译,法律出版社2002年版,第51—202页。
② 〔古罗马〕西塞罗:《论义务》,王焕生译,中国政法大学出版社1999年版。
③ 参见〔意〕桑德罗·斯奇巴尼选编:《民法大全选译 I.1 正义和法》,黄风译,中国政法大学出版社1992年版,第39页。下文中有关译文的中译本均出自此书,不再注明。
④ See R. H. Graveson, *Conflict of Laws*, 7th ed., Sweet & Maxwell, 1974, p.61.
⑤ See Simeon L. Guterman, "The Origin of the Conflict of Laws in the Early Middle Ages", 7 *New York Law Forum* 142(1961).
⑥ 参见韩德培主编:《国际私法》(第三版),高等教育出版社、北京大学出版社2014年版,第34页。

开始兴起。这种极端的属地法时代可称为"领土法时代",而后来意大利的法则区别说,目的就在于扭转过分的属地法倾向。①

第二节 法则区别说时代

法则区别说时代,为了适应资本主义经济的发展,在对罗马法进行诠释和研究的过程中产生了一些确定法律适用的学说。

一、意大利的法则区别学说

意大利的法则区别学说持续时间为13—18世纪。从11世纪起,意大利半岛成为东西方交通要道,从西方的法国到东方的波斯、中国必须途经该地。有利的地理条件促进了意大利经济的发展,带来了商业和手工业的繁荣,城市中的市民阶层逐渐扩大,许多大城市取得了自治权,形成了许多城市共和国,即城邦(city-states)。在经济交换的过程当中,商人需要自由的法律,商人法也因此而形成。"中世纪西欧的外国商人和外地商人都是行商。他们不仅在中世纪欧洲始终存在,而且还催生了商人法和商事法庭。商人法和商事法庭是为了行商的利益产生的,既克服了中世纪各种属地法的司法管辖权的局限性,也消除了各种普通法庭司法程序拖沓和缺乏行商参与等弊端,因此成为行商四处经商以及在发生纠纷时得到快速、公正判决的法律保障。"②

随着城邦的建立,对罗马法的研究又兴盛起来。12世纪初,法学家伊纳利斯(Irnerius)率先在博洛尼亚大学建立法学院,从事罗马法研究工作,对罗马法进行注释,被称作"注释法学派"。14世纪起,注释法学派把罗马法和现实生活结合起来,探讨现实生活中的新问题,提出新的理论,进入"后期注释法学派"阶段。14—15世纪,资本主义萌芽最先在意大利产生,意大利法则区别说进一步得到了发展。

13世纪的意大利北部,各城邦实施两种法律:一是作为普通法或共同法的罗马法,它在各城邦都有效;二是各城邦自己的法律,包含在"法则"(statuta)中,可以视为特别法。法则主要汇集本城邦及其商业界的较古老的习惯法。各城邦在处理涉外案件时,如本城邦法则有规定则依其规定,无规定则依罗马法;罗马法与城邦法则冲突时则按"特别法优于普通法"原则,依城邦法律解决;而各城邦法律规定不一致时应适用何法,罗马法并未提及。倘若根据原来的属地法主义解决这个问题,对各城邦之间的商业贸易显然十分不利,这就迫切需要解决各城邦法则之间的冲突。③因此,为了解决罗马法与城邦法的冲突问题,意大利法则区别说应运而生。

意大利法则区别说是由以巴托鲁斯(Bartolus)为代表的一批学者创立的。该学派主张从法则本身的性质入手,把所有的"法则"分为"物的法则"(*statuta realia*)、"人的法则"(*statuta personalia*)和"混合法则"(*statuta mixta*)。"物的法则"是属地的,其适用只能而

---

① See Simeon L. Guterman, "The Origin of the Conflict of Laws in the Early Middle Ages", 7 *New York Law Forum* 163(1961).
② 参见徐浩:《中世纪西欧商人法及商事法庭新探》,载《史学月刊》2018年第10期。
③ 参见韩德培主编:《国际私法》(第三版),高等教育出版社、北京大学出版社2014年版,第35页。

且必须及于制定者领土之内的物;"人的法则"是属人的,它不但应适用于制定者管辖领土内的属民,而且在其属民涉足别的主权者管辖领域时,也应当适用,亦即规定了"法则"的域内与域外效力;"混合法则"是涉及行为的法则,适用于在法则制定者领土内订立的契约,是既涉及人又涉及物的。① 在此基础上,巴托鲁斯提出了一些冲突法规则:

> 关于权利能力和行为能力的问题,依属人法。
> 按照当时情况,能产生效力的契约,依契约地法。
> 关于法律行为的方式,依行为地法。
> 关于行为的限制,依法院地法,但已指定履行地者,依履行地法。
> 关于继承的冲突可分为两种情况:一是无遗嘱的继承,依物之所在地法;二是关于遗嘱的执行方式,依行为地法。
> 关于物权,依物之所在地法。
> 关于诉讼程序,依诉讼地法。②

巴托鲁斯的冲突法思想是以解决共同法与特别法之间的冲突为首要特征的。一方面,他的冲突法思想克服了绝对属地主义的弊端,抓住了法律的域内与域外效力的根本点,从而有利于对外贸易的发展。毋庸置疑,巴托鲁斯创立的一些基本冲突规范对后世国际私法的形成与发展有着重要影响。另一方面,从根本上讲,一切法律关系都是人与人的关系,现实生活中并没有纯粹关于物和纯粹关于人的法则,巴托鲁斯完全借助法则的语法结构来划分"人法"和"物法"是不科学的。适用这一法则区别说最大的困难便在于断定一个特定的规则在性质上究竟是关于人的,还是关于物的。尽管巴托鲁斯的理论遭到不少批评,也很难说他是这一学说的创始人,但他无疑是意大利法则区别说的集大成者,是国际私法的鼻祖之一。

二、法国的法则区别学说

法国的法则区别说主要存在于15、16世纪,代表人物是杜摩兰(Charles Dumoulin)和达让特莱(D'Argentré)。

(一)杜摩兰的主张

16世纪,巴黎律师杜摩兰在其著作《巴黎习惯法评述》中认为,法则分为人法、物法和行为法三类,而只有不依据双方当事人的自主意思时,才有必要作这种划分。杜摩兰极力主张扩大"人法"的适用范围,最为重要的是提出"意思自治"(autonomy of will)原则。

杜摩兰的理论以共同法为背景,主张限制封建的属地主义,保护新兴商人阶级的利益。他认为,在契约关系中,应该适用当事人自主选择的习惯法,若当事人于契约中未作明示选择,法院应推定其默示意思,即根据整个案情的各种迹象来判断当事人意思之所在,以确定

---

① 参见韩德培主编:《国际私法》(第三版),高等教育出版社、北京大学出版社2014年版,第36页。
② See *Bartolus on the Conflict of Laws*, translated into English by Joseph Henry Beale, Harvard University Press, 1914, pp. 9-84.

应当适用的法律。①

（二）达让特莱的主张

与杜摩兰不同，达让特莱反对契约当事人"意思自治"，极力推崇属地原则，其主要观点有：

（1）一切习惯法原则上都是属地的，仅在立法者境内有效。由于主权是属地的，主权只及于它的境内，法律也只及于它的境内，在境外无效。据此他提出物权问题依物之所在地法，不动产继承依不动产所在地法。

（2）在适用属地原则的条件下亦有例外，关于纯属人的身份能力的法律，如规定成年年龄的法则、规定亲权的法则等，可例外适用属人法。

（3）除了人法和物法之外，还有一种"混合法则"，即同一法则兼及人和物两个方面。他认为"混合法则"也适用属地法。②

达让特莱主张扩大物法、推崇地方自治的观点，回到了绝对属地主义的立场之上，阻碍了国际私法的发展。

三、荷兰胡伯的国际礼让说

17世纪的荷兰经济发达，有"海上马车夫"之称，经济上的开放也决定了它奉行政治宽容和文化自由的政策。荷兰学者的政治文化信念仍然深受"帝国永续"理论的影响。③ 该理论发展到13—14世纪，使罗马法成为荷兰本国普通法之信念，并在各法院有一般补充效力。在15世纪后期及16世纪初期，荷兰的法院已在实际审判中继受了罗马法。④ 此时，荷兰各大学对罗马法的研究兴起。荷兰的青年子弟，许多都负笈意大利及法国攻读法律。罗马法典在民间流传相当广泛，注释罗马法的论著层出不穷。同时，16世纪末和17世纪初，法国学者博丹（Jean Bodin）发表了《论共和》，荷兰学者格劳秀斯（Hugo Grotius）在其发表的《战争与和平法》⑤中提出现代国际法上的基本概念"国家主权"（sovereignty）⑥。1648年，威斯特伐利亚公会以及在会议上签订的《威斯特伐利亚和约》确立了国家主权平等、领土主权等原则，从而为近代国际法奠定了基础。由此，国家之间立法权力的划分，并不使国家在具体案件中承担适用外国法的责任，从此出发荷兰学者开始探讨适用外国法的理由。17世纪荷兰

---

① 这种意思的"默示推定"，为英国的"自体法"奠定了基础，而英国的自体法又蕴含了现代国际私法最密切联系原则的生成因素。See Friedrich K. Juenger, *Choice of Law and Multistate Justice*, Martinus Nijhoff Publishers, 1993, p.42.

② 参见韩德培主编：《国际私法》（第三版），高等教育出版社、北京大学出版社2014年版，第37—38页。

③ 自公元5世纪以来，建国于罗马帝国领域内的各日耳曼王国都力求其政权上与罗马帝国发生连带关系，均认为神圣罗马帝国是罗马帝国的延续，罗马法当然也是神圣罗马帝国的法律，具有无可置疑的效力。

④ 参见戴东雄：《中世纪意大利法学与德国的继受罗马法》，中国政法大学出版社2003年版，第130页。

⑤ 《战争与和平法》于1625年首次出版。格劳秀斯在该著作中第一次完整地提出国家主权"对内最高，对外独立"的原则，并指出主权国家是国际法的主体。

⑥ 丁韪良在翻译惠顿的《万国公法》（*Elements of International Law*）中所使用的"sovereignty"一词的时候，在晚清政府背景下，没有用"皇权"，也没有用"帝权"，而是用了"主权"。而"主权"一词，不仅其概念对中国人来说是新鲜的，而且其内涵对中国人来说也是非常有吸引力的。因此，"主权"一词，不仅成为中国近现代国际法中的基本概念，也传入日本，为日本国际法学界沿用至今。参见〔美〕惠顿：《万国公法》，〔美〕丁韪良译，何勤华点校，中国政法大学出版社2003年版，第31—32页。

著名的国际私法学者,如罗登伯格(Rodenburg)、保罗·伏特(Paul Voet)等提出的冲突法理论大都停留在法则区别说的框架内。由于 17 世纪荷兰维护国家独立以及内部各省相对自治的需要,前述法国达让特莱的属地主义理论受到荷兰学者的青睐,在荷兰获得成功。① 之后,胡伯的国际礼让说在加入主权因素的同时,又与前者有重要不同。

1684 年,优利克·胡伯(Ulrik Huber)发表《论各国的法律冲突》(De Conflictu Legum Diversarum in Diversis Imperiis,后收录于《论罗马法与现行法》一书),并提出"国际礼让说",即著名的"胡伯三原则":

> 1. 各国法律在其境内有效,并约束其所有臣民,但在境外无效(《学说汇纂》2,1,20);
> 2. 凡处于一国境内之人,无论永久居住或临时居住,都被视为该国之臣民(《学说汇纂》48,22,7,§10,i.f.);
> 3. 主权者根据礼让将如此行事,在一国境内取得的权利在任何地方都应该被保持有效,只要这样做不至于损害本国主权权力及臣民的权利。

从上述内容来看,第一、二原则都引自《学说汇纂》,强调国家颁布的法律具有严格的属地性,依然是传统属地原则的延伸,而第三原则"礼让"才是国际私法原则。胡伯三原则还包括以下三个方面的内容:一是国际礼让是主权者适用外国法的唯一根据;②二是权利一旦在一国境内取得便在各地始终有效,这一思想成为后来既得权理论的雏形;三是公共秩序保留成为礼让原则适用的例外,如果当事人利用"令人厌恶的"法则规避本地法律,内国主权者可以援引公共秩序保留原则,排除外国法的适用。

胡伯认为,"因为各国在国际上遵守的法律明显归于国际法,所以法律冲突问题应由国际法而非国内法解决",但"据以解决法律冲突的基本规则,仍然必须追及罗马法本身"。胡伯把国家主权思想引入法则区别说,把使用外国法的问题放在国家关系和国家利益的基础上来考察,是一大进步。③ 美国学者荣格(Friedrich K. Juenger)认为,胡伯拒绝属人、属地和混合法的法律分类,试图直接从主权和礼让这两个观念中推演出冲突法体系。④ 该思想为美国的斯托雷(Joseph Story)与英国的戴西所继承,并且在此后持续影响欧洲国家的立法。⑤

---

① 参见〔德〕马丁·沃尔夫:《国际私法》,李浩培、汤宗舜译,法律出版社 1988 年版,第 50 页。
② 对于何为"礼让",胡伯将其解释为"各国交往便利和默示同意"。
③ 美国学者劳任森(Lorenzen)认为,"在浩如烟海的冲突法著述中,胡伯所著《论各国各种法律的冲突》篇幅最为简短。它仅仅有五页纸,但其对英美国际法发展的影响却比以往任何一部论著都要深远"。Lorenzen, "Huber's De Conflictu Legum", 13 *Ill. L. R.* 375(1918-1919).但瑞士学者梅里(F. Meili)则认为:"有评价认为荷兰学者开创了国际私法的发展道路……实际上,荷兰学派将国际私法整个学科置于一个使它几近灭亡的基础上。荷兰学派无疑阻碍了国际私法的发展,使其裹足不前。今天我们仍感受到这一错误理论的影响,它通过礼让的形式将国际私法引入盲道。"F. Meili, *International Civil and Commercial Law as Founded upon Theory, Legislation, and Practice*, translated by Athur K. Kuhn, Macmillan Company, 1905, p.79.
④ See Friedrich K. Juenger, *Choice of Law and Multistate Justice*, Martinus Nijhoff Publisher, 1993, p.20. 荣格将胡伯的理论造诣归纳为"预告法则区别说的终结;将冲突法归属于国际法范畴;强调判决的一致性;为既得权理论开辟道路;引入公共秩序保留原则"五个方面。Ibid, p.21.
⑤ 1756 年《巴伐利亚法典》、1794 年《普鲁士邦一般法典》、1804 年《法国民法典》以及 1811 年《奥地利民法典》均深受其影响。

四、法则区别说与早期国际私法的成文化

(一)《巴伐利亚法典》

1756年《巴伐利亚法典》采取了法则区别说的几个原则,但并未采取动产从人的规则,而用"不论是不动产或者动产,也不论是有体物或者无体物"都应适用财产所在地法来代替。

(二)《普鲁士邦一般法典》

1794年《普鲁士邦一般法典》采取了法则区别说的许多规则,也发展了几个它自己的、值得注意的规则,如把"维持法律行为的效力"的原则适用于国际私法的方法。

(三)《法国民法典》和《奥地利民法典》

1804年《法国民法典》含有一个影响深远的新规则:以当事人的本国法代替其住所地法。1811年《奥地利民法典》采取了法国的国籍原则来解决人的身份和能力问题。

在国际私法的国内立法中,1804年的《法国民法典》意义最为重大。该法典又被称为"《拿破仑法典》",其采用分散在法典的有关编章中附带规定相应国际私法的立法形式,法典的第3条、第11条、第47条、第48条、第170条、第999条、第1000条、第2123条、第2128条等条文都是解决产生于涉外民事法律关系中的法律冲突的冲突规范,如该法典规定:"警察与安全的法律,拘束居住于域内的一切人";"不动产即使是外国人所有,仍依法国法";"关于人的身份能力的法律,支配法国人,即使他们居住于外国亦同"。这三个规定对法律进行了分类,每类法律都有各自的适用范围,同"法则区别说"学者提出的解决法律冲突的方法不谋而合。在国际私法的发展史上,《法国民法典》具有十分重要的历史地位,该法典不仅对以后不少国家制定民法典具有普遍的指导意义,亦成为本国法主义的起源和延展。

(四)早期英格兰法

早在1607年,英格兰法院已经认为依照国际法或者国际礼让,自己是有义务承认外国判决的效力的。从17世纪末以来,英格兰法院有时在一些涉外案件中拒绝适用英格兰法,而适用行为地法或者财产所在地法来代替英格兰法。英格兰的法律冲突规则发展于18世纪中叶以后,这些规则主要受到荷兰学者学说的影响。

第三节 19世纪的国际私法学说

在19世纪,国际私法的发展主要归功于四位法学家:美国的法官斯托雷、德国的教授萨维尼、意大利的政治家孟西尼,以及英国的教授戴西(见表3.1)。

表3.1 19世纪代表性的国际私法学院

学者	国家	著作	学说
斯托雷	美国	1834年《法律冲突论》	国际礼让说
萨维尼	德国	1849年《现代罗马法体系》	法律关系本座说
孟西尼	意大利	1851年《国籍乃国际法的基础》	民族主义、意思自治、公共秩序三原则
戴西	英国	1896年《法律冲突法》	既得权理论

一、斯托雷的国际礼让说

在美国,萨缪尔·利弗莫尔(Samuel Livermore)是较早从事冲突法研究的律师,他对萨尔诉其债权人(Saul v. His Creditors[①])中的冲突法问题进行了研究,并于1828年出版了冲突法著作《论各国各州法律相异引发的问题》。[②] 该书深受荷兰法学家胡伯的礼让说的影响,同时引入了对中世纪法则区别说的介绍。

斯托雷是美国哈佛大学教授、美国最高法院法官、美国国际私法的奠基人。他承袭了胡伯的属地主义和"国际礼让说",用汇集、编纂、解释判例的方法提出了其属地主义的学说和一些冲突原则。斯托雷在其1834年出版的《冲突法评论》[③]一书中提出了解决法律冲突的三大原则:

> (1)每个国家在它自己的领土内享受一种专属的主权和管辖权,因而每个国家的法律直接对位于其领域的财产、所有居住其上的居民、所有在它那里缔结的契约与所为的行为,具有约束力与效力;
>
> (2)每个国家的法律都不能直接对在其境外的财产发生效力或约束力,也不能约束不在其境内的居民,一个国家的法律能自由地约束不在其境内的人或事物,那是与所有国家的主权不相容的;
>
> (3)从以上两个原则,可以推导出第三个原则:一个国家的法律能在另一个国家发生效力,完全取决于另一国家适当的法学理论和礼让以及法律上的明示或默示同意。

由此,基于发展国家间的贸易交往的需要,只要外国法与内国主权不相抵触,就应该推定这个外国法已被法院地国默示接受,亦即只要在内国法不特别禁止适用外国法的场合,根据国际礼让原则,法院便可以适用外国法。同时,其主张抛弃了法则区别说把法律分为人法、物法、混合法的传统做法,通过案例分析,总结出多种不同的涉外民事法律关系,如人的能力、结婚、离婚、监护、法定继承、遗嘱、动产、不动产、合同、管辖权、外国判决的效力等,并根据每类法律关系的不同性质来确定适用的法律规则。

因为美国是外来移民最多的国家,采用属地主义原则可以扩大美国法的适用范围,所以斯托雷的学说适应了美国统治者的实际需要。斯托雷的属地学说统治英美国家冲突法领域长达一个世纪之久,其《冲突法评论》一书被认为是国际私法领域"最具有影响力的著作",至今仍然被视为西方国家国际私法的经典著作之一。

二、萨维尼的法律关系本座说

柏林大学教授弗里德里希·卡尔·冯·萨维尼(Friedrich Carl von Savigny)是19世纪德国最著名的国际私法学家。萨维尼批判了传统的法则区别说,认为法律关系是国际私法

[①] Saul v. His Creditors, Supreme Court of Louisiana, 5 Mart. (n. s.) 569, 1827 WL 1936 (La.), 16 Am. Dec. 212.

[②] Samuel Livermore, *Dissertations on the Questions which Arise from the Contrariety of the Positive Laws of Different States and Nations* (1828).

[③] Joseph Story, *Commentaries on the Conflict of Laws*, Gary and Company, Hilliard, 1834.

的固有本质,以法律关系为中心的学说代替了传统的法则中心理论。

萨维尼在1849年出版的名著《现代罗马法体系》中创立了令人耳目一新的"法律关系本座说"。① 该学说认为,法律关系依其性质总是与一定地域的法律相联系,该地域即为该法律关系的"本座",而涉外民事法律关系所应适用的法律,也应是各该涉外民事法律关系(依其本身性质)"本座"所在的地方的法律。正如人有住所并存在于一个特定的空间一般,每种法律关系都有自己的本座(Sitz)。因此,解决法律冲突的方法就是对每一法律关系进行分析,确定其性质,然后依照该性质,求得其应适用的某一特定国家的实体法。

萨维尼把涉外民事法律关系分为人的关系、物的关系、契约关系、债的关系、行为的关系、程序的关系等几大类,并按照这些法律关系的性质,分别决定其各自的本座:

> (1) 关于人的身份能力的法律关系,以其住所地为本座,适用住所地法;
> (2) 关于物权的法律关系,以物之所在地为本座;
> (3) 对于契约关系,若无明确的意思表示,则以契约履行地为本座,适用契约履行地法;
> (4) 债的本座应为债的履行地;
> (5) 对于行为方式,则不论财产行为或者身份行为,均应以行为地为其本座;
> (6) 对于程序问题,则应以法院地为本座。②

萨维尼从一种普遍主义的观点出发,构想了一个国际法律共同体,认为应适用的法律只应是各该涉外民事关系依其本身性质有"本座"所在地的法律。他不讨论法律的域内域外效力问题,而主张平等地看待内外国法律,各国应相互依赖、相互适用法律,如此便能达致以下目的:不论案件在何种地方提起,均能适用同一个法律,得到一致的判决。但是,该学说在适用时亦有例外:如果在依据上述各标准时,法院地的国内强行法反对外国法的适用或无法确定外国法的内容,则适用法院地法。

萨维尼的学说在法则区别说统治国际私法理论界数百年之后,革新了传统的国际私法理论和研究方法。在胡伯的国际礼让说之后,其学说使国际私法理论在新背景下重新回复到普遍主义,极大推动了19世纪后半期欧洲国际私法成文法的发展,并影响到后来的"最密切联系说"。但是,就现实实践而言,国际法律共同体的构建仍是一种崇高的理想。

三、孟西尼的三原则

孟西尼是意大利近代国际私法学的主要代表。孟西尼为意大利著名的政治家,属人法学派的创始人。当时的意大利尚未统一,孟西尼主张超地域适用属人法以反对封建的属地法原则。他提出了解决法律冲突的三大原则:

(1) 民族主义原则——国籍原则,按照这一原则,凡有关人的身份能力、亲属关系、继承

---

① 法律关系本座说,即theory of seat,其核心是本座(site),《牛津高阶英汉双解词典》对site的界定是"place where something has happened or will happen or for a particular activity。《布莱克法律词典》(Black's Law Dictionary, 8th ed)的解释是 a place or location; esp., a piece of property set aside for a specific use"。

② 关于萨维尼的法律关系本座说可参见〔德〕弗里德里希·卡尔·冯·萨维尼:《现代罗马法体系(第八卷):法律冲突与法律规则的地域和时间范围》,武汉大学出版社2016年版。

关系都要适用当事人的本国法,即属人法;

(2) 意思自治原则——自由原则,即应该尊重人的自由,有关物权和债权的法律关系,应适用当事人选择的法律;

(3) 公共秩序原则——属地主权原则,即一国以公共秩序为目的的法律,应适用于该国领域内的一切人,不管他是本国人还是外国人。

孟西尼的属人法学派说反映了意大利要求统一国家、维护民族主权和保护居住于外国的本国移民的愿望,这一学说在《意大利民法典》的冲突规范中得到体现,成为了意大利国际私法学说的基础。

四、戴西的既得权说

戴西是牛津大学教授。1896年,戴西出版的《冲突法》(Conflict of Laws),提出了既得权说(Doctrine of Vested Rights)。戴西认为:

> 凡依他国法律有效取得的任何权利,一般都应为英国法院所承认与执行,而非有效取得的权利,英国法院则不应承认与执行(第一原则);
>
> 但如承认与执行这种依外国法合法取得的权利,与英国成文法的规定、英国的公共政策和道德原则,以及国家主权相抵触,则可以作为例外,不予承认与执行(第二原则);
>
> 但是,为了判定某种既得权利的性质,应该依据产生此种权利的该外国法律(第三原则);
>
> 坚持意思自治原则,当事人协议选择的法律具有决定他们之间的法律关系的效力(第四原则)。

既得权理论的核心是法官只负有适用内国法的任务,他既不能直接承认或适用外国法,也不能直接执行外国的判决,他只能保护当事人根据外国法或外国判决已取得的权利。[①]

正如比尔(Joseph H. Beale)在其1935年出版的《冲突法专论》(第3卷)中所说:"当法律产生一个权利时,这个权利本身就成了一个事实,除非它被自己的法律所改变,它应该在许多地方得到承认。"尽管既得权说自身矛盾不少,但是其在国际私法领域,尤其是外国判决的承认与执行上,至今仍影响深远。

五、19世纪国际私法的成文化

在欧洲,1896年德国《民法典施行法》中编纂了不少国际私法规则,影响甚远。日本《法例》(1898年)和中国《法律适用条例》(1918年)均受其影响。

在加拿大魁北克省,1866年法典含有源自《法国民法典》的法律冲突规则。在美国,关于法律冲突的规则同英国相似,美国法学会编撰了《冲突法重述(第一次)》。

在斯堪的纳维亚半岛的一些国家,1931年后,缔结了一系列的条约,虽然仅适用于当事人是这些国家国民的情形,但在一定程度上形成了统一的国际私法规则。

---

① 参见韩德培主编:《国际私法》(第三版),高等教育出版社、北京大学出版社2014年版,第43页。

第四节　20世纪的国际私法理论

一、美国

美国的国际私法理论对20世纪国际私法理论的构成与发展起到了关键性的作用,经典的美国国际私法理论主要如表3.2:

表3.2　20世纪美国主要的国际私法理论

学者	学说	内容
库克	本地法说	把外国法"并入"国内法中
卡弗斯	优先选择原则	遵循两个标准 考虑三个方面
柯里	政府利益分析	虚假冲突(false conflicts) 真实冲突(true conflicts) 无冲突(unprovided-for case)
莱弗拉尔	法律选择五点考虑	(1) 结果的可预见性; (2) 州际和国际秩序的维持; (3) 司法任务的简单化; (4) 法院地政府利益优先; (5) 适用较好的法律规范。
艾伦茨威格	法院地法说	根据对法院地法的解释结果决定法律适用
里斯	最密切联系理论	

（一）库克的本地法说

20世纪初,戴西的既得权理论流传至美国,并为哈佛大学教授比尔所接受。比尔在1935年出版了三卷本的《法律冲突论》,①其既得权理论建立在属地主义之上,每一州在其领土范围内享有排他的权力,而对其他州的财产和行为无权过问。在立法管辖权的属地划分下,适用外国法的理由主要是保护当事人根据其原来国家或州的法律所适当取得的权利。比尔所主持编纂的《冲突法重述(第一次)》体现了他的既得权观点。②

美国学者库克(Walter Wheeler Cook)于1942年出版了《冲突法的逻辑与法律基础》③,在对比尔既得权理论进行抨击的基础上提出并系统论证了"本地法说"(local law theory)。该说认为,法院在审理涉外民事案件时总要适用自己的国内法,只是如果该案件中有根据外国法产生的权利,可以把这种权利转化为国内法产生的权利予以承认,即把该外国法"并入"国内法中去。

---

① J. Beale, *A Treatise on the Conflict of Laws*, Baker, Voorhis & Co., 1935.
② 美国《冲突法重述(第一次)》第1条规定:任何州都不能制定一部依其本身效力可以在另一州生效的法律;在主权州生效的唯一法律就是它自己的法律,但根据每个州的法律,在该州的权利或其他利益在某些情况下可能依赖于在某个或某些其他州有效的法律。See Restatement (First) of Conflict of Laws (1934), §1.
③ Walter Wheeler Cook, "The Logical and Legal Bases of the Conflict of Laws", 33 *Yale Law Journal* 457-488 (1923-1924).

库克的学说主张一切按国内/本地的法律,过分地夸大了法律的属地性,因此被认为是一种无益的滥调。但从理论上看,库克有两个方面的贡献:一是彻底批判了"既得权说";二是在研究方法上,他主张应通过考察、总结法院在处理法律冲突时的实际做法,来得出应适用的规则。

(二)卡弗斯的优先选择原则

1933年,卡弗斯(David F. Cavers)在《哈佛大学法学评论》上发表了一篇题为《法律选择过程批判》(*The Choice-of-Law Process*)的文章,指出传统的冲突法制度只作"管辖权选择",而不问所选法律的具体内容是否符合案件的实际情况与公正合理的解决。卡弗斯提出优先选择原则(principle of preference theory),主张以"规则选择"或"结果选择"代替"传统的管辖权选择"。

卡弗斯的优先选择原则应遵循的标准有二:一是要对当事人公正,二是要符合一定的社会目的。他认为以上两个标准的实现主要考虑三个方面:首先要审查诉讼事件和当事人之间的法律关系;其次要仔细比较适用不同法律可能导致的结果;最后要衡量这种结果对当事人是否公正以及是否符合社会的公共政策。

1965年,卡弗斯出版了《法律选择程序》①一书,提出了七项解决法律冲突案件的"优先选择原则",进一步完善了他所倡导的"公正论"。

(三)柯里的政府利益分析说

1963年柯里(Brainerd Currie)在其《冲突法论文集》(*Selected Essays on the Conflict of Laws*)中提出了政府利益分析说(governmental interests analysis),柯里直接把不同国家的法律冲突认定为不同国家的利益冲突,其类型有:

真实冲突(true conflicts):两国或两州以上法律均具有适用可能性,且各国或各州均具有适用其本国法或本州法的政府利益,即其法律追求的政策均因适用其法律而有所增进。

虚假冲突(false conflicts):案件所涉各国之间表面上存在法律冲突,有的国家对适用其法律有利益要求,其他国家并不存在此种利益要求,也就是法律规则上的冲突并不反映实际利益的冲突。

无冲突(unprovided-for case):案涉各国对适用本国法都没有政策需求或利益要求。

因应上述冲突,柯里指出了对应的处理方式:

真实冲突:如果两个国家有合法利益,而其中一国为法院地国时,则无论如何应适用法院地法,即使外国的利益大于法院地国的利益;如果两个外国有合法利益,而法院地国为无利益的第三国时,则可以适用法院地法,也可以适用法院依自由裁量认为应适用的法律。

虚假冲突:在审理涉外案件时,如果只有一个国家有合法利益,就应适用这个国家的法律。

柯里赞成尽量适用法院地法。按照其学说,法院在大多数情况下会适用自己国家的法律,这等于否定了冲突法存在的必要性,动摇了经过几百年发展的国际私法体系,因此,他的学说虽然在美国很有影响,却受到了许多学者的反对。英国学者莫里斯(J. H. C. Morris)认为柯里的理论"试图抛开法律选择规范的做法,就像要抛出一个自动飞回的飞镖"。②

---

① David F. Cavers, *The Choice-of-Law Process*, University of Michigan Press, 1965.
② David McClean & Kisch Beevers, *Morris—The Conflict of Laws*, Sweet & Maxwell, 2005, p.538.

(四) 莱弗拉尔的"较好的法律"

1966 年莱弗拉尔(Robert A. Leflar)提出了法律选择的五点考虑,即:

(1) 结果的可预见性;
(2) 州际和国际秩序的维持;
(3) 司法任务的简单化;
(4) 法院地政府利益优先;
(5) 适用较好的法律规范(better rule of law)。[①]

因提倡适用"较好的法律",莱弗拉尔的方法也被称为"较好法律方法"(better law approach)。莱弗拉尔强调冲突法的选择应当从分析影响法律选择的因素入手,通过对法官做法的分析以及对冲突法案件所涉社会、经济问题的考虑,提炼出一些真正影响法律选择的考虑要素。由于其理论的前四点已经在实践中被确定接受,对其理论的争议主要体现在如何确定"较好的法律"上,反对者认为这一考虑会成为法院适用法院地法的借口;[②]支持者认为应当发扬或者进行改良。[③] 在司法实践中,1966 年,新罕布什尔州最高法院在克拉克诉克拉克案的判决[④]中最早运用了莱弗拉尔的学说。

(五) 艾伦茨威格的法院地法说

艾伦茨威格(Albert A. Ehrenzweig)在 1960 年提出法院地法说(doctrine of *lex fori*)。[⑤] 该说在分析和考察以往判例的基础上认为:国际私法所赖以建立和发展的基础是优先适用法院地法,而外国法的适用只是一个例外。法律冲突的解决是法院地实体法的解释问题,即可根据对法院地法的解释结果决定应该适用什么法律。

(六) 里斯:最密切联系理论

里斯(Willis Reese)是《冲突法重述(第二次)》的报告人。《冲突法重述(第二次)》"是从一种没有利益要保护的中立法院的角度来写的,它只是寻求适用最恰当的法律"。在所谓中立法院的基础上,里斯根据"重力中心地""联系聚集地"等观念,提出了一个"最密切联系理论"(doctrine of the closet connection)或"最重要关系理论"(doctrine of the most significant relationship)。

值得一提,最密切联系理论对我国立法亦产生了深远的影响。《法律适用法》第 2 条规定:"涉外民事关系适用的法律,依照本法确定。其他法律对涉外民事关系法律适用另有特别规定的,依照其规定。本法和其他法律对涉外民事关系法律适用没有规定的,适用与该涉外民事关系有最密切联系的法律。"

(七) 美国的其他理论

此外,从工具价值理性的角度出发,美国还有以下较为有影响力的学说:冯·迈伦

[①] See Robert A. Leflar, "Choice-Influencing Considerations in Conflicts Law", 41 *N.Y.U.L.Rev.* 267(1966); see also Robert A. Leflar, "More on Choice—Influencing Considerations", 54 *Calif.L.Rev.* 1584, 1588 (1966).

[②] See Reese, "American Trends in Private International Law: Academic and Judicial Manipulation of Choice of Law Rules in Tort Cases", 33 *Vand.L.Rev.* 717, 725 (1980).

[③] McDougal, "Towards the Application of the Best Rule in Choice of Law Cases", 35 *Mercer L.Rev.* 483 (1984); Ralph U. Whitten, "Improving the 'Better Law' System: Some Impudent Suggestions for Recording and Reformulating Leflar's Choice-Influencing Considerations", 55 *Ark.L.Rev.* 177 (1999).

[④] Clark v. Clark, 22 A. 2d 205 (N.H. 1966).

[⑤] See Albert A. Ehrenzweig, "The Lex Fori—Basic Rule in the Conflict of Laws", 58 *Mich.L.Rev.* 637 (1960).

(Arthur von Mehren)和特劳特曼(Donald Trautman)的"功用分析说"(functional analysis)、巴克斯特的(Baxter)"比较损害说"(comparative-impairment approach)、麦克多格尔(Mc Dougal)的"综合利益分析"(comprehensive interest analysis)。以上学说一同构成了美国国际私法理论"百花齐放"的格局。

二、欧洲大陆国家

在20世纪的欧洲,比较有代表性的国际私法理论主要有以下三种(表3.3):

表3.3 20世纪欧洲代表性的国际私法理论

1. 巴迪福尔	1956年《国际私法之哲学》	协调论
2. 克格尔	1953年《国际私法中的概念法学与利益法学》	利益论
3. 弗朗西斯卡基斯	1958年《反致理论与国际私法的体系冲突》	直接适用的法

1. 法国学者亨利·巴迪福尔(Hemi Batiffol)提出,冲突法的使命在于尊重各国实体法体系的独立性,其任务是充当不同法律制度的协调人。

2. 德国学者格哈德·克格尔(Gerhard Kegel)将国际私法中的利益总结为当事人利益、交往利益和秩序利益三种。在涉外案件中,人们追求的首先是国际私法上的结果,即适用那些得到最佳适用的法律而不考虑其实质内容。在确定了作为准据法的实体私法之后,才在该实体私法的范围内谋求最有利的实质结果。因而,在功能上国际私法正义优先于实体私法正义,国际私法利益优先是一种规则,而实体私法利益优先仅是例外,冲突法规则居支配地位;当依据冲突法规则适用外国实体法违背法院地的公共政策时,法院地的实体私法正义才优先于国际私法正义,排除外国实体私法的适用。①

3. 瑞士学者弗朗西斯卡基斯(Phocion Francescakis)提出,国家制定了一系列具有强制力的法律规范,用以调整某些特殊的法律关系。这些具有强制力的法律规范在调整涉外民事关系时,可以撇开传统冲突规范的援引,而直接适用于涉外民事法律关系。

三、苏联东欧

苏东时期的国际私法理论通常被称为对外政策学派(foreign policy school),即国际私法应以和平共处和国际合作政策为基础,一个国家国际私法规则的内容是基于该国对外政策的任务的,解决国际私法问题,必须从和平共处与和平合作出发,国际私法正是为这种合作服务的。

第五节 中国国际私法的发展

一、古代中国国际私法的发展

法律的产生与发展离不开它赖以生存的社会环境。国际私法调整的是国际民商事法律

---

① 参见邹国勇:《克格尔和他的国际私法"利益论"》,载《比较法研究》2004年第5期,第145—155页。

第三章 国际私法的历史

关系,因此,无论是它的产生还是发展,都离不开开放的国家政策,离不开内外国人平等交往的社会环境。

古代中国很早开始就对外交往。丝绸之路起源于西汉(公元前 202 年—公元 8 年),是汉武帝派张骞出使西域开辟的以首都长安(今西安)为起点,经甘肃、新疆,到中亚、西亚,并连接地中海各国的陆上通道。东汉时期的丝绸之路的起点在洛阳。它的最初作用是运输中国古代出产的丝绸,在明朝时期成为综合贸易之路。1877 年,德国地质地理学者李希霍芬(F. von Richthofen)在其著作《中国》一书中,把"从公元前 114 年至公元 127 年间,中国与中亚、中国与印度间以丝绸贸易为媒介的这条西域交通道路"命名为"丝绸之路"。

公元 651 年,唐王朝颁布的《永徽律》"名例章"中规定:"诸外化人,同类自相犯者,各依本俗法;异类相犯者,以法律论。"《唐律疏义》对此作出了如下解释:"化外人,谓蕃夷之国,别立君长者,各有风俗,制法不同,其有同类相犯者,须问本国之制,依其俗法断之;异类相犯者,如高丽与百济相犯之类,皆以国家法律论定刑名。"上述规定沿袭到了宋代。明朝时期则改为"凡化外人犯罪者,并依律拟断",其理由在于"言此等人,原虽非我族类,归附即是王民……并依常例拟断。示王者无外也"。

除却古法有言,"国际私法"更在晚清时期逐渐成为了一门大学的"必修课"。1898 年,光绪帝颁布"明定国是"诏书,开始"维新变法",并设立京师大学堂。1902 年,清廷下令"参酌各国法律"启动晚清十年立法,京师大学堂仕学馆开学,讲授法学课程。1904 年,《奏定大学堂章程》将法律学列为 10 种专门学之一,京师大学堂首设"法律学门",开中国近现代大学法律专门教育之先河。1906 年,京师政法学堂将"国际私法"作为法律学门 14 门核心课之一。之后,不论是在晚清革新时期,又或是在军阀割据、列强入侵的战火年代,还是在中华人民共和国被国际社会相对孤立的年代,"国际私法"均以不同的形式在大学法学教育的课程当中得以沿袭与传承。

1902 年开始清末第一次民法典编纂,1911 年"修律大臣俞廉三等奏进民律前三编草案折"所称的"编纂之旨"第一项就提到国际私法以及私法平等原则。[①]

> (一)注重世界最普通之法则。瀛海交通于今为盛,凡都邑、巨埠,无一非商战之场,而华侨之流寓南洋者,生齿日益繁庶,按国际私法,向据其人之本国法办理。如一遇相互之诉讼,彼执大同之成规,我守拘墟之旧习,利害相去,不可以道理计。是编为拯斯弊,凡能力之差异,买卖之规定,以及利率时效等项,悉采用普通之制,以均彼我,而保公平。

1918 年,中国首部国际私法单行法规《法律适用条例》颁布。此法形式上采用单行法立法,体系上沿袭德国法律,条文数量上与同期德、日立法相近,但结构安排则迥异于德、日立法。[②]《法律适用条例》设 7 章,共 27 条,相关章节按顺序分别为总纲、关于人之法律、关于亲族之法律、关于继承之法律、关于财产之法律、关于法律行为方式之法律、附则。

---

① 西北政法学院法制史教研室编印:《中国近代法制史资料选辑(1840—1949)》(第一辑),1985 年 2 月,第 421—424 页。
② 参见于飞:《20 世纪初期中国对外国国际私法的移植:以 1918 年〈法律适用条例〉为例》,载《法令月刊》2006 年第 7 期,第 77—81 页。

二、中华人民共和国的国际私法

中华人民共和国成立后的国际私法发展可分为如下四个阶段：

一是1949年中华人民共和国成立到1978年期间，国际私法的缺位时期。由于历史的原因，中国处于相对封闭的社会环境下，中国的国际私法不可能有大的发展。彼时，中国的国际私法研究非常稀少。1978年，改革开放政策的施行以及因此而逐渐增多的涉外民商事交往，催生了国际私法赖以生存的土壤，也提供了国际私法健康发展的前提条件。中国国际私法的发展开始步入正常的历史轨道。

二是1979—1987年，中国国际私法的恢复时期。1979年起，全国陆续恢复了国际私法的教学和研究工作，国际私法学进入了一个新的历史时期。从1978年开始的第一个十年可以说是恢复期，主要是从事国际私法教学和研究的专业人员归队，集中研究国际私法的范围、名称、性质、体系等宏观性基本问题。这从中国国际私法研究会在1987年正式成立后召开的学术会议所讨论的主题及同期发表的一些论文可以清楚地看出。[1] 而1986年制定、1987年开始生效的《民法通则》则大大增进了中国学者研究国际私法的动力。

三是1987—2010年，中国国际私法的复兴时期。越来越多的国际私法硕士和博士加入研究队伍，对国际私法不同领域的具体问题和国别国际私法展开全面研究。以在国内外取得博士学位的中青年学者为主体的国际私法学者们，深入研究中国在开展国际私法立法、司法活动和参与国际立法时面临的新问题。同时，比较国际私法和比较民商法的研究也逐步深入。而这一时期的研究主要以追求中国国际私法的法典化为典型特征，研究的落脚点基本在于立法的完善。最终在2010年，全国人大通过了《法律适用法》。

四是2010年《法律适用法》生效之后，中国国际私法话语的现代化时期。这一时期的研究成果更加关注《法律适用法》的实施效果。此外，越来越多的中国学者在追踪国外国际私法前沿的同时，不断向国外介绍中国国际私法的发展。中国国际私法的国际话语开始引起了关注。

当下的中国俨然已经具备经济发展、思想开放与世界性眼光等基本条件。从"平等互利说""国际交往互利说"到"利益增进说"，再到"建构国际民商事新秩序"的思想，中国历史与当代国际私法理论交织、凝聚与升华，为中国立于世界强族之林，传递"中国好声音"奠定了坚实的涉外民商事理论基础。

第六节 国际私法理论发展总评

总结前述国际私法的历史发展，至少有如下一些结论：

一是开放的经济是国际私法理论存在的基础。国际私法的源起与发展同经济交往有着密切关联。从公元7世纪唐朝，到13、14世纪的意大利，15、16世纪的法国，17世纪的荷兰，以及19世纪的德国、英国、美国和20世纪的美国，国际私法的发展不仅与资本主义的发展密切相关，而且与大国的兴起相互关联。经济的繁荣发展是法律发展的原动力，国际私法理

---

[1] 详见肖永平：《冲突法专论》，武汉大学出版社1999年版，第299—304页。

论的发展离不开国力的强盛,离不开日益扩张的对外交往。

1776年,亚当·斯密(Adam Smith)在《国民财富的性质和原因的研究》(又称《国富论》)中提出经济活动中的制度保障需求。亚当·斯密认为国民财富的增加主要有两种途径:一是提高劳动生产率,它主要依赖于分工的深化和市场交换过程的顺畅;二是增加劳动者人数,而这又依赖于资本积累和适当的资本运用。在这个过程中,坚持经济自由,充分发挥市场这只"看不见的手"的作用,取消政府的不适当干预,让经济活动依其天然秩序运行是最根本的制度保障。可见,经济发展离不开制度基础的保障,国际私法由此而生。

二是国际私法的起源与发展和罗马法的研究有着重要的关系。在19世纪以前,国际私法理论基本上是伴随着对罗马法的研究而提出来的。《巴托鲁斯论冲突法》为后期注释法学派的集大成者,将对罗马法的注释和现实问题的解决结合起来;之后,意大利的人文主义思想传入法国,促进法国法则区别说的发展;随着17世纪荷兰主权观念兴起,胡伯在《论罗马法与现行法》一书中提出国际礼让说。即使到了萨维尼时代,其依旧是在1849年的《现代罗马法体系》中提出了"法律关系本座说"理论。可见,国际私法的研究与罗马法密切相关。

三是国际私法自身的发展也在不同时期有着不同的侧重点。早期罗马法与城邦法冲突,学者们从法则区别的角度研究法律的域外适用,以普遍主义视野解决法律适用问题;胡伯三原则以主权国家为立足点,使法律冲突的解决定位于国家主义;之后萨维尼从"相互交往的国家的国际法律共同体"的角度,认为存在普遍适用的冲突规则;而20世纪的国际私法理论强调国家主义和普遍主义并重,相关理论促进了立法和实践的发展。

四是美国国际私法与其他国家国际私法有着明显区别。20世纪美国国际私法自卡弗斯开始了冲突法的革命,批判传统规则选择的不足,强调结果选择的合理性。实际上,卡弗斯的优先选择原则、柯里的政府利益分析、莱弗拉尔的法律选择五点考虑、艾伦茨威格的法院地法说和里斯的最密切联系理论等,并不是为什么适用外国法的论理,而是如何选择法律的方法,这就使以大陆法系国家的规则优先还是以美国为代表的方法优先的问题,成为国际私法上一个重要的争论。一般而言,规则具有一定的确定性,方法则更具弹性。

五是美国学者提出了结果选择与管辖权选择的概念,表明国际私法,即使是冲突法,也可以是政策导向的。

六是国际私法的发展历史中存在许多具有转折性意义的理论。以巴托鲁斯法则区别说为国际私法理论的先河,胡伯三原则将法律问题由城邦上升到国家。其后,萨维尼在其法律关系本座说中更试图构建国际法律共同体。卡弗斯之后的冲突法革命,使得对国际私法理论的探讨开始从规则转向方法。

【推荐参考资料】

1. 〔比〕海尔特·范·卡尔斯特:《欧洲国际私法》,许凯译,法律出版社2016年版;
2. 〔英〕阿德里安·布里格斯:《冲突法》(第三版),杜焕芳、张文亮、李沣桦注释,中国人民大学出版社2016年版;
3. 〔日〕志田钾太郎口述,熊元楷、熊仕昌编:《国际私法》,上海人民出版社2013年版;
4. 〔德〕马丁·沃尔夫:《国际私法》(第二版),李浩培、汤宗舜译,北京大学出版社2009年版;
5. 〔日〕山田三良:《国际私法》,李倬译,中国政法大学出版社2003年版;

6. 〔法〕亨利·巴蒂福尔、保罗·拉加德:《国际私法总论》,陈洪武等译,中国对外翻译出版公司1989年版;

7. 〔日〕北胁敏一:《国际私法:国际关系法Ⅱ》,姚梅镇译,法律出版社1989年版;

8. 李双元、徐国建主编:《国际民商新秩序的理论建构——国际私法的重新定位与功能转换》,武汉大学出版社2016年版;

9. 萧凯编译:《当代冲突法的理论变迁》,法律出版社2012年版;

10. 李建忠:《古代国际私法溯源:从古希腊、古罗马社会到法则理论的荷兰学派》,法律出版社2011年版;

11. 宋晓:《当代国际私法的实体取向》,武汉大学出版社2004年版;

12. 韩德培、韩健:《美国国际私法(冲突法)导论》,法律出版社1994年版。

13. Hessel E. Yntema, "The Historical Bases of Private International Law", 1 *Am. J. Comp. L.* 297 (1953).

第四章

国际私法的主体

第一节 外国人民事法律地位

★热身问题：
(1) 外国人能否在中国结婚？
(2) 外国人是否有资格报考中国的公务员？

国际私法的任务之一在于解决国际民商事法律关系的冲突，而民商事法律关系的基本精神在于主体地位平等。然而，什么是国际私法关系的主体呢？国际私法关系的主体，是指能够在国际民商事关系中享有权利和承担义务的法律人格者，可以分为四种：自然人、法人、国家和国际组织。确定国际私法主体主要是解决两个问题：主体平等和主体资格。

一、外国人民事法律地位的一般制度

国际私法主要解决国际民商事法律关系的冲突，而民商事法律关系的基本精神在于主体地位平等，没有主体地位平等，就无所谓民商事权利义务关系。所以主体地位平等是一个前置性要素，因此就需要考虑什么样的制度能保证国际民商事主体法律地位平等。主体地位平等分为两大类：内国人与外国人之间平等、外国人与外国人之间平等。外国人民事法律地位是指外国的自然人和法人能在内国享有民事权利和承担民事义务的法律状况，是外国人在内国从事民事活动的前提条件。有关外国人民事法律地位的制度主要有如下几种：

（一）国民待遇（national treatment）

国民待遇，是指一国给予外国人的民事法律地位不低于其给予本国人的民事法律地位，即以互惠原则为出发点，给予外国人与本国人同等的待遇。那么这是否意味着外国人也能在中国担任公务员呢？根据我国《公务员法》第13条的规定，公务员应当具有中国国籍。所以国民待遇并不是指外国人与内国人的具体民事权利完全一样，而是指外国人与内国人受同等的法律限制。这种限制通常以条约的方式作出，但并非一定以条约或法律上的规定为条件。国民待遇保证的是内外国人的主体地位平等。

（二）最惠国待遇（most-favored-nation treatment）

最惠国待遇是指授予国给予受惠国的待遇不低于授予国已经给予或将来给予任何第三国的待遇。如2021年1月中国与美国签订的第一阶段的经济贸易协议中约定，中国给予美国知识产权更高标准的保护和其他优惠待遇，而根据WTO的基本原则，给予美国的优惠待

遇，其他成员国同样享有。因此，最惠国待遇保证了外国人之间的平等。

国民待遇与最惠国待遇的区分如表4.1：

表4.1 国民待遇与最惠国待遇的差异

	国民待遇	最惠国待遇
规定方式	既可以在国内法中规定，也可以在国际条约中规定	双边或多边条约
待遇标准	以给予本国国民的待遇为标准	以施惠国给予任何第三国的待遇为标准
目的	使外国人在某些领域与内国人的民事法律地位相等	使处于一国境内的不同国家的外国人处于平等地位
适用范围	概括性范围	常适用于经济贸易的某些事项，如关税，航行，旅客、行李和货物的过境、铁路、公路的使用

需要注意的是，以下四种例外情形不能适用最惠国待遇：

（1）一国给予邻国的特权与优惠；

（2）边境贸易和运输方面的特权与优惠；

（3）有特殊的历史、政治、经济关系的国家形成的特定地区的特权与优惠；

（4）经济集团内部各成员国相互给予对方的特权与优惠。

（三）其他优惠待遇

1. 优惠待遇（preferential treatment）

优惠待遇是指一国为了某种目的给予外国及其自然人和法人以特定优惠的一种待遇。

2. 普遍优惠待遇（treatment of generalized system of preference）

普遍优惠待遇是指发达国家单方面给予发展中国家以免征关税或减征关税的优惠待遇。荷兰某贸易公司和江苏省某特殊钢绳厂买卖合同案[二维码案例]就涉及普遍优惠待遇。

3. 不歧视待遇（non-discriminate treatment）

不歧视待遇是指有关国家约定互相不把对其他国家或仅对个别国家所加的限制加在对方身上，从而使自己不处于比其他国家更差的地位。

总而言之，国民待遇制度和最惠国待遇制度基本上保证了内外国人之间、外国人之间都基于同样的标准享有平等的法律地位。但这是概括性的平等，在具体的如关税、贸易等方面仍然会有差异。

二、中国法的规定

我国对在国内的外国人给予的保护，在《宪法》层面的主要规定有：《宪法》第18条，中华人民共和国允许外国的企业和其他经济组织或者个人依照中华人民共和国法律的规定在中国投资，同中国的企业或者其他经济组织进行各种形式的经济合作；《宪法》第32条，中华人民共和国保护在中国境内的外国人的合法权利和利益，在中国境内的外国人必须遵守中华人民共和国的法律。也就是说，在中国境内的外国人和投资的合法权利受到保护，但同时也要求其必须遵守中国法律。

在实体的民事权利义务方面，我国《民法典》第12条规定："中华人民共和国领域内的民事活动,适用中华人民共和国法律。法律另有规定的,依照其规定。"对比《民法通则》第 8 条,"在中华人民共和国领域内的民事活动,适用中华人民共和国法律,法律另有规定的除外。本法关于公民的规定,适用于在中华人民共和国领域内的外国人、无国籍人,法律另有规定的除外",《民法典》删除了第 2 款的规定,即在中国境内,适用中国法律,内外国人一视同仁,无须特别提及,没有区别;当然,《法律适用法》有规定的,则适用该规定。

在诉讼权利方面,我国《民事诉讼法》第 5 条规定,外国人、无国籍人、外国企业和组织在人民法院起诉、应诉,同中华人民共和国公民、法人和其他组织有同等的诉讼权利义务。外国法院对中华人民共和国公民、法人和其他组织的民事诉讼权利加以限制的,中华人民共和国人民法院对该国公民、企业和组织的民事诉讼权利,实行对等原则。外国人与内国人享有同等的诉讼权利义务,体现的就是国民待遇;而外国对内国人民事诉讼权利加以限制,我国实行对等原则,体现的就是对等报复,这也说明国民待遇是以互惠原则为出发点的。

★热身问题分析:

对于本章所提的热身问题,我国法律依法保护外国人在中国境内合法的民事权利,外国人在中国与中国公民结婚的权利则受法律的保护。但如果中国公民是现役军人、外交人员、公安人员、机要人员和其他掌握重大机密的人员等,则外国人不能与其结婚。

对于外国人报考公务员一事,根据我国《公务员法》第 13 条的规定,报考中国公务员应"具有中华人民共和国国籍",外国人因为不具有中国国籍,不能报考中国的公务员。

第二节 自 然 人

★热身问题:

甲,20 周岁,出生在美国,父亲是美国人,出生时即具有美国国籍;后来经申请加入了中国国籍,其美国国籍依然保留。

问题:如果甲在中国结婚,如何处理其两个国籍的问题?其结婚的条件是适用中国法还是美国法?

属人法是指与民事主体有关的国家法律,用来解决人的身份、能力、婚姻、亲属和继承等主体资格方面的民事法律冲突。属人法主要以国籍、住所、惯常居所作为连结点,建立起某一地域与自然人或法人之间的法律联系。大陆法系国家通常采用国籍国法,英美法系国家通常采用住所地法。因此,确定自然人的国籍和住所就非常重要。

一、自然人国籍的冲突及其解决

(一)国籍的冲突及其解决

国籍是指一个人属于某一国家的国民或公民的法律资格。

由于国籍的确定在原则上属于国内法问题,而各国国籍法关于国籍的取得和丧失的规定存在很大差异,因而出现了国籍冲突现象。国籍冲突可分为两类:国籍的积极冲突,即一个人同时具有两个或两个以上国家的国籍;国籍的消极冲突,即一个人不具有任何国家的国籍。

国际公法和国际私法解决国籍冲突的目的不同:国际公法的目的在于消除多重国籍和

无国籍现象;国际私法的目的除确定当事人的民事法律地位外,主要是确定应适用的当事人的本国法,即在当事人具有双重或多重国籍时,究竟应依哪一个国籍确定其属人法;在当事人无国籍时,应如何确定其属人法。①

自然人国籍积极冲突的主要解决方法见表4.2:

表4.2 自然人国籍积极冲突的主要解决方法

内外国籍冲突	国际上通行按照"内国国籍优先"解决,以内国法为当事人的本国法。
数个外国国籍冲突	有如下四种方法: ◇ 取得在先的国籍优先; ◇ 取得在后的国籍优先; ◇ 住所或惯常居所地国籍优先; ◇ "实际国籍"优先。

对于自然人国籍的消极冲突,以当事人住所地所在国的法律为其本国法,如果当事人无住所或其住所不能确定时,以其居所地国法为其本国法。

(二)国籍作为属人法的优缺点

大多数大陆法系国家,特别是在欧洲大陆,国籍是冲突法上属人法最重要的连结因素。②相较于住所,国籍至少有如下两点优势:

第一,国籍比住所更稳定,因为没有新国籍国家的正式同意,国籍不能改变。

第二,国籍比住所更容易确定,因为它必须有入籍的正式行为而不依赖于当事人的主观意向,尽管可能有双重国籍和无国籍这样的困难情况,但在一般情况下,国籍还是容易确定一些。③

但国籍作为属人法的连结点,至少有下列不足之处:

首先,当事人或许同国籍国完全失去了联系,或从未同它发生过联系。国籍原则实现了稳定,但可能牺牲了个人选择法律制度的自由。"它可能要对一个人适用违背其本身意愿的国家的法律,而这个国家或许是他冒着生命危险要逃离的国家。"④

其次,实践中,法院经常会遇到自然人有两个以上国籍或无国籍的情况。在此情形下,法院需要借助其他连结因素,比如经常居所,来确定属人法。⑤ 国籍标准有时比住所标准更容易犯错误。依英国法,没有人不拥有一个住所,没有人能够同时拥有一个以上的住所。然而,此人可能是无国籍者或双重、多重国籍者。

最后,国籍并不总能决定一个人的本国法,特别是对于复合法域国家,由于其内部包含多种法律制度不同的政治单位,如英国、美国、澳大利亚和加拿大这样的国家,因其一般不存在所谓"英国法律""美国法律""澳大利亚法律"和"加拿大法律",国籍也就不能发挥作用了。⑥

---

① 韩德培主编:《国际私法》(第三版),高等教育出版社、北京大学出版社2014年,第61页。
② See Lawrence Collins, et al., *Dicey & Morris on the Conflict of Laws* (vol. I), Sweet & Maxwell, 2000, p.153.
③ Ibid.
④ A. E. Anton, *Private International Law: A Treatise from the Stand-Point of Scots Law*, 2nd ed., Green & Son, 1990, p.123.
⑤ Ibid.
⑥ 参见肖永平:《中国冲突法立法问题研究》,武汉大学出版社1996年版,第119—120页。

（三）中国法的规定

★**热身问题分析**：

我国《国籍法》第 3 条规定,中华人民共和国不承认中国公民具有双重国籍。例如,中国恢复对澳门行使主权后,澳门居民国籍的确定就涉及双重国籍的处理问题[二维码案例]。

另外,需要注意的是,中国《法律适用法》对于国籍积极冲突和消极冲突下的法律适用问题,均作出了规定。该法第 19 条规定:"依照本法适用国籍国法律,自然人具有两个以上国籍的,适用有经常居所的国籍国法律;在所有国籍国均无经常居所的,适用与其有最密切联系的国籍国法律。自然人无国籍或者国籍不明的,适用其经常居所地法律。"

虽然甲既具有美国国籍,又具有中国国籍,但如果其在中国境内结婚,则根据中国《国籍法》的规定,中国将不承认其具有美国国籍,其在中国境内的结婚条件无须适用《法律适用法》的规定。①

二、自然人住所的冲突及其解决

（一）住所的概念

住所就是一个人的经常居住地,是个人与主要居住地之间形成的法律关系,借以表明一个人的民事身份以及其权利与义务应受该地法律的管辖。一般认为,居住者的主观常住意图和客观久住事实是决定住所的两个重要因素。

（二）自然人住所的冲突

各国法律几乎都承认个人享有改变与选择住所的自由。由于不同国家关于住所的法律规定不同,就会造成某人既丧失了原有住所,又未取得新住所,成为无住所之人,或者同时拥有两个以上的住所的情形。因此自然人住所的冲突可分为两类:住所的积极冲突,即一个人同时在两个或两个以上国家有住所;住所的消极冲突,即一个人在任何国家都没有住所。

住所积极冲突的解决原则大体与解决国籍积极冲突相似:

其一,如果自然人的多个住所中既有内国住所,又有外国住所,以内国住所优先,而不论其取得住所时间的先后。

其二,如果自然人的多个住所均在外国,且不是同时取得的,一般以最后取得的住所优先;同时取得的,一般以其居所或与当事人有最密切联系的那个国家的住所为其住所。

对于住所的消极冲突,各国主要采取两种方法:

第一,以居所或惯常居所代替住所;以最后住所为住所,若无最后住所,则以居所或惯常居所代替住所。第二,如果当事人既无住所又无惯常居所,通常以当事人的实际所在地为住所地,即以现在所在地法为其住所地法。

（三）住所作为属人法连结点的利弊

采用住所标准的优点是:(1)对属人法所规定的身份、能力等事项,与其根据作为政治

---

① 《法律适用法》第 21 条规定:结婚条件,适用当事人共同经常居所地法律;没有共同经常居所地的,适用共同国籍国法律;没有共同国籍,在一方当事人经常居所地或者国籍国缔结婚姻的,适用婚姻缔结地法律。

纽带的国籍,不如根据作为本人生活中心的家庭这一永久所在地的住所地法更为妥当。因为国籍表示一个人的政治身份,借此确定他效忠于某个特定国家;住所表明一个人的民事身份,它确定这个人权利和义务应适用的法律。(2)通过变更住所的个人行为来取得属人法的变更,这是更自由的个人主义制度。(3)在没有统一法制的国家,住所是唯一可行的标准。因为这些国家包含着不同的法律制度,"本国法"在这些国家没有意义。(4)在采用住所地法主义的国家,通常规定人只有一个住所,因而较之可能导致双重国籍或无国籍的本国法主义更为优越。

采用住所标准的主要缺点是:(1)要准确地确定一个人的住所,比准确确定他的国籍常常要困难得多,因为住所大半以意思为转移,而意思可能不容易证明。(2)住所的概念不仅在各个国家之间存在着很大分歧,即使在同一个国家也往往发生激烈的争论,而国籍这个概念并不含糊。(3)身份关系的准据法应具有持久性,在这一点上,住所地法主义比不上国籍。更何况为了达到离婚等特定目的,可以在住所上弄虚作假,在国籍有决定意义的地方,这种规避几乎是不可能的。(4)经常发生一个人的法定住所同现实相脱节的情况,因为过分强调固有住所的重要性,加上某些法律教条,常会把完全不是他家的地方说成是一个人在这个国家的住所。①

(四)中国的实践

中国《法律适用法》第20条规定:"依照本法适用经常居所地法律,自然人经常居所地不明的,适用其现在居所地法律。"

三、惯常居所

(一)我国属人法连结点的选择与考量

经常居所通常是指自然人出于临时定居的目的,自愿并经常居住在某一个国家或地区。② 在我国涉外法律关系的法律适用中,经常居所并非一个经常使用的法律概念,但与国籍和住所作为属人法的连结点相比较,其仍然具有相对优势。这也许是其作为属人法主要连结点规定在《法律适用法》中的原因。

1. 经常居所的比较优势

在传统的属人法领域,住所和国籍分别是英美法系国家和大陆法系国家最主要的连结点。但晚近二者均受到了强烈的批判,经常居所则成为国际和国内立法的首选。

就住所而言,其在全球范围内概念并不统一。对大陆法系国家而言,它可能意味着经常居所。而在大部分英美法系国家,它等同于一个人永久的家。③ 在美国,住所是自然人因特定的法律目的而有稳定联系的地方(该自然人的家在该地方或法律指定该地方)。④ 住所可分为原始住所和选择住所。⑤ 自然人要想获得选择住所,不仅需要居住于此,⑥还要有在该

---

① 参见肖永平:《中国冲突法立法问题研究》,武汉大学出版社1996年版,第124—125页。
② See Shah v. Barnet LBC [1983] 2 AC 309.
③ *Whicker v Hume* (1858) 7 HL Cas 124 at 160.
④ See Restatement (First) of Conflict of Laws, section 9 (1934).
⑤ 原始住所是指自然人出生时取得的住所,通常以父母之住所为原始住所;选择住所则是指自然人出生后依久住意思和居住事实选择取得的住所。See Restatement (First) of Conflict of Laws, sections 14 & 15 (1934).
⑥ See Restatement (First) of Conflict of Laws, section 16 (1934).

地安家的意图。① 在英国,"住所就意味着家,永久的家"②,没有人能够没有住所而存在,也没有人为同样的目的同时拥有两个住所。③ 英国有关住所的规则非常复杂,常常难以明确判断,因此容易导致结果的不确定性。④ 传统住所的概念在英格兰已受到法律改革机构严厉的批判。⑤ 而在新西兰⑥、澳大利亚⑦和加拿大⑧,同样复杂的概念则已经被修改。

在当今的英美法系国家,尽管住所仍是属人法最基本的连结点,但时至今日亦大不如从前那般稳固而安全。"法院,尤其是立法机关,正在使用各种形式的居所或者国籍作为连结点,以替代住所。"⑨住所已是一个渐趋废弃的概念。⑩

国籍作为连结点已经受到广泛的批判,⑪并逐渐为近来的立法所抛弃。而且在替代国籍的连结点上,学界通常认为,经常居所至少比住所更容易接受。⑫ 在国籍和住所均不能成为属人法令人满意的连结点的情况下⑬,弃之并代之以其他的连结点便成为自然的选择。⑭ 而采用经常居所作为属人法的连结点,至少存在三个方面的优势。

首先,相对于住所而言,经常居所更容易确定。住所是自然人以久住的意思而居住的某一处所。住所在更大的程度上依赖当事人的意图。⑮住所的确定不仅需要考察当事人的行为,更需要考察当事人的意图。⑯已有的国际实践充分表明,不论是永久居住还是当事人的意图,在确定上都面临着很大的困难。⑰另外,在中国,适用住所地法无异于经常居所地法。《民

---

① See Restatement (First) of Conflict of Laws, sections 18, 19, 20 (1934).

② *Whicker v Hume* (1858) 7 H. L. Cas. 124, at 160.

③ See Lawrence Collins, et al., *Dicey & Morris on the Conflict of Laws* (vol. I), Sweet & Maxwell, 2000, pp. 110-146; James Fawcett and Janeen M. Carruthers, *Cheshire, North & Fawcett: Private International Law*, 14th ed., Oxford University Press, 2008, pp. 155-156.

④ James Fawcett and Janeen M. Carruthers, *Cheshire, North & Fawcett: Private International Law*, 14th ed., Oxford University Press, 2008, p. 154.

⑤ See J. D. McClean, *Recognition of Family Judgments in the Commonwealth*, Butterworth, 1983, Chapter 1; P. M. North, *Private International Law of Matrimonial Causes in the British Isles and the Republic of Ireland*, North-Holland Publishing Co., 1977, Amsterdam 10-15; James Fawcett and Janeen M. Carruthers, *Cheshire, North & Fawcett: Private International Law*, 14th ed., Oxford University Press, 2008, p. 182.

⑥ See Domicile Act 1976.

⑦ See Domicile Act 1982 (Cth) (which applies to the Australian Capital Territory, the Jervis Bay Territory and declared external territories); Domicile Act 1979 (NSW); Domicile Act (NT); Domicile Act 1981 (Qld); Domicile Act 1980 (SA); Domicile Act 1980 (Tas); Domicile Act 1978 (Vic); Domicile Act 1981 (WA).

⑧ See The Domicile and Habitual Residence Act 1983 of Manitoba.

⑨ Lawrence Collins, et al., *Dicey & Morris on the Conflict of Laws* (vol. I), Sweet & Maxwell, 2000, p. 152.

⑩ O. Kahn-Freund, Wills Act, 1963, 27 *M. L. Rev.* 55-57 (1964).

⑪ 关于其他方面的不足,参见 David F. Cavers, "Habitual Residence: a Useful Concept?" 21 *Am. U. L. Rev.* 476-477 (1972); L. I. De Winter, "Domicile or Nationality? The Present State of Affairs", *Recueil des Cours* 347, 1969, p. 128.

⑫ Lawrence Collins, et al., *Dicey & Morris on the Conflict of Laws* (vol. I), Sweet & Maxwell, 2000, p. 154.

⑬ See David F. Cavers, "Habitual Residence: a Useful Concept?" 21 *Am. U. L. Rev.* 477 (1972); L. I. de Winter, *ibid*, pp. 419-423.

⑭ See Peter Stone, "The Concept of Habitual Residence in Private International Law", 29(3) *Anglo-American Law Review* 342 (2000).

⑮ 参见杜新丽:《从住所、国籍到经常居所地——我国属人法立法变革研究》,载《政法论坛》2011年第3期,第31—32页;杜焕芳:《论惯常居所地法及其在中国的适用》,载《政法论丛》2007年第5期,第83页。

⑯ *Munro v. Munro*, (1840) 7 Cl & Fin 842.

⑰ See James Fawcett and Janeen M Carruthers, Cheshire, North & Fawcett: Private International Law 154, 14th ed., Oxford University Press, 2008.

法典》第 25 条规定,自然人以户籍登记或者其他有效身份登记记载的居所为住所;经常居所与住所不一致的,经常居所视为住所。《民法通则意见》第 9 条曾规定,"公民离开住所地最后连续居住一年以上的地方,为经常居住地"。通常的情况下,公民的经常居所地与他的住所是重合的;而当二者不一致时,《民法典》要求将经常居所地视为住所。在涉外案件中,这也就意味着要适用经常居所地法。因此,根据上述法律规定,适用住所地法最终还是要适用经常居所地法。

其次,当代国际社会人员流动频繁,经常居所地通常是自然人的生活中心和利益中心。例如,一个自然人在其经常居所地国收养一个婴儿,与之密切联系的当然是该经常居所地国的法律,而且出于维护和尊重当地秩序和社会道德的考虑,经常居所地法也应该适用于这一法律行为,而不是与经常居所地不同的住所地法或者国籍国法。[1]

最后,经常居所是解决多重国籍或者多个住所冲突的主要方案。[2] 1955 年《解决本国法和住所地法冲突的公约》中,经常居所成为解决大陆法系国家的国籍国法和英美法系住所地法冲突的唯一方案。[3] 在我国,《民法通则意见》也曾规定,"有双重或多重国籍的外国人,以其有住所或者与其有最密切联系的国家的法律为其本国法"[4]。"当事人的住所不明或者不能确定的,以其经常居住地为住所。"[5] 与其用经常居所解决国籍和住所的积极冲突,不如直接使用经常居所作为连结点。

在国际立法上,自从在 1902 年海牙国际私法会议《关于未成年人监护问题的公约》中首次被采用以来,[6]经常居所地作为连结点,在众多的海牙国际私法条约中得到越来越多的规定,诸如,1955 年《解决本国法和住所地法冲突的公约》[7]、1961 年《婴儿保护方面主管机关的权力以及法律适用公约》[8]、1980 年《国际诱拐儿童民事方面的公约》[9]、1996 年《关于父母责任和儿童保护措施方面的管辖权、法律适用、判决承认与执行领域以及合作的公约》[10]以及 2007 年《扶养义务的法律适用协定》。[11] 在海牙国际私法会议缔结的条约中,经常居所已经成为最受欢迎的连结点。[12]

除了前述海牙公约普遍采用经常居所外,在晚近欧盟的相关立法中,经常居所也已经成

---

[1] See James Fawcett and Janeen M. Carruthers, *Cheshire, North & Fawcett: Private International Law*, 14th ed., Oxford University Press, 2008, p.154.

[2] 参见杜新丽:《从住所、国籍到经常居所地——我国属人法立法变革研究》,载《政法论坛》2011 年第 3 期,第 31 页;杜焕芳:《论惯常居所地法及其在中国的适用》,载《政法论丛》2007 年第 5 期,第 83 页。

[3] See the Preface in the Convention of 15 June 1955 relating to the Settlement of the Conflicts between the Law of Nationality and the Law of Domicile.

[4] 《民法通则意见》第 182 条。

[5] 《民法通则意见》第 183 条。

[6] See Art. 9 of the Convention of 1902 relating to the Settlement of Guardianship of Minors. The Convention was concluded on 12 June 1902, and effective from 30 July 1904.

[7] 诸如该公约第 5 条,1955 年 6 月 15 日缔结。

[8] See Arts. 4 & 5 of the Convention of 5 October 1961 concerning the powers of authorities and the law applicable in respect of the protection of infants, concluded on 5 October 1961.

[9] 1980 年 10 月 25 日缔结,See Arts. 4 & 8.

[10] 1996 年 10 月 19 日缔结,See Arts. 5, 6, 7, 10.

[11] 2007 年 11 月 23 日缔结,See Arts. 3, 4, 5, 6 & 8.

[12] See James Fawcett and Janeen M. Carruthers, *Cheshire, North & Fawcett: Private International Law*, 14th ed., Oxford University Press, 14th ed., 2008, p.182; Lawrence Collins, et al., *Dicey & Morris on the Conflict of Laws* (vol. I), Sweet & Maxwell, 2000, p.168.

为一个主要的连结因素。诸如《关于继承的管辖权、法律适用、决定的承认与执行、相关真实文书的接受和执行以及欧洲继承证书创立的第 650/2012 号条例》[①]、《关于在离婚和分居法律适用领域中执行加强型合作的第 1259/2010 号条例》(《罗马条例Ⅲ》)[②]、《罗马条例Ⅰ》[③]、《罗马条例Ⅱ》。[④]

专门性国际组织缔结的条约以及最大区域联盟的立法对经常居所作为属人法连结点的采用,能够充分说明经常居所地在法律适用领域的重要地位和价值。尽管如此,经常居所作为涉外法律适用法的连结点,依然充满着争议。事实上,任何事情都有积极和消极的一面,经常居所也不例外。但考虑到我国日益频繁的跨国人员流动,特别是经常居所在作为属人法连结点上相对于住所和国籍的优势,以及当今国际社会属人法立法的整体趋势,经常居所无疑具有比较优势。这也是其为我国立法机关广为采纳的原因。

2. 经常居所的不足

在《法律适用法》的制定过程中,反对使用经常居所作为属人法连结点的主要有两个方面意见:一是不利于中国公民权利的保护,二是经常居所是一个模糊的概念。

首先,近年来,每年都有上千万的中国公民出国旅行、临时居住或移民到外国,而来华的人数则小于中国公民出境的人数。[⑤] 整体上,中国是一个移民输出国,而并不是移民输入国。目前,大多数移民输入国,例如美国、加拿大、瑞士和比利时,均采用住所地法和经常居所地法作为属人法,以使本国的法律能有更多的机会适用于在本国境内的外国人。而移民输出国则出于保护本国国民的考虑,更多地主张适用国籍国法,即使本国国民旅行或移居到外国,本国法也能得到适用,从而更好地保护本国国民。[⑥] 由于目前我国主要是移民输出国,采用国籍作为属人法的连结点,将有利于中国法的适用;而采用住所地法和经常居所地法,则等于将更多适用中国法的机会让与外国法。

其次,经常居所是一个模糊不清的概念。[⑦] 经常居所的不确定性主要存在于两个方面:评估期间和定居意图。评估期间因国家不同而不同,有时即使在一个国家内部不同的法院,亦会有不同的认定。[⑧] 在澳大利亚的一起案件中,3个月即满足了评估时间的要求[⑨];而在另一

---

① See Arts. 21, 27, 28, 36 of the Council Regulation (EU) No 650/2012 of the European Parliament and of the Council of 4 July 2012 on jurisdiction, applicable law, recognition and enforcement of decisions and acceptance and enforcement of authentic instruments in matters of succession and on the creation of a European Certificate of Succession.

② See Arts. 5, 6, 7, 8 of the Council Regulation (EU) No 1259/2010 of 20 December 2010 Implementing Enhanced Cooperation in the Area of the Law Applicable to Divorce and Legal Separation.

③ See Arts. 4, 5, 6, 7 of the Regulation (EC) No 593/2008 of the European Parliament and of the Council of 17 June 2008 on the law applicable to contractual obligations (Rome Ⅰ).

④ See Arts. 4, 5, 10, 11, 12, 23 of the Regulation (EC) No 864/2007 of the European Parliament and of the Council of 11 July 2007 on the law applicable to non-contractual obligations (Rome Ⅱ).

⑤ 据统计,2011 年,全国出入境边防检查机关共查验出入境人员 4.11 亿人次,与 2010 年同期相比增长 7.6%,其中内地居民 1.4 亿人次,港澳台居民 2.17 亿人次,外国人 5412 万人次。参见公安部出入境管理局:《2011 年出入境人员和交通运输工具数量同比稳步增长》,2012 年 01 月 14 日,访问地址:http://www.mps.gov.cn/n16/n84147/n84196/3100875.html,2012 年 12 月 12 日最后访问。

⑥ 参见杜涛:《国际私法的现代化进程:中外国际私法改革比较研究》,上海人民出版社 2007 年版,第 209—210 页。黄栋梁:《我国 2010 年〈涉外民事关系法律适用法〉中的属人法问题》,载《时代法学》2011 年第 4 期,第 107 页。

⑦ 黄栋梁:《我国 2010 年〈涉外民事关系法律适用法〉中的属人法问题》,载《时代法学》2011 年第 4 期,第 105—106 页。

⑧ See James Fawcett and Janeen M. Carruthers, *Cheshire, North & Fawcett: Private International Law*, 14th ed., Oxford University Press, 2008, pp.187-189; see also Lawrence Collins, et al., *Dicey & Morris on the Conflict of Laws* (vol. Ⅰ), Sweet & Maxwell, 2000, pp.150-151.

⑨ See *V v B (A Minor) (Abduction)* [1991] FCR 451, [1991] 1 FLR 266.

个案件中,7 周的时间仍不足以成为经常居所。① 在英国,1998 年 Re A(Abuduction: Habitual Residence)案②中,1 个月的居住期限满足了惯常居所评估期间的要求;2001 年的一个案件中 161 天也满足了经常居所的要求③;但 2003 年的一个案件中 71 天却不满足。④虽然经常居所在英国、加拿大、澳大利亚、新西兰等运用了多年,且存在大量的案件,但评估期间仍由法官根据案情自由裁量,没有一个固定的期间。

相对于评估期间,定居意图则更具模糊性。定居意图通常是指自然人打算暂时并且规律地在某地生活的意愿。⑤ 它意味着当事人至少以生活在某一个具体地方为目的。一般而言,居住的时间越长,定居的意图越容易判断。由于定居意图是对当事人主观意思的推断,因此,实践中的不确定性也愈加明显。⑥

在《法律适用法》公布之前,属人法的连结点主要是国籍和住所,经常居所主要是用来确定住所的因素。虽然其具有一定的比较优势,但在我国依然存在着诸多不利的因素。

> 假设一名中国石油工人甲在伊拉克工作了 2 年,根据目前《法律适用法》的规定,会出现如下情况:
> (1) 他的权利能力⑦和行为能力⑧、人格权⑨、宣告失踪和宣告死亡⑩,均会适用伊拉克的法律;
> (2) 假如甲想与其生活在一起的中国女朋友乙结婚,关于他们结婚的条件和人身关系将由伊拉克法律决定⑪;
> (3) 当甲死亡并留有财产在伊拉克,关于他的动产继承将由伊拉克的法律决定。⑫

排他性地使用经常居所作为连结点,可能会切断临时居住在国外的本国国民与其国家之间的联系。⑬ 尽管他们客观上仍与中国保持密切的联系,这些中国居民与他们的子女也可能难以得到中国法律和中国法院的救济。

在上述假设中,如果案件在中国法院涉诉,本来适用中国法律可能更加合理,但根据目前中国《法律适用法》的规定以及现有关于经常居所的界定,法院将不得不适用伊拉克的法律来处理纠纷。审判中,不仅查明伊拉克的法律非常困难,而且可能违背当事人的意愿。在

---

① See *Re A (Abduction: Habitual Residence)* [1998] 1 FLR 497.
② [1998] 1 FLR 497.
③ See *Ikimi v Ikimi* [2001] EWCA Civ 873.
④ See *Armstrong v Armstrong* [2003] EWHC 777 (Fam).
⑤ See James Fawcett and Janeen M. Carruthers, *Cheshire, North & Fawcett: Private International Law*, 14th ed., Oxford University Press, 2008, p. 189.
⑥ See James Fawcett and Janeen M. Carruthers, *Cheshire, North & Fawcett: Private International Law*, 14th ed., Oxford University Press, 2008, pp. 189-190.
⑦ 《法律适用法》第 11 条。
⑧ 《法律适用法》第 12 条。
⑨ 《法律适用法》第 15 条。
⑩ 《法律适用法》第 13 条。
⑪ 《法律适用法》第 21 和 23 条。
⑫ 《法律适用法》第 31 条。
⑬ See The Law Commission and the Scottish Law Commission, "Private International Law: the Law of Domicile", 107 *Scot. Law Com.* 10 (1987).

现有立法不变的情况下,如何界定经常居所就显得特别重要。

(二) 我国属人法连结点的变迁

随着《法律适用法》的颁布,属人法的连结点在我国逐渐从多元走向单一。在《法律适用法》实施以前,我国关于属人法的规定不多,并且主要集中于自然人行为能力、涉外动产的法定继承和扶养领域,但适用的法律则十分多元化,包括定居国法、国籍国法、住所地法、行为地法、财产所在地法以及最密切联系原则地法等。

例如,在确定当事人行为能力的法律适用上,《民法通则》采用定居国法[1];1988年《民法通则意见》进一步规定了定居国法、行为地法以及住所地法[2];而2004年《票据法》则规定适用国籍国法,并以行为地法加以限制。[3]

在扶养的法律适用上,《民法通则》采用最密切联系原则作为连结点;[4]《民法通则意见》则将最密切联系国家的法律扩展至国籍国法、住所地法以及供养被扶养人的财产所在地法。[5] 另外,在涉外动产的继承[6]、涉外监护[7]等问题上,相关法律规定则采用住所或者国籍,或者二者并用作为确定相关法律适用的连结点。

在《法律适用法》颁布以前,经常居所并不是一个连结点,它只是在确定法律适用时用来判定住所的因素。[8]《法律适用法》颁布以后,经常居所完全取代了住所,并部分地取代国籍,逐步简化或统一了属人法的连结点。在《法律适用法》的52条规定中,"经常居所"出现44次,分布在25条规定之中。在这25条中,关于经常居所的规定有5种情形:

一是唯一连结点。例如,该法第11条规定:"自然人的民事权利能力,适用经常居所地法律。"在该规定中,经常居所地是唯一的连结因素,没有其他连结点进行补充。此类规定在《法律适用法》中有6条。[9]

二是首要连结点,即法律关系首选连结点是经常居所地,在经常居所地不存在的情况下,或者案件存在特殊情形时,以其他连结点进行补充。例如,该法第21条规定:"结婚条件,适用当事人共同经常居所地法律;没有共同经常居所地的,适用共同国籍国法律;没有共同国籍,在一方当事人经常居所地或者国籍国缔结婚姻的,适用婚姻缔结地法律。"此类规定在《法律适用法》中有6条。[10]

三是替代连结点。例如,该法第24条规定:"夫妻财产关系,当事人可以协议选择适用一方当事人经常居所地法律、国籍国法律或者主要财产所在地法律。当事人没有选择的,适用共同经常居所地法律;没有共同经常居所地的,适用共同国籍国法律。"在该条中,首先适用的是当事人意思自治原则;当事人没有选择的,经常居所地作为连结点才能指引案件所应

---

[1] 《民法通则》第143条。
[2] 参见《民法通则意见》第179条、第180条、第181条。
[3] 《票据法》第96条。
[4] 《民法通则》第148条。
[5] 《民法通则意见》第189条。
[6] 《民法通则》第149条,1985年《继承法》第36条。
[7] 《民法通则意见》第190条。
[8] 《民法通则》第15条。
[9] 《法律适用法》第11条、第13条、第15条、第31条、第46条以及第28条前两句。
[10] 《法律适用法》第12条、第21条、第23条、第25条、第42条、第45条。

适用的法律。此类规定也有6条。①

四是任选连结点。例如,该法第29条规定:"扶养,适用一方当事人经常居所地法律、国籍国法律或者主要财产所在地法律中有利于保护被扶养人权益的法律。"在此条的规定中,经常居所地只是三个可选择性因素之一。此类规定在《法律适用法》中也有6条。②

五是多重国籍下国籍国法的确定③和自然人经常居所地不明时经常居所地法的确定。例如,该法第20条规定,依照该法适用经常居所地法律,自然人经常居所地不明的,适用其现在居所地法律。

在适用范围上,经常居所地法也有很大程度的扩张。其不仅适用于先前住所和国籍作为连结点的属人法领域,诸如自然人行为能力领域、扶养、监护和继承,也适用于自然人的权利能力、法人的权利能力和行为能力、自然人的宣告失踪或者宣告死亡、人格权、婚姻、收养等传统法律没有规定的领域。④

从《法律适用法》的规定来看,住所作为连结点被完全抛弃,国籍的功能在弱化,仅作为替补性或者选择性的连结点出现在《法律适用法》规定的10个条文中。⑤《法律适用法》的规定不仅使属人法的连结点在我国完成了从多元向单一的转变,而且使经常居所成为我国处理涉外民商事案件最主要的连结点。

(三) 经常居所的界定

《法律适用法解释(一)》对经常居所进行了规定,其第13条规定:"自然人在涉外民事关系产生或者变更、终止时已经连续居住一年以上且作为其生活中心的地方,人民法院可以认定为涉外民事关系法律适用法规定的自然人的经常居所地,但就医、劳务派遣、公务等情形除外。"最高人民法院认为经常居所具有如下特点:

1. 经常居所地是涉外民事关系产生或者变更、终止时已经连续居住一年以上的地方。例如,林美凤、陈雪花民间借贷纠纷案[二维码案例]就涉及"一年"时间的认定。

2. 经常居所地是生活中心地。例如,王雲玲、烟台正大葡萄酒有限公司民间借贷纠纷案[二维码案例]就涉及"生活中心"认定问题。

3. 例外情形。从司法解释的规定来看,在国外就医治疗、被劳务派遣在国外务工、因公务在国外工作、培训学习等都不应属于在国外经常居住。

总体来看,该规定一方面兼顾了传统法律中"连续居住一年以上"的要求,另一方面"作为其生活中心的地方"又使该规则保持了一定的弹性,同时,又将就医、留学和劳务派遣排除在外。

---

① 《法律适用法》第14条、第24条、第26条、第44条、第47条以及第28条第3句的规定。
② 《法律适用法》第22条、第29条、第30条、第32条、第33条、第41条。
③ 《法律适用法》第19条。
④ 除此之外,经常居所在《法律适用法》中进一步向其他领域渗透,诸如消费者合同(第42条)、侵权责任(第44条)、产品责任(第45条),通过网络或者其他方式侵害姓名权、肖像权、名誉权、隐私权(第46条),以及不当得利和无因管理(第47条)。
⑤ 《法律适用法》第21条、第22条、第23条、第24条、第25条、第26条、第29条、第30条、第32条、第33条。

第三节 法 人

法人是指按法定程序设立,有一定组织机构和独立的财产,并能以自己的名义享有民事权利、承担民事义务的社会组织。由于各国对法人成立要求的条件不同,在一国成立的法人要到外国以法人的名义从事活动,其法人资格需得到外国的承认。法人由哪国、依据什么法律赋予其人格,用什么标准区分内、外国法人,法人成为民事权利与义务主体应具备哪些条件,这些问题的解决在国际私法领域具有重要意义。

法人的国籍和住所是确定法人属人法的前提,因而有必要讨论法人的国籍和住所的确定问题。

一、法人的国籍

法人的国籍是对自然人国籍的扩展适用,它表明法人与某一国家之间特定的法律联系。如何确定一个法人的国籍,国际上无一致的做法,主要有下列不同主张:

1. "法人登记地说",又称"设立地说",即以注册登记地确定法人的国籍,凡在内国设立的法人即为内国法人,凡在外国设立的法人即为外国法人。这一主张所依据的理由是:一方面,国家的批准和登记创造了法人,因而法人应具有设立国籍;另一方面,法人的登记地容易确定、分辨。但是,该标准极易导致法律规避。我国《法律适用法》第14条第1款就规定,法人及其分支机构的民事权利能力、民事行为能力、组织机构、股东权利义务等事项,适用登记地法律。

2. "成员国籍说",亦称"资本控制主义",即依法人的成员或董事会董事的国籍决定法人的国籍。这种主张认为,法人是由其设立人建立起来的组织,法人的权利实际上属于设立法人的自然人,因而法人不能脱离其设立人而独立,法人只能与其设立人同一国籍。该主张在实践中的难处在于,难以确定法人的资本究竟掌握在何人手中,且控制资本的股东是经常变动的,而一旦法人发行无记名股票,其国籍就更难确定了。另外,股东人数众多,且国籍不同时,究竟该以人数的多少还是出资额的多寡来确定国籍,亦有争议。

3. "住所地主义说",即依法人的住所决定其国籍。其依据在于法人的住所是其经营管理和经济活动的中心。但是,对于究竟应以何处为法人的住所,学者见解和各国实践尚不一致。对住所地主义持反对意见的人认为,该学说为法人规避法律提供了突破口,法人可以随意选择住所来改变其国籍。

4. "法人设立准据法说",即以法人设立时所依据的准据法为标准确定法人的国籍。其理由是任何法人都是依一定国家法律的规定并基于该国明示或默示的认可而成立的。如果法人的实际活动处所不在其成立国而在另一国,并按另一国的法律具有其国籍,则应视为该另一国的法人。

5. "实际控制说",即依法人资本实际控制国决定法人的国籍。其所依据的理由是应透过表面现象,看法人实际为哪一个国家所控制,为哪一个国家的利益服务。但随着法人股份化现象日益突出,该主张在现代难有普遍影响力。

6. "复合标准说",即综合运用上述标准以决定法人的国籍。法人在国际经济交往中的作用不断增强,特别是跨国公司的发展,一个一成不变的形式主义标准往往不能圆满解决问题。通常有两种情况：一是法人设立地和法人住所地并用，二是法人住所地或设立的准据法并用。

总之，如何确定法人的国籍，国际上尚无统一的标准，各国在实践中总是根据自己的利益和需要来确定标准，并随着情势的变化而变化。例如，著名的苏伊士运河公司国有化案[二维码案例]，就因为适用法律标准的不同，而在法人国籍上有不同的认定。因此，在确定某一法人的国籍时，有必要考察相关国家的法律规定和司法实践。

二、法人的住所

各国对法人住所的理解也各有不同，主要有如下主张：

1. "管理中心所在地说"，即主张法人的董事会和监事会所在地为法人住所。该主张认为法人的管理中心是法人的首脑机构，它决定该法人活动的总体方针，并监督其实施情况。但是，法人主事务所设于何处是法人自行决定的事情，如果采取这种主张确定法人的住所，可能出现法人本在内国从事经营活动，却将主事务所设在国外，取得外国住所，借以规避内国法律适用的情况。

2. "营业中心所在地说"，即以法人实际从事营业活动的所在地为法人住所。其理由在于：一个法人运用自己的资本进行营业活动的地方，是该法人实现其经营目的的地方，与该法人的生存有着重要联系；另外，法人的营业中心地相对稳定，不会因为当事人意欲规避法律而任意变更。但从事保险、运输或银行业的法人，其营业范围跨越数国，营业中心难以确定。

3. "法人住所依其章程规定说"，也称"章程指定住所说"。该说认为，法人的住所，依法人章程的规定。在章程未指定时，才以其他标准如主事务所来确定法人的住所。一些大陆法系国家，如葡萄牙等国，采取这种主张。

4. "主要办事机构所在地说"，即法人的住所为法人的主要办事机构所在地。这是兼采管理中心所在地说和营业中心所在地说的一种主张，因为主要办事机构所在地既可能是管理中心所在地，也可能是营业中心所在地。我国立法采此说。我国《法律适用法》第14条第2款规定，法人的经常居所地，为其主营业地。

三、外国法人的认可

承认外国的法人，并不使它转变为本国法人，而是承认该法人在本国享有人格。对外国法人的认可包含两方面的内容：一是外国法人依有关外国法律是否已有效成立；二是依外国法已有效成立的外国法人，内国法律是否也承认它作为法人在内国活动。

对于第一个问题，应当由法人的属人法决定；第二个问题则应由内国的外国人法决定。因此，外国法人要进入内国从事经营活动，必须同时符合其属人法和内国的外国人法所规定的条件。

（一）外国法人的认可方式

外国法人的认可方式有两种：

一是国际立法认可，即有关国家通过制定国际条约保证相互认可各自的法人。1956年海牙《承认外国公司、社团和财团法律人格的公约》和1968年布鲁塞尔《关于相互承认公司和法人团体的公约》即属这种方式。

二是国内立法认可,即一国通过国内立法确定一些具体的方式认可外国法人。国内立法认可又有如下几种方式:

(1) 一般认可制,即内国对于外国特定种类的法人,不问其属于何国,只需办理必要的登记或注册手续,即可取得在内国活动的权利。

(2) 相互认可制,又称概括认可,即以缔约为前提,相互认可对方有效成立的法人。

(3) 特别认可制,即外国法人只有通过内国规定的特别批准程序,才能在内国取得法人地位的认可制度。外国法人一经内国认可,即表明该外国法人所具有的权利能力和行为能力在该内国得到确认,有资格并可以有效地在该内国从事民商事活动。至于外国法人在内国可以在多大的范围内从事民商事活动,或者说外国法人在内国可以从事哪些民商事活动,不能从事哪些民商事活动,应受制于内国法的规定。

(4) 分别认可制,即内国对外国法人分门别类,分别采取不同的认可方式。如日本规定对商业性法人采取一般认可制,而对于非商业性法人采用特别认可制。

(二) 外国法人在中国的认可

1980年10月国务院颁布的《关于管理外国企业常驻代表机构的暂行规定》第2条规定:"外国企业确有需要在中国设立常驻代表机构的,必须提出申请,经过批准,办理登记手续。未经批准、登记的,不得开展常驻业务活动。"自此以后,在对外国法人常驻代表机构认可的问题上,我国采取了特别认可程序。对来中国从事投资活动的外国法人,因合同要经过政府机关批准才生效,审批的过程也包括了对外国法人资格的审查,故可理解为特别认可程序。但对来中国进行货物买卖的外国法人,没有政府审查批准程序,可理解为一般认可程序。

四、中国法的规定

1. 法人国籍。中国关于法人国籍的规定主要规定在《公司法》之中。根据该法,中国公司是指依照该法在中国境内设立的有限责任公司和股份有限公司[①];而外国公司是指依照外国法律在中国境外设立的公司。[②] 从上述规定来看,我国在法人的国籍上以设立地主义为主,同时结合了准据法主义。

外国公司在中国设立的分支机构,不仅需要在其名称中标明该外国公司的国籍及责任形式,而且不具有中国法人资格,外国公司对其分支机构在中国境内进行经营活动承担民事责任。[③]

2. 法人住所。关于住所,《公司法》第10条规定,公司以其主要办事机构所在地为住所。《民法典》第63条对此进行了重申,即法人以其主要办事机构所在地为住所。依法需要办理法人登记的,应当将主要办事机构所在地登记为住所。

在民事诉讼领域,法人或者其他组织的住所地是指法人或者其他组织的主要办事机构所在地。法人或者其他组织的主要办事机构所在地不能确定的,法人或者其他组织的注册地或者登记地为住所地。

---

① 《公司法》第2条。
② 《公司法》第191条。
③ 《公司法》第194—195条。

3. 法人的法律适用。在法律适用上,《法律适用法》第 14 条规定,法人及其分支机构的民事权利能力、民事行为能力、组织机构、股东权利义务等事项,适用登记地法律。法人的主营业地与登记地不一致的,可以适用主营业地法律。法人的经常居所地,为其主营业地。① 例如,中华环保科技集团有限公司与大拇指环保科技集团(福建)有限公司股东出资纠纷上诉案[二维码案例]就涉及法人属人法的适用。

第四节 国 家

一、国家作为国际私法关系主体的特殊性

同自然人和法人一样,国家可以依据民事法律,与自然人、法人、其他国家和国际组织发生民商事法律关系,取得民事权利,承担民事义务,从而成为国际私法关系的主体。如国家发行国债、一国驻外国大使馆基于生活办公需要的买卖行为等都会发生民商事法律关系。那么一国公民起诉另一国政府以请求民事赔偿,法院是否会受理呢?这就涉及国家作为国际私法主体所具有特殊性,主要表现在:

(1) 国家作为主权者,其能参与民商事活动的场合和范围十分有限,故而国家是国际私法关系的特殊主体;

(2) 尽管国家以主权者的身份参与民商事活动,但它仍需要遵守民商事法律关系的平等性原则,以民事主体身份出现,自我限制其主权者的地位;

(3) 国家参加国际民商事活动必须以国家本身的名义,且由其授权的机关或负责人进行,因此,国有公司和企业不能代表国家;

(4) 国家作为国际私法关系主体时,以国库财产承担因此而产生的民事法律责任,因而承担的是无限责任;

(5) 国家享有豁免权,国家虽作为民事主体参与国际民商事法律关系,但它毕竟是主权者,国家及其财产享有司法豁免权。例如,在贝克曼诉中华人民共和国案[二维码案例]中,中国就主张了国家豁免原则,并得到许可。

二、国家豁免的含义和内容

国家豁免的根据是国家主权原则,源自"平等者之间无管辖权"。主权是国家具有的独立自主地处理自己的对内和对外事务的最高权力,因此主权具有对内最高性,对外独立性和平等性。

国家豁免包括司法管辖豁免、诉讼程序豁免和执行豁免三种。

司法管辖豁免指国家不得成为一国内国法院的被告,亦不得将国家财产作为诉讼标的在外国法院起诉。因为这种豁免主要涉及国家的法律人格,因此也有西方学者将其称为"属人理由的豁免"。例如,在蓝婕诉马腾和荷兰驻广州总领馆机动车交通事故责任案[二维码案例]中,最高人民法院就指出,

---

① 《法律适用法解释(一)》第 14 条规定:"人民法院应当将法人的设立登记地认定为涉外民事关系法律适用法规定的法人的登记地。"

荷兰驻广州总领事馆享有豁免,不应作为该案的被告。

诉讼程序豁免主要是指,即使一国放弃管辖豁免,也仍然享有诉讼程序上的豁免,未经其同意,不得强制它出庭作证或提供证据以及为其他诉讼行为,也不得对它的财产采取诉讼保全措施等诉讼程序上的强制措施。

执行豁免指国家所有的财产不能在别国法院的执行程序中采取诉讼保全措施或执行措施,即使一国以明示方式放弃司法管辖豁免,也不意味着同时放弃了执行豁免。因此,未经国家的同意,不得对国家财产采取强制执行措施。由于其主要涉及国家的财产,因此西方学者称之为"属物理由的豁免"。[①]

三、国家豁免的理论

传统的豁免理论主要有以下四种。

1. 绝对豁免论(doctrine of absolute immunity)

绝对豁免论是最古老的关于国家豁免的理论。它认为,一个国家,不论其行为的性质如何,在他国享有绝对的豁免,除非该国放弃其豁免权。享有国家豁免的主体包括国家元首、国家本身、中央政府及各部、其他国家机构、国有公司或企业等。国家不仅在直接被诉的情况下享有豁免,而且在涉及国家的间接诉讼中也享有豁免。另外,该说主张在国家未自愿接受管辖的情况下,一律通过外交途径解决以国家为当事人的民商事争议。在19世纪,绝对豁免论几乎得到所有西方国家的实践支持。目前,不少发展中国家仍坚持绝对豁免论。绝对豁免论对国家豁免原则在国际法上的确立发挥了巨大的作用,它是一些社会主义国家和发展中国家在国际民商事交往中用来保护自己、反对强权和维护国家主权的武器。但绝对豁免论在提法上欠科学;而且,把国家本身同国有公司或企业在豁免问题上混同起来也是不当的;此外,过分强调通过外交途径解决涉及国家的民商事争议的主张也不便于国际民商事纠纷的及时解决。

2. 限制豁免论(doctrine of restrictive immunity)

限制豁免论,又称有限豁免论或相对豁免论(doctrine of relative immunity)。限制豁免论把国家的活动划分为主权行为和非主权行为,或统治权行为和事务权行为,或公法行为和私法行为。按照这种理论,在国际交往中,一个国家的主权行为在他国享有豁免,而其非主权行为在他国则不享有豁免。抽象地说,它仍然承认国家豁免是国际法上的一般原则,但却将国家不享有豁免的情况作为各种例外,并规定得非常具体。依限制豁免论区分主权行为和非主权行为的标准有三种,即目的标准、行为性质标准和混合标准,赞同行为性质标准的人居多。限制豁免论还主张以法院地法来识别外国国家的所谓主权行为和非主权行为。

3. 废除豁免论(doctrine of abolishing immunity)

废除豁免论主张从根本上废除国家豁免原则,国家不享有豁免是原则,而少数情况下有豁免是例外。它不仅反对绝对豁免论,也与限制豁免论所主张的国家享有豁免是一般原则,

---

① 在管辖豁免和执行豁免上,有"一体说"和"区分说"的主张。持一体说主张的国家主要为瑞士。例如,在1956年"希腊王国诉朱利叶斯·巴尔公司案"中,瑞士联邦法院指出,只要承认外国在瑞士法院可以成为确定其权利和义务的诉讼当事人,就必须承认外国在瑞士应服从为执行判决而采取的强制措施,否则"判决将缺乏其最本质的属性"。但绝大多数国家采纳的是区分说。参见龚刃韧:《国家豁免问题的比较研究——当代国际公法、国际私法和国际经济法的一个共同课题》,北京大学出版社1994年版,第351—353页。

不享有豁免是例外的观点相反。在立法技术上，它主张采用否定列举式。这种观点目前只停留在少数学者的学说阶段，在实践中还没有哪个国家采用。

4. 平等豁免论(doctrine of equal immunity)

平等豁免论由德国学者弗里兹·恩德林(Fritz Enderlein)首先提出，他认为国家豁免是平等原则派生出来的权力，同时，又是国家主权的一个实质组成部分。由于国家主权不是绝对的，国家豁免也同样不是绝对的。因此，国家不享有绝对豁免，只享有平等豁免。

平等豁免论将国家的司法管辖豁免称为"关于组织的豁免"，而把执行豁免称为"关于资产的豁免"。它把"关于组织的豁免"分为两类：一类是要求国家豁免的组织，指靠国家预算维持并实现政治、行政或社会和文化职能的国家机构或组织；另一类是当然已放弃豁免的组织，指具有独立经济责任的国营公司或企业。这种理论是在绝对豁免说和废除豁免说之间的一种折中，但还有待于进一步发展、完善。

四、《联合国国家及其财产管辖豁免公约》评述

在当代国际社会，国家及其财产豁免的理论朝着多元化方向发展，而占据主流地位的则是限制豁免理论。2004年12月2日，第59届联合国大会通过了《联合国国家及其财产管辖豁免公约》(以下简称《联合国国家豁免公约》)。尽管公约尚未生效，但其应该代表着国家及其财产豁免方面的发展趋势，其主要规定如下[①]：

1. 管辖豁免。根据《联合国国家豁免公约》，国家及其财产的管辖豁免为一项普遍接受的习惯国际法原则。一国本身及其财产遵照公约的规定在另一国法院享有管辖豁免，也即享有司法管辖豁免和财产执行豁免的权利。一国应避免对在其法院对另一国提起的诉讼行使管辖，并应为此保证其法院主动地确定该另一国所享有的司法管辖豁免和财产执行豁免得到尊重。

首先，国家豁免的主体。依照《联合国国家豁免公约》第2条对公约中"国家"一词的解释，享有国家豁免权的主体具体有4类：一是国家及其政府的各种机关；二是有权行使主权权力并以该身份行事的联邦国家的组成单位或国家的政治区分单位；三是国家机构、部门或其他实体，但须它们有权行使并且实际在行使国家的主权权力；四是以国家代表身份行事的国家代表。

其次，国家豁免的放弃。《联合国国家豁免公约》第7—9条规定，一国如以下列方式明示同意另一国法院对某一事项或案件行使管辖，就不得在该法院就该事项或案件提起的诉讼中援引管辖豁免：(1)国际协定；(2)书面合同；(3)在法院发表的声明或在特定诉讼中提出的书面函件。此即国家豁免的明示放弃形式。依照公约的规定，如果一国本身就该事项或案件在他国法院提起诉讼、介入诉讼或提起反诉，则亦不得在另一国法院中援引管辖豁免，此即国家豁免的默示放弃形式。为避免对被诉国国家主权的任意贬损，下列行为不应解释为同意另一国的法院对其行使管辖权：(1)一国同意适用另一国的法律；(2)一国仅为援引豁免或对诉讼中有待裁决的财产主张一项权利之目的而介入诉讼；(3)一国代表在另一

---

① 参见《国家豁免公约》中文文本的内容，该版本可查阅联合国网站 https://treaties.un.org/doc/Publication/CN/2005/CN.419.2005-Eng.pdf。

国法院出庭作证;(4)一国未在另一国法院的诉讼中出庭。

最后,国家司法管辖豁免的限制。虽然《联合国国家豁免公约》确认了国家在他国享有司法管辖豁免权之原则,但受限制豁免主义理论和发达国家豁免实践之影响,《联合国国家豁免公约》第10—16条规定,一国在因下列事项而引发的诉讼中,不得向另一国原应管辖的法院援引管辖豁免:(1)商业交易;(2)雇用合同;(3)人身伤害和财产损害;(4)财产的所有、占有和使用;(5)知识产权和工业产权;(6)参加公司或其他集体机构;(7)国家拥有或经营的船舶。不过,在一些特定的情势中,如有关国家间另有协议,被告国亦可主张管辖豁免。

2. 国家财产的执行豁免。与国家援引管辖豁免存在的诸多限制相比,一国在国家财产的执行豁免方面具有更多的"绝对性"。公约规定,除非一国明示同意放弃执行豁免,或者该国已经拨出或专门指定某项财产用于清偿对方的请求,另一国法院不得在诉讼中对该财产采取判决前的强制措施,如查封和扣押措施,亦不得采取判决后的强制措施,如查封、扣押和执行措施。也就是说,在执行豁免方面,国家豁免的放弃只存在明示放弃的形式,而不存在默示放弃的形式。即使认定一国明示同意放弃管辖豁免,另一国亦不得基于此而认为该国已默示同意对其国家财产采取强制措施。

《联合国国家豁免公约》第一次以普遍国际公约的方式确立了限制豁免原则,规定了国家诉讼程序中不得援引管辖豁免的情形,并允许法院地国在一定条件下对被诉外国的财产采取强制措施。这些规定反映了多数国家的立法和司法实践。《国家豁免公约》的通过和开放签署,标志着限制豁免原则已为越来越多的国家接受,限制豁免原则将成为国家豁免立法的发展趋势。

五、中国国家豁免的主要立场

2023年,《中华人民共和国外国国家豁免法》(以下简称《外国国家豁免法》)重申了国家及其财产豁免的基本原则。①

1. 管辖豁免

根据《外国国家豁免法》,在如下情况下,外国国家不享有管辖豁免:

一是明示接受中国法院管辖权。外国国家以下列任一方式明示就某一特定事项或者案件接受中国法院管辖的,对于就该事项或者案件提起的诉讼,该外国国家在中国法院不享有管辖豁免:(1)国际条约②;(2)书面协议;(3)向处理案件的中国法院提交书面文件;(4)通过外交渠道等方式向中国提交书面文件;(5)其他明示接受中国的法院管辖的方式。

二是默示或推定接受中国法院具有管辖权。外国国家有下列情形之一的,视为接受中

---

① 《外国国家豁免法》第3条规定:"外国国家及其财产在中华人民共和国的法院享有管辖豁免,本法另有规定的除外。"

② 例如,中国1980年参加的1969年《国际油污损害民事责任公约》第11条规定,缔约国就油污损害赔偿案件放弃对油污损害所在缔约国法院的管辖豁免。

国法院管辖[①]：(1)作为原告向中国法院起诉；(2)作为被告参加中国法院受理的诉讼，并就案件实体问题答辩或者提出反诉的。但该外国国家能够证明其作出上述答辩之前不可能知道有可主张豁免的事实的，可以在知道或者应当知道该事实后的合理时间内，根据该事实主张管辖豁免；(3)作为第三人参加中国法院受理的诉讼；(4)在中国法院作为原告起诉或者作为第三人提出诉讼请求时，由于与该起诉或者该诉讼请求相同的法律关系或者事实被提起反诉。

三是基于商业活动的限制性豁免。外国国家与包括中国在内的其他国家的组织或者个人进行的商业活动，在中国领域内发生，或者虽然发生在中国领域外但在中国领域内产生直接影响的，对于该商业活动引起的诉讼，该外国国家在中国法院不享有管辖豁免。这里所称"商业活动"，是指任何非行使主权权力的关于货物、服务的交易、投资或者其他商业性质的行为。中国法院在认定一项行为是否属于商业活动时，应当综合考虑行为的性质和目的。

四是其他管辖的情形，包括(1)基于劳务合同引起的诉讼（第8条）；(2)对于外国国家在中国领域内造成人身损害或者死亡，或者动产、不动产的损失引起的赔偿诉讼（第9条）；(3)基于特定财产事项的诉讼（第10条）；(4)基于知识产权事项的诉讼（第11条）；(5)仲裁的司法审查事项（第12条）。

2. 强制措施豁免

对于强制措施豁免，《外国国家豁免法》第13条规定：外国国家的财产享有司法强制措施豁免，但有下列情形之一的除外：(1)外国国家以国际条约、书面协议或者向中国法院提交书面文件等方式明示放弃司法强制措施豁免；(2)外国国家已经拨出或者专门指定财产用于司法强制措施执行的；(3)为执行中国法院的生效判决、裁定，外国国家的财产位于中国领域内、用于商业活动且与诉讼有联系。外国国家接受中国法院管辖，不应视为放弃司法强制措施豁免。

3. 对等原则

外国法院给予中国国家及其财产的豁免低于《外国国家豁免法》的规定的，中国法院可以实行对等原则。

第五节 国际组织

国际组织也是国际民商事法律关系重要的主体，如联合国、海牙国际私法会议、世界卫生组织等。各种国际组织对当今人类生活的方方面面产生各种影响，作为国际关系中的一个实体，必然会与国家、其他国际组织、自然人和法人发生国际民商事法律关系，如国际组织到一国进行访问、开展工作、租赁办公场所和购置办公物品等，因此也必然会产生国际组织的法律地位问题。在伯纳多特伯爵被害案中[二维码案例]，国际法院就肯定了联合国的法律人格，并具有求偿权。

---

① 《外国国家豁免法》第6条规定："外国国家有下列情形之一的，不视为接受中华人民共和国的法院管辖：（一）仅为主张豁免而应诉答辩；（二）外国国家的代表在中华人民共和国的法院出庭作证；（三）同意在特定事项或者案件中适用中华人民共和国的法律。"

一、国际组织作为民事关系主体的特殊性

国际组织作为民事关系主体具有如下的特殊性：

(1) 国际组织以自身名义参加涉外民事法律关系。
(2) 国际组织所从事的民事活动是执行职务及实现其宗旨所必要的。
(3) 政府间国际组织在参与国际民商事法律关系时享有一定的特权与豁免。
(4) 不同的国际组织在国际民商事关系中法律地位差异较大。

二、政府间国际组织的特权与豁免

就目前国际社会的立法和司法实践来看，政府间的国际组织基于一定的国际条约，在有关国家的法院诉讼程序中一般都享有一定的特权和豁免权。如《联合国宪章》第105条明确规定，联合国组织在各会员国境内享有达成其宗旨所必需的特权与豁免，联合国各会员国的代表及联合国的职员也同样享有独立行使关于本组织职务所必需的特权与豁免。1946年《联合国特权及豁免公约》进一步明确规定，联合国组织享有对一切法律诉讼的完全豁免权。

国际组织作为派生的国际法主体，其享有的豁免权与国家并不完全相同，国际组织的豁免权最初来源于外交特权和豁免，早期的一些国际组织大都直接适用有关外交特权与豁免的法则。

国际组织的豁免权来自成员国的授权，关于该授权有两种解释：

(1) 职能说。职能说认为，国际组织之所以享有特权和豁免，是成员国为了使其更好地履行作为国际组织的职能，完成有关公约及其组织章程规定的宗旨和任务，而授予其享有主权国家才享有的特权和豁免权；

(2) 代表说。代表说认为成员国之所以授予国际组织以特权和豁免权，是因为国际组织在一定程度上或某些方面代表着成员国的愿望和利益。

国际组织在涉外民事法律关系中享有特权和豁免的主要内容有：国际组织的会所、公文档案不受侵犯；国际组织的财产和资产免受搜查、征用、侵夺和其他任何形式的干涉等。

至于国际组织在我国人民法院的民事诉讼地位问题，根据《民事诉讼法》第272条的规定，对享有外交特权与豁免的外国人、外国组织或者国际组织提起的民事诉讼，应当依照中华人民共和国有关法律和中华人民共和国缔结或者参加的国际条约的规定办理。虽然我国目前还没有这方面的专门立法，但我国已经参加了一些相关的国际条约，如1946年《联合国特权及豁免公约》和1965年《关于解决国家与他国国民之间的投资争端的公约》等。这些国际条约中有关国际组织司法豁免权的规定，是我国人民法院在确定国际组织民事诉讼地位时重要的法律依据。实践中，李晓波诉红十字国际委员会东亚地区代表处房屋租赁合同纠纷案[二维码案例]就涉及国际组织的豁免权问题。

【推荐参考资料】

1. 何其生：《〈海牙判决公约〉与国家相关判决的承认与执行》，载《环球法律评论》2020年第3期；

2. 何其生:《我国属人法重构视阈下的经常居所问题研究》,载《法商研究》2013年第3期;

3. 刘仁山:《现时利益重心地是惯常居所地法原则的价值导向》,载《法学研究》2013年第3期;

4. 宋晓:《属人法的主义之争与中国道路》,载《法学研究》2013年第3期;

5. 龚刃韧:《国家豁免问题的比较研究——当代国际公法、国际私法和国际经济法的一个共同课题》,北京大学出版社1994年版;

6. 黄进:《国家及其财产豁免问题研究》,中国政法大学出版社1987年版;

7. 李金泽:《公司法律冲突研究》,法律出版社2001年版。

第二编　法律适用法

第五章

冲突规范与准据法

第一节 冲突规范的概念及类型

一、冲突规范的概念与特点

(一)冲突规范的概念

冲突规范(conflict rules)是指由国内法或国际条约规定的,指明某一涉外民商事法律关系应当适用何种法律的规范。冲突规范又称为"法律适用规范"(rules of application of law)或"法律选择规范"(choice of law rules, rules of choice of law)。[①] 在把国际私法只理解为冲突法时,也可以把它称为"国际私法规范"(rules of private international law)。

(二)冲突规范的特点

冲突规范是种特殊的法律规范,它具有以下几个特点:

(1) 冲突规范是法律适用规范,它不同于一般的实体法规范,仅指明某种涉外民商事关系应当适用何种法律,并不直接规定当事人的权利义务;

(2) 冲突规范是法律选择规范,它不同于一般的诉讼法规范,诉讼法规范以诉讼关系为调整对象,冲突规范主要指导一国法院如何选择和适用法律;

(3) 冲突规范是一种指引规范,它需要与其指引的实体规范相结合才能最终确立当事人的权利义务,因此缺乏实体规范的明确性和预见性;

(4) 冲突规范的结构不同于一般的法律规范,一个有效的法律规范应当包括规范适用的条件、概括的行为模式和法律后果,而冲突规范由范围和系属两部分组成。

示例 5.1 ▶ 某留学生乙侵权案

2014年4月20日下午,某大学工人甲在该校校园内骑自行车向右拐弯时,未打手势示意,被从后面超车的该校留学生乙骑自行车撞倒。经检查,甲右内踝关节挫伤,他的自行车前轮被撞坏,造成经济损失约600元。学校曾为双方进行调解,但双方在乙应付给甲的赔偿额上未能取得一致意见。于是甲向当地人民法院起诉,法院受理了本案。

---

① 黄进主编:《国际私法》(第二版),法律出版社2005年版,第173页。

【问题与评析】

本案为一般涉外侵权纠纷。因此,法院受理此案后,应首先适用有关涉外侵权的冲突规则,也就是《法律适用法》第44条的规定确定适用的准据法。

二、冲突规范的结构

范围,又称为连结对象(object of connection)、起作用的事实(operative facts)、问题的分类(classification of issue)等,是指冲突规范所要调整的民商事关系或所要解决的法律问题。

系属,是指规定冲突规范中"范围"所应适用的法律。它指令法院在处理某一具体涉外民商事法律问题时应如何适用法律,或允许法院在冲突规范规定的范围内选择应适用的法律。其语言结构通常表现为"……适用……法律"或"……依……法律"。

以我国《法律适用法》第36条为例:

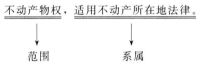

其中,"不动产物权"为范围,"适用不动产所在地法律"为系属。"不动产所在地"为连结点。若该不动产位于中国,根据具体案情事实,准据法可能为《民法典》中关于不动产的相关规定。

三、冲突规范的类型

1. 单边冲突规范(unilateral conflict of rules)是直接规定适用某国法律的规范,它既可以明确规定适用内国法,也可以明确规定适用外国法。例如,《民法典》第467条第2款规定,在中华人民共和国境内履行的中外合资经营企业合同、中外合作经营企业合同、中外合作勘探开发自然资源合同,适用中华人民共和国法律。

这种规范适用起来比较直截了当,但是法院在适用法律上会留下空缺,因此,现代各国的国际私法立法已越来越少使用单边冲突规范。但它仍有不可缺少的价值,是冲突规范中的一种特殊形式。

2. 双边冲突规范(bilateral conflict of laws, all-sided conflict of rules)指并不直接规定适用内国法或外国法,只规定一个可推定的系属,再根据此系属结合实际情况寻找应适用的某一国家法律的冲突规范。例如,《法律适用法》第44条规定,侵权责任,适用侵权行为地法律。"侵权行为地"是一个需要推定的系属,既可能指内国法,也可能指外国法,体现了对内外国法律的平等对待。因此,双边冲突规范是现代各国国际私法立法中最常用的一种规范。

3. 重叠适用的冲突规范(double rules for regulating the conflict of laws)指系属中有两个或两个以上的连结点,它们所指引的准据法同时适用于某一国际民商事关系的冲突规范。在许多情况下,重叠适用的冲突规范中有一个是法院地法,因为立法者试图维护法院地的公共秩序不受侵害。例如,1902年海牙《关于离婚与别居的法律冲突和管辖权冲突公约》第2条规定:"离婚之请求,非依夫妇之本国法及法院地法均有离婚之原因者,不得为之。"再如,我国《法律适用法》第 28 条规定,收养的条件和手续,适用收养人和被收养人经常居所地法律。这一法律规则主要考虑到对于弱者的保护,对收养条件设置了较为严格的要求,即收养需要同时满足收养人和被收养人经常居所地的法律的条件要求方可成立。

4. 选择适用的冲突规范(choice rules for regulating the conflict of laws)指系属中有两个或两个以上的连结点,但只能选择其一来调整有关的国际民商事关系的冲突规范。此种冲突规范又分为以下两类:

(1) 无条件选择适用的冲突规范。在这种规范中,人们可以任意或无条件地选择系属中的若干连结点中的一个来确定准据法并调整某一涉外民商事法律关系。例如,我国《法律适用法》第 22 条规定:"结婚手续,符合婚姻缔结地法律、一方当事人经常居所地法律或者国籍国法律的,均为有效。"在这一冲突规范中,婚姻缔结地法律、一方当事人经常居所地法律和国籍国法律在确定婚姻手续的有效性上具有同等价值,没有轻重之分。

(2) 有条件选择适用的冲突规范。在此种系属规范中有两个或两个以上的连结点,但只允许顺序或有条件地选择适用。例如,《法律适用法》第 23 条规定:"夫妻人身关系,适用共同经常居所地法律;没有共同经常居所地的,适用共同国籍国法律。"

四、冲突规范的灵活化

目前,冲突规范呈现灵活化的发展趋势具体表现为:

(1) 用灵活的开放系属代替僵硬的封闭系属,主要包括"当事人意思自治"原则和"最密切联系"原则的采用。

(2) 增加连结点的数量从而增加可选性,这种方法主要适用于法律行为的形式和对一个国家没有重要利益的国际民商事关系。

(3) 对同类法律关系进行切割,依其不同性质规定不同的连结点。如在合同法领域,出于对弱方当事人的保护,对雇佣合同和消费者合同单独规定不同的冲突规范;在侵权法领域,针对产品责任、交通事故、环境污染、国际诽谤等规定不同的冲突规范。

(4) 对一个法律关系的不同方面进行分割,对不同部分或不同环节规定不同的连结点,这种方式被称为分割方法(Depesgae)。

第二节 连 结 点

一、连结点的概念

连结点(point of contact)或连结因素(connecting factor)是冲突规范借以确定国际民商事关系应当适用什么法律的依据。如我国《法律适用法》第 42 条中规定,"消费者合同,适用消费者经常居所地法律"。这一冲突规范以"消费者经常居所地"为确定消费者合同法律关系适用法律的根据。

二、连结点的意义

1. 从形式上看,它是一种把冲突规范中"范围"所指的法律关系与一定地域的法律联系起来的纽带或媒介。

2. 从实质上看,这种纽带或媒介反映了该法律关系与一定地域的法律之间存在着内在的、实质的联系或隶属关系,它表明某种法律关系应受一定国家法律的约束。

三、连结点的分类

1. 客观连结点(objective point of contact)和主观连结点(subjective point of contact)。客观连结点是一种客观实在的标志,主要包括国籍、住所、居所、物之所在地和法院地等。主观连结点为意定的连结点,主要包括当事人之间的合意和最密切联系地等。主观连结点主要作为确定适用于合同关系的准据法的依据。

2. 静态连结点(constant point of contact)和动态连结点(variable point of contact)。静态连结点是指固定不变的连结点,主要包括不动产所在地以及涉及过去的行为或事件的连结点,如婚姻举行地、合同缔结地、法人登记地、侵权行为发生地等。动态连结点指可变的连结点,包括国籍、住所、居所等。动态连结点的存在一方面加强了冲突规范的灵活性,另一方面为当事人规避法律提供了可能。

四、连结点的选择

连结点的选择是指在一个法律关系的诸多构成要素当中,选择一个最能反映"范围"中所要解决问题的本质,并且与之有最重要联系的要素作为连结点,以指引准据法的选择,从而公平合理地解决涉外民商事纠纷。

此外,作为一种法律规范,冲突规范必须具备一定的抽象性和概括性,否则很难被反复适用。立法者必须根据法律关系的组合情况,运用抽象的方法,利用连结点来指引准据法,因此连结点的选择是冲突规范立法的中心任务。

第三节 系属公式

一、系属公式的概念

所谓系属公式(formula of attribution),就是把一些解决法律冲突的规则固定化,使之成为国际上公认的或为大多数国家所采用的处理原则,以便解决同类性质法律关系的法律适用问题。系属公式本身并不是冲突规范,只有与冲突规范的"范围"部分结合起来,才构成完整的冲突规范。[①]

[①] 黄进主编:《国际私法》(第二版),法律出版社2005年版,第184页。

二、常见的系属公式

1. 属人法(lex personalis),包括本国法(lex patriae)和住所地法(lex domicilii),是以法律关系当事人的国籍、住所或惯常居所作为连结点的系属公式,一般用来解决人的身份、能力及亲属、继承关系等方面的民事法律冲突。国际上对属人法有两种不同的理解,即本国法和住所地法,从而形成了属人法的两大派别。为了调和两大法系在属人法上的矛盾,现在常用惯常居所(habitual residence)来代替住所地法或本国法作为属人法。

2. 物之所在地法(lex rei sitae; lex situs),指民事法律关系的客体所在国家的法律,常用来解决有关物权,特别是不动产物权的法律冲突问题。

3. 行为地法(lex loci actus),指法律行为发生地所属法域的法律,起源于"场所支配行为"(locus regit actum)这一法律古谚。行为地法又派生出下列系属公式:

(1) 合同缔结地法(lex loci contractus),一般用来解决合同的成立、合同内容的合法性等法律冲突问题;

(2) 合同履行地法(lex loci solutionis),一般用来解决合同内容,特别是合同履行方面的法律冲突问题;

(3) 婚姻举行地法(lex loci celebrationis),一般用来解决涉外婚姻关系尤其是婚姻方式方面的法律冲突问题;

(4) 侵权行为地法(lex loci delicti),一般用来解决涉外侵权行为之债的法律冲突问题。

4. 当事人合意选择的法律(lex voluntatis),体现了当事人意思自治原则,主要用来解决涉外合同等的法律适用问题。

5. 法院地法(lex fori),是审理国际民商事案件的法院所在地国的法律,主要用来解决程序方面的法律适用问题。

6. 最密切联系地法(law of the place of the most significant relationship),指与国际民商事关系有最密切联系的国家的法律,可追溯至萨维尼的"法律关系本座说"。

第四节　准据法的确定

一、准据法的概念及特点

准据法(applicable law, lex causae),指经冲突规范指引的用来解决民商事争议的具体实体法规则。准据法具有如下特点:

(1) 准据法是能够确定当事人权利义务关系的实体法规范;

(2) 准据法必须是经过冲突规范指定的实体法,不经冲突规范的指引而直接适用的法律不是准据法,如一国的强制性法律规则不是准据法;

(3) 准据法不是冲突规范逻辑结构的组成部分,必须结合具体的案情事实才能确定;

(4) 准据法不是笼统的法律制度或法律体系,而是一项项具体的"法",即具体的实体法规则或法律文件。

二、准据法的确定方法

从历史的角度来看,法律选择思想始终围绕着三种方法展开:[①]

(1) 单边方法(unilateral approach),即从多个潜在的准据法中选择一个予以适用。单边方法通过直接比较相冲突法律的内容或者辨别法律所隐含目的或政策来选择所要适用的法律,其主要体现为单边冲突规则和直接适用的法。

(2) 多边方法(multilateral approach),即将法律关系事先区分为不同的类别,然后将具体的法律关系归于其应属的类别。其基本结构是:"法律关系+连结点+特定法律体系"。多边法律选择规则并不指向最后适用于案件的实体私法规则,即准据法,而是首先指向某个特定的法律体系。[②]

(3) 实体法方法(substantive approach),即创制多边统一的规则,诸如制定统一实体法公约或国际惯例,在具体的案件中直接适用统一实体法规则。

对于一国来说,国际私法呈现"方法多样化"特征,通常是前述三种方法的兼容。单边方法和多边方法为"冲突法"方法,目前,二者并不是相互对立的,而是和平共存,相互补充。

准据法的确定或选择是依冲突规范对可能适用于特定国际民商事法律关系的法律进行选择。就具体的方法而言,体现为立法机关在立法时制定在冲突规则中的方法,也体现为司法机关在适用冲突规范时的方法。总结国际私法已有的理论、立法和司法实践,常见的法律选择方法有:

(1) 依当事人的意思自治决定法律的选择。

(2) 依最密切联系原则决定法律的选择,即确定与国际民商事法律关系有最密切联系的法律作为准据法。

(3) 依法律的性质决定法律的选择,诸如法则区别说的人法、物法和混合法之分。

(4) 依法律关系的性质决定法律的选择,典型的如萨维尼的法律关系本座说。

(5) 依政府利益分析决定法律的选择,如柯里的政府利益说。

(6) 依规则选择方法决定法律的选择,如卡弗斯的"规则选择"或"结果选择"方法。在国际私法的立法过程中,尽管所谓的"管辖权选择"规则(jurisdiction-selecting rules)或者"地域基础选择"规则(仅基于与所涉国家的物理联系)仍然占主导地位,但是内容导向的选择规则(content-oriented rules,基于与所涉国家法律所体现的基本政策和内容,而不仅仅是物理联系)不断增多。

(7) 依分割方法决定法律的选择,即对于同一问题的不同方面进行分割,诸如将合同区分为合同形式、合同实质以及当事人的缔约能力,分别确定准据法。

(8) 依有利于判决在国外的承认和执行决定法律的选择;

需要说明的是,大陆法系国家在国际私法立法中多将法律选择方法嵌入到具体的法律

[①] 参见〔美〕西蒙尼德斯:《20世纪末的国际私法——进步还是退步?》,宋晓译,黄进校,载《民商法论丛》2002年第3号(总第24卷),金桥文化出版(香港)有限公司,第362—467页。

[②] 参见宋晓:《20世纪国际私法的"危机"与"革命"》,载《武大国际法评论》(第二卷),武汉大学出版社2004年版,第181页。

规则中,诸如当事人意思自治和最密切联系原则等;而英美法系国家多依靠遵循司法先例原则,少有国际私法的法典化,尤以美国最为突出。在美国冲突法革命时期,以柯里为代表的国际私法学者几乎把立法和国际私法视为两个不相容的概念,主张采用所谓的"方法"(approach)。"方法"是一种公式,并不预先设定具体的解决办法,只简单地列明应考虑的因素,在司法过程中进行个案分析。方法不同,考虑的因素也不同,但所有的方法都要求临时地、个案化地解决冲突法案件。① 冲突法革命批判的结果即是美国国际私法从"规则"到"方法"的过程,但这并不排除美国某些州(例如路易斯安那州)制定综合性的冲突法规则。

三、实体问题与程序问题

各国国际私法在考虑法律适用问题时,首先将所涉问题分为实体问题(substance)和程序问题(procedure)。如果一个问题被识别为程序问题,就适用法院地法;如果被识别为实体问题,就根据冲突规范选择所适用的法律。但是如何识别实体问题和程序问题仍存在困难,原因在于:

(1)程序问题和实体问题由法院依其自身的标准确定,但各国并没有识别程序问题和实体问题的统一标准;

(2)一些英美法系国家常常把某些问题识别为程序问题,借以排除外国法的适用。

四、普通法与特别法

在法律适用上,同样存在普通法与特别法的关系处理问题,所坚持的原则依旧是"特别法优于普通法"。

例如《法律适用法解释(一)》第3条规定:"涉外民事关系法律适用法与其他法律对同一涉外民事关系法律适用规定不一致的,适用涉外民事关系法律适用法的规定,但《中华人民共和国票据法》《中华人民共和国海商法》《中华人民共和国民用航空法》等商事领域法律的特别规定以及知识产权领域法律的特别规定除外。涉外民事关系法律适用法对涉外民事关系的法律适用没有规定而其他法律有规定的,适用其他法律的规定。"

从上述规定可以看出以下几点:

一是《法律适用法》生效后,原先规定在《民法通则》《继承法》中的法律适用规则如果与《法律适用法》的规定不一致的,适用《法律适用法》的规定;

二是对于《票据法》《海商法》《民用航空法》等商事领域法律的特别规定以及知识产权领域法律的特别规定,适用特别法优于普通法的规定。

三是《法律适用法》对涉外民事关系的法律适用没有规定而其他法律有规定的,适用其他法律的规定。

---

① 参见〔美〕西蒙尼德斯:《20世纪末的国际私法———进步还是退步?》,宋晓译,黄进校,载《民商法论丛》2002年第3号(总第24卷),金桥文化出版(香港)有限公司,第378页。

第五节　特殊法律冲突下准据法的确定

特殊问题的准据法确定,主要包括区际法律冲突、人际法律冲突和时际法律冲突情况下准据法的确定。

一、区际法律冲突与准据法的确定

所谓区际法律冲突,就是一个国家内部不同地区的法律制度之间的冲突,或者说是一个国家内部不同法域之间的法律冲突。① 内地、香港特别行政区和澳门特别行政区相互之间的法律冲突就是区际法律冲突。在实践中,针对区际法律冲突,通常存在以下几种解决方法:

(1) 根据区际私法来确定准据法,即该国用以调整其国内各法域之间法律冲突的法律规定加以确定;

(2) 直接依据冲突规范中的连结点,如住所地、居所地、行为地等确定适用该具体地点的法律;

(3) 适用最密切联系原则确定准据法;

(4) 以当事人的住所地法、居所地法或所属地方的法律代替其本国法;

在法律适用中,如果涉及复合法域,根据《法律适用法》第 6 条的规定,涉外民事关系适用外国法律,该国不同区域实施不同法律的,适用与该涉外民事关系有最密切联系区域的法律。

对于我国境内所涉及的区际法律冲突问题,《法律适用法解释(一)》第 17 条规定,涉及香港特别行政区、澳门特别行政区的民事关系的法律适用问题,参照适用该司法解释来确定所应适用的法律。

二、人际法律冲突与准据法的确定

人际法律冲突是指同一国家中,适用于不同民族、种族、宗教、部落或阶级成员的民商事法律之间在效力上的冲突,或者说是适用于不同成员集团的民商事法律之间的冲突。人际冲突产生的根本原因在于一国境内的国民,因其种属身份的不同而适用不同的法律。人际冲突最早可追溯到中世纪欧洲的种族法时代。

人际冲突是否属于"国际私法"的范围,是个有争议的问题。② 就强调国际私法地域层面的"涉外因素"的学者而言,持否定性主张的居多。英国学者戚希尔(Cheshire)早期认为"只有当法院遇到包含涉外因素的案件时,才会适用国际私法"③;施米托夫(Schmitthoff)教授则明确指出:"一个法律体系之内的属人法与一般法之间的不协调,不属于冲突法的范围,因为这种不协调不是由于法律的空间适用而产生的。"④但强调"冲突特性"的学者则倾向于将其纳入国际私法之中,比如沃尔夫(Wolff)指出,国际私法是在"若干同时有效的法律体系

---

① 黄进:《区际冲突法研究》,学林出版社 1991 年版,第 48—49 页。
② See G. W. Bartholomew, "Private Interpersonal Law", 1 *Int'l & Comp. L. Q.* 325 (1952).
③ G. C. Cheshire and P. M. North, *Private International Law* 1, 11th ed., Butterworths, 1987.
④ Clive M. Schmitthoff, *The English Conflict of Laws* 5, 3rd ed., Stevens & Sons, 1954.

中,确定哪一个可以适用于特定案件",并明确将人际法律冲突包含在国际私法中。①

现代的人际法律冲突主要在发生不同的民族、种族和宗教群体之间。

首先,民族之间的人际法律冲突。以英国为例,其奉行多元化的民族政策,司法实践中较早考虑民族因素。例如,在 1969 年的 Alhaji Mohammed v. Knott 案②中,一个 26 岁的尼日利亚穆斯林男子与一个 13 岁的女孩在尼日利亚缔结了多妻制婚姻,然后夫妻去英国并同居。地方法官以《儿童及青年人法》(Children and Young Persons Act)为由,认为女孩遭受了道德危险,二人之间的关系让"任何头脑理智的英国人"感到恶心,判决女孩由当地政府照顾。但案件上诉后,法官认为当事人婚姻有效,推翻了地方法院的判决。2008 年 9 月,英国政府正式承认了沙里阿法院的地位,赋予其审理穆斯林民众之间民事案件的权力。③

其次,种族之间的人际法律冲突。例如,目前,美国有印第安人部落(federally recognized India tribes)五百多个,保留地(reservations)275 个,分布在 26 个州。在这些部落和保留地内允许印第安人行使自治和自决权。在 United States v. Mazurie 案④中,美国联邦最高法院认为印第安保留区是"半独立"的主权实体,具有一定的司法权和部落主权豁免,同时具有一定的刑事管辖权和民事管辖权。部落对于保留地上的印第安人具有广泛的民事管辖权;州政府对于保留地上的非印第安人具有民事管辖权。⑤ 2008 年的 Plains Commerce Bank v. Long Family Land & Cattle Co. 案⑥就是很好的例证。

最后,一国之内不同的宗教群体之间的人际法律冲突。例如,印度就是一个宗教和种族众多的国家,在教徒之间会适用不同的属人法。⑦ 在 Sarla Mudgal v. Union of India 案⑧中,一个印度教丈夫根据印度教法律娶了一位印度教妻子,然后皈依伊斯兰教,娶了第二位妻子。由于印度法律允许当事人选择宗教信仰且婚姻由当事人属人法支配,第二次婚姻是有效的。但印度最高法院则认为,印度教婚姻只能根据《印度教婚姻法》解除;否则,当事人不能缔结第二次婚姻,并最终根据英国法中的"正义、公平和善意原则"(the doctrine of justice equity and good conscience)拒绝承认第二次婚姻的有效性。在 Y. Narasimha v. Venkata

---

① Martin Wolff, *Private International Law* 4, Oxford University Press, 1945.
② [1969] 1 QB 1.
③ Hickley, Matthew. "Islamic Sharia Courts in Britain Are Now 'Legally Binding'"; Mail Online, Sept. 15, 2008; http://www.dailymail.co.uk/news/article-1055764/Islamic-sharia-courts-Britain-legally-binding.html, last visited: 2021-12-20.
④ 419 U.S. 544(1975).
⑤ See Montana v. United States, 450 U.S. 544 (1981). 此案中确立了部落不能对保留地上的非印第安人行使管辖权的原则,但有两个例外:一是非印第安人与部落或其成员形成了一种"共识关系"(consensual relationship),如开办合资企业;二是非印第安人所从事的活动对部落的政治统一、经济安全或社会的卫生与福利带来了危害,被称为"蒙大拿例外"。
⑥ 491 F.3d 878 (8th Cir. 2007); 128 S.Ct. 2709 (2008). 该案原告 Plains Commerce Bank 是一家位于南达科他州的非印第安人所有的银行,被告是位于保留地的印第安人所有的公司,两者存在长期的信贷往来。被告将一处位于保留地以内的费用地(fee land)作为贷款抵押,后来公司无法还款,银行将土地卖给一非印第安人。被告认为银行在出卖土地上拟定的条款歧视印第安人,遂将银行起诉至印第安法院。后银行向区法院提起上诉,认为印第安法院没有管辖权。区法院认为双方之间存在"共识关系",印第安法院享有管辖权。这一裁定也为联邦第八巡回上诉法院(U.S. Court of Appeals for the Eighth Circuit)所维持。美国联邦最高法院推翻了这一裁决,认为"一个部落的司法管辖权不能超出其立法管辖权……部落法院没有权力审判该案件是因为它没有权力调整银行的费用地销售事项"。
⑦ 详见王云霞:《印度社会的法律改革》,载《比较法研究》2000 年第 2 期,第 156—168 页。
⑧ AIR 1995 SC 1531.

Lakshmi 案①中,印度最高法院认为:"在个人能力及自然人地位、婚姻、监护、收养、继承等问题上,由于存在不同的属人法,而没有适用于所有公民的法律,情况会比较复杂……应综合考量社会、道德和宗教因素来适用法律,尤其是公共政策的重要作用。"

在埃及,20世纪初,存在四种法院体系:宗教法院、普通民事法院、处理西方国民法律纠纷的领事法院(consular courts),以及处理西方人和埃及人法律纠纷的混合法院(mixed courts)。此时埃及的《混合民法典》和《国民民法典》都是财产法性质。个人身份事项由宗教法院管辖。1949年《埃及民法典》施行,并于1955年废除了所有宗教法院,但宗教法律却保留下来。埃及境内大约有15个少数族群,每一个都有自己的属人法,穆斯林属人法是唯一由埃及立法机关编纂的法律,其余皆由各宗教团体自己编纂。因此,个人身份事项虽由普通法院审理,但适用的属人法则各有不同。②

对于人际法律冲突的解决,世界各国主要有四种方式:

一是由该国的人际冲突法或人际私法决定,即通过法律选择规范来决定应适用的法律;

二是通过国家立法方式解决,即通过中央立法的方式来化解特殊族群的属人法与其他族群或国家制定法之间的冲突;

三是最高法院通过案例的方式来确立一些基本规则,来解决人际法律冲突问题,如前述美国联邦最高法院的做法;

四是在国家立法的基础上,通过改革少数族群的属人法,从而使其与国家立法趋同。

中国的人际法律冲突主要体现为三种形式:一是传统的民间法与现代国家法之间的差异;二是不同民族宗教法之间的差异;三是民族宗教法与国家之间的差异。例如,早期,有些民族存在的早婚、一夫多妻、一妻多夫、抢婚等现象。我国解决人际法律冲突的途径以立法的方式为主。一方面,我国承认少数民族享有宪法上广泛的自治权;另一方面,我国现有法律没有承认少数民族习惯的法律效力,少数民族习惯必须经过一定的立法程序上升至制定法,才具有法律效力。例如,《内蒙古自治区执行〈中华人民共和国婚姻法〉的补充规定》(已失效)第3条规定:"结婚年龄,男不得早于二十周岁,女不得早于十八周岁。汉族男女同蒙古族和其他少数民族男女结婚的,汉族一方年龄按《中华人民共和国婚姻法》的规定执行。"这一规定实际上是通过地方立法的方式对国家的统一法律进行适应性变革。

三、时际法律冲突与准据法的确定

时际法律冲突是指先后于同一地区施行并涉及相同问题的新旧法律或前后法律之间在时间效力上的冲突。时际法律冲突有两大原则:

(1) 法律不溯及既往原则;

(2) 新法优于旧法或后法优于前法原则。

在时际法律冲突的处理上,《法律适用法解释(一)》第2条规定,涉外民事关系法律适用法实施以前发生的涉外民事关系,人民法院应当根据该涉外民事关系发生时的有关法律规定确定应当适用的法律;当时法律没有规定的,可以参照涉外民事关系法律适用法的规定确

---

① 1991 3 SCC 451.
② 参见夏新华:《论埃及混合法庭的历史地位》,载《西亚非洲》2004年第2期,第64—68页。

定。周依娟诉豪德(厦门)石材有限公司等债权纠纷案就适用了该条的规定。

示例 5.2　周依娟诉豪德(厦门)石材有限公司等债权纠纷案①

2009年,融泰公司与马来西亚公民周依娟签订一份《债权转让协议书》,约定融泰公司将其对万邦公司、豪德公司及连带责任保证人等所享有的应返还的房地产项目投资和支出款项 2190 万元及逾期付款违约金等债权转让给周依娟。2009 年 7 月 30 日,周依娟依据《债权转让协议书》等文件向福建省厦门市中级人民法院起诉,要求支付欠款和违约金。

关于法律适用,福建省高级人民法院认为:案涉合同均未约定法律适用问题,根据《民法通则》第 145 条的规定,本案应适用中华人民共和国法律。

最高人民法院亦认为:周依娟是马来西亚公民,其以受让债权为依据,以豪德公司等中国公司和个人为被告,提起本案诉讼主张债权,故本案为涉外债权纠纷。根据最高人民法院《法律适用法解释(一)》第 2 条的规定,本案应根据涉外民事关系发生时的有关法律确定应适用的法律。当事人没有对解决本案纠纷应适用的法律作出约定,根据《民法通则》第 145 条第 2 款的规定,一审法院适用与本案纠纷有最密切联系的中华人民共和国法律审理本案是正确的。

【问题与评析】

本案涉及时际法律冲突问题,即在《法律适用法》与《民法通则》之间如何选择适用的问题。根据最高人民法院《法律适用法解释(一)》第 2 条的规定,本案应根据涉外民事关系发生时的有关法律确定应适用的法律,法院最终选择适用了《民法通则》的规定。

【推荐参考资料】

1. 陈卫佐:《法院地国家国内法中的冲突规则与国际条约的关系》,载《法学研究》2013 年第 2 期;

2. 宋晓:《程序法视野中冲突规则的适用模式》,载《法学研究》2010 年第 5 期;

3. 〔德〕弗里德里希·卡尔·冯·萨维尼:《现代罗马法体系(第八卷):法律冲突与法律规则的地域和时间范围》,李双元等译,武汉大学出版社 2016 年版;

4. 〔澳〕迈克尔·J. 温考普、玛丽·凯斯:《冲突法中的政策与实用主义》,阎恩译,北京师范大学出版社 2012 年版;

5. 〔德〕格哈德·克格尔:《冲突法的危机》,萧凯、邹国勇译,武汉大学出版社 2008 年版;

6. 〔美〕弗里德里希·K. 荣格:《法律选择与涉外司法》,霍政欣、徐妮娜译,北京大学出版社 2007 年版;

7. 〔英〕J. G. Collier:《冲突法(导读本)》,郭玉军编注,中国人民大学出版社 2005 年版;

---

① 最高人民法院民事判决书,(2013)民四终字第 33 号。

8. 〔英〕J. H. C. 莫里斯主编:《戴西和莫里斯论冲突法》,李双元等译,中国大百科全书出版社1998年版;

9. 〔英〕莫里斯:《法律冲突法》,李东来等译,中国对外翻译出版公司1990年版;

10. 李双元、张明杰:《论法律冲突规范的软化处理》,载《中国法学》1989年第2期;

11. He Qisheng, "Reconstruction of Lex Personalis in China", 62 *Int'l & Comp. L. Q.* 137 (2013).

第六章

冲突法的一般问题

第一节 识 别

★热身问题：

张某与林某继承纠纷案①

张学本（中国公民）在内地因车祸死亡，张某（张学本的儿子）与林某因继承张学本遗产发生纠纷。张某是张学本第一任妻子所生的儿子；林某（中国公民），现住美国，是张学本的现任妻子，林某与张学本是三代以内的旁系血亲（表兄妹）关系。

林某主张：林某与张学本的夫妻关系依法有效。《法律适用法》第22条规定："结婚手续，符合婚姻缔结地法律、一方当事人经常居所地法律或者国籍国法律的，均为有效。"根据《民政部办公厅关于对中国公民的境外结婚证件认证问题的复函》规定，只要不违背中国婚姻法基本原则与社会公共利益的，就应当尊重当事人意愿，认定婚姻效力。

林某与张学本结婚时均已年近六七十岁，不存在生育可能，选择在美国结婚是因为林某常年定居美国洛杉矶，结婚是为了老来为伴。为尊重双方真实意愿，维护老年人合法权益，二人婚姻关系应得到中国法律保护。

问题：本案如何识别，所确定的冲突规范是什么？所选择的准据法是哪国法？

一、识别的概念

识别（qualification，classification，characterization）是在适用冲突规范时，对有关的事实作出"定性"或分类，将其归入一定的法律范畴（legal category），从而确定应援用哪一冲突规范的识别过程。② 识别问题是国际私法中解决涉外民商事法律冲突必须首先解决的问题。

识别从本质上来讲，包含两个方面：

---

① 福州市中级人民法院民事判决书，(2019)闽01民终1631号。
② 韩德培主编：《国际私法》（第三版），高等教育出版社、北京大学出版社2014年版，第126页。

一是对涉外民事案件所涉及的事实或问题进行定性或分类,将其归入特定的法律范畴。①

二是对冲突规范本身进行识别,对冲突规范使用的名词进行解释。

二、识别冲突

识别冲突处理的问题是法院识别案件事实时应按法院地法还是应按外国法。由于法院地国与有关外国法律对同一事实构成作出不同的分类,采用不同国家的法律观念进行识别就会导致适用不同冲突规范和不同准据法的结果。例如,婚姻一方结婚时未达婚龄在英国法上属结婚形式问题(formalities of marriage),在法国却属结婚能力问题(capacity to marry)。具体而言,识别冲突产生的原因在于:

(1) 不同国家对同一个事实赋予了不同的法律性质。例如,欺诈消费者,有些国家认定为侵权,有些则认定为违约,从而产生不同的法律适用后果。

(2) 不同国家对于同一内容的法律问题可能在不同的法律部门中予以规定。例如,关于诉讼时效,有些国家认为是程序问题,有些国家认为是实体问题,从而会导致适用不同法律部门的法律,产生识别冲突。

(3) 不同国家对同一问题规定的冲突规范具有不同的含义。例如,不动产适用不动产所在地法,由于各国对于"不动产"的界定不同,从而可能产生识别差异。

(4) 不同国家有时有独特的法律概念。此时就需要进行识别,然后才能确定应适用的冲突规范和准据法。比如"对价"。

经常引起识别冲突的情形有:时效问题和举证责任问题是程序法问题还是实体法问题;配偶一方对已死配偶的财产请求权是夫妻财产法上的问题还是继承法上的问题;违背婚约是违约行为还是侵权行为;妻子的扶养请求权应适用夫妻财产法规定还是夫妻身份法的规定;无人继承的动产,财产所在地的国家是以最后继承人的资格继承还是依物权法上的先占原则取得动产所有权;禁止配偶间互为赠与的规定是婚姻的一般效力,还是夫妻财产抑或合同法问题。②

示例6.1 英国人C结婚效力案

一个住所在法国的19岁法国人A,未取得父母同意,去英国与一位住所在英国的妇女B结婚。后来,其丈夫A以未取得父母同意为由认为他没有结婚能力并经法国法院判决婚姻无效。此后,妻子B又在英国与一在英国有住所的英国人C结婚。在本案中,原告C(英国男子)以他与该妇女结婚时,该妇女尚有合法婚姻存在而请求英国法院宣告他们的婚姻无效。

---

① 对于被识别的对象(subject)是什么,J. G. Collier 认为被识别的不是"事实"(facts)或"factual situation",而是"legal questions",原因是:"A judge or a lawyer is not interested in facts in vacuo, and they cannot be characterized in the abstract, but only by formulating the legal categories; these are categories of legal questions." See J. G. Collier, *Conflict of Laws*, 3rd ed., Cambridge University Press, 2001, p.15.

② 韩德培主编:《国际私法》(第三版),高等教育出版社、北京大学出版社2014年版,第127页。

> 此案涉及国际私法中的识别问题,解决本案的前提是确定该妇女前一婚姻的有效性,核心争议是未满 25 岁又未获得其父母同意就结婚这一事实的定性问题,该事实根据不同国家法律识别会得出不同结果。若按英国法识别,父母同意为婚姻的形式要件,而婚姻的形式要件适用婚姻举行地法,即英国法。英国法对未满 25 岁子女结婚并无"需要父母同意"的限制,该妇女的前婚姻有效,可以满足原告的要求。若依法国法识别,这种同意为婚姻能力问题,而婚姻能力依当事人的住所地法,即法国法,就要承认法国法院的离婚判决,故应驳回原告的请求。

三、解决识别冲突的方法

那么应该依照哪一法律对国际私法案件进行识别呢?有关解决识别冲突的方法的主要学说有:

(1) 法院地法说(*lex fori doctrine*):主张以法院地国家的实体法作为识别的标准。这个学说的理由主要在于:一是冲突规范是国内法,因此其使用的概念只能依据法院地法来解释;二是法院更熟悉本国的法律概念,依据法院地法识别更为简单准确;三是识别先于法律适用,识别冲突无法适用外国法。

(2) 准据法说(*lex causae doctrine*):主张以解决争议问题的准据法来对争议问题的性质进行识别。识别的目的在于确定冲突规范,找到应适用的准据法,此说将确定准据法置于识别之前,属于逻辑错误。

(3) 分析法学与比较法说(analytical jurisprudence and comparative law):冲突规范的概念与实体法的概念并不必然同一,由于冲突规范总是涉及不同国家的实体法,必须依在比较研究基础上形成的一般法律原则进行识别。

(4) 个案识别说(qualification case-by-case):主张识别不应采取统一解决方法,而应该根据冲突规范的目的,考虑依法院地法还是依准据法。

(5) 折中说:从法院地法和准据法的一致结论中决定应当适用的冲突规范和准据法。

(6) 功能定性说:以上方法都是从"法律结构"上来定性,不能圆满解决问题,如果按"各个制度在法律生活中的功能来定性",即可解决问题。

(7) 两级识别说:识别过程可以分为两个阶段:第一个阶段"把问题归入适当的法律范畴",发生在准据法选出之前,必须依法院地法进行;第二个阶段"给准据法定界或决定其适用范围",必须依准据法进行识别。[①]

实践中,大多数国家均适用法院地法来处理识别问题,但适用法院地法也有一些例外:

(1) 如果应依法院地法识别,而法院地法中没有关于某一法律关系的概念(比如"对价")时,就应按照外国法确定它的概念;

(2) 特殊的或专门的国际民商事关系,如动产或不动产的识别,应根据财产所在地国家的法律规定确定;

(3) 如果有关冲突规范是由条约规定的,根据条约义务优先的原则,应以该条约作为识别的依据。

---

① See J. D. Falconbridge, *Selected Essays in the Conflict of Laws* 50, 2nd ed., Canada Law Book Co., 1954.

四、中国法的规定

关于识别,我国《法律适用法》第 8 条规定:"涉外民事关系的定性,适用法院地法律。"在高银英与冯炳辉案外人执行异议之诉特殊程序案中,因识别的不同,而会有不同的处理结果。

★热身问题分析:

在前述张某与林某继承纠纷案①中,法院认为,该案是继承纠纷,被继承人张学本于 2017 年 9 月 29 日去世后,林某以张学本配偶的身份提起诉讼,要求继承张学本的遗产,故林某是否是张学本的合法配偶,二人婚姻关系是否有效,林某是否享有对张学本遗产的继承权,均属于本案继承纠纷的审理范围。从法院判决来看,是将该案的主要争议问题定性为继承问题,并根据《法律适用法》第 31 条来确定案件要适用的准据法,即"法定继承,适用被继承人死亡时经常居所地法律,但不动产法定继承,适用不动产所在地法律"。法院最终确定的是以中国法为准据法。

示例 6.2 高银英与冯炳辉案外人执行异议之诉特殊程序案②

冯禧与高银英系夫妻关系,于 1985 年 5 月 18 日在香港登记结婚。在冯炳辉与冯禧、冯伟光、冯显扬因股权转让纠纷一案中,法院判决冯禧、冯伟光、冯显扬应向冯炳辉支付股权转让款 430 万元及逾期付款利息,并负担诉讼费用。在案件执行过程中,原审法院依法拍卖了位于佛山市顺德区容桂街道办容山居委会丰宁路 18 号房屋。该房屋登记权属人原为冯禧、冯伟光,每人所占有房屋份额均为 1/2。本案高银英提出执行异议,认为其与冯禧系夫妻关系,涉案房产是其与冯禧的夫妻共同财产,但高银英本人并非被执行人,法院不应将其财产当作被执行人即本案冯禧的个人财产予以执行,请求法院中止对涉案房产的执行。此外,高银英及冯禧的经常居所地均在香港。

【问题与评析】

本案是什么性质的争议?是物权问题还是夫妻财产关系的问题?如果识别为物权纠纷,则会适用不动产所在地法律;如果识别为夫妻财产关系纠纷,则会根据其他连结点来确定准据法。识别为不同的性质,案件结果也会不同。

一审法院认为该案是不动产物权之诉,根据《法律适用法》第 36 条规定,不动产物权,适用不动产所在地法律。由此指向内地法,采用夫妻共同财产制,应当中止执行。而冯伟光提出上诉。

二审中,高银英及冯禧协议选择夫妻财产关系适用内地法,但法院认为,根据《法律适用法解释(一)》第 8 条第 1 款规定,双方协议选择或变更选择适用的法律应在一审法庭辩论终结前作出,因此实体法方面,各方当事人并未就实体问题选择适用的实体法律。而关于高银英是否对案涉争议房产享有份额的问题,进行识别后,法庭认为本案的实体问题实

---

① 福州市中级人民法院民事判决书,(2019)闽 01 民终 1631 号。
② 广东省佛山市中级人民法院民事判决书,(2015)佛中法执民终字第 3 号。

质上是夫妻财产关系所产生的纠纷,而非高银英及冯禧主张的不动产物权纠纷。因此,根据《法律适用法》第24条"夫妻财产关系,当事人可以协议选择适用一方当事人经常居所地法律、国籍国法律或者主要财产所在地法律。当事人没有选择的,适用共同经常居所地法律;没有共同经常居所地的,适用共同国籍国法律"的规定,本案应适用高银英及冯禧的共同经常居所地即香港特别行政区的法律进行审理。

二审法院在本案中将纠纷的性质识别为夫妻财产关系,最终适用了香港特别行政区的法律,根据特区法律,夫妻财产关系采取的是分别财产制。而一审法院识别为不动产纠纷,则会适用不动产所在地法,即内地的法律,其采取的是夫妻共同财产制。可见,识别问题会影响到案件最终的结果。

第二节 先决问题

★热身问题:

在前述张某与林某纠纷案中,主要问题被识别为继承纠纷,但林某与张学本之间是否存在合法的配偶关系,二者的婚姻关系是否有效,是解决主要问题的先决问题。那么,本案如何确定先决问题的准据法呢?

一、先决问题的概念

先决问题(preliminary question),又称附带问题(incidental problem),是指一国法院在处理国际私法的某一项争讼问题时,如果必须以解决另外一个问题为先决条件,便可以把该争讼问题称为"本问题"或"主要问题"(principal question),而把需要首先解决的另一问题称为"先决问题"或"附带问题"。

第一,早期国际私法上的先决问题是冲突规则的冲突问题,即法院地国冲突规则对与主要问题准据法所属国冲突规则的冲突问题。

从历史的角度来说,先决问题是英国法学家莫里斯提出的,其认为先决问题有三个要件:第一,主要问题依法院地的冲突规则,须由外国法支配,即以外国法为准据法;第二,含有涉外因素的先决问题也随之出现,并具有相对的独立性,同时也有独立的冲突规则可供适用;第三,法院地国的冲突规则对先决问题指定应适用的法律,与主要问题准据法国的冲突规则对先决问题指定的应适用的法律不同,并会导致截然相反的结果。简言之,对先决问题准据法的确定,主要有两种选择:一是以主要问题的准据法所属国的冲突规范确定先决问题的准据法;二是依法院地的冲突规范来确定先决问题的准据法。[1] 先决问题主要处理的是法院地国的冲突规则与主要问题准据法国的冲突规则的适用冲突问题。莫里斯的定义主要源自 Schwebel v. Ungar 一案[2]。

---

[1] 参见〔英〕J. H. C. 莫里斯主编:《戴西和莫里斯论冲突法》,李双元等译,中国大百科全书出版社1998年版,第62—63页。

[2] 参见〔英〕J. H. C. 莫里斯主编:《戴西和莫里斯论冲突法》,李双元等译,中国大百科全书出版社1998年版,第62—67页。

示例 6.3 Schwebel v. Ungar

犹太夫妇 H1 和 W 最初的经常居所地在匈牙利。在他们离开匈牙利前往以色列的旅途中,他们在意大利离婚。此后 W 正式移居加拿大并在安大略与当地人 H2 结婚。H2 将其与 W 的婚姻效力问题诉至加拿大法院。此处要解决双方的婚姻效力问题(主要问题),必须先解决 W 与 H1 的离婚效力问题(先决问题)。而本案中对于先决问题的法律冲突正在于,意大利法律承认 H1 和 W 的离婚效力,但是匈牙利法律不承认 H1 和 W 的离婚效力。依据加拿大的冲突规则,对于本案的主要问题应适用以色列法,而以色列冲突规范对于先决问题指向意大利法(承认离婚有效);但加拿大的冲突规则对于先决问题本身则指向匈牙利法(不承认离婚有效)。如此就产生了本案的核心法律问题——对先决问题适用不同冲突规则导致不同处理结果的冲突应该如何解决。

不难看出,上述案件涉及的是,当法院地的冲突规则对主要问题的解决指向某一外国法时,对于先决问题,该外国法的冲突规则和法院地法的冲突规则引向不同国家的准据法,最终产生应该适用哪个冲突规则的争议。

第二,主要问题准据法所属国法不能是法院地国法。假设法院地国是英国,如果主要问题准据法所属国的法律也应该是英国法,则主要问题准据法所属国就是英国。在此情况下,由于主要问题准据法所属国和法院地国都是英国,则在先决问题的处理上会援引相同的冲突规则,适用相同的实体法,二者也就不可能产生不同的结果。

由于莫里斯所提出的先决问题的概念较为狭窄,现在各国先决问题的适用范围有日渐扩张的趋势。

二、先决问题的构成

英国法上,符合以下要件的问题属于先决问题:

(1) 先决问题是一个国际私法上的先决问题,也就意味着会涉及法律适用的问题;

(2) 主要问题根据法院地冲突规则适用甲国法,甲国法是非法院地法;

(3) 需要先行解决的问题具有相对独立性,可以作为一个单独的争议向法院提起诉讼,并且有自己的冲突规范可以援用,假设指向乙国法;

(4) 甲国法和乙国法在处理先决问题上会产生不同的结果。[①]

满足上述四个条件的先决问题实践中并不多见。在国际私法中,大量先决问题都比较简单。比如,《法律适用法解释(一)》第 10 条规定:"涉外民事争议的解决须以另一涉外民事关系的确认为前提时,人民法院应当根据该先决问题自身的性质确定其应当适用的法律。"按此规定,先决问题实际上具有三个条件:

一是先决问题是主要问题的附带问题,需要先行解决;

二是需要先行解决的问题具有相对独立性,可以作为一个单独的争议向法院提起诉讼;

三是先决问题有自己的冲突规范可以援用。

---

① See J.G. Collier, *Conflict of Laws*, Cambridge University Press, 2001, p. 27.

三、先决问题的准据法

关于如何确定先决问题的准据法,主要学说有:

1. 主要问题准据法主义:此说认为主要问题准据法所属国与案件有关联性,以主要问题准据法所属国的冲突规则来判断先决问题,能避免把两个有联系的问题人为地割裂开来,有利于取得一致的判决结果。

2. 法院地法主义:此说认为先决问题是一个独立问题,应该与主要问题一样,适用法院地的冲突规则,有助于可以保持法律政策的一致性。此外,先决问题经常涉及的婚姻及其他身份问题,与法院地关系更为密切。

3. 个案分析主义:此说认为应根据个案中先决问题与法院地法还是主要问题准据法的联系更为密切,决定应适用的冲突规范。

四、中国法的规定

《法律适用法解释(一)》第 10 条规定:"涉外民事争议的解决须以另一涉外民事关系的确认为前提时,人民法院应当根据该先决问题自身的性质确定其应当适用的法律。"第 11 条:"案件涉及两个或者两个以上的涉外民事关系时,人民法院应当分别确定应当适用的法律。"可见,我国就先决问题采法院地法主义,根据中国的法律适用法来决定先决问题的准据法。

★热身问题分析:

在前述张某与林某继承纠纷案中,林某是否有继承权取决于林某是否是张学本的合法配偶,二人婚姻关系是否有效的问题属于先决问题。根据《法律适用法》第 21 条"结婚条件,适用当事人共同经常居所地法律;没有共同经常居所地的,适用共同国籍国法律;没有共同国籍,在一方当事人经常居所地或者国籍国缔结婚姻的,适用婚姻缔结地法律的规定",二人是否存在合法的婚姻关系,应适用中国法来确定。

第三节 反 致

★热身问题分析:

在前述张某与林某继承纠纷案中,是否会发生国际私法上的反致问题?中国在反致问题上的态度是什么?

当适用冲突规范指引准据法时,通常指向一国的实体法,但如果认为准据法包括了实体规范和冲突规范,则可能产生另一个国际私法上的问题,即反致。

一、反致的概念

反致(renvoi)是一种解决因法院地法与外国法采用不同连结点(connecting factor)而造成之差异的方法。[1] 这种差异可能是由于法院地法和准据法在法律范畴(例如居住地)中使

---

[1] "Renvoi is a technique for solving problems which arise out of differences between the connecting factor used by English law and that of the law to which the English connecting factor leads." See J. G. Collier,《冲突法(*Conflict of Laws*)》(导读本),郭玉军编注,中国人民大学出版社 2005 年版,p. 28.

用相同的连接点,但其含义不同,或者法院地法和准据法在同一法律范畴中分别使用不同的连结点(如一国用居住地而另一国用国籍)。

示例6.4 福果案

反致制度起源于福果案,也译成"福尔果案",是由法国法院1887年判决的国际私法上典型的反致案例。巴伐利亚人福果是非婚生子,自5岁至死一直住在法国,死后在法国留下一笔存款,未立遗嘱。按照巴伐利亚继承法的规定,福果在巴伐利亚的旁系血亲对该项遗产有继承权,于是福果亲属便向法国法院提出继承请求。

法国法院依"动产依被继承人的原始住所地法",决定适用巴伐利亚法。但是,巴伐利亚冲突规范规定"无遗嘱动产的继承,依事实上的住所地法",即法国法。最后法国法院适用了本国法。按法国民法的规定,非婚生子女的亲属除兄弟姐妹外无法定继承权,所以福果的财产被判为无人继承财产,收归法国国库所有。

只有在满足以下三个要件的情况下才出现反致:

一是法院地冲突规范指向的某个外国法,既包括实体法,又包括冲突法;如果认为冲突规范指向的某个外国法仅包括实体法,则不会产生反致问题。

二是相关国家的冲突法规则不一致,彼此也存在冲突,即相关国家可能对同一国际民商事法律关系或法律问题规定不同的连结点,或者对连结点存在不同的解释。

三是致送关系没有中断。例如,假如一个乙国公民死于甲国并在甲国留下某一动产。对于动产的法定继承,甲国规定适用物之所在地法,乙国规定适用被继承人的本国法,且都认为本国冲突法指定的外国法律包括冲突法。如在甲国提起继承诉讼,并不发生指定乙国法的情况;反之,如在乙国提起诉讼,也不发生指定甲国法的现象,反致问题也不会发生。

甲国法院 —— 物之所在地法 —→ 甲国法
乙国法院 —— 被继承人的本国法 —→ 乙国法

二、反致的类型

反致有广义与狭义之分。广义的反致包括狭义的反致、转致及间接反致。①

(一)狭义的反致

狭义的反致(remission),是指对于某一涉外民商事案件,法院依照本国的冲突规范本应适用外国法,而该外国法中的冲突规范指定应适用法院地法,最后法院适用了法院地国的实体法。如图6.1。

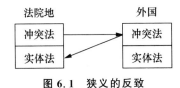

图6.1 狭义的反致

---

① 李双元主编:《国际私法》(第三版),北京大学出版社2011年版,第106页。

(二) 转致

转致(transmission)是指对于某一涉外民商事案件,A 国法院依据本国冲突规范应当适用 B 国法,B 国冲突规范又指定适用 C 国法,A 国法院因此适用了 C 国实体法。如图 6.2。

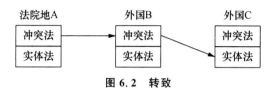

图 6.2 转致

(三) 间接反致

间接反致是指对于某一涉外民商事案件,A 国法院依据本国冲突规范应当适用 B 国法(包括 B 国冲突规范),但 B 国法又指定适用 C 国法,C 国法指定适用 A 国实体法作准据法,最后 A 国法院适用本国实体法作为准据法裁判案件。如图 6.3。

图 6.3 间接反致

(四) 外国法院说

外国法院说是英国独有的制度,是指在处理某一涉外民商事案件的时候,如果依照英国的冲突规范应当适用某一外国法,英国法官应"设身处地"地将自己视为在外国审判,再依照该国对反致所持态度决定应当适用的法律。如果英国冲突规范指向的外国法承认反致,那就会出现"双重反致";如果英国冲突规范指向的外国法不承认反致,那么就会出现"单一反致"。如图 6.4。

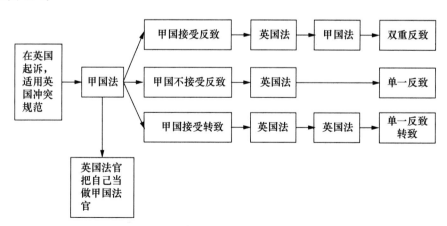

图 6.4 外国法院说

三、反致的分歧

(一) 支持反致的理由

赞成反致的学者认为:

(1) 采用反致可以维护外国法律的完整性。适用外国法应当包括适用外国冲突规范,从而不会导致曲解外国法的立法目的。

(2) 接受反致无损国家主权,反而可能扩大内国法的适用。

(3) 采用反致在一定程度上有利于实现国际私法所追求的判决结果一致的目标。

(4) 采用反致有可能得到更合理的判决结果。

(二) 反对反致的理由

反对反致的学者认为:

(1) 采用反致显然违背了本国冲突法指向外国法的宗旨。本国冲突规范指定某一涉外民事关系应由外国法调整,就表明该法律关系与该外国有更密切的联系。

(2) 采用反致有损内国国家主权。适用外国冲突法将涉外民商事关系由何法律调整的立法权交给了外国。

(3) 采用反致浪费司法资源。外国法调查成为法院和当事人的负担。

(4) 采用反致会导致恶性循环。各国之间相互指定法律会使得准据法无法确定:例如英格兰和新南威尔士均采"外国法院说"。[①]

(三) 反致在立法上的差异

对于是否接受反致,各国有着不同的态度。例如,法国接受反致,倾向于接受转致;日本只有在当事人国籍作为连结点的民事关系上接受反致;德国在立法上承认反致,但在合同之债上不采用反致;英国接受了反致与转致,但只限于有限的问题上,尤其是在合同上不承认反致,但其主张外国法院说;也有许多明确不接受反致的国家,如希腊、伊拉克、秘鲁、叙利亚、荷兰、埃及、巴西、伊朗和摩洛哥等。

四、中国法的规定

在中国,《关于适用〈中华人民共和国涉外经济合同法〉若干问题的解答》中曾明确规定在合同领域不采纳反致制度,这与国际上的普遍实践是一致的。[②] 2007年最高人民法院在《关于审理涉外民事或商事合同纠纷案件法律适用若干问题的规定》第1条明确中国不承认反致制度,即涉外民事或商事合同应适用的法律,是指有关国家或地区的实体法,不包括冲突法和程序法。

---

① 参见李双元主编:《国际私法》(第三版),北京大学出版社2011年版,第109页。

② 《关于适用〈中华人民共和国涉外经济合同法〉若干问题的解答》之"关于处理涉外经济合同争议的法律适用问题"中规定:"(四)当事人在订立合同时或者发生争议后,对于合同所适用的法律未作选择的,人民法院受理案件后,应当允许当事人在开庭审理以前作出选择。如果当事人仍不能协商一致作出选择,人民法院应当按照最密切联系原则确定所应适用的法律。(五)当事人协议选择的或者人民法院按照最密切联系原则确定的处理合同争议所适用的法律,是指现行的实体法,而不包括冲突法规范和程序法……"

《法律适用法》第 9 条规定,涉外民事关系适用的外国法律,不包括该国的法律适用法。该条主要规定了我国不承认国际私法上的反致制度。据此规定,涉外民事关系适用的外国法律,仅包括外国法中的实体法,而不包括该国的冲突规范,不存在反致的条件。在英国达拉阿尔巴拉卡投资公司诉巴哈马曲母普航运公司抵押案中[二维码案例],就涉及错误适用反致制度问题。

★热身问题分析

在前述张某与林某继承纠纷案中的,《法律适用法》第 31 条(继承)和第 21 条(婚姻)均没有指向外国法,因此,没有反致问题。而且中国在涉外民事关系中不接受反致,因此,司法实践中,不会产生反致。

第四节 外国法的查明

★热身问题:

在前述张某与林某继承纠纷案中,林某与张学本的婚姻在美国缔结,他们的夫妻关系在美国合法有效,案中美国法的规定应该由谁来查明?

在国际民商事案件中,如果冲突规范指向了外国法,那么就需要查明外国法的内容,由此会产生一系列问题,如外国法属于什么性质,外国法由谁查明或举证,外国法无法查明时如何解决以及对外国法适用错误时如何救济等。

一、外国法查明的含义与性质

(一)外国法内容查明的含义

外国法的查明(ascertainment of foreign law),也被称为外国法的证明(proof of foreign law)或外国法内容的确定,是指一国法院在审理涉外民商事案件时,如果根据冲突规范的指引应当适用某外国的实体规范调整当事人的权利义务,如何查明该外国法关于这一具体问题的过程。

(二)外国法的性质

在国际私法层面上,"外国法"(foreign law)是指被法院地国赋予法律效力的外国法律规则,是相对于本国法(local law)而言的。对于外国法的性质,主要有以下三种主张:

1. 事实说。英美法系国家持此种观点。该说认为,依本国冲突规范而适用的外国法相对于内国只是一个单纯的事实,而非法律。

2. 法律说。意大利、法国等国家主张这种理论。该说认为,内国法院适用外国法,是根据法律关系的性质而适用的,由于内、外国法律完全平等,本国法官适用外国法与适用内国法一样,没有什么区别。

3. 折中说。该说主要是为了调和事实说和法律说之间的矛盾,主张外国法既非单纯的事实,也非绝对的法律,而是依本国冲突规范的指引确定应适用的外国法律。从本国法的观点而言,它适用的是外国法;从外国法的观点看来,它是依据法院地国法而被援用的。因此,它既有别于外国法,又有别于内国法,是一种特殊的法律事实。

二、外国法查明的方法

由于对于外国法的性质存在不同的主张,相应的,不同国家对于外国法查明的方法也有所不同。

(一)当事人举证证明

英美法系的国家和部分拉美国家采用这种做法,它们将外国法看作单纯的"事实",用确定事实的程序来确定外国法的内容,即关于外国法中有无相关规定及其内容,完全由当事人举证证明,法官无依职权查明的义务。当事人可以提出相关法律法规、刊有有关法律内容的权威文件、专家意见(英国法中,外国的法律法规不能在没有专家解释的情况下被接纳)等。如双方当事人对外国法理解一致,可以协议声明举证。

(二)法官依职权查明,无需当事人举证

奥地利[①]、意大利、法国等主张外国法也是法律的国家依据"法官知法"(*juranovit curia*)原则,认为法官应当负责查明外国法的内容。

(三)法官依职权查明,当事人负有协助义务

采取这种做法的国家有德国、瑞士[②]、土耳其、秘鲁等。它们主张对外国法的查明,既不同于查明内国法的程序,又不同于查明事实的程序,原则上应由法官依职权查明,当事人也负有协助义务。

三、外国法无法查明时的解决办法

在外国法无法查明的情况下,国际司法实践中有如下几种不同的解决办法:

1. 直接适用内国法。这是大多数国家采取的方法。

2. 类推适用内国法。如英国法院,在当事人无法提出关于外国法内容的证据,或法院认为该项证据不充分时,就推定该外国法与英国法内容相同,从而适用英国法。

3. 驳回当事人的诉讼请求或抗辩。美国在实践中采取此种做法。在美国的司法实践中,在外国法为英美法系国家的法律且不能被当事人证明时,法院推定外国法与美国法相同而适用美国法。但在外国法为非英美法系国家的法律且不能被当事人证明的情况下,法院会驳回或不予采纳当事人的诉讼请求或抗辩。

4. 适用与本应适用的外国法相近似或类似的法律。德国[③]和日本[④]有过此种案例。

5. 适用一般法理。这种主张认为,外国法无法查明或欠缺规定时,应依据法理进行裁判,日本的学说和判例大多持此主张。[⑤]

[①] 《奥地利联邦国际私法法规》第4条规定:"外国法应由法官依职权查明。允许采用的辅助方法包括有关人员的协助、联邦司法部的咨询答复及专家的鉴定意见。如经充分努力,在适当的时期内外国法仍不能查明,适用奥地利法。"

[②] 《瑞士联邦国际私法法规》第16条规定:"外国法的内容由法院依职权查明。为此可以要求当事人予以合作。涉及财产请求权的,可令当事人负举证之责。如果应适用的外国法内容无法查明,则适用瑞士法律。"

[③] 参见〔德〕马丁·沃尔夫:《国际私法》,李浩培、汤宗舜译,法律出版社1988年版,第323—324页。

[④] 参见〔日〕北胁敏一:《国际私法——国际关系法Ⅱ》,姚梅镇译,法律出版社1989年版,第63—64页。

[⑤] 参见韩德培主编:《国际私法》(第三版),高等教育出版社、北京大学出版社2014年版,第155页。

四、外国法适用错误的救济

外国法适用错误通常有两种情况:一是适用冲突规范的错误,二是适用外国法的错误。

(一)适用冲突规范的错误

适用冲突规范的错误是指一国法院依据冲突规范本应适用某一外国的法律,却错误地适用了另一外国或内国的法律,或本应适用内国法却适用了外国法律。这类错误从本质上讲构成了对内国法的直接违反,应当允许当事人上诉,以纠正这种错误。

(二)适用外国法的错误

适用外国法的错误是指一国法院在处理涉外案件时对外国法律作了错误的解释和适用的情况。对于这类错误,是否允许当事人上诉予以纠正,存在两种不同主张:

1. 不允许当事人上诉。持这种主张的国家将对外国法的认定看作一种事实的认定,而其最高法院只是作为法律审(revisio in jure)法院,即它必须接受下级法院对于事实的认定,其工作只限于审查从事实得出的法律上的结论。因此,对适用外国法的错误不允许上诉到最高法院。另外,一些将外国法看作法律的国家认为,最高法院的设立目的在于保证本国法律解释的正确性与一致性,至于对外国法律的,则不属于其职责范围,因此也不接受当事人的上诉,如法国、德国、瑞士、西班牙、荷兰等国。

2. 允许当事人上诉。允许当事人以适用外国法错误为由提起上诉的国家大致有两种类型:

一是奥地利、葡萄牙、芬兰、意大利、波兰以及一些美洲国家。它们认为,对外国法内容的确定与解释有误,就是对内国冲突规范的错误适用,因此,应当允许当事人上诉予以纠正。

二是英美法系的国家。它们认为,虽然冲突规范所援引的外国法律是"事实",但由于在诉讼程序上规定了上诉法院有权利和责任对下级法院所认定的事实进行审查,因此允许当事人以适用外国法错误提起上诉。

五、中国法的规定

(一)我国查明外国法的方法

《法律适用法》第10条第1款规定:"涉外民事关系适用的外国法律,由人民法院、仲裁机构或者行政机关查明。当事人选择适用外国法律的,应当提供该国法律。"从该规定中可以看出:在当事人意思自治选择外国法律时,由当事人提供外国法律的内容;非基于当事人选择而适用外国法律时,由法院查明。以及《法律适用法解释(一)》第15条规定:"人民法院通过由当事人提供、已对中华人民共和国生效的国际条约规定的途径、中外法律专家提供等合理途径仍不能获得外国法律的,可以认定为不能查明外国法律。根据涉外民事关系法律适用法第十条第一款的规定,当事人应当提供外国法律,其在人民法院指定的合理期限内无正当理由未提供该外国法律的,可以认定为不能查明外国法律。"在外国法的查明方面,德力西能源私人有限公司(Delixy Energy Pte)与东明中油燃料石化有限公司国际货物运输合同纠纷上诉案[二维码案例],就涉及外国法的认定问题。

2023年,最高人民法院发布了《关于适用〈中华人民共和国涉外民事关系法律适用法〉

若干问题的解释(二)》,详细规范了外国法的查明问题。该解释强调,人民法院审理涉外民商事案件适用外国法律的,应当根据《法律适用法》第10条第1款的规定查明该国法律。当事人选择适用外国法律的,应当提供该国法律。当事人未选择适用外国法律的,由人民法院查明该国法律。

人民法院可以通过下列途径查明外国法律:(1)由当事人提供。人民法院依据本途径要求当事人协助提供外国法律的,不得仅以当事人未予协助提供为由认定外国法律不能查明。(2)通过司法协助渠道由对方的中央机关或者主管机关提供。(3)通过最高人民法院请求我国驻该国使领馆或者该国驻我国使领馆提供。(4)由最高人民法院建立或者参与的法律查明合作机制参与方提供。(5)由最高人民法院国际商事专家委员会专家提供。(6)由法律查明服务机构或者中外法律专家提供。(7)其他适当途径。人民法院通过前述规定的其中一项途径无法获得外国法律或者获得的外国法律内容不明确、不充分的,应当通过其他途径补充查明。

该解释还规定,人民法院对外国法律的内容及其理解与适用,根据以下情形分别作出处理:(1)当事人对外国法律的内容及其理解与适用均无异议的,人民法院可以予以确认。(2)当事人对外国法律的内容及其理解与适用有异议的,应当说明理由。人民法院认为有必要的,可以补充查明或者要求当事人补充提供材料。经过补充查明或者补充提供材料,当事人仍有异议的,由人民法院审查认定;(3)外国法律的内容已为人民法院生效裁判所认定的,人民法院应当予以确认,但有相反证据足以推翻的除外。

(二)我国无法查明外国法时的解决办法

根据我国《法律适用法》第10条第2款的规定,不能查明外国法律或者该国法律没有规定的,适用中华人民共和国法律。

(三)我国适用外国法错误的救济

关于适用外国法的错误,我国目前尚无这方面的立法或判例。但我国民事诉讼并不严格区分法律审和事实审,无论是外国法适用错误还是解释错误,都可以提起上诉予以纠正。

★热身问题分析:

在前述张某与林某继承纠纷案中,林某与张学本的婚姻在美国缔结,依据《法律适用法》第22条:"结婚手续,符合婚姻缔结地法律、一方当事人经常居所地法律或者国籍国法律的,均为有效。"林某主张与张学本的夫妻关系依法有效,需证明其婚姻在美国有效,而该案中美国法应由法官查明,但林某提供了婚姻许可证书结束了外国法查明的程序。即法院查明:林某在一审中提供的美国婚姻许可证书,经美国公证机关公证,并经中国驻洛杉矶总领事馆认证,真实性可予确认,可认定林某与张学本确已于××××年××月××日在美国登记结婚,结婚手续符合美国法律规定。确认美国婚姻许可证书的真实性,也就免除了美国法查明的程序。

第五节 法律规避

★热身问题:

在前述张某与林某继承纠纷案中,张学本与林某在美国加州结婚,是否存在规避中国法的情况？国际私法上的法律规避有何特点？

一、法律规避的概念与特征

（一）法律规避的概念

法律规避(evasion of law)，在大陆法系中又称僭窃法律(*fraude à la loi*)或欺诈设立连结点(fraudulent creation of point of contact)，是指涉外民事关系当事人为适用某一冲突规范，故意制造某种连结点的构成因素，以避开本应适用的强制性规范或禁止性规定，从而使对其有利的法律得以适用的逃法或脱法行为。英国法虽认同法律规避是一个问题，但并没有就此发展出如法国"僭窃法律"的一般性原则。① 法律规避制度起源于法国的鲍富莱蒙王妃离婚案。

> **示例 6.5　鲍富莱蒙王妃离婚案**②
>
> 原告鲍富莱蒙(Bauffremont)王子的王妃，原为比利时人，因与鲍富莱蒙结婚而取得法国国籍，后欲离婚与一罗马尼亚王子比贝斯哥(Bibesco)结婚，但当时法国的法律不准离婚(1884年以前)，她便只身移居德国并归化为德国人，随即在德国获得离婚判决，然后在柏林与比贝斯哥结婚。鲍富莱蒙遂申请法院宣告其妻加入德国国籍及离婚、再婚均属无效。
>
> 法国最高法院(Court of Cassation)认为，依照法国法，离婚虽然应适用当事人的本国法，但鲍富莱蒙王妃取得德国国籍的动机，显然是为了逃避法国法律禁止离婚的规定，因而构成法律规避，判决她在德国的离婚和再婚无效。③

（二）法律规避的特征

从上述概念可以看出，法律规避具有如下特征：

1. 行为主体上，法律规避行为必须是当事人自己的行为。

2. 主观上，当事人具有法律规避的意图。也就是说，当事人所为的行为是以规避某种法律的适用为目的的，如果没有规避法律的意图，而是由于其他原因导致冲突规范所指向的法律未得以适用，就不构成法律规避。

3. 被规避的对象上，被规避的法律必须是依冲突规范应当适用的强制性或禁止性法律。任意性法律在有关法律关系中并非必须遵守，因而不存在规避任意性法律的问题。

4. 行为方式上，法律规避是当事人通过人为制造或改变连结点的事实因素以逃避本应适用的法律而得以实现的。从法律规避的实践来看，当事人常用的方法包括改变国籍、住

---

① J.J. Fawcett, "Evasion of Law and Mandatory Rules in Private International Law", 49 *Cambridge L. J.* 44 (1990). "It has often been asserted that English private international law has no doctrine of evasion of the law. It is true that English law has never developed a general doctrine, like the French one of *fraude à la loi*, to deal with cases of evasion. Nonetheless, evasion of the law has been recognized as a problem in at least some areas of private international law, and an increasing number of specific anti-evasion measures have been introduced in response to this. …"

② Cass. civ., 18 Mar. 1878, *Princesse de Bauffremont v Prince de Bauffremont*, S. 1878, 1, 193, note Labbé.

③ 韩德培主编：《国际私法》(第三版)，高等教育出版社、北京大学出版社2014年版，第137页。

所、行为地、物之所在地、交通运输工具的旗帜或登记地等。

5. 客观结果上,当事人的规避行为已经完成,且按当事人的意愿应当适用对其有利的法律。

二、法律规避的效力

法律规避的效力是指当事人规避法律的行为是否有效以及这种行为将会产生何种法律后果。对于这一问题的认定不同,将会导致有关的涉外民事关系适用不同国家的法律。

对于法律规避的效力,各国理论上、立法上和司法实践中存在着较大分歧,归纳起来可分为以下三种情况:

（1）肯定规避外国法的效力。确立规避外国法有效原则的判例是1922年法国法院审理的佛莱(Ferrai)案。"该案当事人佛莱夫妇为意大利人,为了规避意大利法律中只许别居、不许离婚的限制性规定,两人商定由妻子归化为法国人,并向法国法院提出离婚请求。当时的法国法律已经取消了限制离婚的规定。法国法院在审理案件的过程中不仅没有否定女方规避意大利法律的行为,而且依法国冲突规范适用当事人本国法,作出了准予离婚的判决。"①

（2）否定规避内国法的效力。绝大多数国家的立法都明确否定了当事人规避内国法的效力,而对规避外国法律的效力不作规定。②

（3）所有法律规避行为均无效。这一主张的理论依据是"欺诈使一切行为归于无效"（*fraus omnia corrumpit*）,欧洲大陆的学者大多持此种观点,如法国学者巴丹和巴迪福认为,"规避法律的行为损害了冲突规范及其指定的准据法的威信,本质上是一种欺诈行为,只要不存在其他相反解释,就不应承认其效力"。③ 在立法上,也有一些国家作了明文规定,如《阿根廷民法典》第1207条、第1208条。

三、中国法的规定

《法律适用法解释（一）》第9条规定:"一方当事人故意制造涉外民事关系的连结点,规避中华人民共和国法律、行政法规的强制性规定的,人民法院应认定为不发生适用外国法律的效力。"可以看出,司法解释只规定了当事人规避我国法律无效的原则,而没有涉及当事人规避外国法律的效力问题。一般而言,当事人规避外国法律的效力应当视情况而定。如果当事人规避外国法律中正当的、合理的规定,应当认定该规避行为无效;反之,应当认为规避行为有效。在香港中成财务有限公司与香港鸿润(集团)有限公司、广东省江门市财政局借款合同纠纷案[二维码案例]

中,法院就认定构成法律。

---

① 韩德培主编：《国际私法》(第三版),高等教育出版社、北京大学出版社2014年版,第139页。
② 《加蓬民法典》第31条规定:"任何人不得利用规避加蓬法而使某个外国法得以适用。"《阿根廷民法典》第1207条规定:"在国外缔结的规避阿根廷法律的契约是毫无意义的,虽然这个契约依缔结地法律是有效的。"第1208条规定:"在阿根廷缔结的规避外国法的契约是无效的。"
③ 韩德培主编：《国际私法》(第三版),高等教育出版社、北京大学出版社2014年版,第138—139页。

★热身问题分析：

在前述张某与林某继承纠纷案中，林某与张学本是三代以内的旁系血亲，其在美国缔结婚姻关系，违反《中华人民共和国婚姻法》关于三代以内的旁系血亲禁止结婚的强制性规定，本案存在着违反我国婚姻法规定的情形，但是不是当事人故意规避或者故意设置新的连结点，本案的案情并没有交代。

第六节　公共秩序保留

★热身问题：

在前述张某与林某继承纠纷案中，张学本与林某在美国加州结婚，如果确实存在规避中国法的情况，那么，适用美国加州法律承认张某与林某婚姻的有效性，又是否会违反我国的公共秩序？

一、公共秩序保留的基本理论

（一）公共秩序保留的概念

公共秩序保留（reservation of public order），被英美法系称为公共政策（public policy），被大陆法系称为公共秩序（ordre public），是指一国法院应依冲突规范适用外国法时，或者应承认与执行外国法院判决或仲裁裁决时，或者应提供司法协助时，因这种适用、承认与执行、提供司法协助会与法院地国的重大利益、基本政策、法律的基本原则或道德的基本观念相抵触而有权排除和拒绝的保留制度。公共秩序保留实质上是维护本国利益的一种工具，其作用就是维护国家利益、维护公共利益，是一个安全阀。

（二）公共秩序保留的理论

各国理论与实践都普遍肯定公共秩序保留制度，然而对于什么是公共秩序，存在着不同的看法和理论，如：

1. 萨维尼把一国的强行法分为两类：一类纯粹为了保护个人利益，当冲突规范指定应适用外国法时，应让位于外国法；另一类不仅为了个人利益，还为了公共幸福，故必须在内国绝对适用。

2. 孟西尼把一国法律分为两类：一类为个人利益而制定，应以国籍为标准决定其适用；另一类为公共秩序而制定，应以属地原则为标准。

3. 布鲁歇把公共秩序法分为国内公共秩序法和国际公共秩序法。国内公共秩序法只在适用内国法时才适用；国际公共秩序法在国际私法领域适用，具有绝对强行效力，能排除外国法。

4. 斯托雷从"国际礼让说"出发，认为主权者在任何时候都可以援用公共秩序排除外国法的适用。

5. 库恩列举下列四种场合可适用公共秩序保留：(1) 违背文明国家的道德；(2) 违反法院地的禁止性规定；(3) 违反法院地的重要政策；(4) 外国法中的禁止性规定未获法院地的确认。

6. 戴赛认为三种依外国法取得的权利不被保护：(1) 与英国成文法相抵触的权利；

(2)与英国法律政策相抵触的权利;(3)与英国主权利益相抵触的权利。

7. 戚希尔认为,只有与英国的"特殊政策"相抵触才可适用公共秩序保留,包括:(1)与英国基本的公平正义观念不相容;(2)与英国的道德观念相抵触;(3)损害了英联邦及其友好国家的利益;(4)外国法侵犯了英国关于人的行为自由的观念。

对于违反公共秩序的看法可以归纳为两种主张:

1. 主观说:只要外国法本身的规定与法院地国的制度不一样,与法院地国的公共秩序相抵触,即可排除外国法的适用,而不问具体案件适用外国法的结果。

2. 客观说:注重外国法的适用是否会违反法院地国的公共秩序。客观说还可以分为联系说和结果说:联系说认为,是否违反公共秩序,还要考虑个案与法院地是否有实质的联系来决定是否排除外国法的适用;结果说认为,仅内容上违反法院地国的公共秩序,不一定排除外国法的适用,当其适用结果与法院地国公共秩序抵触时,才可以排除其适用。

(三)公共秩序保留的立法方式

公共秩序保留条款的立法方式包括以下三种:

1. 直接限制的立法方式。这种规定是在立法中明文指出,外国法的适用不得违背内国公共秩序,反之不予适用,也被称为排除条款,如德国。①

2. 间接限制的立法方式。这种规定只指出内国的某些法律具有绝对的强行性,或者是必须直接适用的,从而排除外国法的适用,也被称为保留条款,如《法国民法典》第 3 条。②

3. 综合限制的立法方式。即在同一法典中兼采直接限制与间接限制两种方式,如 1978 年《意大利民法典》第 28 条、第 31 条。③

(四)公共秩序保留排除外国法适用的结果

在援用公共秩序保留排除外国法的适用后,就出现了适用何国法来规制该涉外民事法律关系的问题。

1. 适用法院地法。过去多认为排除外国法的适用后,适用法院地法的相关规定取代被排除的外国法,如 1978 年《奥地利联邦国际私法法规》第 6 条。④

2. 适用密切联系国家的法律。⑤ 依照国际私法规范适用的外国法是与该涉外民事关系有最密切联系的国家法律,在该外国法的适用违反了法院地国家的公共秩序时,应适用与该涉外民事法律关系有次密切联系国家的法律。⑥

3. 拒绝审判。有些学者主张在外国法被排除后,法院可拒绝审判。因为冲突法既已规

---

① 2017 年修订的《德国民法施行法》第 6 条规定:"公共秩序 其他国家的法律规范,如果其适用会导致与德国法律的根本原则明显不相容的结果,则不予适用。尤其当该法律的适用违背基本权利时,不予以适用。"

② 1804 年《法国民法典》第 3 条第 1 款规定:"有关警察与公共治安的法律,对于居住在法国境内的居民均有强行力。"

③ 1987 年《意大利民法典》第 28 条规定:"刑法、警察法和公民安全法,对在意大利领土上的一切人均有强行力。"
第 31 条规定:"……在任何情况下,外国的法律和法规,一个组织或法人的章程和规定,以及私人间的规定和协议,如果违反公共秩序或善良风俗,在意大利领土上无效。"

④ 1978 年《奥地利联邦国际私法法规》第 6 条规定:"外国法的规定,其适用会导致与奥地利法律的基本价值相抵触的结果时,不得适用。如有必要,应代之以适用奥地利法律中的相应规定。"

⑤ 李旺:《国际私法》(第三版),法律出版社 2011 年版,第 87 页。

⑥ 〔日〕折茂丰:《国际私法研究》,有斐阁 1992 年版,第 177 页以下。转引自李旺:《国际私法》(第三版),法律出版社 2011 年版,第 87 页。

定应适用的外国法,便表明它不允许用其他法律代替。

二、公共秩序保留和法律规避的区别

公共秩序保留和法律规避有以下区别:

1. 起因不同。法律规避是当事人故意改变连结点的构成要素的行为造成的;公共秩序保留则是由于冲突规范所指引的外国法的内容和适用结果与冲突规范所属国的公共秩序相抵触而引起的。

2. 保护对象不同。法律规避既可以保护本国法,也可以保护外国法,且多为禁止性的法律规范;而公共秩序保留保护的只是内国法,且是内国法中的基本原则、基本精神,并不一定是禁止性的法律规范。

3. 行为的性质不同。进行法律规避是一种私人行为,而适用公共秩序保留则是一种国家机关的行为。

4. 后果不同。由于否定法律规避行为而不适用外国法时,不仅当事人企图适用某一外国法的目的不能达到,当事人还可能负担法律责任;而由于公共秩序保留不适用冲突规范所援引的外国法时,当事人不承担任何法律责任。

5. 地位和立法上的表现均不同。公共秩序保留得到了世界各国的赞同,各国冲突法无一例外地规定了公共秩序保留制度;而法律规避被认为是一种学说,除少数国家外,绝大部分国家的立法未作规定。

三、中国法的规定

在法律适用方面,我国《法律适用法》第5条规定:"外国法律的适用将损害中华人民共和国社会公共利益的,适用中华人民共和国法律。"①可以看出,我国关于公共秩序保留采取的是直接限制的立法方式,采取的是结果说,且人民法院在排除外国法的适用后,就该涉外民事法律关系适用我国法律。在徐文因与胡贵生合同纠纷案[二维码案例]中,就因为赌博而涉及公共秩序的认定问题。

在承认与执行外国法院判决和裁决方面,我国《民事诉讼法》第299条规定:"人民法院对申请或者请求承认和执行的外国法院作出的发生法律效力的判决、裁定,依照中华人民共和国缔结或者参加的国际条约,或者按照互惠原则进行审查后,认为不违反中华人民共和国法律的基本原则且不损害国家主权、安全、社会公共利益的,裁定承认其效力,需要执行的,发出执行令,依照本法的有关规定执行。"第300条进一步规定,违反中华人民共和国法律的基本原则或者国家主权、安全、社会公共利益的,不予承认和执行。

对我国而言,以下情况该依据"公共秩序保留"排除外国法的适用:

(1) 如果适用外国法违反我国宪法的基本精神,违背四项基本原则,有损于国家统一和民族团结,就应排除;

(2) 如果适用外国法有损于我国主权和安全,就应排除;

---

① 另外,《民法通则》第150条规定:"依照本章规定适用外国法律或者国际惯例的,不得违背中华人民共和国的社会公共利益。"《海商法》第276条规定:"依照本章规定适用外国法律或者国际惯例,不得违背中华人民共和国的社会公共利益。"

(3) 如果适用外国法违反有关部门法的基本准则,就应排除;

(4) 如果适用外国法违背我国缔结或参加的国际条约所承担的义务,或违反国际法上公认的公平正义原则,应予排除;

(5) 如果某一外国法院对于同我国有关的案件,无理拒绝承认我国法的效力,则根据对等原则,我国也可以公共秩序保留排除该外国法的适用,以作为报复措施。

★ **热身问题分析:**

在前述张某与林某继承纠纷案中,法院认为,根据《法律适用法》第5条"外国法律的适用将损害中华人民共和国社会公共利益的,适用中华人民共和国法律"的规定,林某与张某是三代以内的旁系血亲,其在美国缔结婚姻关系,违反《婚姻法》关于三代以内的旁系血亲禁止结婚的强制性规定,违背中国婚姻道德伦理规范,其在美国所缔结的婚姻关系在中国境内应认定为无效。所以林某不能以合法的夫妻身份继承遗产。

【推荐参考资料】

1. 许庆坤:《国际私法中的法律规避制度:再生还是消亡》,载《法学研究》2013年第5期;

2. 肖永平、龙威狄:《论中国国际私法中的强制性规范》,载《中国社会科学》2012年第10期;

3. 宋晓:《识别的对象与识别理论的展开》,载《法学研究》2009年第6期;

4. 高晓力:《国际私法上公共政策的运用》,中国民主法制出版社2008年版;

5. 粟烟涛:《冲突法上的法律规避》,北京大学出版社2008年版;

6. 刘来平:《外国法的查明》,法律出版社2007年版;

7. 王葆莳:《国际私法中的先决问题研究》,法律出版社2007年版;

8. 贺连博:《反致问题研究》,知识产权出版2006年版。

9. J. J. Fawcett, "Evasion of Law and Mandatory Rules in Private International Law", 49 *Cambridge Law Journal* 44-62(1990);

10. J. G. Collier, *Conflict of Laws*, 3rd ed., Cambridge University Press, 2001, pp. 1-68;

11. Graeme Johnston, *The Conflict of Laws in Hong Kong*, Thomson Reuters, 2017, Chapter 2.

第七章

合同之债的法律适用

第一节 合同法律适用概述

★热身问题：

在合同领域的法律适用，全球范围内有许多共性的规定，那么作为三大经济体，中国、美国、欧盟在合同法律适用上有何共性与差异？

一、涉外合同的含义

合同又称契约，是双方当事人为设定、变更或消灭某种权利义务关系而订立的协议。涉外合同是指含有涉外因素的合同，但国内外立法对何为涉外合同有不同规定。根据英国1977年《不公平合同条款法》第26条的规定，两个国籍相同的人在外国缔结了一个纯粹由二者在国内履行的合同时，该合同并不是涉外合同。但也有一些国家的立法对何为涉外合同持较为宽松的态度。如根据1980年欧共体《合同之债法律适用公约》（以下称"《罗马公约》"）第3条第3款的规定，即使是一个纯粹的国内合同，当事人也可以选择外国法作为准据法，只要此种选择不违反国内法的强制性规则。由此，一个纯粹的国内合同也会因为当事人选择了外国法而成为涉外合同，从而接受《罗马公约》的调整。①

在我国，根据最高人民法院《法律适用法解释（一）》第1条的规定，只要合同法律关系在主体、标的物或相关法律事实等任一方面存在涉外因素，即可认定为涉外合同。

二、合同法律适用的历史沿革

在历史上，关于合同法律适用大致经历了以下三个发展阶段②：

一是以缔约地法为主的单纯依空间连结因素确定合同准据法的阶段。13—14世纪，巴托鲁斯的冲突规则提出"按照当时情况能产生效力的契约，依契约地法"。这一阶段在确定合同准据法时主要以缔约地、履行地等作为连结点。由于早期国际民商事交往尚不复杂，因而适用缔结地法等所具有的确定性和可预见性的优势得以凸显，其符合国际私法产生之初

---

① 在《罗马条例Ⅰ》中，《罗马公约》第3条第3款的上述规定得以延续。
② 参见韩德培主编：《国际私法》（第三版），高等教育出版社、北京大学出版社2014年版，第198页。

社会发展和国际贸易的实际需要。正因为如此,自法则区别说产生到 16 世纪意思自治说提出,此种以单纯空间连结因素作为确定合同准据法连结点的做法一直在合同法律适用理论中占据统治地位,并一直持续到 19 世纪上半叶才逐渐退出历史舞台。

二是以意思自治为主,强调以当事人主观意向确定合同准据法的阶段。15—16 世纪,杜摩兰主张扩大人法,并提出"意思自治原则",此时期商人渴望自由。虽然合同准据法应根据当事人主观意愿确定的思想早在 16 世纪甚至更早既已提出,但该思想并没有在其产生之初就在合同法律适用领域占据主导地位。不过,由于符合资本主义经济快速发展的需要,意思自治理论现已成为各国确定合同准据法的一般原则。

三是以意思自治为主而以最密切联系原则为辅的合同自体法阶段。19 世纪,萨维尼提出"法律关系本座说",认为债的本座应为债的履行地。20 世纪后,意思自治原则虽然成为各国解决合同法律适用的主要原则,但一些新的理论如最密切联系理论、特征履行说等,也开始在合同法律适用中占据重要地位。在杜摩兰与里斯的影响下,意思自治原则与最密切联系理论的结合,或者更确切地说,以意思自治原则为主而以最密切联系原则为辅,成为大部分国家解决合同法律适用问题的基本做法,而特征履行说等理论则为确定最密切联系地提供了方法论基础。

三、合同法律适用的理论分歧

由于合同关系本身具有高度的人为性质,加之合同的种类越来越多,合同的内容也越来越复杂,合同的法律适用问题遂成为国际私法中最为复杂的问题之一,有关合同法律适用的理论与学说也不无分歧。

(一)分割论与统一论

分割论与统一论的分歧主要体现于对于一个合同的不同方面是应分别确定其准据法,还是适用同一法律作为准据法。

1. 分割论

分割论主张对于合同的不同方面,诸如当事人缔约能力、合同形式、合同成立及合同效力等,应分别依据各自的冲突规则确定准据法。例如,2015 年《海牙国际商事合同法律选择通则》第 2 条第 2 款明确规定,当事人可以选择适用于合同全部和一部分的法律,也可以选择不同的法律适用于合同的不同部分。《罗马条例Ⅰ》也规定当事人可自行选择将法律适用于合同的"全部或部分",明确采纳了分割论。

2. 统一论

统一论则认为涉外合同的所有事项,诸如当事人缔约能力、合同形式、合同成立及效力等,均应受同一法律支配。统一论的支持者认为,在法律适用问题上采取分割方法在问题性质比较复杂、不能简单将其归入某一范畴的情况下往往会带来不便,无论从经济观点还是从法律观点来看,一项合同都应该是一个整体,因而合同的履行、解释、解除等都应该只由一个法律支配。[①]

[①] 参见李双元:《国际私法(冲突法篇)》(修订版),武汉大学出版社 2001 年版,第 503—504 页。

第七章 合同之债的法律适用

分割论与统一论各有利弊。分割论强调合同内在要素的相对独立性,统一论则强调合同内在要素的统一性。但从当今世界各国立法与司法实践来看,各国在合同法律适用领域几乎都不同程度地采用分割论。最普遍的分割是将缔约能力、合同形式和以合同的成立与效力为中心的合同实体问题三者进行分割。

我国在合同法律适用领域采用的也是分割论。对于当事人的缔约能力,适用《法律适用法》第12条即经常居所地法律,并受行为地法律的限制。对于合同的实质问题,2007年《民商事合同法律适用规定》第2条规定:"本规定所称合同争议包括合同的订立、合同的效力、合同的履行、合同的变更和转让、合同的终止以及违约责任等争议。"《法律适用法》第41条笼统地适用于"合同",此处的"合同"应包括合同的形式问题和实质问题。调整合同实质问题的法律通常又被称为合同准据法。可见,我国亦可以被视为采纳分割论,即对一个法律关系的不同方面予以分割,对不同部分或不同环节规定不同的连结点。

(二)主观论与客观论

在合同法律适用理论的演进中,还存在着主观论与客观论的对立。

1. 主观论(subjective theory)

主观论以杜摩兰的意思自治原则为基底,认为当事人既然在合同中有权按照自己的意志创设彼此的权利义务,当然也有权选择用于确定彼此权利义务的准据法。"

2. 客观论(objective theory)

客观论则以巴托鲁斯缔约地法为原则,其认为合同的成立与效力总是与一定的场所相联系,因而合同应适用何国法律不能根据当事人的意志进行选择,而应根据合同与某个场所(或地域)之间的客观联系来确定,或者说,合同应适用其被"场所化"了的地方的法律。最密切联系原则虽然具有主观权衡的因素,但被认为是客观论的范畴。

> **Cheshire, North & Fawcett: Private International Law 的观点**
>
> English law, until fairly recently, applied the "proper law of the contract", which was a succinct to describe the law governing many of the matters affecting a contract. The doctrine of the proper law was of common law origin and a vast case law developed to take account of the difficulties outlined above. It was both sophisticated and flexible in its approach. The key features of the doctrine were as follows. The parties could choose the proper law, with very little restriction on this right. If the parties did not express a choice, and one could not be inferred by the courts, an objective test was applied. This sought to localise the contract by looking for the system of law with which the transaction was most closely connected. The twin theories which underlay the proper law were therefore the subjective theory, which looked to the intentions of the parties, and the objective theory, which sought to localise the contract. [1]

---

[1] See See James Fawcett, Janeen Carruthers, Peter North, *Cheshire, North & Fawcett: Private International Law*, 14th ed., 666(Oxford University Press, 2008, p.666.

如前所述,两种理论在不同历史时期均曾在合同法律适用中发挥过重要作用。从当今世界各国的理论与实践来看,合同法律适用进入了一个以意思自治为主而以最密切联系原则为辅的"合同自体法"(the proper law of the contract)阶段,这意味着主观论与客观论并非相互排斥的关系,二者密切配合、相辅相成,共同构成了合同法律适用的两个重要方法。

四、世界主要经济体合同法律适用的规定

在合同的法律适用上,各国的具体规定既有异曲同工之处,也有一些细节上的差异,此处列出美国、欧盟和中国的规定,以利直观感受,而在后文进行细节分析。

(一)美国

美国《冲突法重述(第二次)》就合同法律适用规定如下:

Restatement (Second) of Conflict of Laws

§ 187. Law of the State Chosen by the Parties

(1) The law of the state chosen by the parties to govern their contractual rights and duties will be applied if the **particular issue** is one which the parties could have resolved by an explicit provision in their agreement directed to that issue.

(2) The law of the state chosen by the parties to govern their contractual rights and duties will be applied, even if the particular issue is one which the parties could not have resolved by an explicit provision in their agreement directed to that issue, unless either

(a) the chosen state has no substantial relationship to the parties or the transaction and there is no other reasonable basis for the parties' choice, or

(b) application of the law of the chosen state would be contrary to a fundamental policy of a state which has a materially greater interest than the chosen state in the determination of the particular issue and which, under the rule of § 188, would be the state of the applicable law in the absence of an effective choice of law by the parties.

(3) In the absence of a contrary indication of intention, the reference is to the local law of the state of the chosen law.

§ 188. Law Governing in Absence of Effective Choice by the Parties

(1) The rights and duties of the parties with respect to an issue in contract are determined by the local law of the state which, with respect to that issue, has the most significant relationship to the transaction and the parties under the principles stated in Section 6.

(2) In the absence of an effective choice of law by the parties (see § 187), the contacts to be taken into account in applying the principles of § 6 to determine the law applicable to an issue include:

> (a) the place of contracting,
> (b) the place of negotiation of the contract,
> (c) the place of performance,
> (d) the location of the subject matter of the contract, and
> (e) the domicil, residence, nationality, place of incorporation and place of business of the parties.
>
> These contacts are to be evaluated according to their relative importance with respect to the particular issue.
>
> (3) If the place of negotiating the contract and the place of performance are in the same state, the local law of this state will usually be applied, except as otherwise provided in §§ 189-199 and 203.

从前述美国《冲突法重述(第二次)》的规定可以看出,美国在合同法律适用上,有如下特点:

一是在当事人意思自治方面:首先,允许当事人进行选择,并在合同适用的问题上采纳分割论,允许当事人就合同的特定问题选择所适用的法律。其次,对于当事人不能约定或无权选择的事项,当事人所选择的法律必须与当事人有实质的联系,或者其他合理的基础,且当事人所选择的法律不违反有实质利益州的重大利益。但根据美国《冲突法重述(第二次)》第187条的文义表述与官方评注,并非当事人对于任意合同事项所选择的法律都必须与当事人或合同有实质联系或有合理基础,仅对当事人无权选择的合同事项(如当事人缔约能力、合同效力等)方有此种限制,对其他较为广泛的当事人有权选择的合同事项(如合同解释方法等),则无此种限制。最后,当事人所选择的法律是指被选择法律所属州的实体法,不包括冲突法,也就是在合同领域不包含反致制度。

二是在最密切联系原则方面:《冲突法重述(第二次)》规定对于争议问题,可以适用于交易或当事人有最密切联系地州的法律,并要考虑《冲突法重述(第二次)》第6条所规定的七个原则:(1)州际与国际体制的需要;(2)法院地的公共政策;(3)其他利害关系州的公共政策,以及在决定特定问题时这些州的相关利益;(4)对正当期望的保护;(5)特定领域法律所依据的政策;(6)结果的确定性、可预见性和一致性;(7)应当适用的法律易于确定和适用。

三是在最密切联系原则权衡因素上,要考虑下列联系:合同缔结地、合同协商地、合同履行地、合同标的物所在地,以及当事人的住所、居所、国籍、成立地和营业地。

(二)欧盟

欧盟关于合同的法律适用主要规定在《罗马条例Ⅰ》第3条和第4条之中,具体规定如下:

REGULATION (EC) No 593/2008 OF THE EUROPEAN PARLIAMENT AND OF THE COUNCIL of 17 June 2008 on the law applicable to contractual obligations (Rome I)

Article 3　Freedom of choice

1. A contract shall be governed by the law hosen by the parties. The choice shall be made expressly or clearly demonstrated by the terms of the contractor the circumstances of the case. By their choice the parties can select the law applicable to the whole or to part only of the contract.

2. The parties may at any time agree to subject the contract to a law other than that which previously governed it, whether as a result of an earlier choice made under this Article or of other provisions of this Regulation. Any change in the law to be applied that is made after the conclusion of the contract shall not prejudice its formal validity under Article 11 or adversely affect the rights of third parties.

3. Where all other elements relevant to the situation at the time of the choice are located in a country other than the country whose law has been chosen, the choice of the parties shall not prejudice the application of provisions of the law of that other country which cannot be derogated from by agreement.

4. Where all other elements relevant to the situation at the time of the choice are located in one or more Member States, the parties' choice of applicable law other than that of a Member State shall not prejudice the application of provisions of Community law, where appropriate as implemented in the Member State of the forum, which cannot be derogated from by agreement.

5. The existence and validity of the consent of the parties as to the choice of the applicable law shall be determined in accordance with the provisions of Articles 10, 11 and 13.

Article 4　Applicable law in the absence of choice

1. To the extent that the law applicable to the contract has not been chosen in accordance with Article 3 and without prejudice to Articles 5 to 8, the law governing the contract shall be determined as follows:

(a) a contract for the sale of goods shall be governed by the law of the country where the seller has his habitual residence;

(b) a contract for the provision of services shall be governed by the law of the country where the service provider has his habitual residence;

(c) a contract relating to a right in rem in immovable property or to a tenancy of immovable property shall be governed by the law of the country where the property is situated;

(d) notwithstanding point (c), a tenancy of immovable property concluded for temporary private use for a period of no more than six consecutive months shall be governed by the law of the country where the landlord has his habitual residence, provided that the tenant is a natural person and has his habitual residence in the same country;

(e) a franchise contract shall be governed by the law of the country where the franchisee has his habitual residence;

(f) a distribution contract shall be governed by the law of the country where the distributor has his habitual residence;

(g) a contract for the sale of goods by auction shall be governed by the law of the country where the auction takes place, if such a place can be determined;

(h) a contract concluded within a multilateral system which brings together or facilitates the bringing together of multiple third-party buying and selling interests in financial instruments, as defined by Article 4(1), point (17) of Directive 2004/39/EC, in accordance with non-discretionary rules and governed by a single law, shall be governed by that law.

2. Where the contract is not covered by paragraph 1 or where the elements of the contract would be covered by more than one of points (a) to (h) of paragraph 1, the contract shall be governed by the law of the country where the party required to effect the characteristic performance of the contract has his habitual residence.

3. Where it is clear from all the circumstances of the case that the contract is manifestly more closely connected with a country other than that indicated in paragraphs 1 or 2, the law of that other country shall apply.

4. Where the law applicable cannot be determined pursuant to paragraphs 1 or 2, the contract shall be governed by the law of the country with which it is most closely connected.

从上述规定可以看出，欧盟在合同的法律适用领域具有如下特点：

一是在当事人意思自治领域，当事人选择是明示的，或者通过合同条款以及案情能够阐明；欧盟允许当事人选择适用于合同全部或部分，而且对于合同实质问题所适用的法律，不同于合同的形式问题和当事人缔约能力问题，也即欧盟也采纳了分割论。

二是当事人所选择的法律不得协议减损相关国家的强制性规则或欧盟的强制性规则。

三是在当事人没有选择时，欧盟采纳了最密切联系原则，并通过特征性履行方法来具体确定所要适用的准据法，并根据特征性履行方法罗列了具体的客观性连结点；当然，为保证准据法的合理性，欧盟也规定了例外条款。

（三）中国

合同领域国际私法的发展与一个国家的经济发展和国际化程度密切相关。中华人民共和国建立之初,个人不是合同的主体,国有企业控制着跨国贸易。即使在改革开放之后的很长一段时间内,这一状况并没有得以改观。例如,1985年《涉外经济合同法》第2条就规定,"本法的适用范围是中华人民共和国的企业或者其他经济组织同外国的企业和其他经济组织或者个人之间订立的经济合同"。在当时,中国的自然人不是《涉外经济合同法》第2条所称的主体。这一情况直到1999年方才有所改变。1999年《合同法》第2条规定:"本法所称合同是平等主体的自然人、法人、其他组织之间设立、变更、终止民事权利义务关系的协议。"从该规定可以看出,中国的自然人不再被排除在合同的主体范围之外。

改革开放以来,随着经济的高速增长,中国已经成为全球主要经济体。尤其是在全球的贸易中,中国已成为世界经济一体化进程中重要的供应链环节,是很多产品的主要生产国,进出口贸易高居世界首位。以市场为导向的经济无疑需要一个以国际化为导向的法律制度。经济的全球化和市场的自由化是我国合同领域国际私法变革的重要动力。国际私法也被认为是促进国际商事交易的重要方法和调整方式。[1]

改革开放以来,合同的法律适用是我国国际私法立法变动最为频繁的领域。这主要是因为:首先,中国成功地提升了经济,涉及经济领域的法律往往是制定和修改的主要领域。其次,合同与国际商业有着密切的联系,对一个国家的经济发展有着重要的作用。对一个不断强调经济增长的国家而言,为了创造良好的经济发展环境,合同规则的完善和提升就成为关注的焦点。再次,合同领域的国际私法问题通常较为复杂。一个案件可能产生多个连结因素,诸如合同订立地、合同履行地、住所地、国籍、营业所所在地以及标的物所在地等。除了这些客观性连结点,当事人也可以选择合同的准据法来全部和部分地适用于当事人之间的争议。由于多元和多样的因素,法院很难使用一个单一的连结点来确定合同准据法。[2] 最后,合同不仅类型不一,而且问题多样化,诸如形式有效性、订约人的行为能力,合同的订立、效力、履行、修改、转让和解除,以及违约责任等。特殊的问题需要特定的规则[3],规则的变化和不断提升就不可避免地成为客观之需。

事实上,当代中国的国际私法立法发轫于合同的法律选择领域,有三部法律尤其值得注意。一是《涉外经济合同法》,它是我国在此领域的第一部法律。该法第5条规定了当事人意思自治和最密切联系原则。[4] 这一条款先后被规定在1986年《民法通则》[5]、1992年《海商

---

[1] 参见黄进主编:《国际私法》(第二版),法律出版社2005年版,第3页;赵相林主编:《国际私法》,中国政法大学出版社1997年版,第5页;Zhang Mo, "Choice of Law in Contracts: A Chinese Approach", 26 *Nw. J. Int'l. & Bus.* 305-308 (2006).

[2] See James Fawcett and Janeen M Carruthers, *Cheshire, North & Fawcett: Private International Law*, 14th ed., Oxford University Press, 2008, p.665.

[3] See James Fawcett and Janeen M Carruthers, *Cheshire, North & Fawcett: Private International Law*, 14th ed., Oxford University Press, 2008, p.666, p.743; see also Lawrence Collins, et al. (eds.), *Dicey, Morris & Collins on the Conflict of Laws*, 14th ed., Sweet & Maxwell, 2006, p.1538.

[4] 《涉外经济合同法》第5条规定:"合同当事人可以选择处理合同争议所适用的法律。当事人没有选择的,适用与合同有最密切联系的国家的法律。在中华人民共和国境内履行的中外合资经营企业合同、中外合作经营企业合同、中外合作勘探开发自然资源合同,适用中华人民共和国法律。中华人民共和国法律未作规定的,可以适用国际惯例。"

[5] 《民法通则》第145条规定:"涉外合同的当事人可以选择处理合同争议所适用的法律,法律另有规定的除外。涉外合同的当事人没有选择的,适用与合同有最密切联系的国家的法律。"

法》①和 1995 年《民用航空法》②之中。

二是 1999 年的《合同法》。尽管《涉外经济合同法》被《合同法》所废除,《涉外经济合同法》第 5 条的规定却被《合同法》保留和继承。《合同法》第 126 条规定:"涉外合同的当事人可以选择处理合同争议所适用的法律,但法律另有规定的除外。涉外合同的当事人没有选择的,适用与合同有最密切联系的国家的法律。在中华人民共和国境内履行的中外合资经营企业合同、中外合作经营企业合同、中外合作勘探开发自然资源合同,适用中华人民共和国法律。"在实体内容上二者基本没有差别。

三是 2010 年全国人大常委会通过的《法律适用法》。该法第 41 条规定了合同法律适用的一般原则,而且对于特殊合同也规定了特别的冲突规则,诸如消费者合同③、个人劳动合同④、信托合同⑤和仲裁协议⑥。许多合同领域的国际私法规则都是第一次出现在我国法律中。立法机关认为,此领域的立法在总结我国司法实践的基础上借鉴了国外的通行做法。⑦

除了前述规定,最高人民法院作为《人民法院组织法》所规定的法律适用的解释者,在此领域已经发布了四部司法解释:

一是 1987 年 10 月 19 日发布的《关于适用〈涉外经济合同法〉若干问题的解答》。

二是 1988 年 4 月 2 日发布的《民法通则意见》。

三是 2007 年 7 月 23 日发布的《民商事合同法律适用规定》。

四是 2012 年 12 月 28 日发布的《法律适用法解释(一)》(2020 年修订)。

上述四部司法解释中前三部已经失效。在所有上述法律法规和司法解释中,《法律适用法》第 41 条无疑是最核心的法律规定。

《法律适用法》

第 41 条 当事人可以协议选择合同适用的法律。当事人没有选择的,适用履行义务最能体现该合同特征的一方当事人经常居所地法律或者其他与该合同有最密切联系的法律。

从上述规定可以看出,中国有关合同的法律适用的规定具有如下特点:一是以当事人意

---

① 《海商法》第 269 条规定:"合同当事人可以选择合同适用的法律,法律另有规定的除外。合同当事人没有选择的,适用与合同有最密切联系的国家的法律。"

② 《民用航空法》第 188 条规定:"民用航空运输合同当事人可以选择合同适用的法律,但是法律另有规定的除外;合同当事人没有选择的,适用与合同有最密切联系的国家的法律。"

③ 《法律适用法》第 42 条规定:"消费者合同,适用消费者经常居所地法律;消费者选择适用商品、服务提供地法律或者经营者在消费者经常居所地没有从事相关经营活动的,适用商品、服务提供地法律。"

④ 《法律适用法》第 43 条规定:"劳动合同,适用劳动者工作地法律;难以确定劳动者工作地的,适用用人单位主营业地法律。劳务派遣,可以适用劳务派出地法律。"

⑤ 《法律适用法》第 17 条规定:"当事人可以协议选择信托适用的法律。当事人没有选择的,适用信托财产所在地法律或者信托关系发生地法律。"

⑥ 《法律适用法》第 18 条规定:"当事人可以协议选择仲裁协议适用的法律。当事人没有选择的,适用仲裁机构所在地法律或者仲裁地法律。"

⑦ 参见胡康生:《全国人民代表大会法律委员会关于〈中华人民共和国涉外民事关系法律适用法(草案)〉主要问题的汇报——2010 年 8 月 23 日在第十一届全国人民代表大会常务委员会第十六次会议上》,载《中华人民共和国全国人民代表大会常务委员会公报》2010 年第 7 期,第 643 页。

思自治为首要选择;二是在当事人没有选择的情况下,采纳最密切联系原则,并通过特征性履行确保准据法的合理性。

(四) 中美欧合同法律适用规定的共性与不同

★**热身问题分析:**

从上述三大经济体的规定来看,在合同的法律适用上,具有如下共性:

一是均采纳了分割论,区分合同的不同方面;意思自治原则和最密切联系原则主要适用于合同的实质问题。

二是均采纳了意思自治原则,但在当事人的选择上,中国和欧盟并不要求所选择的法律与当事人有实质的联系;美国原则上也不要求有"实质的联系",但对当事人无权选择的合同事项(如当事人缔约能力、合同效力等)则有此方面的要求。

三是均采纳了最密切联系原则,但在根据最密切联系原则确定合同具体的法律适用上中国和欧盟采纳了特征性履行方法,而美国则是在一些基本原则的指导下列出了考量的因素,由法院自己权衡,具有一定的弹性。

第二节 一般合同的法律适用

一、意思自治原则

(一) 意思自治原则的含义

合同法律适用中的当事人意思自治原则(autonomy of parties,party autonomy),是指合同当事人可以通过协商一致的意思表示,自由选择合同受哪一国或地区的法律支配的一项法律选择原则。

由当事人自己选定支配合同的准据法这一观念,在14、15世纪的意大利即已有学者提出。[①] 但这种思想在当时没有引起太多关注。意思自治理论再次受到世人的广泛关注,是在16世纪杜摩兰再次提出该理论之后的事。

示例7.1

> 杜摩兰在1525年对加内(Ganey)夫妇的夫妻财产制问题的咨询中,明确支持对加内夫妇的全部财产适用其结婚时的共同住所地即巴黎的习惯法。其如此主张的理由是,夫妻财产制应被视为一种默示合同,在这种合同中,可以认为夫妻双方已默示同意将该合同置于其婚姻住所地法的支配之下。杜摩兰在其《巴黎习惯法评述》一书中对意思自治理论作了系统阐述。[②]

在英美法系国家,英格兰最先在判例法中承认意思自治原则。大陆法系国家中最早通过立法明确接受意思自治原则的是1865年的《意大利民法典》,其第25条规定,在任何情况

---

① 参见〔法〕亨利·巴蒂福尔、保罗·拉加德:《国际私法总论》,陈洪武等译,中国对外翻译出版公司1989年版,第305页。

② 刘仁山主编:《国际私法》,中国法制出版社2012年版,第223页。

下,如当事人另有意思表示,应当尊重当事人的选择。此外,一些重要国际公约如海牙国际私法会议通过的 1955 年《国际有体动产买卖法律适用公约》等,也都采用了意思自治原则。

意思自治原则能够得到各国国际私法的广泛接受,不仅有其深刻的政治经济背景,同时也因为其在合同法律适用上具有确定性、可预见性、一致性以及易于当事人解决纠纷等一系列优点。

(二) 当事人协议选择法律的时间

关于当事人选择法律的时间,主要涉及两个问题:

第一,当事人订立合同后是否还可以选择支配合同的准据法?

第二,当事人订立合同后可否变更其在订立合同当时所选择的准据法?

从晚近各国立法及国际公约的规定来看,绝大部分国家在当事人选择法律的时间问题上都持较为宽松的态度,当事人不仅可以在订立合同后选择法律,还可以在订立合同后变更其以前作出的选择。应该说,允许当事人事后选择或变更选择法律,不仅是当事人的自由,也更为符合意思自治原则的本意。

不过,从欧盟立法的情况看,当事人事后选择或事后变更选择法律也要接受一定的限制,即其不得使合同归于无效或使第三人的合法权利遭受损害。如《罗马条例Ⅰ》第 3 条第 2 款即规定:"当事人可随时协议变更原先支配合同的法律,无论这种支配是根据本条款规定的结果,还是根据本条例其他条款规定的结果。合同订立后,所作出的任何关于法律适用的变更,不得损害第 11 条所规定的合同形式效力,也不得对第三人的权利造成任何不利影响。"

(三) 当事人协议选择法律的方式

当事人选择法律的方式,是指合同当事人表达其选择合同准据法意向的形式,通常包括明示、有限度地承认默示、承认默示并允许法官推定当事人的意图三种。

1. 以明示方式选择法律,亦即通过合同中的法律选择条款或合同之外的专门法律选择协议来选择法律,因其具有较高透明度,且在法律适用上具有确定性和可预见性的优点,而得到各国立法的普遍首肯。

2. 对于默示选择,各国立法与司法实践则有不同态度:有些国家,如土耳其、秘鲁等,不承认任何形式的默示选择;有些国家,如荷兰、瑞士等,则是有限度地承认默示选择。如瑞士于 2010 年修订的《瑞士联邦国际私法法规》第 116 条第 2 款规定:"法律选择必须是明示的,或在合同条款或具体情况中有明确体现。"美国 1971 年《冲突法重述(第二次)》亦是如此。不同于此,中国采取承认默示选择的方式。

3. 有些国家如英国等,则对默示选择没有太多限制,允许法官在审理案件时推定当事人的选法意图。从英国的司法实践来看,当事人对争议解决地点的选择,对合同格式、用语及特有法律术语的选择,当事人的住所与国籍,合同标的的特点及位置等,均可以作为法官推定当事人选法意图的依据。在中国的司法实践中,除了明示、承认默示选择以外,亦有经由法官推定当事人意图的个案。

(四) 当事人协议选择法律的范围

关于当事人选择法律的范围,首先涉及当事人所选法律是仅限于其所选国家法律中的实体法,还是亦包括该国的冲突法。对此,绝大多数国家立法和国际公约均一致认为,当事人依据意思自治原则所选择的法律应仅限于被选国家的实体法,而不包括该国的冲突法。这就是所谓"合同法上无反致"。①

---

① 〔英〕J. H. C. 莫里斯主编:《戴西和莫里斯论冲突法》,李双元等译,中国大百科全书出版社 1998 年版,第 1116 页。

其次就是当事人选择法律的空间范围问题,亦即当事人可否选择与合同没有实际联系的法律。对此各国有不同做法。一些国家要求当事人不得选择与合同毫无实际联系的法律。当事人只能在缔约地法、履行地法、物之所在地法、当事人的住所地法或国籍国法等法律之间进行选择。例如,美国《统一商法典》第1章第105条规定,当事人可以选择买方、卖方甚至第三国的法律,但这些国家应与合同具有合理联系。美国学者在阐释《冲突法重述(第二次)》时,也强调,允许当事人在通常情况下选择准据法,并不等于给予他们完全按照自己的意愿缔结合同的自由,因为当事人在选择法律时,必须得有合理依据,而这种合理依据通常即表现为当事人或合同与所选法律之间具有重要联系。

不过,以英国为代表的一些国家则反对上述做法,认为不应要求当事人所选法律与合同之间必须有客观联系。英国之所以持这一主张,主要是因为英国曾经是海上贸易大国,其在国际贸易和海上航运领域的法律非常发达和完善,如果强行要求当事人选择的法律与合同之间具有客观联系,将会阻碍各国当事人在国际贸易合同中选择适用英国法。① 我国《法律适用法解释(一)》第5条规定:"一方当事人以双方协议选择的法律与系争的涉外民事关系没有实际联系为由主张选择无效的,人民法院不予支持。可见,美国的法律规定相对最保守,我国与英国等的类似规定则较为有弹性。

总体而言,从目前大部分国家立法和一些最新国际性立法的规定来看,第二种主张占据上风,也就是说,在当事人选择法律的空间范围方面,立法往往没有特别的限制。如《瑞士联邦国际私法法规》第116条第1款即规定:"合同适用当事人所选择的法律。"其对当事人选择法律的空间范围没有任何限制。《罗马条例Ⅰ》第3条第1款亦有类似规定。

(五)支配当事人选择法律的效力的法律

关于支配当事人选择法律的效力的法律,主要有法院地法、当事人选择的法律、当事人没有做出法律选择时将会适用的法律或者由法院裁量的法律。在实践当中,主合同的无效并不必然导致争议解决条款的无效。因此,根据合同法律适用条款,主合同无效,而根据法院地法,主合同有效时,各国的做法有所不同:欧盟方面,较为尊重当事人意思自治,认为该种情况下的主合同无效;美国方面,则认为该法律选择条款本身是个错误。

(六)我国立法关于意思自治原则的规定

在我国法律中,意思自治原则是涉外合同法律适用的首要原则。《法律适用法》第41条规定:"当事人可以协议选择处理合同适用的法律。"根据我国现有立法及司法解释,我国对意思自治原则的具体适用有以下规定:

首先,关于当事人选择法律的时间,《法律适用法解释(一)》第6条第3款规定,当事人在一审法庭辩论终结前协议选择或者变更选择适用的法律的,人民法院应予准许。例如,B金融公司诉H公司合同纠纷案[二维码案例],当事人就变更了准据法的选择。

其次,关于当事人选择法律的方式,《法律适用法》第3条要求采用明示方式。但《法律适用法解释(一)》第6条第2款规定,各方当事人援引相同国家的法律且未提出法律适用异议的,人民法院可以认定当事人已经就涉外民事关系适用的法律做出了选择。

《法律适用法》第3条虽然规定"当事人依照法律规定可以明示选择涉外民事关系适用的法律",但实践中已能呈现出多元推定当事人选择法律的现象。下述是这方面的一些

---

① 李双元:《国际私法(冲突法篇)》(修订版),武汉大学出版社2001年版,第530—531页。

案例：
(1) 根据合同序言的措辞而推定

示例 7.2　**杨伟康与卢冠积、卢冠余民间借贷纠纷案**①

广东省佛山市中级人民法院认为：本案是民间借贷纠纷。卢冠池是外国人。卢冠积、卢冠余是香港居民。本案具有涉外、涉港因素，属于涉外、涉港民事纠纷。本院依法适用涉外民事诉讼程序的特别规定审理本案。本案属于合同债权类纠纷。杨伟康明示选择中国内地法律。卢冠积、卢冠余、卢冠池、耀德公司、耀中公司没有明示选择本案纠纷的准据法。根据法院地法《法律适用法》第41条的规定，将根据最密切联系原则确定本案的准据法。经审查，《个人客户借款合同》《最高额保证担保合同》在合同序言部分明示根据"国家有关法律"订立合同。因为上述两份合同均使用中国内地简化字行文，合同当事人有部分是中国内地居民、法人，所以，合同序言所显示的"国家"应推定为中国。与借款合同相关的借款行为发生在中国内地。贷款人杨伟康是中国内地居民。基于以上事实，中国内地与《个人客户借款合同》《最高额保证担保合同》有最密切联系。因此，本案的准据法应确定为中国内地法律。

示例 7.3　**王若水、周景霞诉广东富邦融资租赁有限公司等案**②

法院认为案涉《借款合同一》《借款合同二》在序言部分均说明系当事人依据《中华人民共和国合同法》及相关法律法规订立合同，上述事实应视为当事人选择了合同适用的法律为中华人民共和国法律，依据《法律适用法》第3条及《最高人民法院关于审理涉台民商事案件法律适用问题的规定》第1条之规定，适用中华人民共和国法律作为准据法对本案进行审理。

(2) 根据合同条款而推定

示例 7.4　**广东同盈融资担保有限公司诉佛山市华和合亿投资有限公司等案**③

本案中，经法院查明，该合同并未约定法律适用。该合同第5条约定："……乙方或\\和丙方就下述事项向甲方作出保证：1.对上述抵押财产为依据《担保法》允许抵押的财产，且上述财产的所有权与使用权合法、有效……"从合同的上述条款判断，合同双方当事人在拟定合同条款时已默认该合同为内地法律所调整并接受内地法律保护，且该合同中除上述条款外未出现约定适用其他国家或地区法律的特别条款。故此，法院认为内地与上述合同有密切联系，应依法适用内地法律审理该合同纠纷。

---

① 广东省佛山市中级人民法院民事判决书，(2015)佛中法民二初字第309号。
② 北京市第四中级人民法院民事判决书，(2016)京04民初1号。
③ 广东省佛山市中级人民法院民事判决书，(2017)粤06民初172号。

> **示例7.5** 林伟华诉王润生案[①]
>
> 法院认为依据《法律适用法》第41条,本案双方当事人在《个人房屋抵押借款合同》中约定"本合同遵守中华人民共和国的法律、法规",且案涉合同的签订及履行均在我国内地,故本案应适用我国内地法律进行审理。

再次,关于当事人选择法律的范围,主要有以下特色:一是法定原则。《法律适用法解释(一)》第4条规定,中国法律没有明确规定当事人可以选择涉外民事关系适用的法律,当事人选择适用法律的,人民法院应认定该选择无效。二是合同领域排除反致。《法律适用法》第9条规定:"涉外民事关系适用的外国法律,不包括该国的法律适用法。"2007年《民商事合同法律适用规定》第1条规定:"涉外民事或商事合同应适用的法律,是指有关国家或地区的实体法,不包括冲突法和程序法。"我国在实践中的做法是,当事人既可以选择中国法,也可以选择外国法,但当事人选择的法律必须是现行的实体法,不包括有关国家的冲突法和程序法,由此排除了反致在当事人根据意思自治原则选择法律时的适用。三是关于非国家法方面,《法律适用法解释(一)》第7条规定,当事人在合同中援引尚未对中国生效的国际条约的,人民法院可以根据该国际条约的内容确定当事人之间的权利义务,但违反中国社会公共利益或中国法律、行政法规强制性规定的除外。

最后,关于当事人选择的法律是否必须与合同存在一定的联系,《法律适用法解释(一)》第5条规定,一方当事人以双方协议选择的法律与系争的涉外民事关系没有实际联系为由主张选择无效的,人民法院不予支持。

二、最密切联系原则

(一)最密切联系原则的含义

1880年,韦斯特莱克(John Westlake)在其《国际私法论》(*Treatise on Private International Law*)中提出了"the most real connection"的概念。最密切联系原则(美国表述为"the doctrine of the most significant relationship";欧洲则表述为"the most close relationship"),是美国学者里斯(Willis Reese)在研究借鉴美国法院相关判例的基础上,通过对美国学者在美国冲突法革命期间提出的相关理论学说进行折中改良而提出的一项法律适用理论。其最先于美国1971年《冲突法重述(第二次)》中得到肯定。《冲突法重述(第二次)》是从一种没有利益要保护的中立法院的角度来写的,它只是寻求适用最恰当的法律。在所谓中立法院的基础上,里斯根据"重力中心地"(center of gravity)、"联系聚集地"(grouping of contacts)等观念,提出了"最密切联系"(the closest connection)或"最重要关系"(the most significant relationship)理论。

该理论要求,对涉外民事案件,应适用与之有最密切联系的国家或地区的法律。在20世纪中期美国冲突法革命期间,美国法院有一些判例,其中较为知名的有纽约州上诉法院先后于1954年和1963年审理的"奥登诉奥登"案[②]和"贝科克诉杰克逊"案[③]。在"奥登诉奥

[①] 武汉市中级人民法院民事判决书,(2017)鄂01民初3730号。
[②] Auten v. Auten, New York Court of Appeals, 308 N.Y. 155, 124 N.E.2d 99 (1954).
[③] Babcock v. Jackson, 191 N.E.2d 279 (N.Y. 1963).

登"案中,美国法院开始采用"重力中心地"或"联系聚集地"理论进行法律选择。在"贝科克诉杰克逊"案中,美国法院指出准据法应当是在解决某个特定问题时具有最大利益的关联州的法律。美国司法实践中的这些选法理论都蕴含了最密切联系原则的思想,对里斯创设最密切联系原则显然有很大启发作用。

最密切联系原则目前已得到各国普遍接受,在合同法律适用方面尤其如此。一项合同之所以要适用某一国家的法律,并不是因为该国是合同的缔结地或履行地,而是因为从合同的整体情况看,合同与该国有着最密切联系。这就要求法院必须根据案件的具体情况,对案件应适用哪一国法律作出灵活而妥当的判断,这无疑有助于国际民商事案件公正合理的处理。

综上所述,所谓"最密切联系原则"是指合同应适用的法律是合同在经济意义或其他社会意义上集中地定位于的某一国家的法律。它仍然采用连结点因素作为媒介来确定合同的准据法,不过,起决定作用的不再是固定的连结点,而是弹性的联系概念。一个合同之所以适用某国法,不是因为该国是合同的缔结地或履行地,而是因为该法与合同存在的联系。

(二)确定最密切联系原则的方法

1. 美国弹性的方法

前述美国《冲突法重述(第二次)》规定,对于争议问题,可以适用与交易或当事人有最密切联系地州的法律,并要考虑《冲突法重述(第二次)》第 6 条所规定的七个原则:(1) 州际与国际体制的需要;(2) 法院地的相关政策;(3) 其他利害关系州的相关政策,以及在决定特定问题时这些州的相关利益;(4) 对正当期望的保护;(5) 特定领域法律所依据的政策;(6) 结果的确定性、可预见性和一致性;(7) 应当适用的法律易于确定和适用。

Restatement (Second) of Conflict of Laws

§ 6. Choice-Of-Law Principles

(1) A court, subject to constitutional restrictions, will follow a statutory directive of its own state on choice of law.

(2) When there is no such directive, the factors relevant to the choice of the applicable rule of law include

(a) the needs of the interstate and international systems,

(b) the relevant policies of the forum,

(c) the relevant policies of other interested states and the relative interests of those states in the determination of the particular issue,

(d) the protection of justified expectations,

(e) the basic policies underlying the particular field of law,

(f) certainty, predictability and uniformity of result, and

(g) ease in the determination and application of the law to be applied.

第 6 条第 2 款所规定的原则可区分为五组:第一组提及事实,即涉及数法域的案件,其裁判的法则必须有助于增进相互依成的社会、联邦或国际间彼此和谐而互联的关系;第二组则着重于所竞相适用的实体法的目的、政策、宗旨及对于可能有利害关系的法域的关切;第三组涉及当事人的需求,即对其正当预期及判决的确定性与可预测性的保护;第四组则强调构成特定领域的法律(例如侵权行为、契约或物权)基础之基本政策的实现;第五组提及司法行政的需求,即将予适用的法律应便于确定和适用。①

在最密切联系原则权衡因素上,要考虑下列联系:合同缔结地、合同协商地、合同履行地、合同标的物所在地,以及当事人的住所、居所、国籍、成立地和营业地。可以看出,美国并没有针对特殊的合同列出具体的客观性连结点,而是在一些指导原则下列出了法官需要考虑的连结因素,由法官自由裁量合同争议所适用的法律。

2. 特征履行说

最密切联系原则往往赋予法官较大的自由裁量权,为此有必要采取一些应对措施以防止法官在对最密切联系地进行具体化的过程中拥有太强的主观随意性。特征履行说即是许多大陆法系国家所采取的用以具体实施最密切联系原则的一种理论。所谓"特征履行说"(the doctrine of characteristic performance),是指在国际合同的当事人未选择适用于合同的法律时,根据合同的特殊性质确定合同法律适用的一种方法。具体而言,即通过考察合同的功能,尤其是合同企图实现的具体社会目的,确定各种合同所具有的特殊功能,进而确定其特征履行,并最终适用与特征性之债务履行人联系最密切的法律。②

(1) 特征履行说适用的两个步骤

在逻辑上,特征履行说的适用分为以下两步:

第一步是确定一项合同的特征履行行为。所谓特征履行行为,是指能够使此种合同区别于其他各种合同,即能够反映合同本质特征的一方当事人的履行行为。但究竟如何确定合同的特征履行行为,无论在理论上还是在实践中,都存在较大分歧。一般而言,在双务合同中,特征履行就是"非支付价款履行行为",如货物买卖合同中卖方的交货行为一般被认为是该种合同的特征履行行为,因为该交货行为能够使货物买卖合同与货物运输合同和货物运输保险合同区别开来,即该行为能够反映出货物买卖合同的本质特征。

第二步是确定特征履行地。关于如何确定合同的特征履行地,理论上也存在分歧,但从各国实践看,合同的特征履行地一般是指特征履行行为方的住所地、惯常居所地或营业地等。因此,如果以特征履行说作为对最密切联系原则进行具体化的依据,则合同的最密切联系地法通常就是指合同特征履行行为方的住所地法或惯常居所地法。

(2) 对特征履行说的评价

特征履行说是大陆法系国家国内立法中广泛采用的用于具体化最密切联系原则的法律选择方法,同时也为一些国际性立法所采用,如 1980 年《罗马公约》以及 1986 年海牙《国际货物买卖法律适用公约》等。

但在英美法系国家,一些学者却对特征履行说持排斥态度,这导致英美法系一些国家在合同法律适用中拒绝采用特征履行说,甚至在这些国家参加的国际公约中,特征履行说也同样遭到排斥,最为典型的例子就是 1994 年《美洲国家间国际合同法律适用公约》。对于合同

---

① 参见刘铁铮教授译:《美国法律整编——国际私法》,台湾地区司法部门印行,1986 年,第 349—350 页。
② 参见韩德培主编:《国际私法》(第三版),高等教育出版社、北京大学出版社 2014 年版,第 205 页。

的法律适用,《美洲国家间国际合同法律适用公约》亦承认当事人意思自治,如果当事人没有选择法律或其选择无效,则根据该公约第9条,合同应适用与之有最密切联系的国家的法律。根据该条规定,在判断最密切联系地时,法院应考虑合同的所有主客观因素,同时还要考虑国际组织已经承认的国际贸易法原则。显然,对于最密切联系原则,《美洲国家间国际合同法律适用公约》明确排除了特征履行说。

《美洲国家间国际合同法律适用公约》之所以排除特征履行说,原因主要有二:

第一,公约起草者认为,以特征履行说为基础的推定规则不仅在实施中会带来混乱,而且不利于公平正义。具体说来,在很多场合很难判断哪一方当事人的履行为特征履行,如在出版合同、易货贸易合同等相对较为简单的合同中就存在此种情况,在更为复杂的合同中,此种情况尤甚。而且,根据特征履行说,应适用提供货物或服务的当事方的住所地法。此种做法将此类当事方置于较为有利的位置。但在实践中,此类当事方大多经常性地从事国际贸易,与顾客相比较,其风险评估能力相对更强,完全可以通过灵活采用法律选择条款、法院选择条款乃至仲裁条款降低各种风险。第二,美国在公约起草途中反对采用该说。美国《冲突法重述(第二次)》第188条规定,当事人未有效选择准据法时,根据最密切联系原则来确定法律适用,应考虑的联系包括:合同缔结地、合同谈判地、合同履行地、合同标的物所在地以及当事人的住所、居所、国籍、公司成立地以及营业地。对这些联系将按照对合同问题的重要程度加以衡量。

总体而言,对特征履行说应一分为二地看待。一方面,作为为具体实施最密切联系原则而制定一系列推定规则的选法方法,其在实现法律选择的可预测性和一致性方面具有值得肯定的价值。但另一方面,这一理论也存在明显的缺陷,其不能适用于所有种类的合同,而且在具体实施中也存在不统一之处。

(三) 我国立法关于最密切联系原则的规定

我国《海商法》第269条以及《民用航空法》第188条均规定,在涉外合同的当事人没有选择法律时,适用与合同有最密切联系的国家的法律。但上述这些法律都只是笼统地规定最密切联系原则,并没有规定法院具体应如何确定最密切联系地。2007年《民商事合同法律适用规定》第5条第2款明确规定,应根据特征履行说和合同的特殊性质来确定最密切联系地。该款规定:"人民法院根据最密切联系原则确定合同争议应适用的法律时,应根据合同的特殊性质,以及某一方当事人履行的义务最能体现合同的本质特性等因素,确定与合同有最密切联系的国家或者地区的法律作为合同的准据法。"《法律适用法》第41条规定:"当事人没有选择(准据法)的,适用履行义务最能体现该合同特征的一方当事人经常居所地法律或者其他与该合同有最密切联系的法律。"考虑到《法律适用法》第2条第2款关于最密切联系原则的规定,从该条文的措辞来看,在如何确定最密切联系地的问题上,以特征履行说作为确定最密切联系地的主要方法,但根据合同的具体情况,也可以适用其他与合同有最密切联系的法律。

在2013年永华油船公司与江西海星有限公司、王永强船舶物料和备品供应合同纠纷案中,即适用最密切联系原则确定了适用的准据法。

示例 7.6 2013 年永华油船公司与江西海星航运有限公司、王永强船舶物料和备品供应合同纠纷案①

> 本案中,厦门海事法院认为:本案案由为船舶物料和备品供应合同纠纷。因原告系香港注册登记法人,且加油行为发生在香港水域,属于具有涉港因素的合同纠纷,故双方应先明确适于本案裁决的适用法律。因双方未事先约定,且在庭审中,因原告主张适用香港法律,而被告星海公司则主张适用内地法律,根据《法律适用法解释(一)》第 19 条规定,本案的法律适用问题,参照适用《法律适用法》。本案中,原告作为提供油料一方,其履行义务最能体现案涉合同特征,且加油地点即合同履行地位于香港南丫岛,香港系原告经常居所地及与案涉合同具备最密切联系之地,故根据《法律适用法》第 41 条规定,本案应适用香港法律作为处理纠纷的准据法。但根据《法律适用法》第 10 条第 2 款的规定,因原告作为主张适用香港法律的一方未予提供,法院亦无法查明;且在庭审中原告实际援引内地法律主张权利,被告也据此主张抗辩,故本案适用内地法律作为准据法。

2007 年《民商事合同法律适用规定》还专门针对 17 类合同规定了其特征履行地或最密切联系地:

(1) 买卖合同,适用合同订立时卖方住所地法;如果合同是在买方住所地谈判并订立的,或者合同明确规定卖方须在买方住所地履行交货义务的,适用买方住所地法;

(2) 来料加工、来件装配以及其他各种加工承揽合同,适用加工承揽人住所地法;

(3) 成套设备供应合同,适用设备安装地法;

(4) 不动产买卖、租赁或者抵押合同,适用不动产所在地法;

(5) 动产租赁合同,适用出租人住所地法;

(6) 动产质押合同,适用质权人住所地法;

(7) 借款合同,适用贷款人住所地法;

(8) 保险合同,适用保险人住所地法;

(9) 融资租赁合同,适用承租人住所地法;

(10) 建设工程合同,适用建设工程所在地法;

(11) 仓储、保管合同,适用仓储、保管人住所地法;

(12) 保证合同,适用保证人住所地法;

(13) 委托合同,适用受托人住所地法;

(14) 债券的发行、销售和转让合同,分别适用债券发行地法、债券销售地法和债券转让地法;

(15) 拍卖合同,适用拍卖举行地法;

(16) 行纪合同,适用行纪人住所地法;

(17) 居间合同,适用居间人住所地法。

在上述 17 类合同中,并非所有种类合同的最密切联系地都是按照特征履行说来确定的,有些合同直接以"合同履行地"作为最密切联系地,如成套设备供应合同、工程承包合同

---

① 厦门海事法院民事判决书,(2013)厦海法商初字第 166 号。

以及拍卖合同等。① 在上诉人永华油船公司因与被上诉人福清市通达船务有限公司、何希敏、李洪玉船舶物料、备品供应合同纠纷案[二维码案例]中，法院就通过分析特征性履行来确定该案例的准据法。

此外，2007年《民商事合同法律适用规定》第5条还规定了一条例外条款。根据该例外条款，对于上述17类有名合同，如果明显与另一国家或者地区有更密切联系的，适用该另一国家或者地区的法律。这主要是因为在司法实践中难免会存在一些例外情况，在这些例外情况下，合同可能并不和立法指定的特征履行地存在最密切联系，而是和其他国家或地区存在最密切联系，此时作为例外，应适用该更密切联系地法，也只有这样，才能真正体现最密切联系原则。由于《法律适用法》第41条关于最密切联系原则的规定非常富于弹性和灵活性，因而其已没有必要再规定例外条款了。

三、合同自体法

自体法（proper law）是对法律适用问题的解决提出的一种理论或者说一种方法，其主旨在于告诉人们应该怎样确定合同的"准据法"，或者说应该依据什么原则和标准来确定合同的"准据法"。②

"proper law"是国际私法特有的术语，有很多译法，包括"适当法""本有法""自体法"等，将其译为"自体法"是我国著名国际私法学家韩德培教授在《中国大百科全书（法学卷）》中首先提出来的。③

合同的自体法（the proper law of the contract），在英国，早期是指依照当事人的意图或有根据推定出来的当事人意图，适用于合同的某一个或某几个法律；换言之，就是当事人意欲或有充分根据推定当事人意欲服从的某一个或某几个法律。现在，合同自体法是当事人意欲使合同受其支配的法律，而在当事人无此明示选择，且不能依情况推定当事人选择的意图时，应是与合同有最密切、最真实联系的法律。这个新的论述基本上反映了英国法院的实践。在解决国际合同的法律适用问题时，英国法院基本上采取一种"三部曲"的做法。第一步：当事人明示选择合同准据法。如果当事人明确选择了合同所适用的法律，则应将他们所选择的法律作为合同的准据法。第二步：默示推定合同准据法。如果当事人未对法律作出选择，但根据合同条款能够推断出当事人意思的，则应将合同中所默示适用于合同的法律作为合同的准据法。第三步：如果当事人既没有明确选择所适用的法律，又没有在合同中表现出默示的意图，则由法院适用与案件有最密切联系的法律作为合同的准据法。④

一般而言，合同自体法包括确定合同法律适用的两个重要的原则——意思自治原则和最密切联系原则，即首先适用当事人所选择的法律，在当事人没有选择的情况下，根据最密

---

① 杜涛：《国际经济贸易中的国际私法问题》，武汉大学出版社2005年版，第190页。
② 徐冬根：《国际私法》（第二版），北京大学出版社2013年版。
③ 肖永平：《中国冲突法立法问题研究》，武汉大学出版社1996年版，第97页。合同自体法并非合同准据法。"准据法"是指经过冲突规范的指引用来确定国际民商事关系的某个国家的民商实体法，它是依据某一冲突规范中的连结因素，结合国际民商事关系的现实情况确定的。因此，合同准据法是指经冲突规范指引后适用于当事人权利义务的实体法；而合同自体法是指根据意思自治原则和最密切联系原则来确定合同准据法的方法。
④ See Lawrence Collins, et al. (eds.), *Dicey, Morris and Collins The Conflict of Laws*, Sweet & Maxwell, 2006, p. 1538.

切联系原则确定合同所要适用的法律。合同自体法是二者的有机结合。

四、直接适用的法

在合同法律适用中，当事人意思自治也可能受到"直接适用的法"（loi d'application immédiate）的制约。1958年，弗朗西斯卡基斯在其《反致理论与国际私法的体系冲突》一文中即指出"直接适用的法律"是国家制定的一系列具有强制力的法律规范，用以调整某些特殊的法律关系。这些具有强制力的法律规范在调整涉外民事关系中，可以撇开传统冲突规范的援引，而直接适用于涉外民事法律关系。所谓"直接适用的法"，通常是指为实现国家重大社会经济利益而制定的直接适用于涉外民商事关系的具有强制效力的实体法律规范。[①] 直接适用的法主要有以下几个特点：

（1）在法律渊源上来自国内立法，且分散于各相关立法中，是一些个别化的法律规范的总称；

（2）性质上为实体法；

（3）在立法政策上通常体现一国的社会、经济、财税、金融等领域的重要政策，如公平竞争的经济秩序、外汇管制、进出口管制、劳工保护、消费者保护、儿童保护等；

（4）在效力上具有强制性；

（5）在适用上不须经冲突规范指引；

（6）在名称上各国有不同称谓，除了直接适用的法外，还有诸如警察法、国际强制规则、即刻适用的法、自我限定的规则以及空间受限制的规范等。

涉外合同纠纷是直接适用的法最常适用的领域。当一国法院受理一起涉外合同纠纷时，无论当事人选择何国法律为准据法，或者在当事人没有选法的情况下无论根据最密切联系原则何国法律为准据法，如果法院地国在相关领域制定有直接适用的法，则这些直接适用的法都将得到优先适用。在直接适用的法规制范围之外，则依然根据合同准据法解决纠纷。

关于直接适用的法，我国2007年《民商事合同法律适用规定》第6条规定，当事人规避中国法律、行政法规的强制性规定的行为，不发生适用外国法律的效力，该合同争议应当适用中国法律。2010年《法律适用法》第4条规定，中国法律对涉外民事关系有强制性规定的，直接适用该强制性规定。

《法律适用法解释（一）》第8条规定了六种情形：（1）涉及劳动者权益保护的；（2）涉及食品或公共卫生安全的；（3）涉及环境安全的；（4）涉及外汇管制等金融安全的；（5）涉及反垄断、反倾销的；（6）应当认定为强制性规定的其他情形。在此六种情形下，涉及中国社会公共利益、当事人不能通过约定排除适用、无须通过冲突规范指引而直接适用于涉外民事关系的法律、行政法规的规定，人民法院应当认定为《法律适用法》第4条规定的强制性规定。

此外，根据一定方法确定的外国法，如果违反中国的公共秩序，根据《法律适用法》第5条的规定，如果外国法律的适用将损害中国社会公共利益，那么仍然适用中国法律。

---

① 刘仁山：《"直接适用的法"在我国的适用——兼评《涉外民事关系法律适用法》解释（一）第10条》，载《法商研究》2013年第3期，第74页。

第三节 特殊合同的法律适用

一、消费者合同

(一) 消费者合同的概念和特点

所谓消费者合同,是指由专供消费者个人或家庭使用而与其职业或商务活动无关的日常消费给付所形成的合同。① 由于消费者合同是消费者与企业(如生产者、销售者等)之间签订的,消费者是合同中的弱方当事人,其相关权益有可能会被企业侵犯,因而在法律适用方面,消费者合同与一般的合同有较大不同。一般而言,当事人的选择不得剥夺消费者习惯居所地国法律强制规则所赋予的保护。

1. 区分"主动"消费者和"被动"消费者

在消费者合同法律适用问题上,《罗马条例Ⅰ》的做法令人瞩目,其通过引入直接适用的法限制意思自治以保护消费者。《罗马条例Ⅰ》第6条将消费者区分为"被动"的消费者和"主动"的消费者。

(1) "被动"的消费者

在此种情况下,均是经营者主动地在消费者惯常居所地国或通过任何其他方式(其中主要是网络方式)针对消费者惯常居所地国实施商业或营业活动,而消费者则"被动地"在其惯常居所地国与经营者签订消费者合同。

(2) "主动"的消费者

如消费者主动赴经营者营业地国进行旅游消费等,则属于消费者主动追求与经营者签订消费者合同,属于"主动"的消费者。对于"主动"的消费者,通常按照合同法律适用的一般规定确定准据法,此类合同与一般合同在法律适用上没有任何不同,消费者不能享受任何照顾。②

2. 突出消费者惯常居所地法的保护

对于"被动"消费者签订的消费者合同,当事人虽也可以自由地选择准据法,但消费者惯常居所地法的强制规则为消费者提供的保护不得受到任何妨碍。《罗马条例Ⅰ》第6条第1款运用消费者惯常居所地法的强制规则对当事人的意思自治进行约束,使得经营者不能运用其优势地位在准据法的选择上侵害消费者的合法权益。此外,在消费者为"被动"的情况下,如果双方当事人没有选择准据法,《罗马条例Ⅰ》第6条第2款没有采用最密切联系原则,而是要求适用消费者惯常居所地法,从而在法律适用层面作出了对消费者有利的安排。

在消费者合同法律适用问题上,出于保护消费者的目的,现代立法普遍限制或排除意思

---

① 参见2010年《瑞士联邦国际私法法规》第120条第1款的规定。
② 《罗马条例Ⅰ》第6条之所以在消费者合同的法律适用问题上区分"被动"和"主动"的消费者,主要是因为过度保护消费者即意味着对企业利益的损害,不利于鼓励企业将其产品投入国际流通。因此,为了实现企业和消费者的利益平衡,在消费者合同与企业所在地存在更密切联系的情况下,或者在企业因产品的国际流通而对法律适用完全不可预测的情况下,上述旨在保护消费者的特殊法律适用规则即应不予适用。参见向在胜:《日本国际私法现代化的最新进展——从〈法例〉到〈法律适用通则法〉》,载《时代法学》2009年第1期,第115页。

自治原则。例如,根据《瑞士联邦国际私法法规》第 120 条第 1 款的规定①,无论是"被动"的消费者还是"主动"的消费者,在法律适用上均得排除当事人意思自治。瑞士国际私法区分两类消费者的意义在于,对于"被动"的消费者签订的消费者合同,要求强制性地适用消费者惯常居所地法,以为此类消费者提供一定程度的保护。

(二)我国关于消费者合同法律适用的规定

根据《法律适用法》第 42 条的规定,消费者合同适用消费者经常居所地法律;消费者选择适用商品、服务提供地法律或者经营者在消费者经常居所地没有从事相关经营活动的,适用商品、服务提供地法律。

从第 42 条的措辞来看,《法律适用法》以经营者是否在消费者经常居所地从事相关经营活动为标准,将消费者区分为"被动"的消费者和"主动"的消费者。

对于"被动"的消费者参与签订的消费者合同,适用消费者惯常居所地法,但消费者亦可以选择适用商品、服务提供地法;

对于"主动"的消费者参与签订的消费者合同,则适用商品、服务提供地法。

在意思自治原则可否适用于消费者合同的问题上,《法律适用法》第 42 条区别于《罗马条例Ⅰ》,而采纳了与《瑞士联邦国际私法法规》第 120 条一样的做法,即在消费者合同法律适用问题上完全排除了当事人意思自治。《法律适用法》第 42 条的立法特色在于,对于"被动"的消费者参与签订的消费者合同,其允许消费者在其惯常居所地法和商品、服务提供地法之间进行选择,从而在法律适用上为"被动"的消费者作出了最有利的安排。在李湘群、蒋为芳买卖合同纠纷案中,法院就适用了《法律适用法》第 42 条的规定。

示例 7.7 李湘群、蒋为芳买卖合同纠纷案②

原告李湘群向被告购买龙凤檀原木(红色)木地板,并陆续支付材料款,但被告交付的并非龙凤檀,而是普通杂木及贴纸,为此,原告要求被告返还木地板材料款,并赔偿损失。

法院认为:本案为买卖合同纠纷,本案上诉人李湘群为台湾地区居民,而台湾地区与大陆为同一国家之内的不同法域,其法律冲突问题应当参照我国涉外法律的相关规定进行审理。根据《法律适用法》第 42 条"消费者合同,适用消费者经常居所地法律;消费者选择适用商品、服务提供地法律或者经营者在消费者经常居所地没有从事相关经营活动的,适用商品、服务提供地法律的规定",虽然本案消费者李湘群的经常居所地在台湾地区,但商品的提供者蒋艺君、蒋为芳在台湾地区并未从事相关经营活动,且李湘群在商品提供者所在地桂林提起本案诉讼,根据大陆法律要求商品提供者蒋艺君、蒋为芳承担赔偿责任,故本案的实体处理应当适用商品提供地法律即大陆法律。

---

① 2017 年修订的《瑞士联邦国际私法法规》第 120 条第 1 款规定,消费者合同符合下述条件之一者,适用消费者惯常居所地国家的法律:(a)供应商在该国收到订单;(b)在该国发出要约或广告,以订立合同为目的,且消费者完成了为订立合同所必需的法律行为;或者(c)消费者在供应商的安排下来到外国并在那里提交订单。其第 2 款同时规定,当事人的法律选择应予排除。

② 广西壮族自治区高级人民法院民事判决书,(2016)桂民终 34 号。

二、劳动合同

（一）劳动合同的概念与特点

"劳动合同"，是劳动者与用人单位（雇主）之间确立劳动关系明确双方权利和义务的合同，也称雇佣合同。① 劳务合同是平等主体之间就某一项劳务以及劳务成果所达成的协议，属于一般民事合同，无须在此单独列出。一般而言，在劳动合同的法律适用上，当事人的选择经常受到限制，不得剥夺法律的强制性规则对受雇人提供的法律保护。

1. 对意思自治原则的地域限制

出于对劳动者的保护，现代立法对劳动合同当事人选择法律进行了一定的限制，常常采用受雇人惯常工作地国家的法律。瑞士国际私法则仅允许当事人在劳动者惯常居所地法与雇主营业所所在地、住所地或惯常居所地法之间选择准据法，其采取的是地域限制。《罗马条例Ⅰ》对当事人选择法律没有地域上的限制，其强调当事人选择准据法不得影响相关法律的强制规则为受雇人提供的保护。

2. 突出对劳动者的保护

在劳动合同法律适用问题上，现代立法通常允许当事人双方约定准据法。但在双方没有选择准据法时，与劳动合同有密切联系国家的法律中的强制规则为受雇人提供的保护不得受到任何影响，也就是说，在准据法的选择上，雇佣企业不得利用其优势地位侵害受雇人的合法权益。②

对于在当事人没有选择法律的情况下如何确定准据法，《罗马条例Ⅰ》采取了最密切联系原则，首先推定受雇人惯常工作地为最密切联系地，如果不存在这一地点，则推定劳动者受雇营业所所在地为最密切联系地。此外，如果存在其他地点与合同的联系比以上地点更为密切的情况，则该更密切联系地的法律应予适用。

（二）我国关于劳动合同法律适用的规定

根据《法律适用法》第43条的规定，劳动合同适用劳动者工作地法律；难以确定劳动者工作地的，适用用人单位主营业地法律。劳务派遣，可以适用劳务派出地法律。

关于劳动合同的法律适用，《法律适用法》第43条不承认当事人意思自治，而仅允许根据相关客观连结点确定准据法。在客观连结点方面，《法律适用法》第43条规定了一个阶梯性的冲突规则，要求首先适用劳动者工作地法，如果这一地点难以确定，则适用用人单位主营业地法。在林显增与厦门圣源金属制造有限公司劳动争议案、郑州市金水区基石外语培训中心与白旷达劳动合同纠纷案[二维码案例]中，法院就适用了第43条冲突规则来确定准据法。

其基本考虑是：劳动者在工作地从事劳务工作，应当遵守工作地的法律，而工作地的

---

① 万鄂湘主编，最高人民法院民事审判第四庭编著：《〈中华人民共和国涉外民事关系法律适用法〉条文理解与适用》，中国法制出版社2011年版，第307页。
② 《罗马条例Ⅰ》第8条第1款规定，劳动合同可以适用当事人选择的法律，但当事人对准据法的选择不得剥夺在当事人没有选择准据法时根据该条第2、3、4款规定应予适用的法律中的强制规则所赋予受雇人的保护。第8条第2款接着规定，在当事人没有选择准据法的情况下，劳动合同适用受雇人惯常工作地法。根据该条第3款，如果实务中不存在受雇人惯常工作地，则劳动合同适用雇佣劳动者的营业所所在地法。第4款则是一个例外条款，根据该款规定，如果合同与第2款和第3所指定之外的国家有更密切联系，则该更密切联系地国家的法律应予适用。

法律诸如禁止使用童工、健康保险、最低薪酬等也包含了对劳动者权益特殊保护的内容,能够切实反映劳动者的正当权益。此外,劳务争议发生时,为方便判决或仲裁裁决的执行,劳动者往往会在工作地提起诉讼或仲裁,而此时劳动者工作地的法律通常与劳动仲裁或审判所依据的法律是一致的。因此,适用劳动者工作地的法律不仅有利于法律的查明和适用,同时也更利于仲裁裁决或法院判决的承认与执行,最大程度地保障劳动者的合法权益。

示例7.8 阎海与大连远洋渔业金枪鱼钓有限公司船员劳务合同纠纷案[①]

原告阎海同被告金枪鱼钓公司签订劳动合同,规定月工资4600元,期限两年,生效日为2014年10月25日。但由于被告金枪鱼钓公司原因,使原告阎海于2015年3月30日提前解除合同回港并于4月4日离船。原告起诉要求被告金枪鱼钓公司支付剩余工资和加班费。

大连海事法院认为:原告阎海与被告金枪鱼钓公司之间形成的是劳动合同法律关系,原告阎海系劳动者,被告金枪鱼钓公司是用人单位,原告阎海工作的"天祥七"轮渔船主要在西太平洋公海作业,双方劳动合同主要在中华人民共和国领域外履行,本案具有涉外因素。根据《法律适用法》第43条"劳动合同,适用劳动者工作地法律;难以确定劳动者工作地的,适用用人单位主营业地法律"的规定,本案劳动者原告阎海工作地为公海海域,用人单位被告金枪鱼钓公司主营业地在中华人民共和国境内,本案应适应中华人民共和国法律。

另外,对于劳务派遣,《法律适用法》第43条规定除可以适用劳动者工作地法或用人单位主营业地法外,法院也可以选择适用劳务派出地法。这是因为我国《劳动合同法》采用"单一雇主"模式,即明确劳务派遣单位为被派遣劳动者唯一法律上的雇主,进而规定劳务派遣单位承担主要的劳动保护义务,用工单位仅仅承担与劳动者工作场地相关的部分保护义务。据此,为保障劳务派遣单位依法定和依约定履行劳动保护义务,理应将劳务派出地法律作为劳务派遣关系的准据法。[②] 考虑到我国向海外派遣劳工人数近年持续增加的情况,前述《法律适用法》第43条的规定可提高适用中国法律的机会,这无疑会有利于加强对我国海外劳工的保护。然而,劳动合同与劳动法密切关联,雇佣合同并不属于劳动合同的一种,因此由雇佣合同而产生的争议并不能被我国劳动法所涵摄。

三、三资合同

在我国立法实践中,出于维护我国重大经济利益的目的,对于一些在我国履行的合同,尤其是投资类合同,往往会规定单边冲突规范,要求对这类合同适用我国相关实体法。

[①] 大连海事法院民事判决书,(2015)大海商初字第433号。
[②] 万鄂湘主编,最高人民法院民事审判第四庭编著:《〈中华人民共和国涉外民事关系法律适用法〉条文理解与适用》,中国法制出版社2011年版,第310页。

第七章　合同之债的法律适用

《民法典》中唯一一条单边冲突规范是第467条第2款关于无名合同及涉外合同的法律适用的规定：在中华人民共和国境内履行的中外合资经营企业合同、中外合作经营企业合同、中外合作勘探开发自然资源合同，适用中华人民共和国法律。①

需要注意的是，我国《外商投资法》第31条规定："外商投资企业的组织形式、组织机构及其活动准则，适用《中华人民共和国公司法》、《中华人民共和国合伙企业法》等法律的规定。"《外商投资法》施行后已无新设"三资企业"（此处的三资企业主要是指《民法典》第467条所规定的三类中外合资企业，不包括外商投资企业），严格意义上不存在新订立的《民法典》第467条中的"中外合资经营企业合同"和"中外合作经营企业合同"。逻辑上，新设外商投资企业只能以"有限责任公司""股份有限公司""合伙企业"等组织形式设立，"三资企业"会日渐稀少，对三资企业合同规定单边冲突法规范的做法价值有限。

四、不动产合同

不动产争议，尤其是不动产物权的争议，通常适用不动产所在地的法律。但对于不动产合同，各国并没有直接规定适用不动产所在地的法律，而是按照合同法律适用的一般原则进行处理。

在我国，法院通常也按照合同法律适用的一般规定，即《法律适用法》来处理不动产合同的法律适用。

首先，适用当事人的意思自治。例如，王志仪（Rickzi Wang）与三亚中信投资有限公司、海南新佳旅业开发有限公司商品房预售合同纠纷案。

示例7.9 王志仪（Rickzi Wang）与三亚中信投资有限公司、海南新佳旅业开发有限公司商品房预售合同纠纷案②

本案中，海南省三亚市中级人民法院认为：

王志仪系美国公民，其向人民法院起诉解决其与中信公司"半岛云邸"第1幢2单元16层1602号房屋《商品房买卖合同》的民事争议，应根据《法律适用法》第41条……确定本案合同适用的法律。在《商品房买卖合同》中未对合同争议的法律适用作约定，根据合

---

① 2007年《民商事合同法律适用规定》第8条规定了以下合同单边适用中国法：
(1) 中外合资经营企业合同；
(2) 中外合作经营企业合同；
(3) 中外合作勘探、开发自然资源合同；
(4) 中外合资经营企业、中外合作经营企业、外商独资企业股份转让合同；
(5) 外国自然人、法人或者其他组织承包经营在中华人民共和国领域内设立的中外合资经营企业、中外合作经营企业的合同；
(6) 外国自然人、法人或者其他组织购买中华人民共和国领域内的非外商投资企业股东的股权的合同；
(7) 外国自然人、法人或者其他组织认购中华人民共和国领域内的非外商投资有限责任公司或者股份有限公司增资的合同；
(8) 外国自然人、法人或者其他组织购买中华人民共和国领域内的非外商投资企业资产的合同；
(9) 中华人民共和国法律、行政法规规定应适用中华人民共和国法律的其他合同。
② 海南省三亚市中级人民法院民事判决书，(2019)琼02民初67号。

同约定不动产交易这一最密切联系的特征,可以选择适用中国法律;同时,在法庭审理过程中,双方当事人对本案适用中国法律协议一致。由此,按当事人协议选择与按最密切联系原则选择准据法适用结论相同,本案可以选择中国法律作为《商品房买卖合同》适用的法律。

其次,在当事人没有选择的情况下,适用最密切联系原则来确定合同的法律适用。例如,在珠海市斗门区建科电子科技有限公司诉安实益集团有限公司(香港)和珠海天鸿物业管理有限公司案、洪明水与海南省国营南滨农场、三亚南滨投资有限公司等农村土地承包合同纠纷案中,就适用最密切联系原则来确定适用的法律。

示例 7.10 珠海市斗门区建科电子科技有限公司诉安实益集团有限公司(香港)和珠海天鸿物业管理有限公司案[1]

本案中,珠海市中级人民法院认为:

安实益集团公司系在香港特别行政区注册的企业,本案系涉港房屋租赁合同纠纷案件,应参照我国有关涉外民事关系法律适用的相关规定选择解决本案争议的准据法。《法律适用法》第41条规定……本案中,租赁房屋所在地位于广东省,内地与本案有最密切联系,故一审法院适用内地法律作为审理本案争议的准据法正确。

示例 7.11 洪明水与海南省国营南滨农场、三亚南滨投资有限公司等农村土地承包合同纠纷案[2]

本案中,海南省高级人民法院认为:

"本案的一方当事人洪明水为台湾地区居民,根据当事人的诉辩主张,本案属于涉台土地承包合同纠纷案件……《法律适用法》第41条规定……本案各方当事人未选择适用的法律,案涉合同的签订地和履行地均在我国大陆海南省,应适用与该合同有最密切联系的我国大陆法律。"

国际规则

2015年《海牙国际商事合同法律选择通则》

序言

1. 本通则规定了国际商事合同法律选择的一般性原则,确认了当事人意思自治原则及少数例外情形。
2. 本通则可以作为制定国家法,区域性、超国家性或国际法律文书的范本。
3. 本通则可以用于解释、补充和发展国际私法规则。

---

[1] 广东省珠海市中级人民法院民事判决书,(2018)粤04民终1038号。
[2] 海南省高级人民法院民事判决书,(2017)琼民终373号。

第七章　合同之债的法律适用

4. 本通则可以为法院或仲裁庭所适用。

第 1 条　通则的适用范围

1. 本通则适用于从事贸易或职业活动的当事人所订立国际合同中的法律选择。但不适用于消费者合同和雇佣合同。

2. 就本通则而言，除非合同当事人在同一国家有营业地，并且除当事人选择的法律之外，当事人之间的关系以及其他所有相关因素只和该国有联系，合同即具有国际性。

3. 本通则下的法律不适用于下列事项：

(1) 自然人的能力；

(2) 仲裁协议与选择法院协议；

(3) 公司或其他集体组织及信托；

(4) 破产；

(5) 合同的所有权效力；

(6) 代理关系中本人是否受第三人约束的问题。

第 2 条　选择自由

1. 合同适用当事人所选择的法律。

2. 当事人可以选择：

(1) 适用于合同全部和一部分的法律，且

(2) 不同的法律适用于合同的不同部分。

3. 当事人可以在任何时候选择法律或修改其选择。在合同订立后所作的选择或者修改不得损害合同的形式有效性以及第三人的权利；

4. 在所选择的法律与当事人或其交易之间不要求任何联系。

第 3 条　法律规则

当事人所选择的法律，可以是那些在国际、超国家或者区域层面被普遍接受的且作为具有中立性和平衡性的一套法律规则，但法院地法另有规定的除外。

第 4 条　明示和默示选择

法律选择或者任何法律选择的修改，必须以明示的方式，或者能够明显地从合同的条款或者其他情形中体现出来。当事人约定将管辖权赋予法院或者仲裁庭，本身并不等于法律选择。

第 5 条　法律选择的形式有效性

除非当事人另有约定，法律选择并不无任何形式方面的要求。

第 6 条　选择法律协议和格式合同之争

1. 在不违背本条第 2 项的情况下：

(1) 当事人是否已经协议选择法律，由意图选择的法律确定；

(2) 如果当事人使用标准条款指定了两个不同的法律，且根据此两个法律均规定内容相同的标准条款优先，则适用该优先条款中所指定的法律；如果根据此两个法律，不同的标准条款优先，或者根据其中一个或两个法律无标准条款优先，则不存在法律选择。

2. 如果根据案件的情况，如果适用前款的法律来确定法律选择并不合理，则依当事人一方营业地所在国的法律来确定其是否同意法律选择。

第 7 条 可分割性

不能仅基于合同无效的理由来抗辩法律选择。

第 8 条 反致的排除

除非当事人另有明示约定,所选择的法律并不是指当事人所选择法律中的国际私法规则。

第 9 条 选择法律的适用范围

1. 当事人所选择的法律支配当事人之间合同的各个方面,包括但不限于下列方面:

(1) 解释;

(2) 因合同而产生的权利和义务;

(3) 合同的履行,以及合同不履行的后果,包括损害赔偿的评估;

(4) 合同义务消灭的不同方式,以及时效期间;

(5) 合同的效力以及合同无效的后果;

(6) 举证责任和法律推定;

(7) 先合同义务。

2. 第 1 款第 5 项的规定并不阻止适用其他法律决定合同的形式有效性。

第 10 条 转让

在合同债权人将其对债务人的权利通过合同进行转让的情况下:

1. 如果转让合同的当事人针对转让合同选择了法律,则该选择的法律支配债权人和受让人因转让合同而产生的相互权利和义务;

2. 如果原合同的债权人和债务人选择了适用于原合同的法律,该选择的法律将支配:

(1) 是否可以对债务人转让债权;

(2) 受让人对债务人的权利;以及

(3) 债务人的义务是否已经解除。

第 11 条 优先强制性规则和公共秩序

1. 不管当事人是否选择法律,法院地法律中的优先强制性规则须适用的情形下,本通则并不阻止法院适用该规则;

2. 法院地法来决定法院何时可以或者必须适用或考虑其他国家的优先强制性规则。

3. 仅且仅当在适用当事人所选择的法律与法院地公共秩序的基本观念明显违背的情况下,法院才能排除当事人所选择法律的适用。

4. 在当事人选择法律时,法院地法决定何时可以或者应该适用或考虑所应该适用法律所属国的公共秩序。

5. 如果仲裁庭经当事人请求或被授权,本通则并不阻止仲裁庭适用或考虑公共秩序,或者适用或考虑当事人选择法律以外的其他法律中的优先强制性规则。

第 12 条 营业地

如果当事人有一个以上的营业地,则就本通则而言相关的营业地是指在合同订立时与合同有最密切联系的营业地。

【推荐参考资料】

1. 沈涓:《法律选择协议效力的法律适用辨释》,载《法学研究》2015年第6期;
2. 陈卫佐:《当代国际私法上的一般性例外条款》,载《法学研究》2015年第5期;
3. 刘仁山:《"直接适用的法"在我国的适用——兼评〈《涉外民事关系法律适用法》解释(一)〉第10条》,载《法商研究》2013年第3期。
4. 黄进、何其生:《电子商务与冲突法的变革》,载《中国法学》2003年第1期。
5. 范姣艳:《国际劳动合同的法律适用问题研究》,武汉大学出版社2008年版;
6. 刘益灯:《跨国消费者保护的法律冲突及其解决对策》,法律出版社2008年版;
7. 许军珂:《国际私法上的意思自治》,法律出版社2006年版;
8. 何其生:《电子商务的国际私法问题》,法律出版社2004年版。
9. 王军、陈洪武:《合同冲突法》,对外经济贸易大学出版社2003年版;
10. 沈涓:《合同准据法理论的解释》,法律出版社2000年版;
11. 傅静坤:《契约冲突法论》,法律出版社1999年版;
12. 邵景春:《国际合同法律适用论》,北京大学出版社1997年版。

第八章

非合同之债的法律适用

《民法典》第118条规定:"债权是因合同、侵权行为、无因管理、不当得利以及法律的其他规定,权利人请求特定义务人为或者不为一定行为的权利。"前一章探讨了合同法律适用的基本理论、制度和方法,本章就非合同之债的法律适用展开分析。

第一节 侵权行为法律适用概述

★热身问题:

对于侵权行为的法律适用,全球范围有许多共性的规定,那么,中国、美国、欧盟在合同法律适用上有何共性与差异?

一、侵权行为的概念与分类

侵权行为之债是指不法侵害他人人身或财产权利,并造成损失而承担民事责任所构成的债。英语中侵权行为一词是 tort,来源于拉丁文 *tortum*,原意为扭曲和弯曲,后演化成错误(wrong)。在法语中,侵权行为被称为 delict,源于拉丁文的 *delictum*,原意为"过错""罪过"等。① 对人身和财产的侵害,是人类社会中最基本的冲突形式,也一直是社会规范力求控制的对象。早在古罗马法中,就已把民事责任分为违反约定义务的民事责任和侵权行为的民事责任。②

目前,关于侵权行为并没有一个统一的、被普遍接受的定义。一般来说,侵权行为是指行为人由于过错侵害他人的财产和人身,依法应当承担民事责任的行为,以及依法律特别规定应当承担民事责任的其他损害行为。一般而言,侵权行为具有如下特征:一是侵权行为是侵害他人合法权益的行为,包括作为和不作为;二是侵权行为的侵害对象是财产权和人身权等绝对权利;三是侵权行为是行为人基于过错而实施的行为,在过错的概念中,不仅包括了行为人主观状态的不正当性,而且包括客观行为的违法性;四是侵权行为是承担侵权民事责

---

① 参见王利明主编:《民法·侵权行为法》,中国人民大学出版社1993年版,第11页。
② 王家福主编:《中国民法学·民法债权》,法律出版社1991年版,第407页。

任的根据,一般来说,行为人因过错而致他人损害,便具有负责任的根据,但是否必须承担责任,还要看行为人实施的侵权行为是否符合法律规定的责任条件。①

根据不同的标准,侵权行为可有不同的分类。传统的划分方法是将侵权行为区分为一般侵权行为和特殊侵权行为。

一般侵权行为,是指行为人因过错而实施并致人损害,依照民法上的一般责任条款承担民事责任的侵权行为。

特殊侵权行为,则是指当事人基于与自己有关的他人行为、事件或其他特别原因致人损害,依照民法上的特别责任条款或民事特别法的规定承担民事责任的侵权行为。

一般而言,一般侵权行为采用过错责任原则,责任构成采用侵权责任的一般构成要件,责任承担方式为直接责任;而特殊侵权行为则采用过错推定责任或无过错责任原则,责任构成往往有特殊要求,责任承担方式为间接责任,即责任人对他人行为所造成的损害结果或自己管理下的物件所造成的损害结果承担赔偿责任。② 在本章下文中即区分一般侵权行为和特殊侵权行为展开论述。

二、侵权行为的法律冲突

大陆法系国家通常将侵权行为作为民法中债的关系的一种而予以规定,在立法体例上侵权行为法属于"债法"的内容。《德国民法典》在"债法"中设立"侵权行为"一节;《法国民法典》将侵权行为作为"非合同之债"的一种。在英美法系国家,侵权行为法是一个独立的法律体系。在侵权行为之债方面,各国法律之间的冲突主要体现在以下几个方面:③

1. 侵权行为的界定范围不同

各国侵权法所保护的范围存在不少差异。例如,在一些发达国家,对于行为人基于无过错而造成的污染物排放、噪音、服务瑕疵、产品瑕疵等损害规定了赔偿责任;而在一些发展中国家,可能未规定赔偿责任。

2. 侵权责任的构成要件

在侵权责任的构成要件方面,各国立法的差异较大。例如,德国法认为,侵权行为应包括五个构成要件,即行为、违法性、过错、损害以及因果关系;而法国民法则认为,侵权行为应有三个构成要件,即过错行为、损害以及因果关系。④ 英美法关于侵权行为的构成理论系在判例法的基础上逐步发展而来,英国过失侵权行为的成立实际上也须具备三个要件,即注意义务、义务的违反以及损害。

3. 侵权的赔偿原则

侵权的赔偿原则主要有三种,即充分赔偿原则、完全赔偿原则以及照顾当事人经济状况

---

① 参见王利明主编:《民法·侵权行为法》,中国人民大学出版社1993年版,第12—15页。
② 杨立新:《侵权法论(上册)》,吉林人民出版社1998年版,第280—282页、第351—355页。
③ 参见何其生主编:《国际私法入门笔记》,法律出版社2019年版,第125页。
④ 法国民法以过错作为判断肇事行为的依据,故"过错"实际上已经涵盖了"行为"和"违法性","违法性"不再被单列为一个构成要件。参见王卫国主编:《民法》,中国政法大学出版社2007年版,第606页。

的赔偿原则。一般而言,发达国家赔偿较高,要求侵权人承担充分的赔偿责任,不仅需赔偿受害人的直接财产损失,甚至还需赔偿可预见的间接财产损失。另外,不少国家,例如美国,还规定有惩罚性赔偿。而发展中国家一般仅要求侵权人给予受害人完全赔偿,同时还可能参照当事人的经济状况确定赔偿数额。因此,不仅发达国家之间损害赔偿标准会有差别,发展中国家和发达国家之间更有差别。

三、世界主要经济体侵权行为之债法律适用的规定

(一) 美国

美国《冲突法重述(第二次)》第145条在侵权行为法律适用问题上,采纳了与发生的侵权行为和当事人有密切联系地国家的法律,具体规定如下:

Restatement (Second) of Conflict of Laws

§ 145. The General Principle

(1) The rights and liabilities of the parties with respect to an issue in tort are determined by the local law of the state which, with respect to that issue, has the most significant relationship to the occurrence and the parties under the principles stated in § 6.

(2) Contacts to be taken into account in applying the principles of § 6 to determine the law applicable to an issue include:

(a) the place where the injury occurred,

(b) the place where the conduct causing the injury occurred,

(c) the domicile, residence, nationality, place of incorporation and place of business of the parties, and

(d) the place where the relationship, if any, between the parties is centered.

These contacts are to be evaluated according to their relative importance with respect to the particular issue.

在权衡最密切联系的过程中,不仅要根据第6条所规定的基本原则,而且要考虑第145条第2款所罗列的因素,包括损害发生地,导致损害发生的侵权行为地,当事人的住所、居所、国籍、成立地、营业地,以及当事人关系的中心地。由此看来,侵权行为地只是美国法院在确定最密切联系时所考虑的因素之一。

(二) 欧盟

在欧盟,一般侵权行为的法律适用规定在《罗马条例Ⅱ》中,具体规定如下:

REGULATION (EC) No 864/2007 OF THE EUROPEAN PARLIAMENT AND OF THE COUNCIL of 11 July 2007 on the law applicable to non-contractual obligations (Rome Ⅱ)

Article 4 General rule

1. Unless otherwise provided for in this Regulation, the law applicable to a non-contractual obligation arising out of a tort/delict shall be the law of the country in which the damage occurs irrespective of the country in which the event giving rise to the damage occurred and irrespective of the country or countries in which the indirect consequences of that event occur.

2. However, where the person claimed to be liable and the person sustaining damage both have their habitual residence in the same country at the time when the damage occurs, the law of that country shall apply.

3. Where it is clear from all the circumstances of the case that the tort/delict is manifestly more closely connected with a country other than that indicated in paragraphs 1 or 2, the law of that other country shall apply. A manifestly closer connection with another country might be based in particular on a pre-existing relationship between the parties, such as a contract, that is closely connected with the tort/delict in question.

Article 14 Freedom of choice

1. The parties may agree to submit non-contractual obligations to the law of their choice:

(a) by an agreement entered into after the event giving rise to the damage occurred; or

(b) where all the parties are pursuing a commercial activity, also by an agreement freely negotiated before the event giving rise to the damage occurred.

The choice shall be expressed or demonstrated with reasonable certainty by the circumstances of the case and shall not prejudice the rights of third parties.

2. Where all the elements relevant to the situation at the time when the event giving rise to the damage occurs are located in a country other than the country whose law has been chosen, the choice of the parties shall not prejudice the application of provisions of the law of that other country which cannot be derogated from by agreement.

3. Where all the elements relevant to the situation at the time when the event giving rise to the damage occurs are located in one or more of the Member States, the parties' choice of the law applicable other than that of a Member State shall not prejudice the application of provisions of Community law, where appropriate as implemented in the Member State of the forum, which cannot be derogated from by agreement.

第4条第1款一般性规定首先规定了侵权行为地在确定侵权行为法律适用中的作用,

但此处仅仅适用了损害发生地国法(the law of the country in which the damage occurs),而没有适用侵权行为实施地法。第2款则采用了共同属人法,即当事人的共同惯常居所地法。第3款规定了例外条款,赋予法官在存在更密切联系的国家时,可以适用该更密切联系的国家的法律。

欧盟《罗马条例Ⅱ》第14条规定了当事人意思自治。对于非契约之债,当事人的意思自治有如下限制:一是当事人是在侵权行为发生后达成协议,或者如果双方都从事商业活动,也适用在侵权行为发生前达成的协议;二是当事人可以明示或默示选择,但不损害第三方当事人的权利;三是当事人的选择不影响相关成员国或共同体法律中强制性规则的适用。

(三) 中国

关于侵权责任的法律适用,我国《法律适用法》第44条作出了专门规定。

> **《法律适用法》**
>
> 第44条 侵权责任,适用侵权行为地法律,但当事人有共同经常居所地的,适用共同经常居所地法律。侵权行为发生后,当事人协议选择适用法律的,按照其协议。

在该条规定中既有传统侵权行为地法的沿用,也采纳了新的连结点共同经常居所地法。更为重要的是,第44条采纳了当事人事后选择的意思自治原则,这在立法层面是一大突破。

(四) 中美欧法律适用的共性与差异

★综上,关于中美欧在一般侵权法律适用上的规定,可以肯定的是,侵权行为地在确定侵权行为的法律适用上发挥重要作用。但各方差异较大,具体如下:

首先,美国采纳了最密切联系原则,这一原则作为例外条款也为欧盟所采纳,但中国在具体规则上没有直接规定连结点。考虑到《法律适用法》第2条的规定,应该说第44条的规定体现了这一原则。

其次,共同惯常居所地国法为中国和欧盟所采用,但在美国,只是法院权衡最密切联系的因素。

最后,中国和欧盟在立法中采纳了事后的当事人意思自治原则。这可以说是意思自治原则在侵权行为领域的一个突破,但二者在选择的时间点和限制上规定不同。当事人意思自治原则没有为美国《冲突法重述(第二次)》所认可。

第二节 一般侵权行为准据法的确定方法

★**热身问题:**

一法国学生甲在北京某大学附近骑摩托车,撞伤了一韩国学生乙和另一名法国学生丙,三方对于赔偿额未能达成一致,起诉到北京市海淀区人民法院。

本案根据《法律适用法》第44条应如何确定准据法?

一、侵权行为地法原则

从13世纪法则区别说出现后,侵权行为适用侵权行为地法这一规则就已确立。正如法国学者亨利·巴迪福所言,侵权适用侵权行为地法,是国际私法上最早确立的原则之一。[①] 时至今日,侵权行为地法原则仍为世界上绝大部分国家立法采纳。例如,德国于1999年修订的《民法典施行法》第40条第1款规定,"基于侵权行为而提起的诉讼请求,适用赔偿义务人行为地国法律,受害人可以要求适用结果发生地国法律以代替上述法律"。2007年《罗马条例Ⅱ》第4条第1款亦规定,侵权行为所生债务适用损害发生地国法。

在不同历史时期和不同国家,采用侵权行为地法原则的理论依据并不完全相同。在法则区别说时期,"场所支配行为"这一古老原则是侵权行为地法原则的理论基础。在现代社会,对侵权行为之所以适用侵权行为地法,主要基于以下几点考虑:

首先,侵权行为之债的发生是基于法律的权威,而非债权人和债务人的意思,法律要求行为人应预见其行为的后果;

其次,对行为人施加责任,旨在维护每个人的权利平衡,而此种平衡之所以被打破,恰是因为侵权人在侵权行为地实施了侵权行为;

最后,适用行为地法是当地公共秩序的要求,并且易于查明事实和确定法律上的责任。[②]

在英美法系国家,侵权适用侵权行为地法的传统理论依据是戴西的既得权理论。比尔主持编纂的1934年美国《冲突法重述(第一次)》即根据既得权理论,认为受害人在侵权行为地因受到不法侵害而获得的权利,当然应依行为地法予以实现。

采用侵权行为地法原则,在侵权行为的各个要素分散于不同国家的情况下,便会遇到如何确定侵权行为地的棘手问题。对此,有以下几种不同做法:

一是以侵权行为实施地(lex loci actus)作为侵权行为地,如哈萨克斯坦[③]、白俄罗斯[④];

二是以损害结果发生地(lex loci damni)作为侵权行为地,如欧盟《罗马条例Ⅱ》第4条有关一般侵权的法律适用规则,以及英国、土耳其、罗马尼亚等国的国际私法立法。理由是,在侵权事件中,致使受害人提起司法诉讼的关键不是侵权人的作为或不作为,而是其行为对受害人人身或财产造成了损害。另外,受害人通常都会合理地期待损害结果发生地法为其提供保护,而且损害结果发生地往往也是受害人的住所地和财产所在地。

三是可预测性标准。根据可预测性标准适用法律,有两种情况:其一,侵权案件原则上适用侵权行为实施地法,但如果侵权人能够预测其行为将在损害结果发生地国造成损害,则适用损害结果发生地法。例如,2001年《俄罗斯民法典》第1219条第1款规定:"对因致人损害而产生的债权债务,应适用成为损害赔偿根据的行为或事件发生地国的法。如果由于该行为或其他情况而在另一国发生损害,只要致害人预见到或者应该预见到损害在该另一国

[①] 〔法〕亨利·巴迪福:《国际私法各论》,曾陈明汝译,中正书局1979年版,第255页。
[②] 参见韩德培主编:《国际私法》(第三版),高等教育出版社、北京大学出版社2014年版,第209—210页。
[③] 《哈萨克斯坦共和国民法典》(1999年7月1日生效)第1117条第1款规定,侵权之债产生的权利和义务,适用作为侵权赔偿请求权基础的相关行为或事件发生地国法律。
[④] 《白俄罗斯共和国民法典》(1999年7月1日生效)第1129条第1款规定,侵权之债产生的权利和义务,适用作为侵权赔偿请求权基础的相关行为或事件发生地国法律。

发生,则可以适用该另一国的法律。"①其二,侵权案件原则上适用损害结果发生地法,但如果侵权行为在该地造成损害结果通常不可预见,则适用侵权行为实施地法。例如,2007 年《日本法律适用通则法》第 17 条规定"因侵权行为而产生的债权的成立及效力,依加害行为结果发生地法。但通常无法预测在其地的结果的发生时,依加害行为进行地法"。可预测性标准可以避免适用损害结果发生地法对侵权人造成所谓的不公平,因为既然侵权人本人都能预测到损害会在相关外国发生,也就意味着案件与损害结果发生地国有较密切联系。

四是有利原则,即在侵权行为实施地法和损害结果发生地法中选择适用对受害人最为有利的法律。有利原则体现了在侵权法律适用中保护受害人的政策取向。德国是最先在一般侵权法律适用领域采用有利原则的国家。②

二、重叠适用侵权行为地法与法院地法

侵权法律适用领域采用重叠适用条款,主要是因为侵权法被视为公共秩序法,只有重叠适用法院地法,才能够实现维护法院地公共秩序的效果。③ 但这一做法已经逐渐被抛弃。

(一)"双重可诉"原则

英格兰曾在历史上采用"双重可诉"原则(rule of double actionability)。在 Boys v. Chaplin 案④中,双重可诉原则被总结如下:

作为一般规则,一项发生在外国的侵权行为只有在同时符合下述两个条件时,才在英国具有可诉性:(1)依据英国法律,该侵权行为具有可诉性,换言之,即该行为若发生在英国,则属于侵权行为;(2)依据该行为发生地国的法律,行为具有可诉性。⑤

示例 8.1

"双重可诉"原则于 1870 年由 Phillips v. Eyre 案⑥确立。在该案中,法官指出,在英格兰就据称发生于国外的侵权行为提起一项诉讼,必须符合两项条件:第一,该行为如果发生于英格兰,应是可以起诉的(actionable);第二,根据行为发生地法,该行为应是不正当的(not justifiable)。在"双重可诉"原则下,法院地法和侵权行为地法并非简单地重叠适用,二者并没有处于同等地位。在该原则中,"英格兰的实体法起着主导作用,案件诉由由该法决定,而行为发生地的法律仅起着从属作用,其作用仅在于为原告的行为提供辩护,从而挫败案件的诉讼理由,但其本身并不能决定案件的诉由"。⑦ 因此,"双重可诉"原则在本质上是一项以适用法院地法为基调的法律适用规则。

---

① 2001 年《荷兰侵权冲突法》第 3 条第 2 款规定:"如果侵权行为造成居民、财产或自然资源损害的结果发生在侵权行为发生地国之外,则适用该侵权行为损害结果发生地国法,除非加害人不能合理地预见到该结果的发生。"
② 德国法院在侵权案件中运用有利原则最早可追溯至 1888 年的一个案件。该案涉及一份由里昂签发并于苏黎世接收的载有虚假银行信息的票据。审理法院认为,该案涉及一个由不同要素构成的单一侵权行为,里昂和苏黎世都可以作为侵权行为地。
③ 〔日〕小出邦夫:《一问一答新国际私法——法律适用通则法的解说》,商事法务株式会社 2006 年版,第 122 页。
④ [1971] AC 356.
⑤ See Dicey and Morris, *The Conflict of Laws*, 12th edn., Sweet and Maxwell, 1993, Rule 202 and Comment thereto.
⑥ (1870) LR 6 QB 1.
⑦ Peter M. North, "Reform, but not Revolution: General Courseon Private International Law", 220 *Recueil Des Cours* 219(1990).

在英格兰,"双重可诉"原则的产生并非偶然,其有一系列复杂背景:

首先,从历史上看,该规则以适用法院地法为主,源自于英国上议院的审判实践。在19世纪中叶,英格兰国际私法的发展还远未完善,在当时适用法院地法完全是常态,其与英格兰法院在当时不愿意适用外国法的传统一脉相承;

其次,从法理上看,当时民事责任与刑事责任尚没有严格区分,侵权法被认为与刑法一样,具有惩罚或恐吓的功能,而不具有补偿的功能。因而,与刑事案件必然适用法院地法一样,对于侵权纠纷,自应适用法院地法;

最后,从实务的便宜性上看,适用侵权行为地法将要求查明外国法,而适用法院地法显然将免除这一麻烦。

受英格兰的影响,绝大部分英联邦国家在侵权法律适用问题上也都曾先后采取了"双重可诉"原则。但1995年《国际私法(杂项规定)法规》出台后,英格兰基本废除了上述普通法中的"双重可诉"原则,而代之以侵权行为地法原则。目前其他受英国法影响较大的英联邦国家也已逐渐放弃了该原则。

(二)内国人保护条款

德国在1999年国际私法改革前,其《德国民法施行法》第38条曾规定,"就在国外发生的侵权行为而针对德国人所提出的诉讼请求,不能超出德国法律的规定"。在司法实践中,德国法院认为上述第38条隐含了有关侵权法律适用的一项基本规则,即侵权适用侵权行为地法。这一条款间接地将被告区分为德国人和非德国人,并对德国被告重叠适用法院地法即德国法,从而为其提供特殊保护。因此,《德国民法施行法》第38条一度被德国学术界称为"内国人保护条款"。德国在1999年国际私法改革中废除了前述不合理的重叠适用条款,而代之以现行《德国民法施行法》第40条第3款的"特殊公共秩序保留条款",即对于侵权案件,根据外国法提出的诉讼请求不得从根本上远远超出受害者所需要的适当赔偿,或者不得明显出于对受害者进行适当赔偿之外的目的。

"双重可诉"原则与"内国人保护条款"二者均是以法院地法进行限制,但二者并不完全相同。前者强调"法院地法"的基础性作用,即在法院地必须是可诉的,而在行为地则只要求不正当的即可,二者并未处于同样的地位。"内国人保护条款"则偏向于保护内国人的利益,即所提请求不得超出内国法对内国人保护的范围。

(三)中国关于重叠适用模式的废弃

在侵权法律适用问题上,已被废除的《民法通则》也采用重叠适用侵权行为地法和法院地法的做法。《民法通则》第146条规定:"侵权行为的损害赔偿,适用侵权行为地法律……中华人民共和国法律不认为在中华人民共和国领域外发生的行为是侵权行为的,不作为侵权行为处理。"与相关国家如德国采重叠适用模式的主要目的为限制损害赔偿的计算不同,我国《民法通则》仅在侵权行为的成立问题上重叠适用我国法律,而在损害赔偿问题上,则不要求重叠适用。但现行有效的《法律适用法》第44条也已经放弃了重叠适用模式。

重叠适用侵权行为地法与法院地法作为侵权法律适用的一种方案已逐步为世界各国抛弃。目前相关国家和地区在侵权案件中重叠适用法院地法的目的主要在于对损害赔偿额的计算进行限制,以防止根据外国法作出非补偿性损害赔偿或过高的损害赔偿。

三、当事人共同属人法原则

在侵权案件中,如果侵权人与受害人拥有同一个国家的国籍,或者在同一个国家拥有住所或惯常居所,通常适用当事人共同属人法。例如,前述《罗马条例Ⅱ》第 4 条第 2 款规定"损害发生时,被请求承担责任人与受害人在同一国拥有惯常居所,则应适用该共同惯常居所地国法"。德国《民法施行法》第 40 条第 2 款规定,"如果侵权人与受害人在责任事件发生时在同一国家拥有惯常居所,则适用该国法律"。

当事人共同属人法原则在侵权领域适用有着合理的法理基础。首先,侵权人与受害人拥有的共同惯常居所地,对双方当事人而言是一种稳定的联系因素,相对更具临时性和偶然性的侵权行为地而言,其作为侵权法律适用的连结点显然应被置于更为优先的位置。其次,适用当事人共同惯常居所地法还有一些实践性的考虑因素,如当侵权事件在外国发生后,双方当事人通常都会返回其惯常居所地,适用共同惯常居所地法有利于损害赔偿的解决。[1] 最后,适用当事人共同惯常居所地法也体现了最密切联系原则。

在我国《法律适用法》第 44 条的规定下,国籍不再作为当事人共同属人法的连结点,共同属人法仅以惯常居所为连结点。此外,该条还规定了当事人共同属人法的优先适用。

四、侵权行为自体法

"侵权行为自体法"的提法出自英国学者莫里斯。[2] 1951 年,莫里斯教授在《哈佛法律评论》上发表了他的《论侵权行为自体法》一文。该文从合同自体法谈起,之后就直接转向侵权行为法律适用领域。[3] 文章分析,在被告是否应负违约责任的问题上,英国法院通过适用自体法理论取得了符合商业上的便利与合理的结果。既然如此,对于被告是否应负侵权责任的问题,为什么不能同样基于社会因素的考虑而引入自体法理论以达到类似的成效呢?由于社会因素的千差万别,将相同的冲突法规范不加区别地适用于多样的侵权行为并不总能得出符合社会需求的结果。莫里斯认为,为了满足颇具灵活性的多样化需求,应当考虑适用一种自体法方法。

莫里斯教授笔下的侵权行为自体法,以社会性考量作为冲破传统侵权行为地法规则的起点,以灵活性作为改良传统规则的初衷和最终归宿,对侵权行为地法理论给予了充分的批判。该理论的特点是在侵权行为法律适用时的多元化考虑,其出发点和归属点应是对机械的侵权行为地法规则进行软化。它的第一要义应是灵活性和为案件选择最为适当的法律,第二要义(或者说满足第一要义的途径之一)才是最密切联系原则。[4] 侵权行为自体法理论

---

[1] Jan Kropholler, *Internationales Privatrecht einschliesslich der Grundbegriffe des Internationalen Zivilverfahrensrechts*, 4. Aufl., Tübingen: Mohr Siebeck, 2001, S. 500.

[2] 1949 年,莫里斯教授在《现代法律评论》上就 McElroy v. McAllister 案作了一个评论,该文最后指出:侵权责任并非应由国籍国、住所地抑或当事人居所地法支配,而是给可被称为"侵权行为自体法"的法律以适用空间。诚如合同自体法一般,以上各因素应当同侵权行为地一起,在被给予应有的综合考量后,确定出侵权行为自体法。See J. H. C. Morris, "Commenting on McElroy v. McAllister: Torts in the Conflict of Law", 12 *Modern Law Review* 252 (1949).

[3] See J. H. C. Morris, *The Proper Law of a Tort*, 64 Harvard Law Review 881—884 (1951).

[4] 关于莫里斯教授的《论侵权行为自体法》一文,可参见何其生、卢熙:《论侵权行为自体法的发展》,载《武大国际法评论》第 12 卷,武汉大学出版社 2010 年版,第 140—170 页。

提出后,一些学者对其提出了质疑和批判。①

(一) 侵权行为自体法的立法

侵权行为自体法理论提出以后,逐渐得到一些国家立法与司法实践的认可,并多体现在最密切联系原则的规定和运用上。这是因为:其一,最密切联系是满足追求灵活性和为案件选择适当的法律的最重要方法之一;其二,该方法曾为莫里斯教授在其文中明确提出,并被广泛认为是侵权行为自体法理论的集中体现。②

1. 美国

在美国,以侵权领域为主要战场的美国冲突法革命,在主旨上与侵权行为自体法理论几乎完全吻合。因此,美国《冲突法重述(第二次)》在内容上对该理论给予了充分的体现。《冲突法重述(第二次)》第6条为依照最密切联系原则选择准据法提供了应加以考虑的七个因素:(1)州际与国际体制的需要;(2)法院地的相关政策;(3)其他利害关系州的相关政策,以及在决定特定问题时这些州的相关利益;(4)对正当期望的保护;(5)特定领域法律所依据的政策;(6)结果的确定性、可预见性和一致性;(7)应当适用的法律易于确定和适用。

《冲突法重述(第二次)》第15条还规定:"侵权问题中当事人的权利和义务,根据第6条所述的原则,由与该事件和当事人有最密切联系的那个州的地方法来决定。"第145条又列举了4个连结点:损害发生地,侵权行为实施地,当事人的住所、居所、国籍、公司所在地和营业地和双方当事人之关系最集中地,并指出"这些连结因素将依据其与特定问题的相对重要性加以评价"。通过最密切联系原则来软化以单一连结因素选择准据法的做法,一直都被认为是美国《冲突法重述(第二次)》的重要贡献。

侵权行为自体法理论在美国的实践中走得要更远一些,Babcock v. Jackson 和 Neumeier v. Kuechner 就是此领域著名的案件。

示例8.2

在 Babcock v. Jackson 案③中,美国纽约州上诉法院富德(Fuld)法官在审理该案时指出,本案的主要问题是应当适用侵权行为地法还是同本案有其他联系的地方之法律。若依据美国《冲突法重述(第一次)》第384条的规定,则应适用侵权行为地法即安大略省法

---

① 艾伦茨威格(Albert A. Ehrenzweig)教授就曾撰文对侵权行为自体法理论提出质疑。他批评侵权行为自体法理论对原有规则大量抛弃,认为在很多情况下并不需要这种被称为"自体法"的方法,而即便是 Babcock v. Jackson[12 N. Y. 2d 473 (1963)]这个被认为是自体法理论重要体现的案例,也完全可以通过公共政策等传统方法得到相同的判决结果。艾伦茨威格教授尖锐地指出,侵权行为自体法理论就如同潘多拉的魔盒,充满了诱惑却会带来混乱和不公正。See Albert A. Ehrenzweig, "The not so 'Proper' Law of a Tort: Pandora's Box", 17 *International and Comparative Law Quarterly* 1-17 (1968).

② See J. H. C. Morris, "The Proper Law of a Tort", 64 *Harvard Law Review* 886, 888 (1951).

③ 1960年9月16日,居住在纽约州的乔治亚·巴布科克(Georgia Babcock)小姐受同住该州的朋友威廉·杰克逊(William Jackson)夫妇邀请,乘坐杰克逊夫妇的汽车前往加拿大做周末旅行。汽车由杰克逊先生驾驶,当到达加拿大安大略省时,由于杰克逊先生的失误发生事故,致使巴布科克小姐受伤。回到纽约后,巴布科克小姐便向法院提起诉讼,要求杰克逊先生赔偿损失。根据当时安大略省的法律,除以盈利为目的的商业性运载乘客以外,汽车的所有者和驾驶者对乘客因车祸造成的任何损失乃至死亡概不负责。但是,当时纽约州的法律则规定,在这种情况下汽车的所有者或者驾驶员应负一定的赔偿责任。被告以侵权应适用侵权行为地法这一传统国际私法原则为理由,要求法院适用侵权行为地即安大略省的法律,驳回原告提出的赔偿要求。初审法院作出判决支持被告的主张,原告不服提出上诉。Babcock v. Jackson, 12 N. Y. 2d 473 (1963).

律。但是本案中适用侵权行为地法不免显得机械、呆板,因为安大略省与案件的唯一联系就是:事故偶然发生于该地。"因侵权赔偿所引发的一切问题都必须适用同一行政区域的法律,这是毫无道理的。若问题涉及行为的标准,或许很可能会适用侵权行为地法,但对于其他问题的处理,应当与处理行为标准问题一样,适用对该具体问题的解决具有最强需要的地方之法律。"① 相比安大略省而言,纽约州无疑与本案有更为密切的联系,因此,应以纽约州的法律作为本案的准据法。

1972年的 Neumeier v. Kuechner 案②是一个关于免费搭乘乘客遭受交通事故损害侵权的案件,富德法官同样参与了审理,并考虑到最密切联系原则的适用。③

在2000年的 Martineau v. Guertin 案④中,双方都住在魁北克省,但其关系却基本上集中在康涅狄格州;事故并非发生于去魁北克的途中,而是离开魁北克返回康涅狄格州工作的路上;肇事车辆在康涅狄格州登记并在该州投保。因康涅狄格州与该争议相关的法律与佛蒙特州的规定相同,法院认为"应当将康涅狄格州与佛蒙特州的连结点结合在一起来确定魁北克省的连结点是否具有与案件足够密切的联系"。这样一来,作为共同住所地的魁北克省与案件的关联程度就大大降低了。法院最后判定适用佛蒙特州的法律。本案最终适用的是侵权行为地的法律,但却能看到在选择法律的过程中法官对案件中各种连结因素的量化分析。可以说,案件的整个选法过程都支持了最密切联系原则在侵权法律适用领域的应用。

2. 英国

在英国,立法文件直接接受并反映侵权行为自体法理论是1995年英国《国际私法(杂项规定)法》(Private International Law (Miscellaneous Provisions) Act),在侵权行为法律适用的问题上,其规定以侵权行为地法为一般原则,并以类似于合同准据法中特征性履行的方法对侵权行为地加以规定,最后以最密切联系原则为补充。例如,第11条第2款规定:如果这些事件的构成因素发生在不同国家,依据一般规则适用的法律应被认为:(1)对造成个人人身伤害或与因人身伤害致死有关的诉因,适用该人遭受伤害时所在国之法律;(2)对与财产损害有关的诉因,适用财产遭受损害时所在国之法律;(3)在其他情况下,应适用的法律

---

① Babcock v. Jackson, 12 N. Y. 2d 473 (1963).
② Neumeier v. Kuechner, 286 N. E. 2d 454 (N. Y. 1972).
③ 在此案中,富德法官提出了三条规则:(1)如果被免费搭乘的乘客与驾驶员在同一州都有住所,且汽车是在该州注册登记的,则该州的法律就应当成为确定主人对客人应负责任的标准;(2)如果驾驶员的行为发生在其住所地州,而该州的法律不要求给予赔偿,一般情况下乘客就不能因其住所地法之规定而要求驾驶员承担责任;(3)如果乘客与驾驶员位于不同的州,一般应适用事故发生地法。这三条规则避免了 Babcock v. Jackson 案留下的问题,通过更细致的规定对最密切联系原则适用的随意性进行了规范。参见曾二秀:《侵权法律选择的理论、方法与规则——欧美侵权冲突法比较研究》,法律出版社2004年版,第88—89页。
④ 受害人简·玛提诺(Jean Martineau)和被告诺曼德·戈蒂(Normand Guertin)同为居住在魁北克省的加拿大合法居民。七年来玛提诺一直作为转包人为在康涅狄格州的总承包商从事木材工作,他持有有效的美国绿卡,却并不在康涅狄格州常年居住;戈蒂是与玛提诺一起工作的同事,没有绿卡,但在事故发生时也在康涅狄格州居住了一段时间,二人的亲戚及妻子都常年居住于魁北克省。2000年10月31日,玛提诺与戈蒂分别离开魁北克并在佛蒙特州的斯旺顿(Swanton)碰面后,一起乘坐玛提诺的车前往康涅狄格州,该车在康涅狄格州登记并投保。汽车由两人轮流驾驶,途中在佛蒙特州换由戈蒂驾驶后,因汽车失控而发生事故,玛提诺当场死亡。之后玛提诺的亲属及妻子提起诉讼。*Martineau v. Guertin*, 751 A. 2d 776 (Vt, 2000).

为侵权事件中最重要的因素发生地国之法律。

从1951年莫里斯教授发表《侵权行为自体法》一文,到1995年《国际私法(杂项规定)法》颁布,侵权行为自体法在其发端地用了四十余年才走完从理论到实践的应用之路。这一方面缘于英国在侵权法律适用领域沿用了一百多年的传统规则影响深远;另一方面,也许对于英国法官而言,他们更多地认为现行法律的优点就在于其确定性而不是灵活性。① 他们并非不赞同如美国一样进行冲突法革命,而是并不认为在这个国度有进行一场轰轰烈烈的冲突法革命的必要。② 因为,"在这样一个容易倾向于灵活性的年代,在特殊的侵权案件中,能符合个案中明显的正义要求,并符合戴赛和莫里斯所言的'社会环境'的要求,又不以牺牲明智的制定法为代价"。③ 这才是英国学者所抱有的态度。

3. 欧洲大陆国家

在欧洲大陆,奥地利④、瑞士⑤、比利时⑥均先后采用了最密切联系原则。1999年《德国民法施行法》第41条规定了最密切联系原则的适用,并列举了最密切联系地的判断标准。⑦

而在欧亚交界之处的土耳其也较早采纳了这一原则。1982年《土耳其国际私法和国际诉讼程序法》第25条规定:"非契约性的侵权行为之债,适用侵权行为实施地法。当侵权行为的实施与损害结果位于不同国家时,适用损害结果发生地法。因侵权行为而产生的法律关系与他国更为密切联系的,适用该国的法律。"

4. 欧盟

在国际立法层面,灵敏度远不如国内立法高,但亦有一些国际性或者区域性法律文件的内容反映了侵权行为自体法理论所表现的趋势。2007年7月11日,欧洲议会和欧盟理事会正式通过了《罗马条例Ⅱ》。条例第4条首先确定了损害结果发生地法作为一般适用规则的地位,其次规定了共同惯常居住地法作为特殊规则,最后将最密切联系原则作为一般例外规则加以规定。应该说,该法条的内容首先是对各成员国国内立法的妥协,例如,前两款的规定就是许多成员国国内法中原有之内容,作为亮点的第3款无疑体现了法律的灵活性,"为

---

① See Michael C. Pryles, *Tort and Related Obligations*, 227(2) Recueil Des Cours 83 (1991).
② 其实在接下来的1990年,英国法律委员会和苏格兰法律委员会就已经承认,"尽管我们承认侵权行为自体法作为一般规则并不能为人们所接受,但我们仍坚持认为,当适用侵权行为地法不能达到在当事人之间实现公平正义的要求时,侵权行为自体法依然能对例外情况加以适用。"See Law Commission and Scottish Law Commission, *Private International Law: Choice of Law in Tort and Decilt*, Law Com., No. 193, Scot. Law Com., No. 129, 1990.
③ P. M. North & P. R. H. Webb, "Foreign Torts and English Courts", 19 *International and Comparative Law Quarterly* 34 (1970).
④ 1978年《奥地利联邦国际私法法规》不仅在第1条中将最密切联系原则确立为整部法律的基本原则,而且其第48条第1款规定:"非契约损害求偿权,依造成该种损害的行为发生地国家之法律。但当所涉及的人均与另外同一国家的法律有更密切联系时,适用该国家的法律。"
⑤ 1987年《瑞士联邦国际私法法规》在侵权法律适用问题上的灵活性态度从三个方面被表达:一是第15条规定的"根据所有情况,若案件明显与本法所指向的法律只有很有限的联系,而与另一法律具有更为密切得多的联系,则本法所指向的法律不再适用";二是该法对一般侵权行为的法律适用明确地依次选取了共同惯常居所地、伤害结果发生地、侵权行为实施地等连结点;三是该法对多种特殊侵权行为进行了单独规定,包括公路交通事故、产品责任、不正当竞争、限制竞争、源于不动产的损害、对人格权的侵害等。
⑥ 2004年《比利时国际私法典》第99条第1款规定:"侵权行为受以下法律支配:侵权行为发生时,侵权人与受害人共同的惯常居所地法;若当事人双方无共同惯常居所地,则适用引起损害的事实及损害结果共同发生地(或可能共同发生地)法;其他情况下,适用与侵权行为有最密切联系的国家之法律。"
⑦ 该法第41条第2款规定:特别是在如下情况下,可认为存在具有实质性的更密切联系:(1)双方当事人之间基于某一债务关系存在特别的法律或者事实关系;或者(2)在第38条第2款和第3款及第39条的情况下,若双方当事人在具有重要法律意义的事件发生时在同一国有惯常居所,第40条第2款第2句相应适用。

了让法院能够改良僵化的规则对个案的适用,从而适用案件的重力中心地之法律"①。作为欧盟的一个条例,《罗马条例Ⅱ》对于整个国际私法的发展趋势有着强烈的预示作用,因为它以制定一个共同的法律文件为目标,本身也需要各国之间的相互协调。所以可以预见,就侵权法律适用而言,它既不会走得太远而背离确定性,也不会墨守成规而忽视灵活性;既不能无限度增加法律的不可预见性,又不能对僵化的教条无动于衷。这种小心翼翼的尝试显然是成功的——《罗马条例Ⅱ》的生效本身就是最好的证明。②

上述案例勾勒出了侵权行为自体法理论的发展轨迹:从对传统侵权法律适用理论的否定或抛弃,到后来逐渐开始进一步思考并对侵权行为自体法加以规范,以期对其灵活性设定一个范围和程度,从而在软化僵硬的侵权行为法律适用规则的同时又不至于令法律显得那么飘忽不定。③

(二)侵权行为自体法在中国的实践

相比很多国家的立法,我国的《法律适用法》等并没有针对侵权行为规定最密切联系原则。然而,《法律适用法》第 2 条规定:"涉外民事关系适用的法律,依照本法确定。其他法律对涉外民事关系法律适用另有特别规定的,依照其规定。本法和其他法律对涉外民事关系法律适用没有规定的,适用与该涉外民事关系有最密切联系的法律。"就该条的措辞而言,立法者显然认为最密切联系原则是我国《法律适用法》的最基本原则。对于已经规定的条文,视为最密切联系的体现;而对于没有规定的内容,则按照最密切联系原则确定法律适用。这一规定也可以被变相认为是侵权行为自体法在我国法律中得以确立。

尽管立法没有明确规定侵权行为自体法,但该方法在我国学术界得到广泛的认可。中国国际私法学会制定的《国际私法示范法》中就对侵权行为自体法进行了规定。其第 113 条"更密切联系"规定:"侵权事件的全过程表明当事人的住所、惯常居所、国籍、营业所,以及其他连结点的聚集地与侵权事件有更密切联系的,适用该最密切联系地法。"在其解释中,学者们认为:"运用最密切联系理论确定准据法不但改变了传统冲突法连结因素的单一性,而且使得与案件相关的各方面因素都能得到考察,包括选择法律的原则和案件的具体情况都在视野之中,避免了一叶障目,无疑会加强案件处理的科学性……由于最密切联系原则最具有灵活性,如能正确把握,它为避免传统冲突法的呆板、机械而产生的不公正、不合理的成份,为加强冲突法合理适用的法律的功能开辟了道路。"④但无疑最密切联系原则也有其不利的一面,例如,最密切联系原则弹性太大,可能会为法官滥用"自由裁量权"留有余地,从而助长

---

① See Proposal for a Regulation of the European Parliament and the Council on the law applicable to non-contractual obligations ("ROME Ⅱ"), EU: COM/2003/427.

Article 4(3) provides that "Where it is clear from all the circumstances of the case that the tort/delict is manifestly more closely connected with a country other than that indicated in paragraphs 1 or 2, the law of that other country shall apply. A manifestly closer connection with another country might be based in particular on a pre-existing relationship between the parties, such as a contract, that is closely connected with the tort/delict in question."

② 不过,有学者认为,《罗马条例Ⅱ》在法律的确定性与灵活性之间寻求平衡点的努力虽有所成就,却仍旧与灵活性的目标失之交臂,例如共同惯常居所地这一规则就显得范围太过狭窄,它仅仅规定当事人在同一国有惯常居所,而没有包括当事人分属具有相同法律制度的不同国家的情况。See Symeon C. Symeonides, "Rome Ⅱ and Tort Conflicts: A Missed Opportunity", 56 The American Journal of Comparative Law 178-180, 196 (2008).

③ 何其生、卢熙:《论侵权行为自体法的发展》,载《武大国际法评论》第 12 卷,武汉大学出版社 2010 年版,第 155 页。

④ 参见中国国际私法学会:《中华人民共和国国际私法示范法》,法律出版社 2000 年版,第 152 页。

法院地法的适用,使法律适用具有太强的随意性。① 最密切联系原则在早期司法实践中也多有体现。例如,康林环保制品(香港)实业公司诉广州泰普乐环保包装制品有限公司等侵权损害赔偿纠纷案[二维码案例]判决书明确指出,中国内地与"本案"有最密切联系,从而确定适用中国法。该案的判决明确表达了法官选法时的思维角度,即最密切联系原则。即使在《法律适用法》生效后,在羊某1与英国嘉年华邮轮有限公司(Carnival Corporation & plc)、浙江省中国旅行社集团有限公司海上人身损害责任纠纷案[二维码案例]中,仍然适用了最密切联系原则来确定适用的准据法。

五、当事人意思自治原则

在侵权法律适用领域,基于公平、正义的观念,从维护社会秩序的公益的视角出发,各国向来都拒绝承认当事人意思自治。然而,与公益的视角相比,晚近理论更加强调侵权的私益性质,更加强调对受害人损失的填补和对当事人间利益的调整,加之由侵权行为所生债权通常亦主要表现为金钱债权,其与其他债权一样,也可以由当事人自由处分。基于此,晚近的主流观点认为,在侵权法律适用领域也应允许当事人意思自治。② 在侵权领域引入意思自治有以下优点:一是增加法律适用的可预测性,从而有助于提高法律安全性并实现双方当事人的利益;二是如果双方当事人选择法院地法,则将有助于使诉讼程序更为迅捷,降低诉讼上的经济成本;三是在侵权领域引入意思自治会间接带来减少诉讼的效果,因为双方当事人通过协商选择准据法,获得了进一步考虑是否有必要进行诉讼的机会,从而有可能选择法院外争议解决机制。

但也有观点对意思自治在侵权领域适用的实际效果提出疑问:一方面,通过客观连结点同样有可能指引适用当事人所选择的法律;另一方面,在侵权案件中,双方当事人就准据法的选择达成一致并非易事,因为如果一项法律对一方当事人有利,势必会对另一方当事人不利,即使双方当事人最终达成一致意见,也会费时费力进而推延诉讼。

当事人意思自治原则已经是合同领域确定法律适用的普遍性原则。③ 在侵权领域,越来越多的立法采纳了这一原则。就目前国际社会关于侵权行为法律适用的相关立法而言,当事人意思自治原则的规定主要有以下三种情形④:

1. 当事人选择的法律具有优先的效力。例如,2007 年《罗马条例Ⅱ》第 14 条第 1 款就规定:"当事人得合意选择适用于非合同之债之法律:(1) 通过于导致损害之事件发生后订立协议的方式;或者(2) 若当事各方均正从事商业活动,也可以通过于导致损害之事件发生前自由达成协议的方式。这一选择应当明示或从案件情况来看是有合理确定性的暗示,并不得损害第三方之权利。"为规范当事人选择法律的权利,《罗马条例Ⅱ》规定该权利的行使

---

① 参见中国国际私法学会:《中华人民共和国国际私法示范法》,法律出版社 2000 年版,第 152 页。
② 向在胜:《日本国际私法现代化的最新进展——从〈法例〉到〈法律适用通则法〉》,载《时代法学》2021 年第 1 期,第 117 页。
③ See J. H. C. Morris, *The Conflict of Laws*, 5th ed., David McClean, 2000, p. 321.
④ 详细讨论参见何其生、卢熙:《论侵权行为自体法的发展》,载《武大国际法评论》第 12 卷,武汉大学出版社 2010 年版,第 156—158 页。

不得减损强行法的规定。[①]

在《统一船舶碰撞若干法律规定的国际公约》第 4 条第 1 款中,首先肯定了当事人协议的优先效力,只有在不存在这种协议时,才适用其他法律。也即当事人的协议具有高于侵权行为地法、法院地法等的效力,只有在其与公共政策不相符合时才可以拒绝适用(第 5 条第 2 款)。

在国内立法中,日本[②]、德国[③]、荷兰[④]均有优先适用当事人选择的法律的规定。这些规定给予了当事人合意选择的法律以优先的适用效力,并且未对当事人合意选择的法律作出任何范围上的限制,而只是要求当事人的合意选择应当在产生侵权行为之债的事件发生之后,且这种选法的行为不得影响到第三人的权利。

2. 对当事人选择法律的范围作出限制。例如,1987 年《瑞士联邦国际私法法规》第 132 条规定:"侵权行为发生后,当事人可随时协商选择适用法院地的法律。"该法第 110 条关于知识产权的侵权诉讼,也规定了相同的法律适用原则。1998 年《突尼斯国际私法法典》第 71 条规定:"造成损害的原因事实发生之后,当事人可以协议选择适用法院地法,只要案件尚处于初审阶段。"可以看到,这些国家将当事人的选择限制在法院地法上,并且在选择时间的规定上多有放宽的意味。这确实是在传统规则指引适用的法律之外(如果规则不是规定适用法院地法的话),给当事人以或多或少的选择权利。这种权利的赋予固然是当事人意思自治原则的扩张,但更大程度上似是适用法院地法倾向的表现。

3. 现行很多国家的法律还允许受害人一方选择法律。允许受害人一方选择法律体现的是当事人单方的意思表示,而不是当事人双方的意思表示一致。例如海牙国际私法会议《产品责任法律适用公约》第 6 条就规定在一定条件下原告可以主张适用损害地国的内国法。在国内立法中,意大利[⑤]、也门[⑥]均有此类规定。另外,在美国 1999 年召开的冲突法重述讨论会议上,西蒙尼德斯教授(symeon c. symeonides)曾就第三次冲突法重述提出过一份侵权冲突法的建议案,其中也有允许当事人选法的规定。该提案第 5 条规定:对于因产品所引起的责任与损害,由遭受损失方选择的那个州的法律管辖,只要该州有以下任何两个连结点:(1) 伤害地;(2) 遭受损失方住所地;(3) 被告住所地;(4) 产品制造地;或者 (5) 产品获得地。同时,如果遭受损害方在第 1 款下有能力却未作出选择,则被告可以选择既是伤害地又是受害人住所地的那个州的法律。[⑦]

---

① 该条例第 14 条第 2、3 款规定:在导致损害的事实发生时,若案件的全部因素位于被选法律所属国之外的另一个国家,则当事人选择法律不得减损该国法律不允许通过协议排除的规定;在导致损害的事实发生时,若案件的全部因素位于一个或多个成员国,当事人选择第三国法律不得减损共同体法中不许协议排除且已在法院地生效的规定。

② 2007 年《日本法律适用通则法》第 21 条规定:"侵权行为当事人,在侵权行为发生后可以变更由于侵权行为而产生的债权的成立及效力应适用的法律。但是,变更侵害第三人的权利时,其变更不能对抗第三人。"

③ 1999 年《德国民法施行法》第 42 条规定:"在导致非合同债务关系的事件发生之后,双方当事人可以选择所应当适用的法律。此种选择以不影响第三方之权利为限。"

④ 2001 年《荷兰侵权冲突法》第 3—5 条虽然肯定了侵权行为发生地法、结果发生地法、当事人共同住所或居所地法的准据法地位,但第 6 条规定:"如果当事人已经选择了有关侵权或准侵权任何事项的准据法,则该法应当适用。"

⑤ 1995 年《意大利国际私法制度改革法》第 62 条规定:"侵权责任由损害发生地法支配。尽管如此,遭受损害方可以要求适用导致损害结果的事件发生地的法律。"

⑥ 《也门人民民主共和国民法典》第 34 条规定:"非合同之债,适用产生债之事实出现地国家的法律。但在受害者要求时,也可以适用也门人民民主共和国法律。"

⑦ See Symoeon C. Symeonides, "The Need for a Third Conflicts Restatement (And a Proposal for Tort Conflicts)", 75 *Indiana Law Journal* 450-451 (2000).

在我国,在《法律适用法》颁布以前,没有法律规定在侵权行为领域适用当事人意思自治原则。但实际上,在《法律适用法》颁布以前,司法实践中已经有不少案件适用当事人意思自治原则,如吕永群诉刘明宏、扬州市五亭缸套厂其他股东权纠纷案[二维码案例]。

上述探索为我国的立法打下了良好的基础。2010年《法律适用法》第44条规定了当事人的事后协议选择法律的权利,即"侵权行为发生后,当事人协议选择适用法律的,按照其协议"。第50条进一步规定:"知识产权的侵权责任,适用被请求保护地法律,当事人也可以在侵权行为发生后协议选择适用法院地法律。"在侵权领域,经过长时间的实践,我国立法终于接纳了意思自治原则。

六、对受害人有利的法律

侵权行为适用对受害人有利的法律体现了对弱者当事人的保护原则。这一方法在许多国家的立法上也多有体现。例如,匈牙利1979年《关于国际私法的第13号法令》第32条第2款就规定:"如果损害发生地法对受害人更有利,以该法作为准据法。"另外,更多国家的立法实际上是通过允许当事人选择适用的法律,来保护受害人的利益,这也是适用对受害人有利的法律这一方法的体现。

2010年修改的《瑞士联邦国际私法法规》规定了多条对受害人有利或由受害人选择的规定,并具体体现在产品责任①、排放物②、人格权侵权③上。而1999年《哈萨克斯坦共和国民法典》则体现在消费者保护领域。④ 1998年《突尼斯国际私法典》所规定的领域更为广泛,包括非合同债务、产品责任、公路交通事故。⑤ 意大利将这一原则应用到一般侵权领域,在产

---

① 《瑞士联邦国际私法法规》第135条,关于产品责任,因产品瑕疵或有瑕疵的产品说明而提出的请求,根据受害人的选择而适用:(1)加害人营业所所在地国家的法律,或者,当加害人无营业所时,其惯常居所地国家的法律;(2)产品取得地国家的法律,除非加害人证明该产品未经其同意而在该国上市。但因产品瑕疵或有瑕疵的产品说明而提出的请求应适用外国法律时,则在瑞士判付给受害人的赔偿金,不得超出依照瑞士法律应对此种损害所判付的赔偿额度。

② 《瑞士联邦国际私法法规》第138条规定,因不动产排泄致害而引起的请求,根据受害人的选择适用不动产所在地国家的法律或者损害结果发生地国家的法律。

③ 《瑞士联邦国际私法法规》第139条规定,因利用传播媒介,尤其是通过报刊、广播、电视或其他公共信息媒介侵犯人格权而提出的请求,根据受害人的选择而适用:(1)受害人的惯常居所地国家的法律,前提是加害人应当预见结果将发生在该国;(2)侵权行为人的营业所或惯常居所所在地国家的法律;(3)侵权行为结果发生地国家的法律,前提是加害人应当预见结果将发生在该国。而且该规定也适用于因处理个人资料侵犯人格权而提出的请求以及因损害个人资料的查询权而提出的请求。本款规定系根据1992年6月19日《关于数据保护的联邦法》附件3增订,自1993年7月1日起生效(SR 235.1)。

④ 《哈萨克斯坦共和国民法典》第七编"国际私法"中,关于侵害消费者的责任,第1118条规定,发生在消费者身上的与货物或服务的买卖有关的损害赔偿请求权,适用消费者选择的以下法律:(1)消费者住所所在地国法律;(2)产品生产者或服务提供者住所或居所地国法律;(3)消费者获得产品或服务所在地国法律。

⑤ 1998年《突尼斯国际私法典》第70条规定,非合同债务由造成损害的原因事实发生地国法支配。但损害发生于另一国的,受害人的请求适用该国法律。而关于产品责任,该法第72条规定,受害人可在下列法律中选择准据法:(1)制造商设有其机构的国家或其住所地国的法律;(2)产品取得地国法,除非制造商能证明他并未同意将其产品在该国投放市场;(3)造成损害的原因事实发生地国法;(4)受害人惯常居所地国法。关于公路交通事故,第73条规定,公路交通事故责任由事故发生地法支配。受害人可请求适用损害发生地法。但当事人各方为同一国家的居民,而且有关车辆均在该国登记的,应适用该国法律。第74条进一步规定,如果造成损害的原因事实的准据法或保险合同的准据法允许,受害人可直接对负有责任的保险人采取行动。

品责任上还专门给予了规定。① 1992年《罗马尼亚关于国际私法关系的调整第105号法》专门针对媒体侵权进行了规定。②

从上述规定可以看出,不管是一般侵权,还是特殊侵权,很多国家均允许受害人选择法律。在此情况下,受害人无疑会综合权衡,选择对自己有利的法律。因此,这是对受害人有利方法最好的体现。

而对于通过网络或者采用其他方式侵害姓名权、肖像权、名誉权、隐私权等人格权的,我国《法律适用法》第46条直接规定适用被侵权人经常居所地法。这一规定是对受害人有利原则最明显的体现。

★热身问题分析:

对于侵权行为的法律适用,我国《法律适用法》第44条规定,侵权责任,适用侵权行为地法律,但当事人有共同经常居所地的,适用共同经常居所地法律。侵权行为发生后,当事人协议选择适用法律的,按照其协议。

对于前述法国学生甲在北京某大学附近骑摩托车,撞伤了一韩国学生乙和另一名法国学生丙的案件,根据《法律适用法》第44条的规定,就韩国人乙诉法国人甲而言,仍应适用侵权行为地法即中国法;就法国人丙诉法国人甲而言,假设双方当事人的经常居所地都位于法国,则根据第44条的规定,双方当事人共同经常居所地法应优先得到适用。

第三节 特殊侵权行为的法律适用

一、产品责任

产品责任是指有缺陷的产品,或者没有正确说明用途和使用方法的产品,导致消费者、使用者或其他第三人的人身伤害或缺陷产品以外的财产损失时,产品制造者、销售者等责任主体应承担的侵权赔偿责任。③

关于产品责任的法律适用,国际性立法主要有海牙国际私法会议于1973年第12届会议上通过的《产品责任法律适用公约》。此外,《罗马条例Ⅱ》第5条也有关于产品责任法律适用的规定。对于产品责任,大多数国家将其视为侵权责任。总体来说,涉外产品责任大致有以下三种法律适用规则:(1)有利于原告原则。在产品责任中,消费者是产品侵权案件中

---

① 1995年《意大利国际私法制度改革法案》第62条对于一般侵权规定:(1)侵权责任由损害发生地法支配。尽管如此,遭受损害方可以要求适用导致损害结果的事件发生地法。(2)如果侵权责任当事人系同一国国民,并且都是该国的居民,那么该国的法律应予适用。而对于产品责任,第63条规定被损害方可以选择适用制造商所在地法或制造商品的管理机构所在地法,或者产品销售地法,除非制造商能证明该产品未经其同意而在那个国家上市销售。

② 《罗马尼亚关于国际私法关系的调整第105号法》第112条规定,对于通过大众媒介,尤其是通过出版、广播、电视或其他大众传播媒体而进行的人身侵害,要求赔偿的权利适用受害人所选择的以下法律:(1)受害人住所或惯常居所所在国法律;(2)侵权结果发生地国法律;(3)侵权人住所或惯常居所或其营业所所在国法律。在前述前2项规定的情况下还需符合以下要求,即在正常情况下侵害人应该会预料到,对人身权的侵害结果会在两国中的一国出现。

③ 万鄂湘主编,最高人民法院民事审判第四庭编著:《〈中华人民共和国涉外民事关系法律适用法〉条文理解与适用》,中国法制出版社2011年版,第319页。

的最大受害者,并且处于弱势地位。因而在涉外产品责任的法律适用上,最大限度地保护消费者利益应作为一项重要的指导原则。(2) 排除适用被告不可预见法律的原则。在涉外产品责任法律适用制度上,为了平衡当事人双方的利益,各国在采用最密切联系和最有利于原告原则的同时,排除当事人不可预见的法律的适用。[①] (3) 结合性连结点的应用。产品侵权责任适用侵权行为发生时与侵权行为以及当事人有最密切联系国家的法律,是现代各国产品责任法律适用的基本原则,但在确定具体的连结点的时候,会考虑以一个连结点为主,同时结合其他连结点,以保证所选择法律的恰当性。在立法例上,上述做法结合起来,常常形成阶梯型的冲突规则。

(一) 由受害人有限度地单方选择适用法律

由受害人选择法律,无疑有利于保护受害者的利益。其思路在于,既然在实体法层面各国特别制定产品责任法的宗旨在于对受害者的保护,那么在冲突法层面,为产品责任的法律适用设计特别规定也应该以加强对受害者的保护为宗旨。例如,《瑞士联邦国际私法法规》第135条第1款规定,基于产品瑕疵或有瑕疵的产品说明而提出的请求,应依受害人的选择,适用以下任一法律:(1) 加害人营业地法或加害人无营业所时其惯常居所地法;(2) 产品取得地法,除非加害人证明产品未经其同意而在产品取得地国上市。[②] 但此种选择具有如下特点:一是不是双方合意,而是受害者的单方选择;二是有限度的选择,即允许就与产品责任事件或当事人有一定联系的地点进行选择,而不是无限制的选择。

(二) 结合性连结点的运用

结合性连结点的运用是由于某些法律关系本身的复杂性,不能由单一的连结点所指引的法律来调整,而应将两个以上连结点所指定的法律结合起来适用,才能达到合理调整的效果。例如,1973年《产品责任法律适用公约》第4条:"适用的法律应为侵害地国家的国内法,如果该国同时是:(1) 直接遭受损害的人的惯常居所地;或(2) 被请求承担责任人的主营业地;或(3) 直接遭受损害的人取得产品的地方。"该规定了以侵害地国为主体,同时辅以三个可选择性的连结点——直接遭受损害的人的惯常居所地,被请求承担责任人的主营业地,或直接遭受损害的人取得产品的地方,从而保证产品责任案件中所适用法律的最密切联系性。

(三) 被告不可预见性的法律规则

现代产品责任的法律适用越来越注重对受害人权益的保护,受害人的惯常居所地和受害人选择等相关连结点成为确定法律适用的重要连结因素。但除去对生产者权利的保护以外,现代国际私法规则增加了不可预见性的规则,即如果侵权人没有在相关地域从事营业活动,或者不能预见到其产品在上述国家的市场上销售,则转而适用侵权人的主营业地法或其惯常居所地法。

产品责任的特点在于,生产有瑕疵的产品且将之投入市场流通,并由此引起侵权责任。

---

① 徐冬根:《国际私法》,北京大学出版社2013年版,第293页。另外参见杜涛:《涉外民事关系法律适用法释评》,中国法制出版社2011年版,第373—374页。

② 此外,《意大利国际私法制度改革法》第63条亦规定,对于产品责任,受害人有权选择以下法律作为准据法:生产者的住所地法或管理中心地法,或者产品取得地法,但前提是产品在该地销售须取得生产者的同意。显然,意大利国际私法前述规定的立法宗旨与瑞士国际私法相同。

原则上,作为生产者适法行为之判断标准的法律规范,与作为生产者生产流通有瑕疵产品的不法行为之判断标准的法律规范,其实是一个事物的两个方面。在现代社会,作为生产者,其通常都遵循产品流通地的产品安全标准,既然适法行为的判断标准是其惯常居所地法,那么评价生产者行为不法的标准也应该是其惯常居所地法。①

示例8.3

一方当事人在A国购买仅能在A国流通的产品,然后在B国旅行途中,将该产品转卖给B国的最终消费者,并在该国造成损害,在此情况下,该产品的取得地与此种产品通常的市场地便有不同。因此,当生产者对于同类产品在B国的取得不能预见,且其对此种不能预见没有过失时,产品责任应适用生产者的主营业地法。

（四）阶梯型的冲突规则

产品责任通常涉及生产者和消费者之间权益的平衡,为此,通常会融入上述三个特点,从而形成产品责任法律适用的一系列规则,并形成阶梯型的依次适用规则。例如,依据1973年海牙《产品责任法律适用公约》第4条至第7条的规定,应按照如下顺序确定产品责任的准据法:

第一顺序:适用受害者的惯常居所地法,如果该地同时又是加害者的主营业地或产品取得地;

第二顺序:适用损害发生地法,如果该地同时又是受害者惯常居所地或加害者的主营业地或产品取得地;

第三顺序:如果不存在以上法律,则适用加害者主营业地法,但原告可以选择适用损害发生地法;

第四顺序:前述被指定的损害发生地的法律和受害者惯常居所地的法律不予适用,如果加害者能够证明其不能合理地预测其产品将会通过商业渠道流通到这些国家的话,此时只能适用加害者主营业地法。

根据《产品责任法律适用公约》的规定,首先,其指定被害者惯常居所地、加害者主营业地、产品取得地以及损害发生地等四个连结点,以其中两个连结点的竞合作为重点连结政策来作为确定产品责任准据法的依据;其次,在第一等级连结点的竞合不存在的情况下,根据第二等级的连结点竞合确定准据法;最后,在一定范围内允许原告选择对其有利的法律。《产品责任法律适用公约》前述规定的政策取向是,通过与被害者和加害者有关的连结点的重叠实现准据法的确定,从而避免在国际产品责任诉讼中由于法律适用的偶然性而导致对被害者不利的结果。

---

① 《日本法律适用通则法》第18条规定,因产品的瑕疵而侵害他人生命、身体或财产而产生的债权的成立及效力,适用产品取得地法,但前提是产品在该地销售为通常可以预见,否则适用生产者的主营业地法(如果生产者没有营业地,则适用其惯常居所地法)。

此外,《罗马条例Ⅱ》第5条采取的也是阶梯型的冲突规则:①

第一,产品责任适用受害者惯常居所地法,前提是此种产品在受害者惯常居所地有销售;

第二,适用产品取得地法,前提是此种产品在产品取得地有销售;

第三,适用损害发生地法,前提是此种产品在损害发生地有销售;

第四,如果加害者不能预测其产品或同类产品在前述准据法所属国销售的话,则适用加害者惯常居所地法;

第五,如果从案件整体情况看,侵权明显与其他国家有更密切联系,则适用该更密切联系地法。

(五) 我国立法的相关规定

我国是制造业大国,具有体量大、工业体系健全、产品竞争力强等特点,但同时我国也是消费者大国,有超过14亿的消费者群体。因此,在立法中平衡二者之间的关系尤为重要。

《法律适用法》第45条规定:"产品责任,适用被侵权人经常居所地法律;被侵权人选择适用侵权人主营业地法律、损害发生地法律的,或者侵权人在被侵权人经常居所地没有从事相关经营活动的,适用侵权人主营业地法律或者损害发生地法律。"

从上述规定来看,我国也采纳了有利于原告原则和排除适用被告不可预见法律两种模式。在有利于原告方面,不仅采纳了被侵权人经常居所地法律,而且允许当事人在侵权人主营业地法律、损害发生地法律之间进行选择;但侵权人在被侵权人经常居所地没有从事相关经营活动的,则适用侵权人主营业地法律或者损害发生地法律。

在逻辑结构上,本条主要有三个层次:第一,被侵权人选择适用的侵权人主营业地法律、损害发生地法律;第二,被侵权人没有选择的,适用其经常居所地法律;第三,被侵权人没有选择,且侵权人在被侵权人经常居所地没有从事相关经营活动的,则适用侵权人主营业地法律或者损害发生地法律。

在我国,早期的法律没有规定依据对受害人有利的原则来确定涉外侵权行为的法律适用,但由受害人选择适用对其有利的法律在司法实践中也有相关案例,如甘肃省公路局诉日本横滨橡胶株式会社案[二维码案例]。

在我国,现有的法律没有直接规定根据对受害人有利的方法来确定准据

---

① Rome Ⅱ Article 5 Product Liability

1. Without prejudice to Article 4(2), the law applicable to a non-contractual obligation arising out of damage caused by a product shall be:

(a) the law of the country in which the person sustaining the damage had his or her habitual residence when the damage occurred, if the product was marketed in that country; or, failing that,

(b) the law of the country in which the product was acquired, if the product was marketed in that country; or, failing that,

(c) the law of the country in which the damage occurred, if the product was marketed in that country. However, the law applicable shall be the law of the country in which the person claimed to be liable is habitually resident if he or she could not reasonably foresee the marketing of the product, or a product of the same type, in the country the law of which is applicable under (a), (b) or (c).

2. Where it is clear from all the circumstances of the case that the tort/delict is manifestly more closely connected with a country other than that indicated in paragraph 1, the law of that other country shall apply. A manifestly closer connection with another country might be based in particular on a pre-existing relationship between the parties, such as a contract, that is closely connected with the tort/delict in question.

法,但在《法律适用法》中很多条文都体现了这一原则。例如,第44条只允许事后协议选择适用法律的规定,实际上就在于保护弱方当事人免受事前格式合同的不利规定。第45条关于产品责任,"适用被侵权人经常居所地法律;被侵权人选择适用侵权人主营业地法律、损害发生地法律的……适用侵权人主营业地法律或者损害发生地法律"。这一规定无疑在突出对被侵权人的保护。①

总体来看,《法律适用法》第45条与外国立法和相关国际立法一样,在产品责任法律适用问题上均适当考虑了消费者与企业间利益的平衡,但外国立法和相关国际立法在考虑企业利益时主要是采取企业对其产品在某一连结点所属国家造成损害是否具有可预见性这样的主观标准,而我国立法采取的则是企业是否在相关地点从事了经营活动这样的客观标准。

二、人格侵权

人格权是人身权的组成部分。人身权是指民事主体依法享有的,与其自身不可分离也不可转让的,没有直接财产内容的民事权利。人身权包括人格权和身份权。② 人格权是指民事主体依法固有的,为维护自身独立人格所必须具备的,以人格利益为客体的权利;身份权则是民事主体在特定的家庭和亲属团体中所享有的地位或资格。《民法典》第990条规定,人格权是民事主体享有的生命权、身体权、健康权、姓名权、名称权、肖像权、名誉权、荣誉权、隐私权等权利。民事主体的人格权受法律保护,任何组织或者个人不得侵害。

关于人格侵权,在运用一般侵权行为的冲突规则解决其法律适用时,问题的关键是相关法益在遭受侵害时不存在相应的物理场所,这使得侵权行为地特别是损害发生地的确定没有一个统一的标准。另外,在人格遭受侵害特别是名誉或信用遭受毁损时,由于互联网等信息传播手段在现代社会的广泛使用,很容易使毁损名誉或信用的相关信息在世界范围内得到迅速传播,此时如何确定侵权行为地特别是损害发生地,更不是一件容易的事。从目前各国立法例来看,有关人格侵权法律适用的立法尚不多见,总结起来,主要有以下几个方面:

一是适用受害人经常居所地法。受害人人格权遭到侵犯,应该在其生活中心地,也即其经常居所地影响最大,造成的社会损害也最大。另外,适用受害人经常居所地法不仅是出于保护受害人的目的,也考虑到适用该地法律对加害人而言具有一定的可预测性。例如,日本《法律适用通则法》第19条规定应适用受害人经常居住地法,受害人为法人及其他社团或者财团时,则适用其主要营业地法。如陈某等诉新加坡航空公司等侵犯人格权益纠纷案[二维码案例],就适用了受害人经

---

① 《法律适用法》第42条规定:"消费者合同,适用消费者经常居所地法律;消费者选择适用商品、服务提供地法律或者经营者在消费者经常居所地没有从事相关经营活动的,适用商品、服务提供地法律。"与第45条产品责任的法律规定相比,二者所蕴含的价值取向是不同的。消费者合同是合同范畴,由于消费者是弱势方当事人,直接适用消费者经常居所地法,目的有二:其一是通过该强制性法律选择规则认定当事人对准据法的选择无效;其二是使消费者经常居所地国关于消费者的强制性保护规则得以实施。因此,原则上应适用消费者经常居所地法律,但消费者另作选择的除外。产品责任属于特殊侵权范畴,目的导向是使受害人得到充分补偿,同时兼顾生产商的利益。从国际社会的已有立法来看,少有将被侵权人经常居所地法直接作为一般准据法的先例,而是经常作为与侵权行为有密切联系的连结点,与侵权行为地重叠适用。参见万鄂湘主编,最高人民法院民事审判第四庭编著:《〈中华人民共和国涉外民事关系法律适用法〉条文理解与适用》,中国法制出版社2011年版,第323页。

② 万鄂湘主编,最高人民法院民事审判第四庭编著:《〈中华人民共和国涉外民事关系法律适用法〉条文理解与适用》,中国法制出版社2011年版,第113页。

常居所地的法律。

二是允许受害人有限度地选择法律。对于人格权侵权,考虑到对受害者有利的原则,应允许受害者在一定范围内选择对其最有利的法律作为准据法。例如,《瑞士联邦国际私法法规》第139条第1款规定,基于以传播媒介,特别是通过出版物、无线电、电视或一切其他公共信息传播工具侵犯人格权的行为而提出的请求,应依受害人的选择,适用以下任一法律:(1)受害者惯常居所地法,前提是加害者应能预见损害结果将会在该地发生;(2)加害者营业地法或惯常居所地法;(3)损害发生地法,前提是加害者应能预见损害结果将会在该地发生。《比利时国际私法》第99条第2款规定,对于诽谤、侵害隐私权或人格权,适用侵权行为或损害结果发生或可能发生地国家的法律,具体由原告选择,但侵权人能够证明其无法预测损害结果会发生于该国的除外。

三是"双重可诉"原则。1995年《国际私法(杂项规定)法规》出台后,英国原则上废除了上述普通法中的"双重可诉"原则,而代之以侵权行为地法原则。不过,出于保护言论自由的目的,该法第13条规定,诽谤诉讼将继续适用"双重可诉"原则。这意味着对于由诽谤而导致的人格权侵权责任,将主要适用作为法院地法的英格兰法律,同时兼顾侵权行为地法。

四是最密切联系原则。美国《冲突法重述(第二次)》第153条对侵害隐私权的法律适用进行了规定,因包含在书籍或报纸的任何一个版本、电台或电视台的任何一次广播、电影的任何一次放映或类似的一次性传播中的侵害原告隐私权的内容而引起的权利和义务,在该特定问题上,按照第6条规定的原则,依与该事件及当事人有最重要联系的州的法律。如果被指控的内容在原告住所地州出版,该州通常即为最重要联系的州。①

关于人格侵权的法律适用,我国《法律适用法》第46条规定:"通过网络或者采用其他方式侵害姓名权、肖像权、名誉权、隐私权等人格权的,适用被侵权人经常居所地法律。"

本条将人格权侵权属人法的连结点确定为受害人经常居所地,理由为:首先,受害人的经常居所地是受害人的经济、社会活动中心,与受害人有最密切的社会联系,因此受害人经常居所地构成了损害结果发生地,且为损害结果最大、与侵权纠纷联系最密切的地点。其次,对于姓名权、肖像权、名誉权等人格权的侵害,尽管侵权信息理论上可以传播到世界各地,但对受害人发生实际的侵权结果,最集中的还是受害人生活的经常居所地。而且受害人的经常居所地容易确定,不受网络及其他媒体方式的影响。最后,适用受害人经常居所地法,体现了我国重视对受害人的补偿和救济、"有利于弱者"的立法理念,与现代社会注重以人为本、关注人格权保护的时代精神相契合。②但如果被侵权人为外国人,被告是我国的媒体机构③,适用受害人经常居所地法,就可能难以为我国媒体机构知悉,而且对自己行为的后果缺乏可预见性。仅就此而言,该规则过于僵硬,没有考虑采纳可预见性标准来平衡侵权人和受害人的权利义务。

---

① Restatement (Second) of Conflict of Laws § 153 Multistate Invasion of Privacy
The rights and liabilities that arise from matter that invades a plaintiff's right of privacy and is contained in any one edition of a book or newspaper, or any one broadcast over radio or television, exhibition of a motion picture, or similar aggregate communication are determined by the local law of the state which, with respect to the particular issue, has the most significant relationship to the occurrence and the parties under the principles stated in § 6. This will usually be the state where the plaintiff was domiciled at the time if the matter complained of was published in that state.
② 参见万鄂湘主编,最高人民法院民事审判第四庭编著:《〈中华人民共和国涉外民事关系法律适用法〉条文理解与适用》,中国法制出版社2011年版,第328—329页。
③ 考虑到《民事诉讼法》第29条规定的连结点为侵权行为地和被告住所地。

第四节　不当得利和无因管理的法律适用

★热身问题：

美国梵盛服装有限公司诉苏州恒瑞进出口有限公司不当得利纠纷案[①]

2012年11月10日、11月16日、12月6日，美国梵盛服装有限公司（以下简称"梵盛公司"）分三次向中国恒瑞进出口有限公司（以下简称"恒瑞公司"）在中国银行的账户里汇入68746美元、43668美元、48926美元，三笔合计161340美元，汇款手续费用计36美元。2013年8月，梵盛公司委托律师向恒瑞公司发函，要求返还上述汇款计161340美元，但未果。梵盛公司遂以财务人员操作失误汇入恒瑞公司账户为由，起诉恒瑞公司并要求其返还不当得利。而恒瑞公司则辩称，梵盛公司分三次支付三笔款项给恒瑞公司是双方与相关企业进行国际贸易业务而发生的转移支付，并非其财务人员操作失误，因而请求法院驳回原告的诉讼请求。

问题：对于本案的争议，应如何确定所适用的法律？

一、不当得利的法律适用

不当得利（unjust enrichment）源于罗马法的准契约之债，是指没有法律上的原因而取得利益，致他人受损害的事实。《民法典》第122条规定，因他人没有法律根据，取得不当利益，受损失的人有权请求其返还不当利益。

不当得利的法律适用主要有以下几种：

1. 不当得利事实发生地法

不当得利事实发生地法适用的理由是，不当得利主要是从正义和衡平的视角出发，在得利者和损失者之间创立债权债务关系的公益性制度，因而其应由属地法管辖，也就是由不当得利事实的发生地法管辖。根据这一主张，不管当事人身份为何，也不管当事人的国籍、住所在哪些国家，不当得利一律由其所由发生的国家的法律支配。[②] 例如，2007年《日本法律适用通则法》第14条规定："由无因管理或不当得利所产生的债权的成立与效力，适用原因事实发生地法。"《罗马条例Ⅱ》第10条第3款也规定"不当得利发生地"为连结点。

2. 支配基础关系的法律

不当得利通常发生在非债清偿等当事人之间事先已经存在某种法律关系的情况之下。在这种场合，很难将对不当得利的处理与作为其发生原因的基础关系分离开来。在存在基础关系的场合，可将不当得利关系视为作为其发生原因的基础关系的发展与延伸，调整基础关系的法律同时亦调整由该法律关系所产生的不当得利关系。[③] 例如，1978年《奥地利国际私法法规》第46条规定，如果不当得利产生自以某一法律关系为基础的债务履行，则支配该法律关系的法律所属国的实体法应为支配不当得利的准据法。

[①] 江苏省高级人民法院民事判决书，(2010)苏商外终字第0056号。
[②] 〔日〕山田镣一：《国际私法》，有斐阁1992年版，第308页。
[③] 同上书，第309页。

3. 共同惯常居所地法

关于不当得利的法律适用,《罗马条例Ⅱ》第 10 条第 2 款规定,在不当得利的产生没有基础关系的情况下,如果双方当事人在同一国家拥有惯常居所,则适用该共同惯常居所地法。从某种角度说,这也是最密切联系原则的一种体现。

4. 当事人意思自治原则

在不当得利的法律适用问题上,一些国家立法开始承认当事人意思自治原则。如《瑞士联邦国际私法法规》第 128 条第 2 款规定,在没有基础关系的情况下,因不当得利而提出的请求适用不当得利发生地法,但当事人可以约定适用法院地法。晚近一些立法已不要求当事人选择的法律必须被限定于法院地法,如《德国民法施行法》第 42 条规定,在非合同之债法律关系据以产生的事件发生后,当事人可以选择应适用的法律,但第三人的权利不受影响。

5. 最密切联系地法

美国《冲突法重述(第二次)》第 221 条规定,当事人在不当得利诉讼中有关某特定问题的权利和义务,由与案件事实和当事人有最密切联系的那个州的法律调整。在确定最密切联系时应考虑下列因素:(1)当事人之间关系集中的地方,但不当得利须与该关系有实质性联系;(2)收受利益或不当得利的地方;(3)给予利益或不当得利行为的完成地;(4)当事人的住所、居所、国籍、公司成立地及营业地;以及(5)与不当得利有实质性联系的有体物如土地或动产在不当得利产生时的所在地。对这些联系应按其对特定问题的重要程度加以衡量。

Restatement (Second) of Conflict of Laws

§ 221 Restitution

(1) In actions for restitution, the rights and liabilities of the parties with respect to the particular issue are determined by the local law of the state which, with respect to that issue, has the most significant relationship to the occurrence and the parties under the principles stated in § 6.

(2) Contacts to be taken into account in applying the principles of § 6 to determine the law applicable to an issue include:

(a) the place where a relationship between the parties was centered, provided that the receipt of enrichment was substantially related to the relationship,

(b) the place where the benefit or enrichment was received,

(c) the place where the act conferring the benefit or enrichment was done,

(d) the domicile, residence, nationality, place of incorporation and place of business of the parties, and

(e) the place where a physical thing, such as land or a chattel, which was substantially related to the enrichment, was situated at the time of the enrichment.

These contacts are to be evaluated according to their relative importance with respect to the particular issue.

6. 复合冲突规则

相对于上述准据法的确定的原则或方法,现代立法越来越多地采纳复合冲突规则来规范不当得利。例如,2007年欧盟《罗马条例Ⅱ》第10条。

> **REGULATION (EC) No 864/2007 OF THE EUROPEAN PARLIAMENT AND OF THE COUNCIL of 11 July 2007 on the law applicable to non-contractual obligations (Rome Ⅱ)**
>
> Article 10 Unjust enrichment
>
> 1. If a non-contractual obligation arising out of unjust enrichment, including payment of amounts wrongly received, concerns a relationship existing between the parties, such as one arising out of a contract or a tort/delict, that is closely connected with that unjust enrichment, it shall be governed by the law that governs that relationship.
>
> 2. Where the law applicable cannot be determined on the basis of paragraph 1 and the parties have their habitual residence in the same country when the event giving rise to unjust enrichment occurs, the law of that country shall apply.
>
> 3. Where the law applicable cannot be determined on the basis of paragraphs 1 or 2, it shall be the law of the country in which the unjust enrichment took place.
>
> 4. Where it is clear from all the circumstances of the case that the non-contractual obligation arising out of unjust enrichment is manifestly more closely connected with a country other than that indicated in paragraphs 1, 2 and 3, the law of that other country shall apply.[①]

2007年《日本法律适用通则法》第15条也规定了复合冲突规则,即因不当得利而产生的债权的成立及效力,依其原因事实发生地法。如果案件明显地与其他地方有更密切联系的,适用该更密切联系地法。而且该条还将双方当事人在同一国家拥有惯常居所或双方当事人之间事先存在契约关系作为判断更密切联系地的主要依据。

二、无因管理的法律适用

无因管理(*Negotiorum gestio*)是指既没有法定义务也没有约定义务,而为他人管理财

[①] 2007年欧盟《罗马条例Ⅱ》第10条

1. 若因不当得利而产生之非合同之债,包括合同双方之间错误接受的给付,与存在于当事人之间因合同或侵权/不法行为而产生、且与不当得利密切相关的某种关系有关,则应适用调整该法律关系的法律。

2. 如不能依据第1款确定应适用的法律,并且当事人于导致不当得利之事件发生时在同一国家拥有惯常居所,则适用该共同惯常居所地国法。

3. 如不能依据第1、2款确定应适用的法律,则适用不当得利发生地法。

4. 若从案件各种事实来看,因不当得利而产生的非合同之债明显与本条第1、2、3款以外的国家有更密切联系的,则适用该另一国家的法律。

产或事务并支出劳务或费用,从而在管理人与受益人之间产生的债权债务关系。作为债之法律关系发生的原因之一,与合同和侵权行为相比,各国法律有关无因管理的规定差别较大,不仅大陆法系与英美法系的规定之间有突出的差别,即使是同为大陆法系的国家立法之间,也存在严重的法律冲突。我国《民法典》第 121 条规定,没有法定的或者约定的义务,为避免他人利益受损失而进行管理的人,有权请求受益人偿还由此支出的必要费用。

无因管理的法律适用主要有以下几种:

1. 事务管理地法

与不当得利一样,无因管理也是从正义和衡平的视角,以维持一般的公益为目的,对一方当事人在既没有法定义务也没有约定义务的情况下所实施的管理行为赋予一定的法律效力的制度。① 从这个视角来看,对其也应适用属地法,亦即事务管理地法。② 适用事务管理地法是各国立法有关无因管理法律适用的最为普遍的做法。如《德国民法施行法》第 39 条规定,"处理他人事务引起的法定请求权,适用事务处理地国法律"。《罗马条例Ⅱ》第 11 条第 3 款也规定了适用无因管理行为实施地国法。

2. 支配基础关系的法律

与不当得利一样,有些国家立法规定,如果无因管理也是基于当事人之间事先已经存在的某种法律关系而发生,则此时对无因管理之债亦应适用支配基础关系的法律。如《德国民法施行法》第 39 条规定:"为他人偿还债务引起的请求权,适用支配该债务的法律。"

3. 共同惯常居所地法

在无因管理案件中,如果争议的双方当事人具有共同惯常居所地,则通常会适用共同惯常居所地法。例如,《罗马条例Ⅱ》第 11 条第 2 款规定,如果不能适用调整该基础关系的法律,但当事人于导致损害之事件发生时在同一国家拥有惯常居所,则适用该共同惯常居所地国法。

4. 当事人意思自治原则

在无因管理的法律适用问题上,晚近一些国家立法也开始承认当事人意思自治原则。如《德国民法施行法》第 42 条规定,在非合同之债法律关系据以产生的事件发生后当事人可以选择应适用的法律,但第三人的权利不受影响。《日本法律适用通则法》第 16 条亦有类似规定。

5. 最密切联系地法

美国《冲突法重述(第二次)》主张在确定返还请求权的准据法时,应采用最密切联系原则的方法。③ 在大陆法系国家,最密切联系原则往往亦作为无因管理法律适用的补充性原则。《日本法律适用通则法》第 15 条和《德国民法施行法》第 41 条即是较好的例子。

6. 复合冲突规则

相对于上述准据法的确定的原则或方法,现代立法越来越多地采纳复合冲突规则来规

---

① 〔日〕山田镣一:《国际私法》,有斐阁 1992 年版,第 304 页。
② 实务中,如何确定事务管理地是一个问题。日本有学者认为,事务管理地就是事务管理所实际发生的地方,换言之,也就是管理客体所在地。因此,如果事务管理是财产管理,事务管理地即为财产所在地;如果事务管理是营业管理,事务管理地即为营业所所在地;如果事务管理是人的管理,则事务管理地即为人的所在地。〔日〕山田镣一:《国际私法》,有斐阁 1992 年版,第 304—305 页。
③ 参见前述《冲突法重述(第二次)》第 221 条。

范无因管理，例如，2007年欧盟《罗马条例Ⅱ》第11条"无因管理"规定①：

> **REGULATION (EC) No 864/2007 OF THE EUROPEAN PARLIAMENT AND OF THE COUNCIL of 11 July 2007 on the law applicable to non-contractual obligations (Rome Ⅱ)**
>
> Article 11 Negotiorum gestio
>
> 1. If a non-contractual obligation arising out of an act performed without due authority in connection with the affairs of another person concerns a relationship existing between the parties, such as one arising out of a contract or a tort/delict, that is closely connected with that non-contractual obligation, it shall be governed by the law that governs that relationship.
>
> 2. Where the law applicable cannot be determined on the basis of paragraph 1, and the parties have their habitual residence in the same country when the event giving rise to the damage occurs, the law of that country shall apply.
>
> 3. Where the law applicable cannot be determined on the basis of paragraphs 1 or 2, it shall be the law of the country in which the act was performed.
>
> 4. Where it is clear from all the circumstances of the case that the non-contractual obligation arising out of an act performed without due authority in connection with the affairs of another person is manifestly more closely connected with a country other than that indicated in paragraphs 1, 2 and 3, the law of that other country shall apply.

从上述规定来看，该条先后采纳了调整基础关系的法律、共同惯常居所地国法、实施地国法以及最密切联系原则。

三、中国法的规定

《法律适用法》第47条规定，不当得利、无因管理，适用当事人协议选择适用的法律。当事人没有选择的，适用当事人共同经常居所地法律；没有共同经常居所地的，适用不当得利、无因管理发生地法律。本条分为三个层次：

第一，适用当事人协议选择适用的法律。在不当得利准据法适用中引入意思自治原则，是我国立法与司法的新尝试，有助于当事人对准据法适用的可预见性及确定性，尊重私权自

---

① 2007年欧盟《罗马条例Ⅱ》第11条
  1. 如因某一与他人事务有关而未经正式授权的行为而产生之非合同之债，与存在于当事人之间因合同或侵权/不法行为而产生、且与该非合同之债密切相关的某种关系有关，则应适用调整该法律关系的法律。
  2. 如不能依据第1款确定应适用的法律，并且当事人于导致损害之事件发生时在同一国家拥有惯常居所，则适用该共同惯常居所地国法。
  3. 如不能依据第1、2款确定应适用的法律，则适用行为实施地国法。
  4. 若从案件各种事实来看，因某一与他人事务有关而未经正式授权的行为而产生之非合同之债明显与本条第1、2、3款以外的国家有更密切联系的，则适用该另一国家的法律。

治。这种主观连结点的引入可以对传统冲突规范起到软化作用,增加法律适用的灵活性,有利于公平地保护当事人之间的利益。

第二,当事人没有选择的,适用当事人共同经常居所地的法律。在不当得利准据法适用中引入共同属人法原则,是基于"当事人利益"优先于"交易利益"的理念,与侵权民事关系中准据法适用的共同属人法原则如出一辙,同样是增强连结点灵活性的方式。如王加利、青岛光宇工艺品有限公司不当得利纠纷案。

示例8.4 王加利、青岛光宇工艺品有限公司不当得利纠纷案[①]

山东光宇公司法定代表人侯可庄与王加利(住所在中国内地)于2014年3月24日终止合伙关系,并约定在双方合伙经营期间个人及光宇公司的债权与王加利无关,王加利无权再收取公司债权。2014年4月8日、4月15日,光宇公司的客户英国爱康莱孚有限公司分两次向王加利在香港特别行政区注册成立的NOVA公司的银行账户汇入共计96825.64美元。

法院认为,本案系不当得利纠纷。NOVA公司系在香港特别行政区注册成立,经传唤其未到庭参加诉讼,当事各方无法就法律适用的选择达成一致。根据法律适用法规定,不当得利适用当事人协议选择适用的法律。当事人没有选择的,适用当事人共同经常居所地法律,法院依法适用内地法律作为审理本案的准据法,解决本案实体争议。

第三,没有共同经常居所地的,适用不当得利、无因管理发生地的法律。主张不当得利、无因管理适用事实发生地或者事务管理地法,乃是主流立法,体现了"场所支配行为"的传统规则,也含有最密切联系的因素。如上海汇丰银行诉美国佛罗里达州梅隆联合国民银行国际托收无因管理纠纷案
[二维码案例]。但不可否认是的,这一冲突规范也存在无法克服的客观缺陷。例如,在交通及通讯高度发达的现代社会,可能出现不当得利的事实或无因管理行为跨越数个不同国家,不易确定事实发生地的情况。此外,当不当得利、无因管理产生于当事人之间已有的某种法律关系时,事实发生地与当事人之间的联系可能仅具有一定的偶然性,此时单一地适用事实发生地法过于刚性,不能妥当地调整当事人之间的争议。[②]

★热身问题分析:

对于前述热身问题中的美国梵盛服装有限公司诉苏州恒瑞进出口有限公司不当得利纠纷案,根据《法律适用法》第47条的规定,本案中双方当事人既没有协议选择准据法,也没有共同经常居所地,因而只能适用不当得利发生地法律。本案中不当得利发生于中国,因而应适用中国法律为准据法。

[①] 山东省高级人民法院民事判决书,(2019)鲁民终2672号。
[②] 万鄂湘主编、最高人民法院民事审判第四庭编著:《〈中华人民共和国涉外民事关系法律适用法〉条文理解与适用》,中国法制出版社2011年版,第339—340页。

【推荐参考资料】

1. 金彭年:《涉外民事关系法律适用法中的不当得利规则》,载《中国法学》2012年第2期;
2. 肖永平、霍政欣:《不当得利的法律适用规则》,载《法学研究》2004年第3期;
3. 向在胜:《跨国环境污染中的国际私法问题研究——以法律适用问题为中心》,中国政法大学出版社2016年版;
4. 王艺:《结果选择理论研究:以涉外产品责任领域为例》,光明日报出版社2014年版;
5. 许凯:《侵权冲突法研究》,法律出版社2013年版;
6. 胡敏飞:《跨国环境侵权的国际私法问题研究》,复旦大学出版社2009年版;
7. 朱子勤等:《网络侵权中的国际私法问题研究》,人民法院出版社2006年版;
8. 齐湘泉:《涉外民事关系法律适用法·侵权论》,法律出版社2006年版;
9. 霍政欣:《不当得利的国际私法问题》,武汉大学出版社2006年版;
10. 曾二秀:《侵权法律选择的理论、方法与规则——欧美侵权冲突法比较研究》,法律出版社2004年版。

第九章

物权的法律适用

物权是权利人依法对特定的物享有直接支配和排他的权利,包括所有权、用益物权和担保物权。① 物权客体通常可以分为动产(movables)和不动产(immovables),在法律明确规定的情况下,权利也可以作为物权客体。② 国际私法上的物权因含有国际因素或涉外因素,故而不同于国内民法上的物权。

由于各国法律关于物权概念本身③,物权的种类,物权的客体,物权的取得、变更、消灭以及保护等规定大不相同,不可避免地就会发生法律适用上的冲突。目前,物权领域有采纳最密切联系原则的做法,例如,美国《冲突法重述(第二次)》第222条规定,当事人对于物的权利,应根据具体情形,就争议问题,依第6条所规定的原则,适用与该物或当事人有最密切联系的法律。但适用最为广泛的冲突原则是"物之所在地法"原则。

第一节 物权法律适用的一般原则

一、物之所在地法原则

(一) 物之所在地法的产生

物之所在地法(lex loci rei sitae, lex rei sitae, lex situs④),即物权关系客体物所在地的法律,它反映了物权关系与特定法律之间的客观联系。物之所在地法具备如下特征:一是处理的是物权关系;二是适用的法律是物之所在地的法律;三是此处的"法"通常理解为物之所在地的实体法。⑤

---

① 《民法典》第114条第2款。
② 参见《民法典》第115条。
③ 按照普通法的传统观念,对物的支配性权利都包含在"财产"(property)概念中,对财产的传统划分是"属人财产"(personality)和"属物财产"(realty)。属物财产是指各种自由保有的地产(freehold estate),属人财产包括属物动产(chattels real)和属人动产(chattels personal),前者指租借地产(leasehold estate),后者则包括占有物(chose in possession,即有体动产)和诉讼财产(chose in action,即无形财产,如债权、股份和知识产权)。
④ Situs 是一个拉丁语,《布莱克法律词典》(*Black's Law Dictionary*, 8th ed.)的解释是[Latin] The location or position (of something) for legal purposes, as in lex situs, the law of the place where the thing in issue is situated. 意思即"物之所在地法"。
⑤ 实践中,对于物之所在地"法"的理解可能会有一些分歧,如美国《冲突法重述(第二次)》第222条一般原则中并未排除冲突法规则,但在不动产一节中则大多规定了适用物之所在地实体法的规定。

物之所在地法作为一项古老的法律适用原则，它的产生可追溯至13、14世纪的意大利。当时，意大利"法则区别说"的代表学者巴托鲁斯主张将物权区分为动产物权和不动产物权，并认为不动产物权依物之所在地法，即"物法"，而动产物权则依当事人的属人法，即"人法"。

在不动产物权方面，自"法则区别说"产生之后，不动产物权依物之所在地法这一做法得到国际私法学者的广泛支持，并相继为欧洲大陆的成文国际私法立法和英美普通法的司法实践所沿袭。目前，世界各国的国际私法均确认了不动产物权适用物之所在地法的原则。例如，1804年《法国民法典》第3条第2款规定："不动产，即使属于外国人所有，仍适用法国法律。"

在动产物权方面，在意大利"法则区别说"的影响下，欧洲各国发展了"动产随人"（mobilia personam sequuntur, mobilia sequuntur personam）或"动产附骨"（mobilia ossibus inhaerent）或"动产无场所"（personality has no locality）规则，也就是说，动产物权适用所有人或者占有人的住所地法。这主要是因为这一时期，动产种类有限，经济价值也远远不如不动产，而且它们一般存放于所有者的住所地，因而可以作为属地管辖的例外。

但随着时代的发展，"动产随人"规则不再能够适应调整动产物权关系的实际需要。到19世纪，国际民商事交易的规模和频率都大大提升，动产在经营性财产中所占的比例越来越高，动产所有人的住所日益具有复杂性和多变性，一个动产所有者的动产可能遍及数国，而动产所在地国也不愿意用动产所有人的属人法来解决位于自己境内的动产物权问题。

示例 9.1

> 动产的所有人 A 为甲国公民，其住所位于甲国，但经常居所在乙国，A 与乙国公民 B 就该动产发生交易，如果根据"动产随人"规则，适用了甲国法，对 A 而言，很可能与甲国联系变弱或者不如乙国联系密切，适用甲国法律对 A 不一定有利；对 B 而言，其遵守的是乙国法律，对于甲国不一定熟悉，若适用甲国法，对其显然不公。

德国法学家萨维尼将动产分为三类：一是不能确定其所在地的动产，如旅行者随身携带的行李、运输中的物品等。此类动产经常处于变动状态，难以确定所在地，所以适用当事人住所地法。二是能够确定所在地的动产，如摆设的家具、图书、艺术品等，应适用物之所在地法。三是所有者在住所地以外不定期托人保管的商品或者旅行者在国外暂时寄存的行李。此类情况可根据具体情形选择适用当事人住所地法还是财产所在地法。[①]

在立法和司法实践上，许多国家开始放弃"动产随人"规则，主张物权关系一律适用物之所在地法，适用物之所在地法律也成为了解决有关动产物权法律冲突的基本原则。英国卡梅尔诉西韦尔货物所有权纠纷案就是此方面有名的案例。

---

① 参见〔德〕弗里德里希·卡尔·冯·萨维尼：《法律冲突与法律规则的地域和时间范围》，李双元等译，法律出版社1999年版，第98—100页。

示例 9.2 卡梅尔诉西韦尔(Cammell v. Sewell)货物所有权纠纷案[①]

受英国商人卡梅尔的委托,一位俄国代理商要把一批木材从俄国运到英国港口城市赫尔(Hull),并将一份普通提单交付给卡梅尔。运输该货物的是一艘德国商船 Prussian 号,由德国人担任船长。该船在挪威海域失事,但木材被运到岸上。根据挪威法律,在上述失事的情况下,船长有权出卖货物,善意买受人可以取得货物所有权。但如果他不适当地出卖,则必须对原所有人承担责任。按照英国的法律,船长无权转让上述货物。该批货物本来可以转船运往英国,但船长行使他的自决权,通过在挪威公开拍卖,将所载货物卖给了一位善意的第三者克劳斯,后来,克劳斯又将木材卖给了西韦尔,西韦尔随后将该木材运到了英国。卡梅尔遂在英国法院提起诉讼,对该批木材主张权利,并要求被告西韦尔赔偿其因木材被非法占有所受的损失。

【问题与评析】

本案涉及的主要问题:西韦尔取得货物所有权是否合法?应适用何国法律?

该案涉及货物所有权取得是否合法的问题,应属于物之所在地法的适用范围。根据案情可知,该批货物所有权的转移和被告取得所有权的地点在挪威,故应适用挪威法律。根据挪威法律的规定,船长在本案所发生的情况下,有权出卖货物,善意第三人可以合法取得货物所有权,故西韦尔可以获得货物的合法所有权。一般认为,如动产已依原所在地甲国法规定的条件作了处分,其所在地变成乙国后,即使此种处分未满足乙国法律规定的条件,也应认为处分有效;反之,如在甲国的处分不符合甲国法律规定的条件而转移至乙国后,即使满足乙国法律规定的条件,也不应认为已有效转移。因此,被告已取得的该批货物的所有权不因其后来被转移到英国而被剥夺。

(二) 物之所在地法的理论依据

对于物之所在地法的理论依据,外国学者们提出过种种学说。例如,法国学者梅兰(Merlin)认为,任何国家都有自己的主权,而主权是不可分割的,因此,物权关系依物之所在地法是主权在物权关系法律适用方面的体现。德国法学家萨维尼从他的法律关系本座说出发,认为物权关系之所以依物之所在地法,是因为物权关系的"本座"在标的物所在地。[②] 德国学者冯·巴尔(Von Bar)和法国学者毕叶(Pillet)认为,法律是为了集体利益而制定的,物权关系适用物之所在地法是"集体利益"和"全人类利益"的需要。英国法学家戴西和莫里斯认为,财产权关系尤其是不动产关系,适用物之所在地法律有效而便利,也是物之所在地国家对该物进行控制的结果。[③]

[①] Cammell v. Sewell, Court of Exchequer Chamber, 1860. 5 Hurl. & N. 728. See P. Hay, R. J. Weintraub & P. J. Brochers, *Conflict of Laws: Cases and Materials*, 17th ed., Foundation Press, 2000, pp. 781-783.

[②] 萨维尼曾写道:"在我们继续讨论对特定物的权利或称物权时,为了确定它们所属的法域,我们要根据物权客体真正的性质来确定这种地域。因为物权客体是由感觉来感知的,并占有一定的空间,因此它们所在的空间场所自然是它们所参与的每一法律关系的本座。一个人为了取得、拥有或行使对物的权利,他必须到物所在的场所,对于这种特定的法律关系,他自动地使自己服从于约束该地域的本地法。因此,当说到物权由物之所在地法 *lex rei sitae* 判定时,这种主张所依据的理由与人的身份适用住所地法(*lex domicilii*)理由相同,二者均源自自愿服从。"〔德〕弗里德里希·卡尔·冯·萨维尼:《法律冲突与法律规则的地域和时间范围》,李双元等译,法律出版社 1999 年版,第 93 页。

[③] 参见韩德培主编:《国际私法》(第三版),高等教育出版社、北京大学出版社 2014 年版,第 185 页。

中国学者一般认为,物权关系依物之所在地法,实际上是物权关系本身的性质和特点决定的。

其一,从表面上看,物权关系是人对物的关系,但物权关系同其他民事关系一样,实质上是人与人之间的社会关系,各国从维护本国利益出发,总是希望以自己的法律来调整和支配与位于本国境内的物有关的物权关系。

其二,物权关系也是一种人对物的直接利用的权利关系,为了最圆满地实现这种权利,谋取经济上的利益,只有适用标的物所在地的法律最为适当。

其三,物权关系的标的是物,而物权就是人对标的物的权利,只有置于标的物所在地的法律控制下,物权才能得到最为有效的保障。

其四,物权具有排他性,权利人对物具有直接支配权,如果物权受到侵犯,或者权利人行使物权本身产生的优先权、追及权和物上请求权,或者其他人对标的物提出请求,也只有在适用标的物所在地法律的情况下才能实现。

其五,对处于某一国家的物适用其他国家的法律,在技术上有许多困难,会使物权关系变得更为复杂,影响国际物权关系的稳定。[①]

正是基于上述理由,在物权关系的法律适用上,物之所在地法原则在各国的立法和司法实践中得到普遍的支持和肯定。

(三) 物之所在地的确定

原则上,对于物之所在地的确定,应以法院地法为依据。要确定物之所在地,相对来说,不动产容易,动产难;有体物容易,无体物难。不动产的处所是固定的,其所在地的确定相对容易。而动产是可以移动的,其处所常常带有短暂性或偶然性,不易确定,动产的这种特性给其所在地的确定带来了困难。[②]

在实践中,对动产所在地的确定,一般采取如下两种办法加以解决:

一是在冲突规范中对动产的所在地施加时间上的限定。例如,《法律适用法》第37条规定,当事人未协议选择动产物权适用的法律的,适用法律事实发生时动产所在地法律。即以法律事实发生时为时间点,确认动产的所在地。

二是在冲突规范中,对一些特殊的动产物权关系不以物之所在地这一连结点为法律适用的根据,而是以其他的连结点代替。例如,《法律适用法》第38条规定,当事人未协议选择运输中动产物权发生变更适用的法律,适用运输目的地法律。对于运输中的动产物权关系的法律适用,因为物之所在地不易确定,所以我国选择以运输目的地作为连结点。

二、物之所在地法的适用范围

从世界各国的立法和实践来看,物之所在地法主要适用于下列几个方面:

(一) 动产与不动产的识别

在国际私法领域,物权客体最重要的分类是将其划分为动产(movable property)和不动产(immovable property)。从各国规定来看,二者的划分标准通常是物理标准:动产通常是指可以自由移动而不改变其结构的物品;而不动产是指不能移动的物品。如《日本民法典》第86条规定,土地及其定着物为不动产,此外的物皆为动产。有些国家兼采其他标准。如《法国民法典》第517条规定:"财产,或依其性质,或依其用途,或依其附着客体而为不动

---

① 参见黄进主编:《国际私法》(第二版),法律出版社2005年版,第267—268页。
② 同上书,第268页。

产。"《俄罗斯民法典》对动产与不动产的划分除物理标准外还兼采登记标准,该法典第130条规定,不动产包括土地、矿床、独立水体和所有与土地牢固地吸附在一起的物,即一经移动便使其用途受到损害的物,其中包括森林、多年生植物、建筑物、构筑物。不动产还包括应进行国家登记的航空器和海洋船舶、内河航运船舶、航天器。

土地及其定着物,各国的法律均认为是不动产。但有些物,如池塘中的鱼、养兔园中的兔和鸽舍中的鸽子,按《法国民法典》第524条的规定是不动产,但按《日本民法典》第86条的规定则是动产。在美国,不动产是指土地和附属于土地的物,或者以其他方式与土地有关的、在法律上被认为是土地的一部分的物。除不动产以外,所有其他的物都是动产。后来随着许多无体财产如流通证券、股票和债券等的出现,动产的概念发生了变化,从有体动产到包括无体动产。各国法律遂把动产分为有体动产(tangible movables)和无体动产(intangible movables)两类。[①] 美国《冲突法重述(第二次)》指出:"动产,或者是有体动产,或者是无体动产。"由于各国民法对于动产和不动产的区分规则不同,往往会产生识别冲突。

尽管各国国际私法要求对于识别问题适用法院地法,但在动产与不动产的识别上却无一例外地适用物之所在地法。例如,《奥地利联邦国际私法法规》第31条第2款规定:"物的识别以及有形物的物权内容,依物之所在地国家的法律。"

示例9.3 卡特科利夫继承案[②]

> 被继承人在加拿大安大略省设有住所,去世前未留遗嘱,曾将其位于英国的土地出售,所得收益用来购买一家英国公司发行的股票,以作为再投资。该被继承人去世后,其近亲属请求按照安大略省的法律继承这些股票,认为股票属于动产。案件在英国法院审理,根据英国关于无遗嘱继承的冲突规则,不动产继承适用不动产所在地法律,动产继承适用被继承人死亡时住所地法律。根据英国当时的有关法律,这些股票应被视为土地,因而属于不动产,最后法院按不动产所在地英国的法律处理了该案股票的继承问题。英国法作为该案的物之所在地法律,用于识别标的物为不动产还是动产,反映了物之所在地法在对物的性质进行识别方面所具有的支配地位。即使物之所在地与法院地不一致时,物之所在地法仍然经常用于识别物的性质。

(二)物权客体的范围

物权或财产权的客体是"物"或"财产",但各国对"物"的理解不尽一致,便会造成是否属于物权法调整范围的冲突。各国民法对于物权客体的范围有不同的规定,在发生此类法律冲突时,通常依据物之所在地法解决。例如,1998年《委内瑞拉国际私法》第27条便明确规定:"财产权的设立、内容及范围,概依财产所在地法。"

(三)物权的种类和内容

各国民法对于物权种类和内容的规定很不相同,除两大法系在物权法制度上具有根本性差别外,在同一法系内部的差异,包括各国在法定物权之外的物权(如公司财产权)和法律

[①] 参见余延宏:《论国际私法中动产物权的客体范围问题》,载《武汉大学学报(哲学社会科学版)》2004年第1期,第90页。

[②] 参见赵一民主编:《国际私法案例教程》,知识出版社2005年版,第82—83页。

规则间的差别均可形成法律冲突。例如,我国《民法典》第 114 条第 2 款规定:"物权是权利人依法对特定的物享有直接支配和排他的权利,包括所有权、用益物权和担保物权。"[1]而法国则根据物权能否独立存在,分为主物权、从物权和占有。主物权是指不依赖其他权利而独立存在的物权,包括所有权及所有权派生的权利;从物权从属于债权,如担保物权等。[2] 此类法律冲突也只能依物之所在地法解决。例如,《瑞士联邦国际私法法规》第 100 条第 2 款规定:"动产物权的内容与行使,适用动产地国家的法律。"

(四) 物权的取得、变动及消灭

物权的变动包括非基于法律行为的物权变动(公法行为、事实行为与事件)和基于法律行为的物权变动。事实行为,例如,一定期间的占有、无主物的先占、埋藏物的发现、遗失物的拾得等,在一国是否成为动产物权变动的原因,物权于何时变动及调整其间损益的法律效果,一般应依物之所在地法决定。而对于法律行为来讲,在采取"债权意思主义"的国家,物权的变动仅依当事人的意思表示即告成立,不以交付、登记为生效条件。只是在未依法公示前,不具有社会公信力,不能对抗善意第三人。在采取"物权形式主义"的国家,物权的变动与债权行为相分离,物权行为除物权变动合意外,尚需以登记或交付为要件。因此,在司法实践中,物权的取得、变动和消灭也常常发生复杂的法律冲突,不仅涉及物权移转变动规则,而且涉及物权原始取得规则、物权灭失风险规则等。在通常情况下,物权取得、变动和消灭的法律冲突也是依物之所在地法解决。例如,1978 年《奥地利联邦国际私法法规》第 31 条第 1 款规定:"对有形物物权的取得与丧失,包括占有在内,依此种取得或丧失所依据的事实完成时物之所在地国家的法律。"

(五) 物权的保护方法

物权人在其物权受到侵害时,可以依法寻求对其物权的保护。享有物权者为了使其物权恢复到圆满状态,请求妨害人为一定行为或不为一定行为的权利,即为物权请求权。除此以外,对物权归属和内容发生争议,利害关系人还可以请求确认物权。其中大陆法系国家规定的公力救济方法主要是对物权的维护,包括判令停止侵害、排除妨碍、消除危险、恢复原状、返还原物、确认产权等,而英美法中对物权保护的方法更为全面。在发生物权保护方法上的法律冲突时,涉外物权关系的有关当事人在何种情况下可以提出何种请求或通过何种方式获得物权保护,均应依物之所在地法决定。

三、物之所在地法适用的例外

物之所在地法原则并不是解决一切物权关系的唯一冲突法原则,某些动产因其具有特殊性或处于特殊状态,使某些物权关系适用物之所在地法不可能或不合理,因而,世界各国通常将一些特殊情况作为物之所在地法原则适用的例外。

(一) 在途物品的物权关系

运送中的物品处于经常变换所在地的状态之中,有时处于公海或公空,难以确定到底以哪一所在地法来调整有关物权关系。在实践中,对运送中的物品,其物权关系的例外规则主

---

[1] 英国普通法上描述土地所有权用"ownership"表示,又用"property"不加区分地表示个人所享有的利益,更接近大陆法系的所有权概念。
[2] 参见尹田:《法国物权法》,法律出版社第 1998 年版,第 27—29 页、第 158—167 页。

要有如下几种：

（1）适用目的地法。例如，2005年《保加利亚国际私法典》第67条第1款规定，运输中物品的物权的取得和终止，依目的地国法。2008年《荷兰王国物权冲突法》第8条第1款规定，处于运输途中的国际货物运输合同之标的物，其物权关系适用目的地国法。

（2）适用发送地法。例如，2012年《波兰国际私法》第43条规定，运输中的货物的物权适用始发地国法律。若情况表明该权利与其他国家有更密切联系，则适用该其他国家法律。

（3）适用所有人本国法。例如，1939年《泰国国际私法》第16条第2款规定，把动产运出国外时，依起运时其所有人本国法。

不过，上述例外规则仅仅适用于一般货物在直接运输途中的物权变动。当运输的货物在中途某地长期滞留或储于仓库时，则仍应适用物之所在地法。此外，当运输货物的权利已被证券化，成为提单交易的工具时，其物权变动一般应适用交易所登记地法。

（二）运输工具的物权关系

船舶、飞行器等运输工具经常处于运动之中，有关船舶、飞行器等运输工具的物权关系适用物之所在地法是不恰当的。一般主张，有关船舶、飞行器等运输工具的物权关系适用登记注册地法、旗国法或标志国法。如1978年《奥地利联邦国际私法法规》第33条第1款规定："经备案或登记于一注册地的水上或空中运输工具的物权，除本条第2款另有规定外，适用注册国法律……"

（三）遗产继承的物权关系

遗产继承的法律适用分为两类：一类为单一制，即不将遗产区分为动产和不动产，遗产继承适用同一法律。有的根本不考虑适用物之所在地法，而主张适用被继承人的属人法。如2007年《日本法律适用通则法》第36条规定："继承依被继承人的本国法。"另一类为区别制，即将遗产区分为动产和不动产，分别适用不同的法律，动产适用被继承人死亡时的属人法，不动产适用不动产所在地法。如1972年《加蓬民法典》第53条规定："继承关系：（1）不动产，依不动产所在地法；（2）动产，依死者最后住所地法。"

（四）位于无主土地或无主空间之物的物权关系

当某物处在不受任何国家的法律管辖的场所，比如地球的南极、公海或月球等外层空间等，自然无物之所在地法可言。在这种情况下，一般认为有国际条约就依条约处理该物的物权关系，没有条约则可以适用占有人或先占人的属人法。

第二节　中国关于物权的法律适用

★热身问题：

《法律适用法》第37条规定，当事人可以协议选择动产物权适用的法律。你是否同意该规定是对物之所在地法的突破？

一、立法概况

我国《法律适用法》专设第五章"物权"，其第36—40条比较全面地规定了一般物权和特殊物权、动产物权和不动产物权的法律适用问题。除《法律适用法》之外,我国其他特别法也对某些特殊的物权关系法律适用作出了规定,例如,《海商法》第14章关于船舶所有权(第270条)、船舶抵押权(第271条)、船舶优先权(第272条)的规定;《民用航空法》第14章对民用航空器的所有权(第185条)、民用航空器的抵押权(第186条)、民用航空器的优先权(第187条)的规定,具体可见后文的相关章节。

二、不动产物权的法律适用

我国《法律适用法》第36条规定:"不动产物权,适用不动产所在地法律。"

在不动产物权方面,我国《法律适用法》同样采纳了物之所在地法原则,该规定适用于以不动产为客体的各种物权关系,包括自物权和他物权的法律关系。

我国涉外不动产法律纠纷大致有两类:一是涉外不动产物权纠纷,争点主要在于不动产权属;二是涉外不动产合同纠纷,以不动产买卖合同、租赁合同纠纷为典型,争点集中于合同的有效性。从审理涉外不动产案件的司法实践来看,尽管在法律选择结果上几乎所有的案件都最终适用了不动产所在地法律,但部分法院在案件中并没有明确区分上述两种纠纷中法律关系的不同。

(一)不动产确权的法律适用

示例9.4 台湾地区居民阳建明等5人诉王桂云财产权属纠纷案①

> 在该案中,围绕着一套位于中国广西桂林市的房产,房屋的实际出资购买人的子女与房屋产权登记人的遗孀发生争执,分别要求法院确认其对于该争议房产的所有权。关于该案法律适用的问题,法院认为:"因台湾地区与中国大陆属一国之内的不同法域,其法律冲突问题应准用我国涉外法律的相关规定。由于原、被告没有对处理争议适用的法律作出选择,根据当时《民法通则》第144条的规定,不动产的所有权,适用不动产所在地法律。本案不动产房屋所在地在中国大陆,故应适用中国大陆法律。"

本案的实体问题在于争议房屋所有权归属,其法律适用自然应依据中国法律明文规定的"不动产的所有权,适用不动产所在地法"的规则来加以解决。但是,法院判决理由中却首先考虑了当事人意思自治,有失准确。尽管《法律适用法》第37条肯定了当事人意思自治原则在动产物权领域的适用,但在不动产的物权问题上,当事人意思自治原则仍然没有适用的余地。

(二)不动产买卖、租赁关系的法律适用

"不动产物权,适用不动产所在地法"这一规则虽然广为接受,但也常常因其措辞的宽泛而具有误导性②,如李隆昇诉邹强租赁合同纠纷案[二维码案例]。

不动产的买卖或租赁法律关系与动产的买卖或租赁法律关系一样,涉及

---

① 广西壮族自治区桂林市中级人民法院民事判决书,(2009)桂市民初字第326号。
② See James Fawcett and Janeen M. Carruthers, *Cheshire*, *North & Fawcett's Private International Law*, 14th ed., Oxford University Press, 2008, p.1204.

物权法律关系和合同法律关系有关问题,前者如物权在变更过程中的成立要件、效力、对第三人权利的影响等,而后者则涉及以转移或设立物权为目的而达成的协议的意思表示、协议内容、履行及违约责任等。法院在面对此类案件时应首先对案件争议作出准确的识别,确定有关争议究竟属于"物权问题"还是"合同争议",进而正确地适用冲突规则作出合乎争议性质要求的法律选择。同时,在将案件争议识别为"合同争议"后,在当事人没有对处理争议适用的法律作出选择的情况下,遵循最密切联系原则,确定适用的法律。

三、动产物权的法律适用

作为物权关系法律适用的基本规则,物之所在地法也是处理动产物权问题的基本规则,但在许多国家确立动产物权关系同样适用物之所在地法之后,有国家开始将意思自治纳入动产物权领域。在动产物权方面,《法律适用法》在采用"动产所在地""运输目的地"作为连结因素的同时,其第37条和第38条也引入了当事人意思自治原则,突破了物之所在地法的一般规则。

(一)普通动产物权的法律适用

《法律适用法》第37条规定:"当事人可以协议选择动产物权适用的法律。当事人没有选择的,适用法律事实发生时动产所在地法律。"

★根据《法律适用法》第37条,对于普通的动产物权关系的法律适用,我国允许当事人意思自治,首先依据当事人选择,而在当事人没有选择的,适用法律事实发生时动产所在地法律。因此,可以说是当事人意思自治与物之所在地法相结合的方式。

示例 9.5 富运发展有限公司诉成都新津宝珠酒业有限公司曲酒所有权纠纷案[①]

2004年8月10日,原告富运发展有限公司(系英属维尔京群岛法人,以下简称"富运公司")与被告成都新津宝珠酒业有限公司(以下简称"宝珠公司")签订租用协议,约定:富运公司提供研发的酒类陈化器,在宝珠公司内对新酒进行实地试验;富运公司提供5万元的前期生产预支费,此费用含半年的试验场地的租用费。宝珠公司负责提供厂房,并妥善保管富运公司的产品。富运公司于2004年9月1日支付了宝珠公司半年租用场地费等共计5万元。2004年9月至10月,富运公司出资分4次到四川省宜宾市宜福曲酒厂购得50.797吨曲酒,存放于宝珠公司库房内。2005年1月20日,因宝珠公司与他人民事纠纷一案,四川省新津县人民法院查封了属富运公司所有的该批曲酒。富运公司向新津县人民法院提出异议,新津县人民法院于2005年5月19日作出裁定,要求富运公司应通过对宝珠公司提起民事诉讼法律程序,来解决该批曲酒的财产权属。富运公司遂向四川省成都市中级人民法院提起诉讼,请求人民法院判令确认其对该批曲酒的所有权。成都市中级人民法院受理了此案,并判决确认存放于宝珠公司库房内的曲酒属富运公司所有。

[①] 四川省成都市中级人民法院民事判决书,(2005)成民初字第850号。

> 成都市中级人民法院认为："本案富运公司诉宝珠公司是确认存放于宝珠公司库房内的曲酒所有权纠纷，其行为地在中华人民共和国境内，同时，双方当事人一致陈述适用中华人民共和国法律。故本案应适用中华人民共和国法律。"
>
> 如果按照《法律适用法》第37条的规定，即"当事人可以协议选择动产物权适用的法律"，假定本案双方当事人选择适用英属维尔京群岛的法律，则本案的法律适用无论是对于问题的处理，还是从规则的科学性来讲，都有欠妥当。由于本案是确权之诉，且相关标的物在中国境内，物之所在地法仍然是最好的选择和首要的原则。

首先，《民法典》确立了物权法定原则①，物权的法定性、绝对性、对世性和公示性，都要求物权的法律关系只能受物之所在地法支配，而不能任由当事人约定。

其次，在物权关系中，除了物权权利人之外，其他当事人都是不特定的。物权是对世权，可以对抗一切人，包括第三人。因此，《法律适用法》第37条所规定的"当事人"就无法特定。相对而言，债权是对人权，是特定当事人之间的权利义务关系，因而他们就可以协议选择他们之间关系的准据法，且债权只能约束债权关系当事人，不能对抗第三人。

再次，物权必须公示②，只有物权的准据法明确，物权才可能公示。如果当事人可以任意选择物权的准据法，物权的内容就处于不确定状态，无法为众人所知晓。从保障交易安全性的角度，必须保证物权的明确性以便让第三人能够知晓物权的内容，使他不至于因为标的物受他不可预见的法律支配而受损。③

最后，按照不同的物权变动立法模式，各国法律规定下的动产物权的变动可能有不同的条件。法国和日本采意思主义的物权变动模式，德国和瑞士采物权形式主义的物权变动模式，而奥地利和韩国则采债权形式主义的物权变动模式，等等。④ 当事人选择法律的同时就选择了一种动产物权变动的方式。这样的规定相当于赋予当事人一种权利，他们可以通过选择法律从而选择动产物权变动的时间。按照中国《民法典》的规定，对动产物权的设立和转让采取法定主义，明确排除了当事人的约定，动产物权"除法律另有规定外"自交付时才转移⑤，这一规定不再是任意性的立法模式。即使当事人在买卖合同中约定所有权保留，立法也从债权意思主义改采登记作为对抗要件⑥，表明立法者有意对动产物权的设立和转让有所控制。然而，《法律适用法》第37条的规定对当事人所选择的法律没有任何限制，这种规定可能使当事人通过法律选择规避动产物权变动的强制性规定，上述案例中双方当事人可以自由选择适用英属维尔京群岛的法律，这对司法审判和物权的确定都存在着不利的影响，还有待商榷。

（二）运输中动产物权适用目的地法

《法律适用法》第38条规定："当事人可以协议选择运输中动产物权发生变更适用的法

---

① 《民法典》第116条规定："物权的种类和内容，由法律规定。"
② 参见王利明：《论物权法中物权和债权的区分》，载《法学论坛》2007年第1期，第54—62页。
③ 参见杜涛：《涉外民事关系法律适用法释评》，中国法制出版社2011年版，第247—248页。
④ 参见王轶：《物权变动论》，中国人民大学出版社2001年版，第18—33页。
⑤ 《民法典》第224条规定："动产物权的设立和转让，自交付时发生效力，但是法律另有规定的除外。"
⑥ 《民法典》第641条规定："当事人可以在买卖合同中约定买受人未履行支付价款或者其他义务的，标的物的所有权属于出卖人。出卖人对标的物保留的所有权，未经登记，不得对抗善意第三人。"

律。当事人没有选择的,适用运输目的地法律。"

运输中的物处于不断的移动之中,尤其是运输中的货物可能正在公海上或空中,无法确定所在地。但运输中的物权关系通常有三个可供选择的连结点:始发地、目的地和过境地。过境地一般与案件不具有实质性联系。在具体案件中可以根据需要保护的当事人利益,来决定适用始发地国法律还是目的地国法律。一般来说,始发地国法律有利于保护卖方利益,而目的地国法律则有利于买方利益。

首先,第 38 条中的当事人意思自治仅限于"运输中动产物权发生变更"。动产物权的变动或基于非法律行为(如事实行为等),或基于法律行为(如交易或赠与等)。对于基于法律行为的物权变动,根据区分原则,一般区分作为原因行为的交易本身和作为后果的物权变动,前者适用债法如合同法,后者则适用物权法。所以当事人对于"运输中动产物权发生变更"的法律选择,应仅涉及物权法,而不涉及合同法。①

其次,当事人的意思自治不及于作为物权变动原因的基础关系和运输关系。

示例 9.6

甲国 A 公司与乙国 B 公司签订一批木材买卖合同,后 A 公司又与丙国 C 公司签订运输合同,将货物运至 B 公司指定的目的地丁国。

在此交易中,无论是买卖关系还是运输关系,均涉及合同的订立、效力、变更、转让、履行、解除以及违约责任等一国或多国合同法上规定,也可能涉及国际货物买卖和运输中的相关国际公约的适用问题,当事人有可能对此类问题选择争议所适用的法律,但此类选择并非本条所规定的"协议选择运输中动产物权发生变更适用的法律"。

再次,本条中的"运输中动产物权发生变更",主要包括动产物权的取得、转移和消灭等,不涉及静态的占有情形。② 而且本条中"运输中"的表述意味着动产应处于移动之中。因被扣押或其他原因长期处于静止或滞留状态,就不属于本条所规定的"运输中"的动产物权。③

最后,运输目的地法律仅适用于当事人没有通过协议选择法律的情形。此方面可参考的案例如韩国三荣公司诉盘锦庆道服装有限公司海运货物纠纷案[二维码案例]。

四、权利物权的法律适用

(一)有价证券的法律适用

《法律适用法》第 39 条:"有价证券,适用有价证券权利实现地法律或者其他与该有价证券有最密切联系的法律。"

---

① 参见万鄂湘主编,最高人民法院民事审判第四庭编著:《〈中华人民共和国涉外民事关系法律适用法〉条文理解与适用》,中国法制出版社 2011 年版,第 278 页。
② 同上。
③ 同上书,第 279 页。

证券不仅记载一定的权利,而且其本身代表着一定的权利。根据证券与权利之间联系的密切程度,可将证券分为金券、资格证券和有价证券三类。① 金券标明一定的金额,只能为一定目的使用,与权利密不可分,例如邮票;资格证券,表明持有人具备一定的权利人资格,可以依其行使一定的权利,例如火车票、车船票等;有价证券,表示一定的权利,权利人行使权利必须持有证券,如汇票、本票、支票和各种债权等。"有价证券"来源于德国,主旨在于将可流通的权利证书与普通的合同性权利文件相区别,后为多数大陆法系国家所采纳。英美法中没有与大陆法系"有价证券"一词完全相同的概念,其通常包括"流通证券"(negotiable instruments)或"商业证券"(commercial paper)等概念。②

有价证券具有如下三个特征:一是有价性,即作为表示民事权利的证书,有价证券的权利内容本身就具有一定的财产价值。有价证券表彰的是财产性权利,而不包括人身权利。二是可流通性,即证券持有人无须借助义务人的承诺、意思或参与,即可行使权利,将证券权利转移给他人。而证券受让人取得证券时,自然就取得证券所记载的民事权利,不受转让方对证券权利的限制。三是证券上权利具有独立性,即证券上的权利与证券持有人的身份无关,而仅与有价证券的占有有关。③

在有价证券方面,《法律适用法》第39条的规定具有如下特征:

第一,该规定适用于所有的有价证券。该条并没有对有价证券进行界定,应该从广义的角度理解"有价证券"的含义。④ 广义的有价证券包括商品证券、货币证券和资本证券;狭义的有价证券单指资本证券。当然,由于《票据法》在第五章中专门规定了"涉外票据的法律适用",在《票据法》有特别规定的情况下,应优先适用《票据法》的规定,在《票据法》没有规定时,才适用本条规定。有研究指出,在《法律适用法》众多的客体中,"行为"主要由"债法"规定,"物"由"物权"规定,"智力成果"由"知识产权"单独规定,唯独"有价证券"无所归依,若仅认定为某一类的有价证券,将会留下法律漏洞。因此,对本条规定的"有价证券"作广义理解方才合理。⑤

第二,该规定只涉及有价证券体现的权利的法律适用,而不包括有价证券本身的物权的法律适用。有价证券的权利包括两种:一种是持有证券的人对证券本身的物质权利,即证券所有权和其他物权,它是一种物权;另一种是构成证券内容的权利,即证券所体现的权利,也就是证券持有人依照证券上的记载而享有或行使的权利,通常称为证券权利。

---

① 参见谢怀栻:《票据法概论》(增订版),法律出版社2006年版,第3—4页。
② 参见万鄂湘主编,最高人民法院民事审判第四庭编著:《〈中华人民共和国涉外民事关系法律适用法〉条文理解与适用》,中国法制出版社2011年版,第281页。
③ 同上书,第282页。
④ 本条并未像《证券法》那样对"证券"进行界定。《证券法》第2条规定:"在中华人民共和国境内,股票、公司债券、存托凭证和国务院依法认定的其他证券的发行和交易,适用本法;本法未规定的,适用《中华人民共和国公司法》和其他法律、行政法规的规定。政府债券、证券投资基金份额的上市交易,适用本法;其他法律、行政法规另有规定的,适用其规定。资产支持证券、资产管理产品发行、交易的管理办法,由国务院依照本法的原则规定。"本条也未像《票据法》那样对"票据"进行界定。《票据法》第2条第2款规定:"本法所称票据,是指汇票、本票和支票。"
⑤ 参见万鄂湘主编,最高人民法院民事审判第四庭编著:《〈中华人民共和国涉外民事关系法律适用法〉条文理解与适用》,中国法制出版社2011年版,第285页。

第九章 物权的法律适用

示例 9.7

甲在香港购买某香港公司的股票,后将该股票带回内地并转让给乙。该股票所有权的转让应当依据转让行为发生时股票所在的内地法律(物之所在地法)判断,而乙获得股票后能否享有香港公司的股东权利则应依据香港地区法律(公司属人法)。

因此,有价证券的法律适用,要区分对证券本身的物权和对证券中所体现的权利。[①]

(1) 对于证券本身的所有权、抵押权等物权,应当适用证券的物权准据法,一般就是证券的所在地法,或者说是证券通常能够被发现的国家的法律。证券的物权准据法适用的范围包括对某一证券本身的所有权和担保权,证券转让的条件、效力,证券所有人与第三人间的关系,证券的抵押担保等。比如,中国《民法典》第440条规定了权利质权,即票据、债券、提单、股权等权利可以出质。

(2) 对于证券中所体现的权利,则要适用证券权利准据法,即支配相关的证券法律关系的准据法。证券权利的准据法决定某一书面凭证是否为有价证券、是何种有价证券以及如何实现有价证券的权利。[②] 根据证券类型的不同,证券所体现的权利也会有所不同。有价证券所体现的权利(证券权利)大多是债权,比如请求支付金钱的请求权(票据);也可表现为物权,比如请求交付货物的请求权(提单);还有一些有价证券体现的是一种社员权或成员资格权,比如股票。因此,对于有价证券中所体现的权利,应依照权利的不同性质,适用与该权利有关的法律关系的准据法。

第三,只考虑有价证券直接持有体制下的法律适用,而不包括有价证券间接持有体制下的法律适用。

传统的证券交易体制是一种直接持有体制,即证券发行人与证券所有人之间存在直接的法律关系。投资者要么直接持有证券,要么作为所有人将无纸化的证券直接登记在发行人的股东名册上。现代证券交易体制则包括直接持有和间接持有两种形式。在证券持有模式上,中国目前采用的是直接持有和间接持有相结合的"双轨制"模式。[③]

在间接持有的模式方面,2006年,海牙国际私法会议通过了《关于中间人持有证券特定权利的法律适用公约》,试图统一间接持有体制下证券跨国交易的冲突规则。该公约提出了一个特殊的连结点,即"相关中间人账户所在地"(the place of relevant intermediary approach,简称 PRIMA),同时引入了有限制的意思自治原则,即公约中所规定的有关事项所适用的法律为账户持有人与相关中间人在账户协议中明确同意的国家的法律,或者账户协议明确指明的另一国家的法律,但必须满足在协议签订时,相关中间人在该国有分支机构,且该分支机构应符合公约规定的条件。将"相关中间人账户所在地"与"当事人意思自

---

① 参见黄进主编:《中华人民共和国涉外民事关系法律适用法建议稿及说明》,中国人民大学出版社2011年版,第81页。
② 同上。
③ 对于境内居民投资B股,同A股一样实行直接持有或直接登记制度;对于境外投资者投资境内B股,境外投资者通过QFII(合格境外机构投资者)投资中国国内证券市场,以及中国境内投资者通过QDII(合格境内机构投资者)投资境外证券市场的,则采用证券间接持有模式。在间接持有体制下,证券的登记、持有、转让和抵押等都通过位于不同国家的中间人的电子账户的记载来完成。

治"有机结合的这一做法意义重大,正获得日益广泛的接受。

第四,该条所规定的连结点是"有价证券权利实现地"和"最密切联系",可以认为前者是后者的具体化。

(二)权利质权的法律适用

我国《民法典》第115条允许以权利作为物权的客体,由单行法特别规定。由此产生权利质权,比如以应收账款、股权、知识产权等设立质权。权利质权,是为了担保债权清偿,债务人或第三人以其所有权以外的可转让的财产权为标的而设定的质权。其性质上属于一种担保物权。权利质权的设定需要一定的条件:一是设定质权是一种处分行为,当债务人或第三人对某一权利不享有处分权时,其不得以之设定权利质权;二是该权利必须是依法可以转让的财产权利,依财产的性质或当事人的约定或依法律的规定不得转让的财产,不能设立权利质权;三是以权利设定质权不违反法律的规定以及质权的性质。权利质权准用动产物权的规定,因此不能以不动产物权设定权利质权。动产所有权只能设定动产抵押,不能设定权利质权。另外,《公司法》第142条第5款还规定,公司不得接受本公司的股票作为质押权的标的。因此,在我国能够设定权利质权的权利主要有有价证券、知识产权和其他权利。①

《民法典》第440条规定:"债务人或者第三人有权处分的下列权利可以出质:(一)汇票、本票、支票;(二)债券、存款单;(三)仓单、提单;(四)可以转让的基金份额、股权;(五)可以转让的注册商标专用权、专利权、著作权等知识产权中的财产权;(六)现有的以及将有的应收账款;(七)法律、行政法规规定可以出质的其他财产权利。"可见,中国法律规定的权利质权是在无形财产上设定的权利。

对于权利质权的法律适用,各国有不同规定。很多国家未将权利质权从无形财产中分离出来,单独规定权利质权的法律适用,而是通过规定无形财产的法律适用,一并解决权利质权的法律适用问题。例如,《韩国国际私法》第23条就规定,以债权、股份和其他权利或与其类似的有价证券为对象的约定担保物权适用作为担保对象的权利的准据法。有些国家将权利质权从无形财产中分离出来,单独规定了权利质权的法律适用。例如,《瑞士联邦国际私法法规》第105条规定:"债权、有价证券或其他权利的质押,适用当事人所选择的法律。此项法律选择不得用以对抗第三人。当事人未进行法律选择时,债权和有价证券的质押,适用质押权人的惯常居所地法律;其他权利的质押,适用支配该权利的法律。除了支配受质押的权利的法律外,其他任何法律不得用以对抗债务人。"

在权利质权方面,《法律适用法》第40条规定适用质权设立地法律。"适用质权设立地法律"的核心是确定权利质权的设立地,即在何种情形下权利质权得以设立。权利质权应当根据不同权利本身的性质适用其自身准据法。权利质权法律适用的案件如北京荣世恒达投资中心、孙启银股权质权纠纷案[二维码案例]。

---

① 参见万鄂湘主编,最高人民法院民事审判第四庭编著:《〈中华人民共和国涉外民事关系法律适用法〉条文理解与适用》,中国法制出版社2011年版,第291—292页。

第九章 物权的法律适用

> **示例 9.8**
>
> 内地公民甲和香港公民乙签订协议,甲向乙贷款 100 万元,甲将其在悦怡房地产公司的股权作为担保,双方在北京市市场监督管理局办理了质押登记。后双方发生纠纷,甲能否根据合同向乙主张质押权?如何来判断本案中质权的设立地?

一般来说,交付权利凭证或登记等公示方法为质权的设立要件。例如,中国《民法典》第441条规定:"以汇票、本票、支票、债券、存款单、仓单、提单出质的,质权自权利凭证交付质权人时设立;没有权利凭证的,质权自办理出质登记时设立。法律另有规定的,依照其规定。"对于需要登记的权利质权,"质权设立地"应指的是适用权利登记地。

对于有些权利质权不需要登记,比如债券,权利凭证交付时即可设立,应适用权利成立地法,然而交付是一个具有偶然性的因素,以此作为连结点,可能失去了最密切联系原则应有的含义,值得商榷。

第三节 国有化及其补偿问题

一、国有化的概念

(一)国有化的定义

所谓国有化(nationalization)[①],是指国家依据有关主权立法规定,对原属私人(包括内、外国自然人和法人)所有的某项或某类财产以征收、征用、没收或其他类似方式收归国有,由国家或其机构加以控制和使用的强制性法律措施。

(1)"征收"(expropriation)是指政府为了国家需要依法将私人的财物或企业收归公有,政府将给予补偿,也可能不给予补偿。[②]

(2)"征用"(requisition)通常是指政府在紧急情况下为了公共利益而在一定期限内对私人财产予以征收使用,并给予一定补偿的一种措施。[③]

(3)"没收"(confiscation)是指政府将私人财产永远收为公有,不给予任何补偿的一种措施。

(4)"其他类似方式"是指实际上将产生所有权变动效果的类似法律措施,包括逐步国有化等措施。

---

① 国有化相关部分用词分别为 governmental seizure of property、state seizure,see John O'Brien, *Conflict of Laws* 2nd ed., Routledge-Cavendish, 1999.

② 例如,《民法典》第243条规定:"为了公共利益的需要,依照法律规定的权限和程序可以征收集体所有的土地和组织、个人的房屋以及其他不动产。征收集体所有的土地,应当依法足额支付土地补偿费、安置补助费以及农村村民住宅、其他地上附着物和青苗等的补偿费用,并安排被征地农民的社会保障费用,保障被征地农民的生活,维护被征地农民的合法权益。征收组织、个人的房屋以及其他不动产,应当依法给予征收补偿,维护被征收人的合法权益;征收个人住宅的,还应当保障被征收人的居住条件。任何组织或者个人不得贪污、挪用、私分、截留、拖欠征收补偿费等费用。"

③ 例如,《民法典》第245条规定:"因抢险救灾、疫情防控等紧急需要,依照法律规定的权限和程序可以征用组织、个人的不动产或者动产。被征用的不动产或者动产使用后,应当返还被征用人。组织、个人的不动产或者动产被征用或者征用后毁损、灭失的,应当给予补偿。"

(二) 国有化的法律要件

从历史上看,世界上许多国家特别是发展中国家在其法制建设的初期都曾采取过国有化措施,这一过程往往伴随着旧法统废止和新法统建立的过程。在各国民商法制度完善之后,国有化措施往往被纳入其国内法框架中,而在国际经济贸易高度发展的情况下,各国的国有化措施又进一步被纳入国际公法和国际私法协调的体系。

随着国家间相互依赖程度的加深,各国对国有化的态度发生了变化,普遍认为国有化的实施应具备四个法律要件:

(1) 国有化必须以公共利益为目的;
(2) 国有化过程中不涉及歧视;
(3) 实行国有化的国家应给予外国投资者以补偿;
(4) 国有化应依正当的法律程序要求进行。

示例 9.9 意大利 AGIP 公司诉刚果政府国有化赔偿纠纷案[①]

> 1962 年,意大利 AGIP 公司依据刚果法律设立布拉公司,该公司主要从事石油产品的销售经营。1974 年 1 月,刚果政府依该国有关法令对石油产品销售实行国有化。根据此前 AGIP 公司与刚果政府达成的一项协议,布拉公司作为例外,不在被国有化之列。1975 年 4 月,刚果政府宣布对布拉公司实行国有化。AGIP 公司对此表示不满,遂向解决国家与他国国民投资争端中心(ICSID)提起仲裁,要求刚果政府赔偿 AGIP 公司所遭受的全部损失。仲裁庭经过审理认为:刚果政府对布拉公司实行国有化违反了该政府与 AGIP 公司所订立协议的有关条款,这种违反协议的行为,按照刚果的法律并参照国际法,是不合法的、不正当的行为,因而应视为无效。故于 1979 年 11 月 30 日作出裁决,刚果政府败诉,由其承担全部补偿 AGIP 公司实际所受损失的责任。本案全部补偿的裁决结果实际上以刚果政府实行国有化是不合法的这一判断为基础,这就涉及国有化的合法有效性问题,而不再是单纯的国有化补偿问题。

(三) 国有化的性质和效果

从性质上讲,国有化措施具有主权性和强制性。

一是主权性。一个国家实行国有化是该国家的主权行为,任何主权国家都有权采取国有化措施,其他国家不得干涉。这已成为国际法上公认的原则。

二是强制性。一个国家实行国有化措施是一种强制性措施,对国有化的对象具有强行法律效力,属于国有化对象的内、外国人均不得违抗这种措施。

作为国家所采取的法律强制措施,国有化具有如下法律效果:[②]

(1) 国有化的结果改变了财产所有权的主体。在国有化前,被国有化的财产属于自然人或法人;在国有化后,被国有化的财产所有权转归实行国有化的国家。

(2) 根据国家主权派生出来的属地管辖权,一国国有化法令对其境内的内、外国人财产

---

① AGIP S. P. A. v. People's Republic of the Congo (ICSID Case No. ARB/77/1),21 International Legal Materials (ILM)726(1982);1 ICSID Rep. 306(1993)。

② 参见黄进主编:《国际私法》(第二版),法律出版社 2005 年版,第 274 页。

均有法律效力,外国人不能因享有特权而不受国有化法令的管辖。

(3) 一国实行国有化的法令对本国自然人或法人在国外的财产具有域外效力,有关外国国家从尊重别国主权的原则出发,应对这种法令的域外效力加以承认。但是,这种法令对在本国的外国人在外国的财产是否具有效力则大有疑问。

(4) 从现代国际实践来看,一国实行国有化应对被国有化的财产给予补偿。尽管国际社会对于补偿的标准仍有分歧,但给予补偿是确定无疑的。

二、国有化的域外效力

国有化的效力包括两个方面的内容:一方面是指国有化措施的效力是否及于外国人在本国的财产;另一方面是指国有化法令是否具有域外效力的问题。

一般来说,各国均承认国有化措施的效力及于外国人在本国的财产。而国有化法令的域外效力问题是指国有化法令的效力是否能及于内、外国人境外的财产。具体说来,也就是实行国有化的国家能否将国有化对象在国外的财产收归国有,或者说该财产所在地国是否承认该国有化法令的效力。对此,不同国家有不尽相同的主张。

西方国家的理论和实践通常认为,首先应区分国有化法令对外国人在其境内的财产的效力与国有化法令对本国人在其境外的财产的效力。

对于前者,德国学者沃尔夫指出,在没收的法令涉及没收国领土内的财产时,它的效力是把所有权转移于该国,而这种转移将得到承认,即使在被没收的物品不属于该国国民时亦同。

对于后者,西方国家的理论和实践通常主张应将有补偿的征用和没有补偿的没收区别开来:对于通过有补偿的征用实行的国有化,认为其属于民事行为,他国应承认其域外效力;而对于通过没收实行的国有化,则不承认其域外效力,因为这种完全没有补偿的国有化,具有刑罚的性质,而刑法规范没有域外效力。另外,西方一些国家还常常以发展中国家或社会主义国家的国有化法令违反法院地国公共秩序、违反国际法为由,拒绝承认其域外效力。有的还采用"实际控制理论",认为凡外国国家国有化措施所依据的国有化法令生效时,有关财产实际上已经处于该国境外的,境外国法院可以该国有化法令对相关财产没有实际控制力为由否认其国有化措施的效力。

从国际法角度出发,国有化措施作为一种主权行为具有域内效力,其效果及于一国境内的所有财产,既包括本国人的财产,也包括外国人在本国的财产。在本国领土上,一国不仅可以调整财产转让,而且可以进行有效的财产转让。同时,国有化法令又具有域外效力,其效果及于本国人在境外的财产,但不能及于外国人在境外的财产。

当然,国有化的这种域外效力还取决于他国的承认。例如,一批被国有化的原油从韩国釜山运往德国汉堡,在目的港一家石油企业以所有人的身份要求提货。这时,他国对国有化行为的承认就具有决定性作用。如果被国有化企业的外国财产所在国拒绝承认,那么国有化将流于形式。因此,在国际民商事交往中,从尊重国家主权的原则出发,各国应当在不影响其公共秩序的基础上相互承认对方国有化法令对其本国人在境外的财产的效力。

三、国有化的补偿标准

尽管各国法律原则上均承认国有化措施的法律效力,但在国有化措施的条件和国有化的补偿问题上,发达国家与发展中国家有着尖锐的对立。多数发达国家认为,国有化作为一种主权行为是可以采取的,但应当有前提条件。在一般情况下,主权国家只有基于公共政策,并依据正当程序,方可实施此种措施。而对于被国有化的财产是否给予补偿的问题,国际上也一直存在分歧,主要有以下三种不同主张:①

(1) 不予补偿。此种主张认为,国有化是主权国家行使主权的内政问题。一国有权从国家利益出发,根据有关法律或法令采取国有化措施。一切外国自然人或法人都必须尊重和服从居住国的法律或法令。如果实行国有化的国家对本国人不予补偿,那么对外国人同样可以不予补偿。

(2) 充分、有效、即时的补偿。西方资本输出发达国从保护其海外私人投资及私有财产神圣不可侵犯的立场出发,以保护既得权和反对不当得利为法律依据,主张对财产被国有化的外国人应该给予"充分、有效、即时"的补偿。这一补偿标准说是由美国国务卿赫尔(Hull)于1938年写给墨西哥政府的信中明确提出的,故被称为"赫尔规则"。

(3) 适当的、合理的补偿。这是目前世界上多数国家,特别是发展中国家所持的主张。按照联合国大会1962年《关于自然资源永久主权宣言》、1974年《建立新的国际经济秩序宣言》和《各国经济权利和义务宪章》的规定,对征用的外资,应按国家经济财政状况给予适当的补偿。因此,适当的、合理的补偿方法承认给予补偿,但这种补偿是实行国有化国家的财政所能负担的,而且必须经双方协商同意,即补偿能为投资国所接受。这就是人们所称的"卡尔沃主义"。

以上不同主张中,完全不予补偿的观点在目前已经不合时宜。目前,许多国家为了发展国家间平等互利的投资关系,往往通过国际条约互相保证,在一般情况下不对对方私人投资采取国有化措施,如有必要采取国有化措施,应给予适当的补偿。

> **示例9.10** 美国独立石油公司诉科威特国有化补偿纠纷案②
>
> 1948年6月,科威特与美国独立石油公司签订了石油特许协议,特许该公司在科威特的特定区域从事石油生产经营活动,该公司则向科威特支付一定的提成费。1974年11月,几个海湾国家在阿布扎比议定了一项限制外国石油公司利润率的公式,即所谓的"阿布扎比公式"。科威特政府于1977年9月发布法令,宣布终止特许协议,将美国独立石油公司收归国有,同时建立补偿委员会评估补偿数额。但美国独立石油公司拒不与补偿委员会合作,而是根据特许协议有关条款要求诉诸国际仲裁。在补偿这一核心问题上,双方之间在仲裁过程中存在重大分歧。科威特主张依"账面净值"的方法作"适当补偿",即以美国独立石油公司账簿上记载的位于科威特境内的固定资产购进时的原价为

---

① 参见黄进主编:《国际私法》(第二版),法律出版社2005年版,第274—275页。
② 参见赵一民主编:《国际私法案例教程》,知识产权出版社2005年版,第85—87页。

基数,扣除公司已经回收的折旧费即为补偿额。美国独立石油公司则认为,对于起因于科威特政府的违约行为的国有化,自己有权获得相当于安全恢复原状的损害赔偿,即以"折旧重置成本"的方法计算补偿额,具体而言,就是以重新购置现有固定资产的成本为基数,扣除公司已经回收的折旧费。此外,补偿还应包括公司非固定资产的价值和公司继续经营可能得到的预期利润。仲裁庭最后以多数意见作出结论,认为本案以"折旧重置成本"的方法计算公司固定资产的价值是合适的,并且考虑双方财务报告提供的非固定资产数字,以及特许权人的合法期望,补偿额应为20604.10万美元,但扣除公司的对外债务,补偿额实为8300万美元。

【问题与评析】

本案涉及的主要问题为:国有化后应实行全部补偿还是部分或适当的补偿标准?

仲裁庭认为联合国大会《关于自然资源永久主权宣言》等文件所确定的"适当补偿"的标准是合法国有化的通用标准,也是双方当事人已经接受的法典化原则。至于具体补偿额的计算,仲裁庭认为,"账面净值"的方法只能适用于一些投资建成不久的企业,因为其固定资产购进时的原价与重置成本不会相差太大,而本案适用"折旧重置成本"的方法较为适当,是考虑到国际法院和国际仲裁庭曾作出的有关判决或裁决并未表明其接受"账面净值"的计算方法。本案是国际上有影响的一个判例,其部分补偿裁决所体现的"适当补偿"原则,有别于所谓的"充分、有效、及时"的补偿标准。

四、中国法的规定与实践

中国有关国有化的法律规定主要体现在国内法律规定和所缔结或参加的国际条约两方面,目前均有了很大的进展。

(一)国内法律规定

(1)宪法。以往中国的宪法没有关于国有化的规定,也就是说在实行国有化时并无宪法依据。2004年中国对1982年《宪法》实行了第四次修改,将原有的"国家为了公共利益的需要,可以依照法律规定对土地实行征用"的规定改为"国家为了公共利益的需要,可以依照法律规定对土地实行征收或者征用并给予补偿"(第10条第3款)。该规定对于外商投资来说则意味着,它们在投资中形成的土地使用权、占有权以及用益权等被征收或者征用时得到补偿有了宪法依据。原有的"国家保护公民的合法的收入、储蓄、房屋和其他合法财产的所有权"和"国家依照法律规定保护公民的私有财产的继承权"的规定,改为"公民的合法的私有财产不受侵犯","国家依照法律规定保护公民的私有财产权和继承权"和"国家为了公共利益的需要,可以依照法律规定对公民的私有财产实行征收或者征用并给予补偿"(第13条)。这里的私有财产可以根据国民待遇原则将其引申为包括外国当事人在中国的财产。在中国已经加入WTO的今天,如果对外国当事人在中国的财产不能实行与中国当事人财产同等的保护,将背离中国"入世"的承诺。因此,该规定完全可以适用于外商投资企业的国有化的保护。

(2)我国《民法典》第117条进一步明确规定了征收和征用的国有化措施,即为了公共利益的需要,依照法律规定的权限和程序征收、征用不动产或者动产的,应当给予公平、合理的补偿。[①]《民法典》第243条还对房屋及其他不动产的征收和补偿进行了详细的规定。

(3) 2019年《外商投资法》第20条规定,国家对外国投资者的投资不实行征收。在特殊情况下,国家为了公共利益的需要,可以依照法律规定对外国投资者的投资实行征收或者征用。征收、征用应当依照法定程序进行,并及时给予公平、合理的补偿。可以看出,我国对外国的投资给予充分保护,原则上不实行征收。

(二) 国际条约方面

中国与主要发达国家以及很多发展中国家签署有保护投资协定。目前,中国已经生效的双边投资协定超过100个。

示例9.11

2012年中加两国签订的《中华人民共和国政府和加拿大政府关于促进和相互保护投资的协定》第10条 征收

一、每一缔约方投资者的涵盖投资或投资收益均不得在另一缔约方的领土内被征收或国有化,亦不得被采取具有相当于征收或国有化效果的措施(以下称"征收"),基于公共目的、根据国内正当法律程序、不以歧视方式并给予补偿的情况除外。此种补偿应相当于采取征收前或征收为公众所知时(以较早者为准)被征收投资的公平市场价值,并应包括直至补偿支付之时按通常商业利率计算的利息。补偿的支付应可以有效实现、自由转移,且不得迟延。根据实施征收缔约方的法律,受影响的投资者应有权根据本款规定的原则,要求该缔约方司法机构或其他独立机构审查其案件及对其投资的估值。

2012中日韩三方签订的《中华人民共和国政府、日本国政府及大韩民国政府关于促进、便利及保护投资的协定》第11条 征收和补偿

一、任何缔约方均不得在其领土范围内对其他缔约方投资者的投资实施征收或国有化,或采取与征收或国有化等同的任何措施(下称"征收"),但遵循以下原则的除外:

(一) 为了公共目的;
(二) 在非歧视的基础上;
(三) 依照该缔约方的法律和国际标准的正当法律程序;以及
(四) 依据本条第二、三、四款提供补偿。

二、对被征收投资的补偿,应与被征收投资在公开宣布征收和实施征收中较早时间的公平市场价值相当。公平市场价值不应反映因公众事先知道征收所带来的市场价值的变化。

三、补偿支付不得延误,且应根据实施征收到支付补偿的期间按照合理商业利率计算利息。补偿应可有效变现、自由转移,并可按照征收时的市场汇率自由兑换为相关投资者所属缔约方的货币以及可自由使用货币。

---

① 参见《民法典》第117条、第243条、第244条、第245条。

> 四、在不损害第十五条规定的前提下,受征收影响的投资者有权根据本条所确定的原则就投资者的情况和补偿金额向作出征收的缔约方法院、行政法庭、行政机构寻求及时的复议。

(三)中国有关国有化的基本规则

中国目前基于本国国情和发展与世界各国平等互利投资关系的宗旨,通过与许多国家签署的双边投资保护协定和国内立法,在国有化问题上确定了以下基本规则:

(1)中国原则上对外资企业、合营企业和外国投资者的财产不实行国有化和征收,只有在根据社会公共利益的需要,按照法律程序,并且是在非歧视的条件下,才可对外资企业、合营企业或外国投资者的财产采取征收或其他相同效果的措施。

(2)实行国有化或相同效果的措施应当给予补偿,该补偿应当等同于被征收财产的实际价值,以市场价值计算而非政府单方面决定,且该补偿应当是可自由兑换和可自由转移的,该补偿不能不适当和无故地迟延。

(3)关于外国投资保护和国有化补偿的争议可以向中国有管辖权的法院起诉,也可以向有权限的行政机关提出申诉,或者提交第三方按照双方所签订的协定和一般的国际法原则进行仲裁解决。

【推荐参考资料】

1. 杜焕芳:《论我国涉外物权法律适用的完善》,载《当代法学》2013年第2期;
2. 宋晓:《意思自治与物权冲突法》,载《环球法律评论》2012年第1期;
3. 周后春:《物权冲突法研究》,中南大学出版社2014年版。

第十章

知识产权的法律适用

第一节 知识产权的法律冲突概述

一、知识产权概述

知识产权(intellectual property)是指人们对通过脑力劳动创造出来的智力成果依法享有的专有权利,主要包括专利权、商标权和著作权。其中,专利权和商标权可统称为"工业产权",著作权也被称为"版权"。

1. 专利权

专利权,是指一国专利主管部门根据该国法律的规定,授予发明创造人或合法申请人对某项发明创造在法定期限内享有的一种独占权或专有权。专利权的主要内容包括制造权、使用权、销售权、进口权、转让权和许可使用权等。一般而言,专利包括发明专利、外观设计专利和实用新型专利三类。专利权具有独占性、地域性和时间性等特点,是知识产权最重要的组成部分。专利权法律冲突的主要成因是:首先,专利权具有严格的地域性特征;其次,各国承认和保护外国人的专利权,并给予国民待遇,这是专利权法律冲突产生的重要条件;最后,各国专利法关于专利的种类、保护范围、申请原则、审查制度和保护期限的规定互不相同。

2. 商标权

商标通常由文字、图形或文字加图形组成,是经营者在自己的商品或服务上使用的用于区别于其他经营者的商品或服务的一种专有标记。商标权是商标所有人对法律确认并给予保护的商标所享有的权利,主要包括商标专用权、商标续展权、商标转让权、商标许可使用权等。商标权是一种无形产权,属于工业产权的一种,具有专有性、时间性和地域性等特征。由于各国商标法在商标权的获取原则、注册原则和保护期限方面存在差异,涉外商标权保护和法律冲突在所难免。各国商标法的差异主要表现在商标权的确立条件及权利内容、期限、效力和保护方式等方面。

3. 著作权

著作权又称版权,是指作者及其他著作权人依著作权法对文学、艺术和科学作品所享有的各项专有权利。有关著作权的理论繁多,并影响着各国著作权法的立法及实践,各国著作权法在著作权的保护对象、内容和期限等方面的差异也会导致法律适用的冲突。著作权保护具有严格的地域性,各国著作权法属于国内法,只在本国境内生效,跨国保护著作权就可能导致法律冲突现象,从而涉及法律适用问题。

二、知识产权法律冲突

在早期,知识产权的严格属地性决定了根据一国法律取得的知识产权只在该国有效,原则上不具有域外效力。知识产权的地域性意味着依据一个国家法律产生的知识产权,在另一个国家并不能当然地得到承认和保护,这与依据一国法律产生的物权在其他国家普遍受到承认和保护的情况完全不同。[①] 然而,随着国际技术交流的大规模发展,知识产权逐步突破了传统的地域性,这就使得同一项知识产权可能会受制于两个或两个以上国家法律的约束,进而出现了知识产权法律适用上的冲突。这些法律冲突包括但不限于如下几个方面[②]:

1. 保护客体。例如,在著作权领域,欧盟保护一种没有独创性的数据库。但在中国,由于它不具有独创性,所以并不是著作权法保护的客体,自然没有提供保护的依据。另外,在一些国家,某些兼具艺术创作特质和实用功能的物品化表达形式,如家具、装饰品、服装设计等,可以构成著作权意义上的作品[③],如果复制同样的家具则可能构成对著作权的侵犯,而中国一般不予以保护[④]。

2. 保护期限。中国著作权法保护作者权利的期限一直到作者死后50年[⑤],这与《伯尔尼公约》的规定是一致的。[⑥] 而美国则有专门延长保护期的法律,职务作品的保护期自创作完成后可以长达120年或者出版后95年。[⑦] 比如迪士尼的相关作品,按照美国的法案,最高可以保护到95年。

3. 保护标准。例如,地理标志有很高的经济价值,欧盟关于地理标志保护的标准非常高。在侵权的判定上,只要使用相关地理标志就构成侵权。而中国对商标侵权的判断标准是相同或近似容易导致混淆。[⑧] 在2020年,为了使地理标志保护标准相协调,中国与欧盟签署了《中华人民共和国政府与欧洲联盟地理标志保护与合作协定》。再如,以未注册商标为例,未注册商标在中国保护力度很小,但是在美国,使用即产生权利,不注册不影响商标的有效性。

4. 侵权认定。在商标是否构成近似的判断标准上,各国也是不一样的。比如德国有品牌Boss,我国广东企业有BOSSsunwen(博斯绅威),有可能构成近似商标,但在我国该商标是经过评审、认定而注册的,并且还被认定为驰名商标。

5. 赔偿标准。关于知识产权的侵权赔偿数额,各国差异很大。例如,根据美国的法律,如果个人通过P2P或者网络下载一首歌曲,最高赔偿数额可达到15万美金。[⑨]我国当前的

---

① 参见吴汉东:《知识产权总论》(第三版),中国人民大学出版社2013年版,第28—29页。
② 关于著作权法律冲突的表现形式,更详细的讨论请参见徐妮娜:《著作权的国际私法问题研究》,中国社会科学出版社2015年版,第8—22页。
③ See Paul E. Geller, "International Copyright: An Introduction $2(2)", in *International Copyright Law and Practice*, Matthew Bender, 2011.
④ 参见《著作权法》第3条。例外案例可参见北京中融恒盛木业有限公司与左尚明舍家居用品(上海)有限公司、南京梦阳家具销售中心侵害著作权纠纷案,(2018)最高法民申6061号。
⑤ 参见《著作权法》第23条第1款。
⑥ 《伯尔尼公约》第7条第1款。
⑦ 徐妮娜:《著作权的国际私法问题研究》,中国社会科学出版社2015年版,第8—9页。
⑧ 参见《商标法》第57条。
⑨ See 17 USC 504(c)(1)&(2).

法律没有关于终端用户处罚的相关规定。① 我国在 2020 年修正的《著作权法》中规定,对于故意侵权,情节严重的,可以适用赔偿数额 1 倍以上 5 倍以下的惩罚性赔偿。权利人的实际损失、侵权人的违法所得、权利使用费难以计算的,由人民法院根据侵权行为的情节,判决给予 500 元以上 500 万元以下的赔偿。②

由此,各国在知识产权领域存在不同的规定,保护程度不同。但是到目前为止,我国商标累计申请量连续二十多年位居世界第一,研发经费投入多年来位居世界第二,发明专利申请量连续十多年位居全球第一,这意味着我国知识产权亟需保护。近年来,我国知识产权保护不断加强,知识产权制度有了很好的发展,因此,解决知识产权有关法律冲突、法律适用问题的重要性不言而喻。

三、知识产权的国际保护

知识产权的国际保护制度是指以多边国际公约为基本形式,以政府间国际组织为协调机构,通过对各国国内知识产权法律进行协调并使之形成相对统一的国际法律制度。它是国际经济贸易关系不断发展的产物,也是知识产权制度自身变革的结果,现已成为国际经济、文化、科技、贸易领域中的一种法律秩序。自 1883 年《保护工业产权巴黎公约》(以下简称《巴黎公约》)与 1886 年《保护文学和艺术作品伯尔尼公约》(以下简称《伯尔尼公约》)以来,围绕知识产权国际保护这一主题的国际性法律文件不断出台。我国已加入或实施了诸如《巴黎公约》《伯尔尼公约》《世界版权公约》以及《与贸易有关的知识产权协定》(TRIPs)等重要的国际知识产权公约或协定。

国际统一性知识产权保护文件的出现提升了国际社会对知识产权的保护水平,使得涉外知识产权的法律适用有了一定程度的统一基础,这些统一或协调知识产权保护的国际知识产权公约深刻影响着涉外知识产权的法律适用。在涉外知识产权纠纷涉及的国家存在共同的知识产权公约适用的情形下,这些国际公约可通过直接或间接的方式影响涉外知识产权法律纠纷解决中的法律适用,并在总体上缩小了各国知识产权法律制度之间存在冲突的空间。

第二节 知识产权地域性原则与管辖权、法律适用

一、知识产权地域性原则的发展

地域性原则是全球范围内公认的知识产权的基石③,其本身经历了从绝对地域性原则向相对地域性原则发展的历程。

起初,知识产权的产生与绝对地域性原则相伴相随。

尽管解释不同,知识产权被认为来自现代知识产权雏形的王室特许权。1469 年,威尼斯授予了第一个有记录的印刷特许权。之后,王室等城邦权力机构先后将此类特许权授予

---

① 中美之间关于赔偿标准的具体差额,王迁教授文中有着详细的讨论,参见王迁:《〈承认和执行外国判决公约〉(草案)中知识产权条款研究》,载《中国法学》2018 年第 1 期,第 24—25 页。
② 参见《著作权法》第 54 条第 2 款。
③ See F. Abbott et al, *International Intellectual Property in An Integrated World Economy*, Wolters & Kluwer, 2019, p. 137.

个人,在各自城邦范围内从事排他性的特许权行为。到 18—19 世纪,各民族国家开始进行知识产权立法。[①] 有观点认为,国际知识产权制度离不开主权理论和地域性原则,是 19 世纪世界政治秩序的自然逻辑结果。在《巴黎公约》和《伯尔尼公约》谈判的时代,一国的主权是其领域内国际法律和政治秩序的最高原则。[②] 这种绝对主权和绝对属地主义的时代所造就的是绝对地域性原则或者说严格地域性原则。

其后,知识产权地域性原则不断被突破,逐渐走向相对地域性原则。

一方面,知识产权法律适用日趋灵活。有观点认为,地域性原则和适用被请求保护地国法具有合理性,但不应该绝对化。这些原则在处理知识产权的存在、有效性、范围和侵权方面起着重要的作用,但也有悖于程序和交易的效率、当事人意思自治、法律的安全性和可预见性、交易的公平和平等以及对弱者的保护。[③] 因此,在法律适用层面需要对其进行适当限制,具体而言,权利授予国的法律并非适用于知识产权的所有方面,在知识产权侵权、合同领域已日趋灵活化。在 Nintendo v. BigBen 案[④]中,欧洲法院考虑将严格地域性原则逐渐宽松化,在确定准据法时不再逐个适用相关国家法律,而是对被告行为进行综合评估。[⑤]

另一方面,知识产权管辖权不断突破。知识产权是由特定的国家或区域授予的,几乎所有为执行知识产权而进行的民事诉讼都主要关涉权利人权利授予地的行为。尽管如此,这并不能绝对避免对外国知识产权问题的审理。在 NTP v. Research in Motion 案[⑥]中,美国联邦巡回上诉法院承认,技术的发展使知识产权侵权行为的审查不可能一直局限于一国境内的评估。在日本的一起案件中[⑦],东京地方法院根据被告住所地行使了管辖权。关于管辖权与专利的地域性,其认为每个国家专利权的授予、转让和有效性等都适用特定国家的法律,专利的有效性和效力仅在该国范围内得到承认。地域性并不影响受理案件法院的国际管辖权问题,不影响法院就自己的管辖权问题作出决定。即使受理法院并非注册国法院,也没有理由拒绝管辖权,争议的专利权是否无效不应该中断受理法院的诉讼程序。

继而,理论层面对于知识产权地域性的批判越来越多。

最为值得关注的是,德国马普所系列著作中的《知识产权专属管辖》一书中详尽罗列了一系列支持地域性原则的观点,[⑧]然而,作者又逐一批判了地域性的理由,认为:

(1) 对于"地域性原则是知识产权性质使然,是授予国行政行为垄断的结果,也是授予

---

① See Annette Kur & Thomas Dreier, *European Intellectual Property Law: Text, Cases and Materials*, Edward Elgar, 2013, p. 12; Thomas Dreier, "Copyright in the Times of the Internet—Overcoming the Principle of Territoriality within the EU", 18 *ERA Forum* 8(2017).

② See F. Abbott et al., *International Intellectual Property in An Integrated World Economy*, Wolters & Kluwer, 2019, p. 156.

③ See Annette Kur, "Are there any Common European Principles of Private International Law with regard to Intellectual Property?", in S. Leible and A. Ohly (eds.), *Intellectual Property and Private International Law*, Oxford University Press, 2009, pp. 6-7.

④ See Joined Cases C-24/16 and C-25/16, Nintendo Co. Ltd. v. BigBen Interactive GmbH et al., ECLI:EU:C:2017:724, paras. 87-111.

⑤ See Niklas Bruun et al ed., *Transition and Coherence in Intellectual Property Law*, Cambridge University Press, 2021, pp. 134-141, 508.

⑥ NTP v. Research in Motion, 418 F.3d 1282 (Fed. Cir. 2005).

⑦ Tokyo District Court, Judgment of 16 October 2003, 1847 Hanrei Jihō 23 ('Coral Sand' case).

⑧ See Benedetta Ubertazzi, Exclusive Jurisdiction in Intellectual Property, Tübingen (Mohr Siebeck Verlag), 2012, pp. 162-163.

国公共政策暗含之义"的肯定性理由,批判性的观点是,该理由违反了知识产权是私权的现代概念,授予知识产权的行为并不符合国家行为理论①,也并非国家公共利益的内涵。知识产权追求的是私人利益,仅间接涉及公共利益。作为私权,其应该受国际私法规则调整,不应完全排除外国法院的管辖权。

(2)对于"知识产权不像有形货物,是立法者的创立物,而立法者囿于立法权限只能将知识产权限于其领土范围内,也只能由授予国管辖,并适用该国的实体法"的肯定性理由,批判性的观点是,该理由没有考虑到知识产权的产生近似于有形财产权,而且许多货物本身就包含知识产权。知识产权作为专有权利,像其他私权一样,需要被国内法认可权利归属,而法律本身就应该是地域性的。但无论是关于有形货物权利还是关于知识产权的争议,此类法律的地域性并不阻止其适用国际私法规则。

(3)对于"知识产权与有形不动产高度相似,有形不动产诉讼地方化的理论也适用于无形物②,这就决定了知识产权像不动产一样,只能由授予国法院管辖并适用其实体法"的肯定性理由,批判性的观点是,该理由将知识产权与不动产类比完全不具有说服力。知识产权不具有不动产物权的特性,通过许可等方式进行跨国转移并不影响其价值。不像不动产物权由不动产所在地管辖那样,知识产权的专属管辖并未受到各国的普遍认可。③

(4)对于"各国的国际私法规则并没有为知识产权确立专门的法律适用规则,由于知识产权的地域性,法院地法并不认可外国的知识产权,因此,外国知识产权争议不能在法院地国审理"的肯定性理由,批判性的观点是:一方面许多国家制定了关于知识产权的专门的国际私法规则;另一方面,即使缺乏知识产权方面的专门国际私法规则,国际私法本身是规制涉外私权的,可以参考类似性质的法律适用规则。

(5)对于"地域性原则应视为公共秩序内容,主张对外国知识产权争议的管辖权侵犯了外国的公共秩序"的肯定性理由,批判性的观点是,公共秩序限制主要存在于法律适用和判决的承认与执行领域,很少在管辖权分配领域发挥作用。④

综上,知识产权地域性原则不仅在立法和司法实践中多有突破,在理论上也存在系统的批判。知识产权地域性的发展与批判,无疑给知识产权地域性的松绑创造了解释空间。

除了国内立法层面的突破外,突破地域性原则最主要也是最有效的方法就是签订国际公约。国际公约可以使知识产权的权利范围延伸至单一地域管辖权之外,成员国法院也可以据此对发生在其他成员国的侵权诉讼连带行使管辖权。国际社会中较早通过缔结区域条约而实现知识产权诉讼域外管辖的是1958年比利时、荷兰、卢森堡三国的《统一商标法》,以及1968年订于布鲁塞尔的《关于民商事案件管辖权及判决执行的公约》(通称《布鲁塞尔公约》")。

---

① Ibid., pp. 100-136.
② 在此方面学者经常援用莫桑比克规则(Moçambique rule)。该规则缘起于英国枢密院在 British South Africa Co v. Companhia de Mozambique [1893] AC 602 的判决,即根据外国法主张财产且该财产位于外国时,或该财产权利且在外国主权权力范围内授予时,与该财产相关的争议仅能由外国国家来决定。See James J. Fawcett & Paul Torremans, ed., *Intellectual Property and Private International Law*, 2nd ed., Oxford University Press, 2011, p. 295.
③ See Benedetta Ubertazzi, Exclusive Jurisdiction in Intellectual Property, Tübingen (Mohr Siebeck Verlag), 2012, pp. 300-304.
④ Ibid., pp. 163-164.

二、管辖权与知识产权地域性

在国内法层面,根据 2010 年比较法协会报告①,对于注册性知识产权的有效性和权利归属等问题,应采取专属管辖的解决方案。② 而在知识产权侵权和合同争议上,如果知识产权争议与法院有充足的联系,则法院通常可以依其法律行使管辖权。

在大陆法系国家,被告住所地是法院对知识产权争议行使管辖权的充分基础(例如,《布鲁塞尔条例》第 2 条、日本、韩国、瑞士、克罗地亚等国家的国内法);其他如侵权行为地、合同履行地,也被认为是行使管辖权的例外或替代性的基础。在英美法系国家(例如美国、加拿大和印度),法院可以行使对人或对物管辖权。如果存在其他管辖权基础竞合,例如,对于一个同时侵犯外国知识产权与法院地国知识产权的案件,上述英美法系国家以及日本、韩国等国的法院均可以主张管辖权。③ 由此可见,知识产权的管辖权日趋灵活化。

在知识产权侵权领域,对于地域性原则突破的案例越来越多,并发展出一定的理论。

(一)联系理论

联系理论是指只要在外国发生的侵权行为和法院地存在某种"联系",哪怕这种联系只是最低限度的联系,受诉法院就可以行使管辖权。

> **示例 10.1**
>
> 在美国,在针对墨西哥领域内两起商标侵权的管辖权案件中,法院借用 Timberlane Lumber Co. v. Bank of America National Trust Savings Ass'n.④中关于反托拉斯(antitrust laws)的三个适用标准:(1)必须对美国人的对外商业活动产生效果;(2)根据联邦法律,其影响必须足以对原告造成可认定的损害;(3)与其他国家相比,与美国对外商业的利益和联系必须足够强大,最终对该墨西哥领域内的侵犯商标权行为行使了管辖权。⑤
>
> 在法国,法院在 Arregui Mendizable de Cuenca Sanchez v. Regie Nationale des Usines 一案中,也运用了联系理论。⑥

---

① 2010 年,第 18 届国际比较法协会将知识产权与国际私法作为讨论的主体,并收集了 20 多个国家的国别报告,在由日本学者所编辑的总结报告中,分别对知识产权地域性与国际私法的管辖权、法律适用、外国判决的承认与执行进行了讨论。See Toshiyuki Kono(ed.), *Intellectual Property and Private International Law: Comparative Perspectives*, Hart Publishing Ltd., 2012, p.216.

② See Toshiyuki Kono(ed.), *Intellectual Property and Private International Law: Comparative Perspectives*, Hart Publishing Ltd., Oxford, 2012, p.48.

③ 两大法系的不同之处在于标的物管辖权。在跨国知识产权争议上,即使被告在法院地国有住所,英美法系国家通常会拒绝审理与外国知识产权有关的案件;但在欧洲布鲁塞尔/卢加诺体系下,则允许法院根据被告住所地行使管辖权。*Ibid*, pp.212-213.

④ 549 F.2d 597 at 1395 (9th Cir. 1976).

⑤ Reebok Intern., Ltd. v. Marnatech Enterprises, 970 F.2d 552 (9th Cir. 1992); Ocean Garden, Inc. v. Marktrade Co., Inc., 953 F.2d 500 (9th Cir. 1991).

⑥ See Campbell McLachlan and Peter Nygh(ed.), *Transnational tort litigation: jurisdictional principles*, Clarendon Press, 1996, pp.128-133. 在法国的这起案件中,一家西班牙公司将其西班牙生产的零部件进口到法国等待再出口,而非在法国出售,现原告指控西班牙公司在西班牙生产的产品侵犯了其在法国注册的一项外国设计专利权。法国最高法院认为:根据法国法律,法国法院有权审理对西班牙公司提起的诉讼。被告将零部件进口到法国的事实侵犯了法国的专利权。但此案的联系程度应该是非常低的。

在荷兰，Lincoln v. Interlas 案也就商标侵权进行了域外管辖。该案被告 Interlas 是一家荷兰公司，从美国进口了带有"Lincoln"商标的柴油机焊接原件，并且把它出售到欧洲数个国家。"Lincoln"商标的所有人以 Interlas 侵犯其商标权为由在荷兰海牙法院提起商标侵权诉讼。由于原告的商标权同时涉及荷兰、比利时和卢森堡，原告请求海牙法院一并保护，并向上述国家发布禁令，得到海牙初审法院的支持。被告根据《荷兰民法典》反对签署这项跨越辖区的禁令，并提起上诉。荷兰最高法院驳回了被告的上诉请求，认为，除非有例外，源于法律或诉讼法案规定，一人对他人负有给付、作为或不作为的义务。法官应当根据义务相对人的请求，判令义务人履行其义务。否则，在当今国际交往与日俱增的形势下，特别是在数国侵犯知识产权的案件中，将会迫使荷兰受害人在每个发生侵权的国家都要起诉。①

（二）连带原则

连带原则，即如果发生在外国的侵犯知识产权的行为与内国管辖的案件具有连带或代理上的关系，则内国法院可以依据这种关系对在外国实施的行为进行管辖。②

示例 10.2 Unilever Plc v. Gillette (UK) Ltd③

在该案中，如果外国母公司因为英国子公司的侵权行为而受益，且可能存在的情况是，二者共同谋划了销售侵犯他人知识产权的产品，应该对外国母公司进行送达，并将其加入针对英国子公司的诉讼中。此案中原告 Unilever 上诉，主张应该对作为英国公司 Gillette (UK) 母公司的美国 Gillette (Boston) 进行送达。原告的主要理由是母子公司二者之间的商业关系，并认为二者构成共同的侵权人。英国上诉法院基于两被告的商业关系，认定二者构成了共同侵权人，并对美国 Gillette (Boston) 行使了管辖权。

（三）蛛网理论（spider in the web）

根据蛛网理论，当侵权人同属于一个集团共同体（一张共同的蛛网），而法院地是所有侵权行为的策划和管理中心地（蜘蛛的住所）时，法院可以行使管辖权。

---

① 参见罗艺方：《跨国知识产权侵权管辖原则的新发展——对传统地域管辖原则的突破》，载《政法学刊》2003 年第 3 期，第 24 页。See also John R Thomas, "Litigation Beyond the Technological Frontier: Comparative Approaches to Multinational Patent Enforcement", 27 *Law & Pol'y Int'l Bus* 277 (1996).

② 参见朱榄叶、刘晓红主编：《知识产权法律冲突与解决问题研究》，法律出版社 2004 年版，第 58 页。

③ [1989] 6 WLUK 233；[1989] R.P.C. 583.
本案中，英国公司 Unilever 指控英国 Gillette (UK) 生产的除臭剂侵犯了其专利权。原告还试图将 Gillette (UK) 的母公司，位于美国的 Gillette (Boston) 增加为被告。但证据表明被告 Gillette (UK) 使用新配方生产除臭剂并出售产品的行为是其独自行为，与其母公司无关。英国高等法院拒绝向美国 Gillette (Boston) 签发表票，但遭到上诉法院的否决。上诉法院认为，Gillette (UK) 公司所进行的生产和销售行为是否与其母公司 Gillette (Boston) 共同参与设计，是本案的关键。为确定对 Gillette (Boston) 的管辖权，无须证明美国 Gillette (Boston) 与 Gillette (UK) 共谋了计划，只要存在默认且双方共同进行的行为被证明属于侵权行为就已经足够行使管辖权。上诉法院基于如下的事实认为 Gillette (Boston) 与 Gillette (UK) 存在"协调一致"或"行为一致"：二者之间存在母子公司的附属关系；产品的唯一性；销售构成侵权；Gillette (Boston) 了解原告的专利；Gillette (UK) 就其使用配方向 Gillette (Boston) 进行咨询的技术秘密协议；Gillette (Boston) 有权因"医学原因"否决其子公司生产新产品的权利等。基于这些事实，上述法院认为两被告就侵犯原告专利权的行为存在连带关系，并行使了对 Gillette (Boston) 的管辖权。

示例 10.3

蛛网理论缘起于 Expandable Grafts Partnership v. Boston Scientific①，该案中荷兰上诉法院裁决，如果外国被告同属于同一集团公司，且该集团公司的欧洲管理中心在法院地国内，荷兰法院可以对侵权案件合并管辖。

三、法律适用与知识产权的地域性

知识产权地域性原则与"被请求保护地国法"的法律适用规则紧密相连。② 被请求保护地国法原则旨在解决权利人在多个国家拥有知识产权时相关案件的准据法问题，该原则首先被规定在《伯尔尼公约》第5(2)条，并得到越来越多的认可。③ 在绝对地域性下，地域性原则通常被解释为权利人的有关权利只有在其享有知识产权的国家范围内才会被侵犯，例如，专利侵权仅发生在专利登记国领域内，因为只有在此国家内专利权才受保护。在知识产权产品作为国际贸易标的的时代背景下，知识产权地域性受到的挑战愈发频繁。尤其是在数字化时代，由于远程知识产权侵权案件频繁发生，在一国实施的侵权行为，经常在第三国产生损害。知识产权地域性限制了跨国争议的有效解决，逐个考虑所涉国家法律的做法，虽维护了国家的主权利益，却忽视了私人的需求。相对地域性方案则强调不要单纯适用被请求保护地国法，在侵权和合同领域可以适当扩张与自由化。

早期在法律适用上多采取绝对地域性原则，即适用被请求保护地国法，在上述排他性管辖的背景下，案件的准据法为原审法院国的内国实体法为宜，而不包括其冲突法和程序法规范。如马丁·沃尔夫指出：

在这一类权利初次出现时，流行的旧理论认为它们具有君主或者国家所授予的个人特权或独占权的性质。虽然这种理论幸而已被抛弃，但是它的后果之一却被保留下来，这就是，国家只能保护它本身用特殊的法律（特权）或者用一般的法律所授予的那些专利权、外观设计、商标和版权。关于专利权、版权等问题，任何国家都不适用外国的法律，也不承认根据外国的法律所产生的这一类权利……

专利权的让与适用它所据以产生的法律，这一点对于版权、商标权和外观设计也同样适用。这些权利的处分行为——让与或出质，或者授予独占的许可证（例如在某一特定区

---

① Expandable Grafts Partnership v. Boston Scientific et al., Court of Appeal The Hague, April 23, 1998, 1998 E. I. P. R. N-13.

② See GHC Bodenhausen, *Guide to the Application of the Paris Convention for the Protection of Industrial Property* (Geneva, United International Bureau for the Protection of Intellectual Property, 2007), pp. 61-63; Toshiyuki Kono, ed., *Intellectual Property and Private International Law: Comparative Perspectives*, Hart Publishing Ltd., 2012, p. 16.

③ See Art 8(1) of the Rome II Regulation, Art 3:601(1) of the CLIP Principles and Art 301(1)(b) of the ALI Principles.

> 域使用一项发明）——当然不能取决于行为地法，如果处分行为是在外国发生的话，适用于专利权（和版权等）的法律，就这件事说来，和权利的所在地法总是一致的。①

在立法层面，有关知识产权的国际私法专门性规定日渐增多，近年来尤为突出，并越来越多地采纳相对地域性方案，即并非单纯适用被请求保护地国法，在侵权和合同领域可以适当扩张与自由化。

在国际法律文书方面，尽管目前尚没有关于知识产权管辖权、法律适用、判决承认与执行的国际公约，但有不少立法建议先后出现（如 ALI Principles，CLIP Principles，Transparency Principles，Waseda and Korean Proposals），有力地推动了全球范围内知识产权国际私法规则的趋同化。在法律适用上，《伯尔尼公约》第 5(2) 条并没有成为全球一致的冲突法规则。随着跨国知识产权的广泛应用，针对不同争议的特定冲突规则需求越来越明显。

首先，关于知识产权所有权和有效性等问题，注册型和非注册型权利之间产生了不同规则。对于非注册型的权利，不仅有被请求保护地国法，还有原始国法（lex originis）。

其次，尽管被请求保护地国法是适用于知识产权侵权的一般原则，但法院地法、当事人意思自治也越来越多地得到认可。

最后，知识产权转让合同存在不少错综复杂的法律适用问题。② 在当事人没有选法的情况下，英美法系国家多用最密切联系原则，而大陆法系国家多用特征性履行方法。③

第三节　中国知识产权的法律适用

20 世纪 50 年代以来，一些国家开始不再固守外国知识产权法在本国没有法律效力的观点，有限度地对知识产权的某些事项适用外国法。也就是说，知识产权在一定范围内已突破其严格的地域性要求，具有可诉性和域外效力。④ 知识产权的法律适用通常采用分割方法，即根据涉及知识产权的不同问题，分别适用不同的冲突规则以确定适当的准据法。知识产权的法律适用可分为三个方面。

一、知识产权归属、内容和效力

所谓知识产权归属、内容和效力纠纷，又称为本体法律关系，即知识产权得以存在或消灭的法律事实基础上所产生的关系，主要有三种类型：一是当事人不服行政管理机关的决定

---

① Martin Wolff，*Private International Law*，Clarendon Press，2nd ed.，1950.〔德〕马丁·沃尔夫：《国际私法》，李浩培、汤宗舜译，法律出版社 1988 年版，第 775—776 页。
② 笼统地讲被请求保护地国法适用于合同领域更不合常理。See James J. Fawcett & Paul Torremans(eds.)，*Intellectual Property and Private International Law*，2nd ed.，Oxford University Press，2011，p.791.
③ See Toshiyuki Kono(ed.)，*Intellectual Property and Private International Law：Comparative Perspectives*，Hart Publishing Ltd.，2012，p.215.
④ Lawrence Collins，et al （eds.），*Dicey，Morris and Collins on the Conflict of Laws*，15th ed.，Sweet & Maxwell，2012，p.2289.

或裁决而发生的争议,例如,因发明专利申请被驳回或因他人提出异议而被裁决不授予专利权所引发的争议;二是当事人对知识产权的归属产生的争议;三是当事人对知识产权被授予后的有效性有异议而引发的争议。

由于知识产权具有"属地性"或"地域性"的特点,即知识产权的效力和内容原则上仅限于权利授予国的领土。因此关于知识产权的一般事项,如其归属和内容,一般应适用"被请求保护地国"或"权利主张地国"的法律。该原则得到了多数国家国内立法和有关国际公约的承认。《巴黎公约》第 10.3 条针对商标、厂商名称、假标记以及不正当竞争的救济措施、起诉权的相关规定都指向被请求保护地国法律。《伯尔尼公约》第 5(2)条第 2 句规定:"除本公约条款外,保护的程度以及为保护作者权利而向其提供的补救方法完全由被请求给予保护的成员国法律规定。"①

"被请求保护地法"一词来源于《伯尔尼公约》第 5(2)条中的"the laws of the country where protection is claimed",但该表述不够准确:既可以指提起保护请求国家的法律,如法院地法,但如果未在法院地受侵害,或在其他地域也同样被侵害时,适用法院地并不合理;也可能是指被请求给予保护国家的法律,如侵权行为地法或者权利注册地法。国际上占主导地位的观点是将其理解为"the laws of the country for which protection is claimed",即被请求提供保护国家的法律。②

示例 10.4

> 甲发现自己的专著在 A 国被乙侵权了,但甲发现乙在 B 国拥有高价值的房产,且 B 国对著作权侵权惩罚力度大,赔偿数额高,于是甲决定在 B 国起诉乙,此时法院地 B 国为提起请求保护地,侵权行为地为 A 国,而被请求保护地法,即被请求保护的权利地法应该是 A 国法律。

我国《法律适用法》第 48 条规定,知识产权的归属和内容,适用被请求保护地法律。

被请求保护地是涉外知识产权关系法律中最重要的术语之一,其具有独特的内涵。

1. 被请求保护地不能等同于法院地。各国知识产权法往往规定了多种知识产权保护的方式和途径,除了诉讼方式外,不少国家还规定了仲裁、海关保护以及其他行政保护等。权利人有多种保护途径可以选择,并非必须通过法院以诉讼方式获得保护。因而,被请求保护地并不必然是法院地。

2. 被请求保护地也不等同于提起保护请求地。立法管辖权和司法管辖权分离的必然结果是案件管辖权和法律适用问题的区分。权利人可以在具有案件管辖权的任何法院或者仲裁机构提起保护请求,但是该管辖法院或者仲裁庭适用的法律并不必然是当事人提起保护请求地的法律。如果权利人在权利注册地或者登记地提起保护请求,被请求保护地和提起保护请

---

① 杜涛:《涉外民事关系法律适用法释评》,中国法制出版社 2011 年版,第 396 页。
② 对此,前世界知识产权组织版权局局长克劳德·马苏耶曾针对该条解释道:"被侵权的作者通常选择在他的权利受到侵害的国家起诉,但他也可能出于某些缘故而宁愿在其他某国寻求司法救济,例如因为该国存在属于被告的财产,而扣押这些财产使他有可能满意地获得判决给予的任何损害赔偿。在这种情况下,就由法院适用国际私法的相应规定来解决发生的任何冲突。"Claude Masouyé, Guide to the Berne Convention for the Protection of Literary and Artistic Works, Paris act, 1971, para. 5.7.

求地就重合了;如果权利人在权利注册地或者登记地以外提起诉讼请求,两者并不重合。

3. 被请求保护地是指被请求保护的权利地。由于知识产权中既有自动产生的权利,又有需要登记或者注册方可产生的权利,该两类知识产权的被请求保护地存在某些差别。对于自动产生的权利而言,例如版权和邻接权,被请求保护地法律是指该被请求保护的权利地法律;对于非自动产生的权利例如专利权、商标权、植物新品种、集成电路布图设计等而言,被请求保护地法律则是指该权利的注册地或登记地的法律。[①]

二、知识产权侵权

知识产权侵权是指侵犯他人的知识产权而产生的纠纷。例如,专利权人或利害关系人对专利技术的专有实施权或对某项专利技术的使用权或抵押权遭到不法侵害而引发的争议。知识产权的侵权责任适用被请求保护国法律,是涉外知识产权侵权法律适用的主要规则和主流理论,为许多国家立法所采用,这是由知识产权的地域性所决定的,且一般不区别不同类型的知识产权。[②]

被请求保护地是一个较为宽泛和灵活的连结点,它可能是侵权行为实施地,可能是侵权行为损害结果地,也可能是法院地。[③] 例如,《罗马条例Ⅱ》就适用被请求保护地国的法律或者侵害行为实施地法。为克服被请求保护地自身的局限性,一些国家包括我国又引入意思自治原则,允许当事人协议选择适用法院地的法律,既尊重当事人的意愿,也扩大了法律适用范围,增强了法律适用的合理性。

我国《法律适用法》第50条规定,知识产权的侵权责任,适用被请求保护地法律,当事人也可以在侵权行为发生后协议选择适用法院地法律。

第一,被请求保护地的法律。此处的被请求保护地的含义同知识产权的归属和内容法律适用中的被请求保护地具有相同的含义,即被请求保护的权利地。需要说明的是,被请求保护地是从当事人的角度而言的,是当事人认为其享有权利并请求对该权利给予保护的地方,至于当事人是否真正享有权利并能获得保护,则取决于被请求保护地的法律。因而,这里的被请求保护地是程序意义上的,而不是实体结果意义上的保护地。

示例10.5 努伊特里克公开股份有限公司(NEUTRIKAG)与宁波海曙区××电子有限公司侵害外观设计专利权纠纷案[④]

2016年4月11日,努伊特里克公开股份有限公司(NEUTRIKAG)(住所地:列支敦士登公国(Liechtenstein))向宁波市中级人民法院提起侵害外观设计专利权纠纷诉讼,请求判定宁波海曙区××电子有限公司停止制造、销售、许诺销售侵犯其外观设计专利权的行为并赔偿经济损失。

---

① 万鄂湘主编,最高人民法院民事审判第四庭编著:《〈中华人民共和国涉外民事关系法律适用法〉条文理解与适用》,中国法制出版社2011年版,第339—340页。
② 杨长海:《知识产权冲突法论》,厦门大学出版社2011年版,第300页。
③ 韩德培主编:《国际私法》(第三版),高等教育出版社、北京大学出版社2014年版,第317页。
④ 宁波市中级人民法院,(2016)浙02民初492号。

> 法院审理后认为,依据作为被请求保护地的中国法,被诉侵权设计与涉案专利外观设计构成相近似的设计,落入涉案专利权的保护范围,且认定被告存在制造、销售、许诺销售被控侵权产品的行为,故裁定被告立即停止制造、销售、许诺销售侵害原告专利权产品的行为,并赔偿原告的经济损失及为制止侵权所支付的合理费用。
>
> 【问题与评析】
> 如何确定我国涉外专利侵权中的法律适用?
> 专利权是知识产权司法实践中涉及的重要领域,其法律适用问题应遵循知识产权法律适用的一般规则和思路,除非存在特别规定或国际性法律文件。该案发生于2016年,根据《法律适用法》的相关规定,有关涉外知识产权侵权的法律适用应遵从"被请求保护地法律"的一般规定。

第二,当事人的意思自治原则。本条将当事人的意思自治原则引入知识产权侵权领域,在扩大意思自治适用领域的同时,又基于效率和便利的考虑,将当事人意思自治的范围限制为只能协议选择法院地法。①

《法律适用法》第50条知识产权侵权与第44条一般侵权的规定均允许当事人事后协议选择适用的法律,但知识产权侵权只允许选择法院地法律。另外,一般侵权可以适用当事人共同经常居所地法律,即当事人共同的属人法,而知识产权侵权则不包含此连结点。

三、知识产权的转让和许可

对于知识产权的转让和许可,由于其通常是通过知识产权转让合同与许可合同来实现的,具有债权性质,因此相应地应采纳合同法律适用的首要原则,即当事人意思自治原则,允许当事人通过协议来选择适用的法律。②在当事人未指定准据法时,以最密切联系原则作为意思自治原则的补充。另外,也有一些国家将知识产权定性为物权,规定知识产权转让和许可使用适用物之所在地法或者财产所在地法③,如罗马尼亚和意大利。

我国《法律适用法》第49条规定,当事人可以协议选择知识产权转让和许可使用适用的法律。当事人没有选择的,适用本法对合同的有关规定。

一般认为,对于知识产权纯粹合同关系,例如合同的成立、合同义务、合同解释、支付方式等,当事人享有选择所应适用的法律的自由。需要注意的是,即使在这个范围内,当事人的意思自治也不是绝对的。我国法律对涉外民事关系有强制性规定的,直接适用该强制性规定,从而排除了当事人协议选择的法律的适用。这类强制性规定主要包含以下内容:第一,关于知识产权的可转让性的强制性规定。例如《对外贸易法》第15条等规定了对特定技术的进出口禁止或者限制。第二,关于知识产权合同形式及效力的强制性规定,如《专利法》

---

① 万鄂湘主编,最高人民法院民事审判第四庭编著:《〈中华人民共和国涉外民事关系法律适用法〉条文理解与适用》,中国法制出版社2011年版,第339—340页。
② 黄进、姜茹娇主编:《〈中华人民共和国涉外民事关系法律适用法〉释义与分析》,法律出版社2011年版,第289页。
③ 齐湘泉:《〈涉外民事关系法律适用法〉原理与精要》,法律出版社2011年版,第377页。

第10条等。第三,关于公共秩序保留原则的强制性适用。① 另外,在当事人没有选择时,则适用履行义务最能体现该合同特征的一方当事人经常居所地法律或者其他与该合同有最密切联系的法律,如小米公司诉美国交互数字公司标准必要专利许可费率纠纷案[二维码案例]。

示例10.6　华为技术有限公司与IDC公司标准必要专利使用费纠纷案②

在此案中,广东省高级人民法院认为:

首先,本案纠纷属于标准必要专利使用费纠纷,双方争议的问题仅仅是标准必要专利使用费问题。其次,根据当事人的诉辩主张,本案所涉及的标准必要专利仅仅是指IDC公司在中国申请或者获得授权的标准必要专利,并不涉及IDC公司在法国或者其他国家的标准必要专利问题。也就是说双方争议的标的是IDC公司在中国的专利或者专利申请。再次,《法律适用法》第49条规定,当事人可以协议选择知识产权转让和许可适用的法律。当事人没有选择的,适用本法对合同的有关规定。第41条规定,当事人可以协议选择合同适用的法律,当事人没有选择的,适用履行义务最能体现该合同特征的一方当事人经常居所地或者其他与该合同有密切联系的法律。华为公司与IDC公司之间并无约定如果双方就标准必要专利使用费问题发生纠纷应当适用哪国法律。而华为公司住所地、涉案专利实施地、谈判协商地均在中国,与中国有最密切的联系。最后,本案所涉IDC公司的中国标准必要专利或者专利申请,均是根据中国专利法的规定申请或者获得授权的。根据我国专利法的规定,在中国没有经常居所或者营业场所的外国人、外国企业或者外国其他组织在中国申请专利,应当根据中国专利法办理。在中国申请专利应当依据中国专利法的规定,获得授权后,应当受到何等保护,比如专利保护期的长短、保护程序等等,均应当依照中国法律的规定,而不应当依照申请人所在国的法律或者其他国家的法律。综合分析,本案应当适用中国法律。

【推荐参考资料】

1. 何其生:《论国际司法合作中的知识产权地域性》,载《现代法学》2022年第2期;
2. 何其生:《〈海牙判决公约〉谈判与知识产权的国际司法合作》,载《法学研究》2021年第1期;
3. 何艳:《知识产权国际私法保护规则的新发展——〈知识产权:跨国纠纷管辖权、法律选择和判决原则〉述评及启示》,载《法商研究》2009年第1期;
4. 杨长海:《知识产权冲突法论》,厦门大学出版社2011年版;
5. 吴汉东:《知识产权法》,北京大学出版社2007年版;

---

① 万鄂湘主编,最高人民法院民事审判第四庭编著:《〈中华人民共和国涉外民事关系法律适用法〉条文理解与适用》,中国法制出版社2011年版,第339—340页。
② 广东省高级人民法院,(2013)粤高法民三终字第305号。

6. 朱榄叶、刘晓红主编:《知识产权法律冲突与解决问题研究》,法律出版社2004年版;

7. Rita Matulionyte,"Calling for Party Autonomy in Intellectual Property Infringement Cases",9(1) *Journal of Private International Law* 77-99 (2013);

8. James J. Fawcett and Paul Torremans,*Intellectual Property and Private International Law*,2nd ed.,Oxford University Press,2011.

第十一章

婚姻家庭的法律适用

第一节 概 述

由于法律传统价值、伦理道德观念、文化制度上的差异,尤其是考虑到宗教信仰方面的差异,各国有关涉外婚姻家庭的规定差异较大。而且,由于婚姻家庭关系涉及各国的公序良俗,这一领域也是最难达成国际统一法规则的领域,尤其是在统一实体规范方面更为少见。

考虑到婚姻家庭领域以身份关系为主,同时有可能涉及财产问题,因此在法律适用上,具有如下几个特点:

一是婚姻家庭关系,主要是身份关系,以属人法为主,涉及一方或双方的属人法;

二是夫妻财产关系中,涉及夫妻财产制,允许当事人意思自治,也应考虑财产所在地法;

三是在扶养、收养和监护案件中,涉及当事人属人法,考虑到弱者保护原则,实行的是有利于弱者利益保护的原则;

四是婚姻家庭关系中的形式问题或手续问题,秉承尽量使之有效原则,灵活宽松处理,但收养的手续是个例外;

五是在婚姻家庭领域,由于涉及一国传统风俗、文化传承、宗教信仰甚至社会稳定等问题,国际社会在此领域尚没有统一的实体规则。但在此领域存在大量的冲突法条约,包括海牙国际私法会议先后制定的如下国际公约[①]:

> 1902 年《关于未成年人监护的公约》(Convention of 12 June 1902 on the Guardianship of Minors)
> 1956 年《抚养儿童义务法律适用公约》(Convention of 24 October 1956 on the Law Applicable to Maintenance Obligations towards Children)
> 1958 年《儿童抚养义务判决的承认和执行公约》(Convention of 15 April 1958 Concerning the Recognition and Enforcement of Decisions Relating to Maintenance Obligations towards Children)

---

① 外交部条约法律司编:《海牙国际私法会议公约集》,法律出版社 2012 年版;也可参见海牙国际私法会议的网站。

1961年《未成年人保护的主管机关的权力及法律适用公约》(Convention of 5 October 1961 Concerning the Powers of Authorities and the Law Applicable in Respect of the Protection of Infants)

1965年《关于收养的管辖权、法律适用及判决承认的公约》(Convention of 15 November 1965 on Jurisdiction, Applicable Law and Recognition of Decrees Relating to Adoptions)

1970年《承认离婚和分居公约》(Convention of 1 June 1970 on the Recognition of Divorces and Legal Separations)

1973年《扶养义务判决的承认和执行公约》(Convention of 2 October 1973 on the Recognition and Enforcement of Decisions Relating to Maintenance Obligations)

1973年《扶养义务法律适用公约》(Convention of 2 October 1973 on the Law Applicable to Maintenance Obligations)

1978年《婚姻财产制度法律适用公约》(Convention of 14 March 1978 on the Law Applicable to Matrimonial Property Regimes)

1978年《结婚仪式和承认婚姻效力的公约》(Convention of 14 March 1978 on Celebration and Recognition of the Validity of Marriages)

1980年《国际诱拐儿童民事方面的公约》(Convention of 25 October 1980 on the Civil Aspects of International Child Abduction)

1993年《跨国收养方面保护儿童及合作公约》(Convention of 29 May 1993 on Protection of Children and Co-operation in Respect of Intercountry Adoption)

1996年《关于父母责任和保护儿童措施的管辖权、法律适用、承认、执行和合作公约》(Convention of 19 October 1996 on Jurisdiction, Applicable Law, Recognition, Enforcement and Co-operation in Respect of Parental Responsibility and Measures for the Protection of Children)

2000年《成年人国际保护公约》(Convention of 13 January 2000 on the International Protection of Adults)

2007年《关于国际追索儿童抚养费和其他形式家庭扶养的公约》(Convention of 23 November 2007 on the International Recovery of Child Support and Other Forms of Family Maintenance)

2007年《扶养义务法律适用议定书》(Protocol of 23 November 2007 on the Law Applicable to Maintenance Obligations)

在缺乏实体法的情况下,相关冲突法公约取得了成功。在儿童保护领域的司法与行政合作方面,则可以说是相当成功。例如,截至2022年年初,1980年《国际诱拐儿童民事方面的公约》有101个缔约方,1993年《跨国收养方面保护儿童及合作公约》则有107个缔约方。

第二节 结 婚

结婚,也称婚姻的成立,是指男女双方根据法律规定的条件和程序结成夫妻的一种法律行为。婚姻合法有效的前提是双方当事人必须符合一定的结婚条件和程序,否则结婚的效力将受到影响。婚姻关系有效成立的条件和程序,通常称为结婚的实质要件和形式要件,在诸多国家的婚姻家庭立法中,通常都对其法律适用分别作出明确规定。

示例 11.1

> **古代中国婚姻论:**
> 《诗·郑风丰笺》:"婚姻之道,谓嫁娶之礼。"
> 《礼记·昏礼》:"昏礼者,将合二姓之好,上以事宗庙,而下以继后世也,故君子重之。"
> 汉代郑玄在《礼记·昏义疏》中解释道:"男以昏时迎女,女因男而来……论其男女之身谓之嫁娶,指其好合之际,谓之婚姻,其事是一,故云婚姻之道,谓嫁娶之礼也。"

而在西方,中世纪的婚姻理论深受"有神论"的影响,认为婚姻乃"神授的圣事",具有强烈的宗教色彩。随着"自由与平等"观念的普及,婚姻逐渐由一种自上而下的纵向观念转变为一种横向观念,即婚姻是当事人之间所缔结的一种契约。康德认为婚姻是对物权,包括自物权与他物权,进一步丰富了现代婚姻理论。

一、结婚的实质要件

★ **热身问题 1:**
莘茵,女,21 岁,中国公民,某企业家的独女。
季成,男,21 岁,荷兰公民。
双方在欧洲学习时相识相恋,2011 年拟在中国结婚,婚前莘茵要求季成来中国"倒插门",孩子随莘茵姓氏,季成勉强答应来京工作,后双方拟在北京登记结婚。
问题:
(1) 双方的结婚条件适用哪个地方的法律?
(2) 双方是否满足在中国结婚的要件?

结婚实质要件(substantive conditions of marriage)是指婚姻当事人结婚必须具备的条件(又称必备条件或积极条件)和必须排除的条件(又称禁止条件或消极条件)。前者一般是指双方当事人必须达到法定婚龄,双方当事人必须自愿结婚等。而后者一般是指双方不在禁止结婚的血亲之内,不存在不能结婚的疾病或生理缺陷,没有另外的婚姻关系等。结婚的实质要件关涉婚姻效力,又可以称为婚姻的实质有效性(essential validity of marriage)。

结婚的实质要件一般适用婚姻缔结地法(亦即婚姻举行地法),或适用当事人属人法(包括当事人的本国法或住所地法),或兼采上述各连结点而依不同情况分别予以适用的混合制。① 但在一般冲突规则之外多有例外情形。

（一）适用婚姻缔结地法

结婚的实质要件依婚姻缔结地法，意思就是，如果结婚符合婚姻缔结地法有关结婚实质要件的规定，该婚姻就是有效的，且在任何地方都有效；如果结婚不符合婚姻缔结地法有关结婚实质要件的规定，该婚姻就是无效的，且在任何地方都无效。采取这种方式的国家主要有美国、澳大利亚、阿根廷、智利等。

1978年《结婚仪式和承认婚姻效力的公约》第9条第1款规定，依照婚姻缔结地法有效缔结的婚姻，或之后依照该国法律有效的婚姻，在符合本章规定的情况下，所有缔约国均应视为有效婚姻。

适用婚姻缔结地法的依据是：婚姻是一种人身关系的契约，应受"场所支配行为"原则的支配，该原则还有"既得权说"理论的支持，该理论认为婚姻关系作为当事人的权利，理应得到相关国家的承认和保护。适用婚姻缔结地法的优势如下：一是简单方便，婚姻登记机关只需按照本国法规定审查当事人是否符合结婚的要件即可，而无须考虑外国法的规定。二是适用婚姻缔结地法对移民国家有利。如果是外来移民较多的国家，适用婚姻缔结地法既可以扩大本国法律的适用范围，又能够为外来移民提供便利，促进本地社会经济的发展。但是，适用婚姻缔结地法也有缺点，就是易给当事人提供规避法律的机会，当事人通过选择婚姻举行地，规避本应适用的准据法，使非法婚姻合法化。② 而且婚姻举行地与居所地没有任何关系，易产生"跛脚婚姻"（limping marriage）的情形，即婚姻在一国有效而在另一国无效。

（二）适用当事人属人法

一些国家认为婚姻关系属于人的身份关系，故主张结婚的实质要件应当适用当事人属人法，但当事人的属人法一直包括本国法和住所地法两大阵营。

（1）适用当事人本国法的依据是：国籍较住所固定，与个人的法律联系久远，本国的法律更加符合个人的利益和习惯，适用本国法的婚姻效力易于得到本国的承认和受到本国的外交保护。适用当事人本国法的国家主要有：德国、法国、日本、奥地利、荷兰等。

（2）适用当事人住所地法的依据是：住所为一个人的生活重心，婚姻的效力关系到住所地国家的公共秩序和伦理道德，以住所地法决定结婚的实质要件最为合理。适用当事人住所地法的国家主要有：英国、加拿大、新西兰等英联邦国家以及挪威、丹麦、冰岛等国。③

在实践中，如果双方当事人没有共同国籍或住所地，其各自的属人法又存在差异，这时如何适用当事人属人法就存在以下几种做法：一是适用男方属人法，以往有一些国家有这样的做法，但因其已落伍于男女平等的时代，目前很少有国家采用。二是分别适用双方各自的属人法，即男方属人法仅用于确定男方是否具备结婚的实质要件，女方的属人法仅用于确定女方是否具备结婚的实质要件，如果均具备，就可以缔结有效婚姻。采用这种做法的国家比较多，比如日本、波兰、奥地利、秘鲁等。三是重叠适用双方的属人法，即需要同时满足双方属人法对结婚实质要件的要求，才可以缔结有效婚姻，这种做法意味着对结婚双方更严格的法律要求。

---

① 李双元、欧福永主编：《国际私法》（第六版），北京大学出版社2022年版，第311页。
② 万鄂湘主编，最高人民法院民事审判第四庭编著：《〈中华人民共和国涉外民事关系法律适用法〉条文理解与适用》，中国法制出版社2011年版，第158页。
③ 参见何其生主编：《国际私法入门笔记》，法律出版社2019年版，第193页。

与适用婚姻缔结地法相比,结婚实质要件适用属人法具有一定的优势:首先,婚姻是一种长期的身份关系,在决定婚姻效力时,不管是当事人的国籍国还是住所地国,都因与婚姻有长久的联系而具有更大的利益。其次,当事人的国籍国和住所地国,相对于婚姻缔结地国在一定程度上比较稳定,有利于减少法律规避现象。但适用当事人属人法的缺点是,无论对于当事人还是婚姻登记机关,证明和适用外国法都是一件非常繁琐的事情;而且如果当事人属人法的规定与婚姻举行地公共秩序抵触,会增加结婚的障碍和困难。

(三)混合制

混合制考虑了在不同情况下适用不同的准据法,采取以一项冲突原则为主,兼采其他原则的制度,避免单纯适用婚姻举行地法或当事人属人法的不足。由于其比较灵活和切实可行,已被越来越多的国家,尤其是欧洲国家所接受。①

(四)中国的规定

我国《法律适用法》第21条规定:"结婚条件,适用当事人共同经常居所地法律;没有共同经常居所地的,适用共同国籍国法律;没有共同国籍,在一方当事人经常居所地或者国籍国缔结婚姻的,适用婚姻缔结地法律。"由此可见,我国在涉外结婚的实质要件上主要适用当事人属人法,采用互补性连结点规范:首先适用当事人共同经常居所地法;若没有就适用共同国籍国法;若也没有共同国籍的话,若在一方当事人经常居所地或者国籍国结婚的,则适用婚姻缔结地法。

适用第21条的规定,还应注意以下问题:

一是适当限制我国法律关于结婚实质要件作为公共秩序的范围。对于婚姻法律的基本原则,例如婚姻自由原则、一夫一妻原则、男女平等原则等,应该视为社会公共利益,但并非我国所有关于结婚实质要件的规定都是公共秩序规范。

二是在中国境内通过民事登记方式缔结的涉外婚姻,其结婚实质要件应适用我国的法律。2003年《婚姻登记条例》适用于中国人之间以及中国公民同外国人之间的婚姻登记,具有直接适用的效力。该条例第6条规定,办理结婚登记的当事人有下列情形之一的,婚姻登记机关不予登记:(1)未到法定结婚年龄的;(2)非双方自愿的;(3)一方或者双方已有配偶的;(4)属于直系血亲或者三代以内旁系血亲的;(5)患有医学上认为不应当结婚的疾病的。

三是双方都是外国人在中国办理结婚登记的,也要尊重中国法律关于结婚实质要件的规定。《民政部关于办理婚姻登记中几个涉外问题处理意见的批复》第3条规定,对于男女双方都是来华工作的外国人,或一方是在华工作的外国人,另一方是临时来华的外国人,要求在华办理结婚登记的,只要他们证件合格,符合我国婚姻法关于结婚的规定,可予办理结婚登记。为了保证我国婚姻登记的有效性,可以让婚姻当事人提供本国法律在国外办理结婚登记有效的条文。由此可以看出,即使双方都是外国人,要在中国办理结婚登记,不仅要符合中国有关婚姻法律的规定,还要兼顾其本国法,而并非适用中国《法律适用法》第22条的规定。

★热身问题1分析:

(1)根据中国《法律适用法》第21条,双方不存在共同经常居所地,也没有共同国籍,且

---

① 黄进主编:《国际私法》(第二版),法律出版社2005年版,第348页。

婚姻拟在女方国籍国中国登记缔结,因此双方的结婚条件适用中国法。

(2)根据中国《民法典》第1047条,"结婚年龄,男不得早于二十二周岁,女不得早于二十周岁",双方拟结婚时,男方尚不满22周岁,因此不满足在中国结婚的要件。

二、结婚的形式要件

★**热身问题2(续上):**
- 荦茵,女,21岁,中国公民,某企业家的独女。
- 季成,男,21岁,荷兰公民。

由于二人不能在中国结婚,而季成了解到荷兰的结婚年龄为男18岁,女16岁,双方于是打算在荷兰登记结婚,并在教堂举行了婚礼,婚后来中国以夫妻身份生活。

问题:中国是否应该认可他们合法的夫妻身份?

(一)婚姻缔结的形式

结婚的手续又称结婚的形式要件或者程序要件,是指婚姻合法成立必须履行的法定手续或形式。婚姻的形式要件主要关涉婚姻形式的有效性(formal validity of marriage)。在结婚的形式方面,目前主要有民事登记婚姻方式、宗教婚姻方式、领事婚姻方式、兵役婚姻方式[①]、公海婚姻方式、民事登记和宗教(世俗)仪式结合方式以及不要求任何形式等制度。

1. 民事登记方式

民事登记方式是指缔结婚姻当事人必须到法律指定的国家机关办理登记手续,领取证书,婚姻才告成立。现代大多数国家都要求结婚进行登记,但是登记的具体条件和程序也不尽相同。《民法典》第1049条规定:"要求结婚的男女双方应当亲自到婚姻登记机关申请结婚登记。符合本法规定的,予以登记,发给结婚证。完成结婚登记,即确立婚姻关系。未办理结婚登记的,应当补办登记。"

2. 宗教仪式

结婚的宗教仪式是指当事人按照其信仰的宗教,在教堂由神职人员主持的缔结婚姻的仪式。在中世纪的欧洲,宗教婚姻非常盛行,至今有一些国家仍承认以宗教仪式缔结婚姻的效力,如塞浦路斯、西班牙(仅适用于天主教徒)。以宗教仪式缔结婚姻的国家认为婚姻沐浴着神的恩宠,是神圣一体关系。婚礼上的神职人员并非履行公共职能的国家机关,而是代表神履行主持圣事的神圣职能,任何世俗的婚姻官员都不能代替神职人员的作用。[②]

但现代各国以宗教仪式缔结婚姻也有一些变化:一是有不少国家已不坚持将宗教仪式作为缔结婚姻的唯一方式,如1975年的马耳他和1982年的希腊就不再将宗教仪式作为唯一有效的结婚方式;二是有些国家虽然在其国内婚姻法中规定宗教仪式为唯一合法的婚姻方式,但不再坚持将宗教仪式适用于在外国缔结的婚姻,包括本国人之间在外国缔结的婚姻,如以色列等;三是世界上越来越多的国家认为宗教仪式和民事仪式不存在本质区别,都属于婚姻的形式要件。

[①] 又称海外驻军婚姻(service marriages),是指一国驻扎在其他国家的武装部队成员在驻扎地按照本国法规定的方式而缔结的婚姻。

[②] 焦燕:《婚姻冲突法问题研究》,法律出版社2007年版,第20页。

我国《民法典》将民事登记作为唯一的成立婚姻的方式。至于婚姻仪式,不论是民间仪式还是宗教仪式,都不是结婚的法定条件。

★**热身问题 2 分析:**

本案例中,仅就形式要件而言,双方的婚姻缔结地在荷兰,两人的国籍分别为荷兰和中国。根据中国《法律适用法》第 22 条,双方的结婚形式只要满足荷兰法或中国法其中之一的要求即可,两人在荷兰依法登记结婚,因此其结婚的形式要件合法。从我国尽可能促进婚姻有效的立法精神来说,也应该认可两人婚姻的形式要件有效。

3. 领事婚姻

领事婚姻(consular marriages)是指在驻在国不反对的情况下,一国驻国外的领事或外交代表为本国侨民依照本国法律规定的方式,办理结婚手续,从而成立婚姻的制度。领事婚姻起源于 19 世纪,当时西欧国家的教会对婚姻的影响力减弱,而随着对外扩张,许多欧洲人到世界各地去,他们带着本国的法律观念,却发现当地无法按照他们本国法律规定的方式缔结婚姻,或者是当地法律不适用于外国人,或者是当地法律所规定的宗教婚姻与他们本国的宗教观念大相径庭,又或者当地根本没有办理民事婚姻的机关,因此转而求助于本国,领事婚姻应运而生。

领事婚姻现在已广为各国国内立法和国际条约所接受。1963 年《维也纳领事关系公约》第 5 条第(6)项规定,领事职务包括"担任公证人,民事登记员及类似之职司,并办理若干行政性质之事务,但以接受国法律规章无禁止之规定为限"。1978 年《结婚仪式和承认婚姻效力的公约》第 9 条第 2 款规定:"由外交代表或领事官员依照其本国法律主持仪式而缔结的婚姻,如果不被结婚仪式举行地国所禁止,各缔约国应当同样视为有效。"

一般来说,缔结领事婚姻主要包括以下条件:一是经驻在国明示或默示同意,如果驻在国反对,那么领事婚姻在驻在国就会无效,其在第三国的有效性也就无法保证。二是派遣国领事只能为本国人缔结婚姻,或者说申请结婚的人必须具有派遣国国籍。实践中,比利时、巴西、日本、土耳其等国要求婚姻双方均为派遣国国民,而英国、法国、意大利、澳大利亚等国则只要求一方是其本国国民即可。三是领事官员将按照派遣国法律所规定的方式缔结婚姻,即婚姻的形式要件适用当事人的本国法而非婚姻缔结地法。①

对于领事婚姻,我国的惯常态度为:在条约或互惠的基础上,我国承认具有相同国籍的外国人双方在其本国驻华使领馆成立的婚姻为有效。我国同波兰、朝鲜、匈牙利等国签订的领事条约中有领事婚姻条款。我国坚持在对等原则的基础上承认领事婚姻。2003 年《婚姻登记条例》第 19 条规定,中华人民共和国驻外使(领)馆可以依照本条例的有关规定,为男女双方均居住于驻在国的中国公民办理婚姻登记。此外,我国领事馆也可以办理离婚(领事离婚)。②

---

① 参见焦燕:《婚姻冲突法问题研究》,法律出版社 2007 年版,第 41—44 页。
② 依据 1997 年《出国人员婚姻登记管理办法》第 4 条,即:"出国人员中的现役军人、公安人员、武装警察、机要人员和其他掌握国家重要机密的人员不得在我驻外使、领馆和居住国办理婚姻登记。"

（二）结婚形式要件的法律适用

★热身问题 3(续上)：

莘茵与季成最终还是取消了到荷兰结婚的打算。在北京工作近 2 年后，季成现为一荷兰跨国公司中层管理人员。双方决定于 2012 年 12 月 31 日在北京登记结婚，婚期将至，公司派季成出差，而且到 2013 年 1 月中旬才能回来，季成无法推脱，询问能否找个和他长得十分相似的外国人假冒其名前往民政部门登记。①

问题：季成的这一想法可行吗？如果假冒成功，莘茵与季成双方婚后以夫妻身份生活，根据中国法，如何看待他们婚姻的效力？

关于结婚的形式要件的法律适用，各国分别采用以下不同原则确定准据法：

1. 婚姻缔结地法

对于婚姻形式的法律适用，根据"场所支配行为"的原则，世界上许多国家长期以来都适用婚姻缔结地法(*lex loci celebrationis*)。婚姻的形式要件适用婚姻缔结地法，不仅得到国际社会的广泛接受，而且被规定在国际公约之中。例如，1902 年海牙《婚姻法律冲突公约》第 5 条第 1 款规定："依婚姻举行地法规定方式举行的婚姻，任何缔约国均应认为有效。"但婚姻形式要件单纯适用婚姻缔结地法容易导致法律规避，有时会出现"跛脚婚姻"。因此，越来越多的国家将婚姻缔结地作为一个任意性的冲突规则。

2. 当事人属人法

在宗教占据重要地位的国家，宗教仪式为唯一的结婚方式。这些国家的国际私法通常规定，本国人结婚应当符合本国法律规定的宗教方式才有效，不管该婚姻是否在外国缔结，比如西班牙等。②

3. 以婚姻缔结地法为主，兼采当事人属人法

为避免适用婚姻缔结地法容易出现的"跛脚婚姻"的情况，很多国家也允许适用婚姻缔结地法或当事人属人法。其又分为两种：一种是不区分内国婚姻和外国婚姻，符合二者其一即为有效。这种"无序性选择规范"在立法上表现出较大的灵活性，其目的是尽可能使结婚的形式要件得到有效确认，不使婚姻仅因形式要件欠缺而无效。③ 二是在内国缔结的婚姻必须符合内国法律的要求，而在外国缔结的婚姻则可以选择适用婚姻缔结地法或当事人属人法。例如，《奥地利联邦国际私法法规》第 16 条规定："在内国领域内缔结的婚姻，其方式依内国法关于方式的规定。在外国缔结的婚姻，其方式依结婚各方的属人法，但已符合婚姻缔结地法关于方式的规定者亦属有效。"

---

① 在婚姻制度中，国际社会存在代理婚姻(proxy marriages)制度，即结婚一方(有的国家甚至允许双方)委托第三人代替自己出席结婚仪式而成立的婚姻。其主要适用于当事人因无法克服的原因确实无法亲自到场而婚礼又必须如期举行的情形。最典型的例子是新娘已身怀有孕而新郎是军人且正驻扎在海外或正在服刑的犯人等情形。但由于成立婚姻必须是当事人的合意，代理婚姻可能存在欺诈、胁迫或错误的意思表示等难以保证一方当事人真实意愿的情形。代理婚姻有着严格的适用条件，有些国家(如意大利)需要法院的许可。但大多数国家不允许代理婚姻，要求结婚双方必须同时亲自到场，如中国、德国、瑞士、法国等。参见焦燕：《婚姻冲突法问题研究》，法律出版社 2007 年版，第 22—23 页。
② 杜新丽、宣增益主编：《国际私法》(第五版)，中国政法大学出版社 2017 年版，第 125 页。
③ 万鄂湘主编，最高人民法院民事审判第四庭编著：《〈中华人民共和国涉外民事关系法律适用法〉条文理解与适用》，中国法制出版社 2011 年版，第 167 页。

（三）中国的规定

我国《法律适用法》第22条规定："结婚手续，符合婚姻缔结地法律、一方当事人经常居所地法律或者国籍国法律的，均为有效。"由此可见，我国在涉外结婚的形式要件上并未区分内国婚姻和外国婚姻，均采用选择性冲突规范，只要结婚手续符合婚姻缔结地法、一方当事人经常居所地法或国籍国法其中之一的，该婚姻在形式上就有效。我国采取这种规定也是出于尽量使婚姻有效的原则，防止因结婚形式问题给当事人缔结婚姻造成过多障碍。

★**热身问题3分析**：

根据中国《法律适用法》第22条，双方的结婚形式只要满足荷兰法或中国法其中之一的要求即可。根据中国《民法典》第1049条，"要求结婚的男女双方应当亲自到婚姻登记机关申请结婚登记。符合本法规定的，予以登记，发给结婚证。完成结婚登记，即确立婚姻关系。未办理结婚登记的，应当补办登记"。这里似乎不承认非本人登记的婚姻效力，但最高院民一庭认为："在处理此类纠纷时，应首先审查双方是否具有婚姻法所规定的无效婚姻的几种情形，如果没有法定的无效婚姻情形，仅是婚姻登记时一方没有到场，实际上双方已在一起共同生活，法院应当驳回当事人申请宣告婚姻无效的请求。"①

结婚实质要件和形式要件分别是对结婚实质和程序的不同要求，两者相对独立，互不隶属。一般而言，各国对于结婚实质要件的法律适用通常从严掌握，而对于形式要件则比较宽松。就实质要件而言，《法律适用法》第21条规定了互补性连结点，有序适用该条所规定的冲突规范，相对严格；而就形式要件来说，第22条则规定了无序性的选择性冲突规范，比较宽松和灵活。尽管第22条规定了婚姻缔结地、经常居所地或者国籍国等连结点，但法律并未允许当事人自由选择，而是由法院进行认定。

三、同性婚姻

近年来，同性婚姻（homosexual marriage）逐渐获得一些国家和地区法律上的认可，同性婚姻的承认也成为国际私法上一个亟待解决的问题。一些国家认为同性婚姻与异性婚姻类似，其当事人之间可以依据"同性伴侣关系法"或类似法律履行相应权利义务；但也有许多国家认为同性婚姻虽名为"婚姻"，但其与男女双方所缔结的婚姻并非完全相同。从同性婚姻被赋予的法律效果来看，不同国家承认的程度各不相同。丹麦和挪威是较早承认同性婚姻法律效果，也是最为宽容的国家。

> **示例11.2**
>
> 以丹麦为例，1989年丹麦《伙伴关系登记法》（Registered Partnerships Act）规定，男女同性恋可以将他们（她们）之间的关系进行公共登记，以获得官方认可。经登记的同性关系几乎具有所有婚姻上的法律效果，包括：相互的扶养义务、财产关系、税收规定，以及在住房、养老金、移民等方面的权利；一方在与对方保持同性伴侣关系时又与第三人进行

---

① 参见最高人民法院民事审判第一庭编：《民事审判实务问答》，法律出版社2021年版，第302页。

登记的,构成类似于重婚的犯罪行为;同性伙伴关系的解除程序以及由此而引起的财产分割也与婚姻关系的解除大致相同;同性关系在登记时也要符合年龄、近亲限制等方面的结婚条件。唯一不同于婚姻中的夫妻的是,登记后的同性伙伴不得作为夫妻收养子女,也不得享有对未成年子女的共同监护权。[1]

目前,也尚有许多国家并未承认"同性婚姻",即便承认,在不同的国家和地区采取的法律规定也大相径庭。对于这一随着社会发展而新兴起的婚姻家庭问题,无论是已经承认的还是尚未承认的国家,在现实中都存在如何解决跨国同性婚姻的法律适用的问题,因此国际私法也有必要对此作出回应。

我国目前尚不承认同性婚姻,但相关案件已有所报道:

示例 11.3 浙江定海法院受理同性伴侣子女抚养权案[2]

2020年4月1日,浙江舟山定海区法院受理了同性伴侣及其子女监护案件。在该案中,原被告(同性伴侣)于2016年在美国洛杉矶登记结婚。2017年,双方在美国接受胚胎移植,并分别分娩一子一女,其中,原告所孕胚胎的卵子,为其伴侣提供。美国医院出具的出生证明显示,2017年5月31日,双方在美国生育一名男孩,该名男孩记载被告一方为"母亲"。同年6月28日,原告在美国生育一女儿,女儿的出生证明记载她为"母亲"。2017年7月,她们与一对子女回国居住生活。

2019年11月,双方感情破裂。原告认为,对方逐离长期共同生活的伴侣,并将儿女从她的身边夺走,"不但严重损害了她的亲子权利,还给她和子女造成了严重的伤害"。原告遂以此为由向舟山定海区法院提出诉讼请求,要求认定"其为一对子女的监护人,并随原告一起生活",此外,还请求"判令被告每月支付抚养费人民币一万元,至子女年满十八周岁止"。

目前,该案处理情况不明。

由于我国不承认同性婚姻或同性伴侣关系,假设一对丹麦籍的同性伴侣在丹麦进行登记,并拟在中国以同性伴侣的身份生活,从国际私法的角度,我国该如何处理?我国《法律适用法》第21条规定:"结婚条件,适用当事人共同经常居所地法律;没有共同经常居所地的,适用共同国籍国法律;没有共同国籍,在一方当事人经常居所地或者国籍国缔结婚姻的,适用婚姻缔结地法律。"本案不论是共同经常居所地还是共同国籍国均在丹麦。他们(她们)在丹麦具有合法有效的身份。在此情况下,可能需要考虑公共秩序的介入。公共秩序的介入有两个方面:一是区分权利是在法院地国取得还是在外国取得而在法院地国确认其效力。例如,同性的两个丹麦人向我国民政机关申请结婚登记是一种情况,而已经在丹麦进行了公

---

[1] See Kenneth McK. Norrie, "Reproductive Technology, Transsexualism and Homosexuality: New Problems for International Private Law", 43(4) *The International and Comparative Law Quarterly* 770(1994). 焦燕:《婚姻冲突法问题研究》,法律出版社2007年版,第78页。

[2] (2020)浙0902民初738号,资料来源于《浙江定海法院受理同性伴侣子女抚养权案》,访问地址:http://m.bjnews.com.cn/detail/158624760155227.html?from=groupmessage,2021年12月20日最后访问。

共登记的同性伴侣请求我国认可他们的同性伴侣关系,将是另一种情况。一般来说,对前者更为严格,对于后者则需要进一步考虑其法律效果。二是对于已在外国成立的同性伴侣关系,在决定是否承认时还应看当事人的请求涉及同性身份的何种法律效果,如果是作为遗产继承等的先决问题,则相对宽松;但如果是移民申请或者是以同性伴侣关系生活,则很难认可。① 关于前者,有学者举了一个例子进行说明:

示例 11.4

> 双方住所均位于丹麦的同性丹麦人,在丹麦进行了公共登记之后共同生活,后一方死亡并在中国留有遗产,另一方向中国法院请求继承遗产。如果法院不承认他们之间的同性伴侣关系并否认另一方当事人的继承权,就可能存在两个缺陷:一是忽视了二人根据其本国法或住所地法所取得的合法权利,继承另一方伴侣的遗产无论是在其属人法上还是情理上,都是当事人的正当期望;二是以公共秩序为由完全否认当事人的继承权利,其理由也不够充分。②

考虑到各国社会风俗和法律制度的差异,全球范围内婚姻家庭制度存在着巨大差异。在上述例子中,同性伴侣关系只是主要问题即遗产继承问题的先决问题,并不是对于我国境内同性关系的直接认可,不管是从公共秩序保留适用的客观说还是结果说上进行解释,都不会对我国的社会公共利益造成实质性的损害,因此,无须以公共秩序为理由来否认当事人遗产继承的权利。

第三节 夫妻关系

夫妻是男女双方以永久共同生活为目的依法结合的伴侣。男女因结婚而成为夫妻,双方之间具有特定的身份,与其他两性关系有着本质的区别。夫妻关系的内容十分广泛,仅就民事法律关系而言,夫妻关系是指夫妻双方在人身方面和财产方面享有的权利和承担的义务。③

★热身问题 4(续上):

莘茵与季成最终还是没有冒险。2013 年 1 月,双方在北京登记结婚。婚后一直居住在北京,一年后季成要求莘茵按照中国旧俗,效仿中国香港地区和许多西方国家的做法,冠以夫姓,即改名为"季莘茵",莘茵内心不太情愿;而莘茵则要求季成上缴工资卡,季成也非常不乐意。他们就此问题向你咨询,你该如何回答?

问题:

(1)莘茵需要冠以夫姓吗?为什么?

(2)季成希望和莘茵约定各自所有自己的收入,有可能吗?

---

① 参见焦燕:《婚姻冲突法问题研究》,法律出版社 2007 年版,第 79—80 页。
② 同上书,第 80 页。
③ 马忆南:《婚姻家庭法新论》,北京大学出版社 2002 年版,第 135 页。

一、夫妻人身关系

夫妻人身关系,又称婚姻的一般效力,包括姓氏权、同居义务、忠贞及扶助义务、住所决定权、从事职业和社会活动的权利、夫妻之间的代理权等方面的内容。由于各国政治、经济、社会风俗、历史传统和宗教信仰的不同,常有不同的法律规定。[①]

(一) 夫妻人身关系的法律适用

对于夫妻人身关系的法律适用,主要有以下几种方式[②]:

1. 适用当事人的本国法

基于国际私法中普遍适用的原则"人的身份能力适用当事人的本国法",欧洲大陆多数国家、日本和泰国等都规定夫妻人身关系适用当事人的本国法,但在适用夫的本国法还是妻的本国法或者双方共同的本国法上的规定不尽相同。

2. 适用当事人的住所地法

基于"婚姻关系到住所地公共秩序和经济环境,与住所地的关系极其密切"的观点,英国、美国、丹麦、乌拉圭、秘鲁、巴西等国规定住所地法作为夫妻人身关系的准据法。[③]

3. 适用最密切联系地法

20世纪70年代以后,最密切联系理论的适用领域从合同、侵权、国际的积极冲突扩展到婚姻家庭领域,以其弹性和灵活性来弥补传统冲突规范机械僵化的缺陷。不少国家,如日本、瑞士等国以属人法作为人身关系首选的准据法,并以最密切联系原则作为补充。

4. 适用法院地法和行为地法

1905年海牙《婚姻对夫妻身份和财产关系的效力的法律冲突公约》规定,夫妻人身关系涉及法院地或行为地的公共秩序和善良风俗,因此,夫妻人身关系应适用法院地法或行为地法。

(二) 中国的规定

我国《民法典》对夫妻人身关系主要作出了以下规定:

(1) 夫妻地位平等(《民法典》第1055条);
(2) 夫妻姓名权(《民法典》第1056条);
(3) 夫妻人身自由权(《民法典》第1057条);
(4) 夫妻抚养、教育和保护未成年子女的权利义务平等(《民法典》第1058条);
(5) 夫妻相互扶养义务(《民法典》第1059条);
(6) 夫妻日常家事代理权(《民法典》第1060条)。

有观点认为我国《民法典》第1042条关于"禁止重婚、禁止有配偶者与他人同居"的规定和第1043条关于"夫妻应当互相忠实"的规定,实质上规定了夫妻的同居义务和忠实义务。

在涉外夫妻人身关系法律适用上,我国《法律适用法》第23条规定:"夫妻人身关系,适用共同经常居所地法律;没有共同经常居所地的,适用共同国籍国法律。"本条规定了互补性连结点,以共同经常居所地为优先性连结点,以共同国籍国为补充。婚姻关系是以共同生活

---

① 黄进主编:《国际私法》(第二版),法律出版社2005年版,第350页。
② 参见万鄂湘主编,最高人民法院民事审判第四庭编著:《〈中华人民共和国涉外民事关系法律适用法〉条文理解与适用》,中国法制出版社2011年版,第175—176页。
③ 齐湘泉:《涉外民事关系法律适用法:婚姻、家庭、继承论》,法律出版社2005年版,第98页。

为目的的男女两性的结合,同居义务是夫妻人身关系的重要内容。因此,一般来说,夫妻的共同经常居住地是一致的,但也不排除夫妻分居两个不同法域的现象,此种情况下,就只能适用共同的国籍国法律。如果没有共同国籍国,则只能按照《法律适用法》第2条第2款最密切联系原则来确定夫妻人身关系的法律适用。

二、夫妻财产关系

(一)夫妻财产关系

夫妻财产关系是指具有合法婚姻关系的男女双方对于家庭财产的权利义务关系,主要内容包括婚姻对双方当事人的婚前财产发生什么效力,婚姻存续期间所获财产的归属,以及夫妻对财产的管理、处分和债务承担等方面的制度。

1. 夫妻财产所有权

夫妻财产所有权又称夫妻财产制,其分为法定财产制和约定财产制。法定财产制是指在婚姻当事人婚前或婚后未订有关于处理其财产关系的有效契约时,依法律规定所实行的夫妻财产制;约定财产制指婚姻当事人通过婚前或婚后订立有效契约的方式来决定其婚姻财产关系的制度。各国关于夫妻财产制的法律规定存在差异,包括共同财产制、分别财产制以及两种制度结合适用。我国《民法典》将法定财产制和约定财产制结合适用:

(1)法定财产制

包括夫妻共同所有的财产和夫妻一方的个人财产。其中,夫妻共同财产包括婚姻关系存续期间夫妻任何一方获得的财产,主要包括:工资、奖金、劳务报酬;生产、经营、投资的收益;知识产权的收益;继承或者受赠的财产。[①] 夫妻个人财产指:夫妻一方的婚前财产;一方因受到人身损害获得的赔偿或者补偿;遗嘱或者赠与合同中确定只归一方的财产;以及由夫妻一方专用的生活用品。[②] 这些财产不因婚姻存续而发生转化,但夫妻双方约定将上述夫妻一方个人财产转化为夫妻共同所有的除外。

(2)约定财产制

我国《民法典》允许夫妻双方约定婚姻关系存续期间所得的财产以及婚前财产的所有权,可以约定归夫妻双方各自所有、共同所有或部分各自所有、部分共同所有,但该约定必须采书面形式方产生法律效力。夫妻双方签署的财产所有权书面协议优先于法定的夫妻财产制,夫妻双方未约定夫妻财产所有权或约定不明的,仍适用法定财产制。[③]

2. 夫妻财产处分权

关于夫妻财产的处分权,指的是属于夫妻一方个人所有的财产应由所有权人处分,无须经对方同意。但就夫妻共同生活的本质来看,该处分权应当以不损害家庭共同利益为限。对夫妻共同所有的财产,夫妻双方有平等的处理权。

3. 夫妻债务清偿责任

关于夫妻债务的处理,区分为法定财产制下的夫妻债务和约定财产制下的夫妻债务。

在法定财产制的情况下,对因夫妻共同生活所负的债务,夫妻双方应负连带清偿责任。

---

① 参见《民法典》第1062条。
② 参见《民法典》第1063条。
③ 参见《民法典》第1065条。

夫妻双方共同签名或者夫妻一方事后追认等共同意思表示所负的债务,以及夫妻一方在婚姻关系存续期间以个人名义为家庭日常生活需要所负的债务,属于夫妻共同债务。夫妻一方在婚姻关系存续期间以个人名义超出家庭日常生活需要所负的债务,不属于夫妻共同债务;但是,债权人能够证明该债务用于夫妻共同生活、共同生产经营或者基于夫妻双方共同意思表示的除外。①

在约定财产制的情况下,如夫妻双方约定婚前个人财产和婚后获得的个人财产均归夫妻财产共同所有,则原个人财产上所负债务及其他为共同生活所负的债务均应由夫妻双方承担清偿责任。如夫妻双方约定实行分别财产制,约定婚姻存续期间所得财产归各自所有,对于夫妻一方对外所负债务,若债权人知道夫妻双方实行分别财产制,则夫妻一方对外所负债务由举债方承担独立的清偿责任,若夫妻一方对外设立债务时,未告知债权人其实行分别财产制,则夫妻双方应对该项债务负连带清偿责任。如夫妻双方约定部分财产共同所有、部分财产分别所有,则就共同财产所发生的债务以及因共同生活所发生的债务应承担连带责任,就个人所有财产发生的债务,如债权人知道该项债务是基于夫妻一方的个人财产而产生的,则举债一方负独立的清偿责任。②

(二) 夫妻财产关系的法律适用

在解决夫妻财产关系的法律冲突时,主要有以下原则:

1. 意思自治原则

由于一些国家将婚姻关系看作一种特殊的契约关系,因此在夫妻财产关系的法律适用上,采用了国际私法领域较为普遍的意思自治原则,允许夫妻双方协议选择调整夫妻财产关系的法律。国际私法上的意思自治原则是指当事人可以约定特定法律关系所应适用的法律。16世纪杜摩兰在解决加纳夫妻财产制的问题中首先提出意思自治原则,他将婚姻财产关系看作一种默示的合同关系,认为夫妻双方已将该合同置于其婚姻住所地法的支配之下,所以夫妻财产关系适用夫妻结婚时共同住所地法。1978年海牙《婚姻财产制度法律适用公约》(Convention on the Law Applicable to Matrimonial Property Regimes)就采用了意思自治原则。③

2. 属人法原则

一些国家在夫妻财产关系上排除意思自治原则,而是基于夫妻财产关系与人有关的特点规定适用当事人属人法,比如希腊、泰国、约旦和波兰等。

而有些国家虽然允许当事人进行选择,但当事人没有选择时,也会适用当事人的属人法。例如,1978年《奥地利联邦国际私法法规》第19条,2006年《日本法律适用通则法》第25条、第26条。1978年海牙《婚姻财产制度法律适用公约》第4条也规定,如果夫妻双方婚前未指定适用的法律,其婚姻财产制应当适用夫妻双方婚后共同设立的第一个惯常居所所在国的国内法;

---

① 参见《民法典》第1064条。
② 参见万鄂湘主编,最高人民法院民事审判第四庭编著:《〈中华人民共和国涉外民事关系法律适用法〉条文理解与适用》,中国法制出版社2011年版,第180页。
③ 本公约于1992年生效,目前成员国有法国、卢森堡和荷兰。《公约》第3条规定:"婚姻财产制度由夫妻双方婚前指定的国内法调整。夫妻双方仅可指定下列法律之一:(一)指定时夫妻一方国籍国的法律;(二)指定时夫妻一方惯常居所地国的法律;(三)夫妻一方婚后设定新惯常居所的第一个国家的法律。据此指定的法律适用于他们全部的财产。但夫妻双方不论有无依照上述各款指定法律,均可以指定不动产的全部或一部适用该不动产所在地法律,也可以指定以后可能取得的任何不动产适用该不动产所在地法律。"

但在特定条件下,也适用夫妻双方共同国籍国法;而且如果夫妻双方既未在同一国家内设有惯常居所,也无共同国籍,其婚姻财产制应当在考虑各种情况后适用与其最密切联系国家的法律。

3. 中国的规定

我国《法律适用法》第24条规定,"夫妻财产关系,当事人可以协议选择适用一方当事人经常居所地法律、国籍国法律或者主要财产所在地法律。当事人没有选择的,适用共同经常居所地法律;没有共同经常居所地的,适用共同国籍国法律"。这一条款一方面规定夫妻可以自行选择夫妻财产关系适用的法律,另一方面对该选择的范围作出了限制,旨在确保选择的法律与夫妻财产关系有实际联系。该条的规定在一定程度上与1978年海牙《婚姻财产制度法律适用公约》有异曲同工之妙,而且该条款规定当事人选择夫妻财产关系准据法的范围仅限于一方当事人的属人法和主要财产所在地国的法律。在当事人没有选择的情况下,该款规定了两个互补性连结点,依次分别适用共同经常居所地法和共同国籍国法。

★热身问题4分析:

(1) 根据我国《法律适用法》第23条,由于此时双方的共同经常居所地为北京,因此对于夫妻姓名权这一夫妻人身关系适用中国法,在中国内地没有这种"冠夫姓"的要求,故荦茵不需要冠以夫姓。

(2) 根据我国《法律适用法》第24条,在涉外夫妻财产关系法律适用上,意思自治优先,但案例中由于季成非常不乐意,所以双方不能达成一致的意思;那只能适用双方的共同经常居所地法即中国法。根据我国《民法典》第1062条和第1065条,如果夫妻双方没有约定,一方在婚后的工资收入为双方共同财产。

第四节 离　　婚

一、离婚概述

离婚(divorce)是指存在夫妻关系的双方依照法律规定的条件和程序解除婚姻关系的法律行为。其法律效力不仅直接涉及双方当事人,使他们的人身关系和财产关系发生变化,而且关系到子女的抚养、监护等问题,对家庭、亲属乃至社会都会产生一定的影响。因此,各国关于离婚的法律规定是其婚姻家庭制度极为重要的组成部分。

需要指出的是,在许多国家还有司法分居。所谓司法分居(legal separation or judicial separation),又称为"桌床离异"(divorce from bed and board),是指依照双方协议或法院判决,免除夫妻间同居义务,但分居后双方仍然维持婚姻关系,都不得再婚的制度。[①]

离婚的法律适用体现如下特点:

一是与实体政策密切相关。现代各国离婚制度大都经历了从过错主义到破裂主义的变迁,如美国就有"婚姻无可挽回地破裂"(irretrievable breakdown of marriage)。[②] 我国《民法

[①] 参见焦燕:《婚姻冲突法问题研究》,法律出版社2007年版,第82—83页。
[②] See Harry D. Krause, *Family Law in a Nutshell*, 3rd ed., 1995, West Group, p.337.

典》第 1079 条第 2 款规定:"人民法院审理离婚案件,应当进行调解;如果感情确已破裂,调解无效的,应当准予离婚。"离婚实体政策的变化也影响了离婚冲突法规则的变化。20 世纪初,大多数国家对离婚的法律适用往往要求重叠适用当事人属人法和法院地法,现在则倾向于有利于离婚的政策:有些国家适用法院地法,有些国家则允许在当事人属人法和法院地法之中进行选择。

二是离婚的法律适用通常与管辖权紧密相连。在英美法系国家,离婚适用法院地法,法官很少考虑法律选择问题。在欧洲大陆,早期离婚的管辖权与法律适用一致,多适用法院地法或丈夫的住所地法。但后来二者逐渐分崩离析,现在多以本国法为基本规则,但离婚管辖权也受到特别重视。2003 年,欧盟通过了《关于婚姻事项及父母对其子女的责任事项的管辖权及判决承认执行的条例》(Council Regulation (EC) No 2201/2003 of 27 November 2003 Concerning Jurisdiction and the Recognition and Enforcement of Judgments in Matrimonial Matters and the Matters of Parental Responsibility, Repealing Regulation (EC) No 1347/2000,布鲁塞尔条例Ⅱ),强调以惯常居所作为管辖权的连结因素。

★**热身问题 5(续上):**

2013 年 1 月,双方在北京登记结婚。婚后季成要求荜茵按照中国旧俗,效仿中国香港地区和许多西方国家的做法,冠以夫姓,即改名为"季荜茵",荜茵内心不太情愿;而荜茵则要求季成上缴工资卡,季成也不乐意。双方僵持不下,互不理睬,结婚 8 个月后,双方拟协议离婚,并选择适用荷兰法。请问他们能离婚吗?

二、离婚的法律适用

关于涉外离婚的法律适用,各国大致有以下几种不同的主张(主要针对诉讼离婚):

1. 适用法院地法

离婚适用法院地法,不仅是普通法系国家的基本规则,也是丹麦、挪威以及大部分拉丁美洲国家的做法。早期,德国学者萨维尼曾指出:"离婚不同于那些与财产有关的法律制度,有关离婚的法律取决于婚姻的道德性质,其本身具有严格的实在法性质。因此,法官在审理离婚案件时,必须遵守他自己国家的法律,而不必考虑与夫妻双方有关的其他联系。"[1]因国家的道德、宗教等观念对婚姻制度的影响很大,有关离婚的法律规范属于各国的强制性规范的范畴,关系到适用该规范的法院地国的公共秩序和善良风俗。早期支持法院地法的另一个理由是离婚法兼具实体法和程序法内容,作为一种婚姻救济,离婚法的程序性决定其应当适用法院地法。现代支持法院地法的理由还有:一是适用法院地法才能与离婚管辖权规则的立法政策相协调;二是有助于实现离婚自由的实体政策;三是司法便利。[2]

2. 适用当事人属人法

离婚适用当事人本国法盛行于欧洲大陆国家,诸如法国、德国、奥地利等,欧洲之外也有不少国家采用,如日本、韩国等。1902 年海牙《关于离婚及分居的法律冲突与管辖权冲突公

---

[1] See Friedrich carl von Savigny, *A Treatise on the Conflict of Laws*, 2nd ed., William Guthrie Trans., pp. 298-299.

[2] 参见焦燕:《婚姻冲突法问题研究》,法律出版社 2007 年版,第 110—112 页。

约》也采用了该规则。支持者认为,离婚是消灭既存婚姻关系的一种法律行为,因离婚而引起的财产分割、子女的教育和抚养、赡养费的给付以及因家庭破裂而引起的种种问题都与当事人的身份密切相关,因此应当适用当事人属人法;且许多国家在缔结婚姻的实质要件上,也适用属人法,离婚应当与结婚保持一致。但这一做法可能会出现当事人在离婚时不存在共同属人法的情况,即双方没有共同国籍、住所或惯常居所。对于这一情况,过去许多国家会适用丈夫的属人法,但这种做法已不符合现代社会男女平等的要求,因此许多国家开始规定多个连结点,比如原告一方的属人法或最后的共同属人法或法院地法等。

3. 选择或重叠适用法院地法或当事人属人法

适用当事人属人法会出现不存在共同属人法的情况,以及可能出现当事人属人法允许离婚而法院地法不允许离婚的"跛脚婚姻"情况,从而影响法院的判决。同时,单纯适用法院地法又无法体现离婚与当事人身份之间密切的联系。因此,一些国家提出,对于离婚的准据法应当允许就法院地法和当事人属人法选择适用,或提出应当重叠适用法院地法和当事人属人法,但重叠适用可能会增加离婚的困难程度。目前,日本、瑞士等国采取此做法。

4. 适用有利于离婚的法律

该做法并非指冲突规范直接规定"适用有利于离婚的法律",而在立法上通常表现为首先规定适用某个法律,再指出如果按照该法律不能离婚的,就适用其他法律。比如2017年修订的《瑞士联邦国际私法法规》第61条规定:"离婚和分居适用瑞士法律。夫妻双方有共同的外国国籍且只有一方居住在瑞士的,离婚和分居适用他们的共同本国法。如果依照夫妻共同本国法不允许离婚,或对离婚条件作出非常严格规定的,只要夫妻一方具有瑞士国籍或在瑞士居住满2年以上,应当适用瑞士法律处理离婚问题。"在1978年的《奥地利联邦国际私法法规》和1979年的《匈牙利国际私法》中也都有类似规定。在婚姻自由,包括离婚自由观念进一步更新的潮流下,欧洲大陆国家立法的趋势体现在为法院提供指向数国法律的一系列可选择的连结因素,指引法院选择产生预定结果的法律。

三、中国法的规定

我国《法律适用法》中,将离婚区分为协议离婚和诉讼离婚,分别规定其法律适用。

(一) 协议离婚

协议离婚是指夫妻双方自愿达成解除婚姻关系的协议,并通过法定程序解除婚姻关系的法律行为。

《法律适用法》第26条规定:"协议离婚,当事人可以协议选择适用一方当事人经常居所地法律或者国籍国法律。当事人没有选择的,适用共同经常居所地法律;没有共同经常居所地的,适用共同国籍国法律;没有共同国籍的,适用办理离婚手续机构所在地法律。"对于法律适用,该条规定了如下三个层次:

首先,协议离婚的当事人可以协议选择一方当事人经常居住地法律或国籍国法律。与诉讼离婚相比,协议离婚是在夫妻双方自愿的基础上完成的,本质上是在离婚领域引入意思自治原则,尊重当事人的自由意志。因而只要不违反社会道德风俗,有关国家的法律并不会否认协议离婚的效力。这与《法律适用法》第3条"当事人依照法律规定可以明示选择涉外民事关系适用的法律"的规定相一致。

其次,协议离婚在当事人没有选择的情况下适用属人法。属人法的选择包括共同经常居所地法和共同国籍国法。其根据在于,离婚是消灭既存婚姻关系的一种法律行为,关系到人的身份问题,身份问题又与当事人的经常居所地和本国法密切相关,而且为了避免"跛脚婚",规定了双方共同的属人法,如共同本国法或共同住所地法,或共同的经常居所地法。

最后,本条规定在当事人既没有共同经常居所地法,又没有共同国籍国法可以适用的情况下,适用办理离婚手续机构所在地法律。当事人达成协议离婚后须向法定机关提出离婚请求,办理离婚手续。办理离婚手续机构所在地法律与当事人的协议离婚具有实质性的联系,适用办理离婚手续所在地法律有利于确定协议离婚的效力。本条规定的办理离婚手续机构所在地的法律,如果指向的是外国法,那么办理离婚手续机构所在地法不仅包括当事人户籍管理机关所在地法,还包括办理离婚手续的行政机关所在地法以及法院地法。①

★**热身问题 5 分析:**

根据我国《法律适用法》第 26 条,协议离婚,当事人可以协议选择适用一方当事人经常居所地法律或者国籍国法律。本案中双方选择了一方当事人国籍国法律荷兰法,因此适用荷兰离婚法。荷兰的相关法律规定,结婚须满 1 年后才能提出离婚,因此双方不能协议离婚。

(二)诉讼离婚

★**热身问题 6(续上):**

经商量,双方在北京登记结婚。婚后季成要求荤茵按照中国旧俗,效仿中国香港地区和许多西方国家的做法,冠以夫姓,即改名为"季荤茵",荤茵内心不太情愿;而荤茵则要求季成上缴工资卡,季成也不乐意。双方僵持不下,互不理睬,结婚 8 个月后,双方拟协议离婚。由于适用荷兰法不能离婚,荤茵一气之下将季成告上北京市海淀区人民法院,坚决要求离婚。海淀区人民法院需要适用荷兰法决定他们的离婚事宜吗?

当事人以诉讼方式提起涉外离婚,会引发一系列的法律适用问题,包括夫妻间身份关系、财产分配、子女抚养及离婚损害赔偿等。涉外离婚案件存在先决问题。离婚是解除夫妻间既存的婚姻关系,对于当事人在国外结婚在国内离婚的,要先判断当事人的婚姻是否有效。我国法院对该涉外离婚案件享有管辖权并受理后,应当先依照外国法律对当事人的婚姻进行判断,确定应适用结婚效力的准据法。如果当事人婚姻的形式要件、实质要件符合结婚效力准据法的规定,应认定当事人之间存在有效的婚姻关系,然后才根据我国法律的规定,判决准予离婚或不准予离婚。如果当事人的婚姻并不符合结婚效力准据法的规定,则认定当事人之间不存在有效的婚姻关系,法院应驳回其离婚的诉讼请求。② 在认定当事人婚姻有效的前提下,再适用《法律适用法》第 27 条,"诉讼离婚,适用法院地法律"。

★**热身问题 6 分析:**

对于两人在海淀区人民法院的离婚诉讼,我国《法律适用法》第 27 条规定,"诉讼离婚,适用法院地法律",因此在北京起诉,适用中国法即可,无须适用荷兰法。

---

① 万鄂湘主编,最高人民法院民事审判第四庭编著:《〈中华人民共和国涉外民事关系法律适用法〉条文理解与适用》,中国法制出版社 2011 年版,第 194 页。
② 万鄂湘主编,最高人民法院民事审判第四庭编著:《〈中华人民共和国涉外民事关系法律适用法〉条文理解与适用》,中国法制出版社 2011 年版,第 199 页。

第五节　父母子女关系

父母子女关系又称亲子关系,指父母和子女之间的一种法律关系。从内涵上讲,父母子女关系包括人身关系和财产关系两方面。从外延上讲,父母子女关系包括亲生父母子女关系(包括父母与婚生子女关系和父母与非婚生子女关系)和养父母子女关系两方面。①

★热身问题 7(续上):

双方在离婚诉讼期间,莘茵发现自己身怀有孕,但天生好强的她选择了隐瞒信息。3个月后,法院判决离婚。后莘茵生下一女孩,并取名"如花"。季成知道此事后,强烈要求探视如花,但一直未能如愿,为维护自己的探视权,季成诉讼到法院。诉讼过程中,莘茵承认如花是她和季成的孩子。后来季成的父母来到中国看望季成,才得知二人已经离婚,并知道如花出生,非常期望探望一下如花。

问题:

(1) 如花是婚生子女吗?

(2) 季成有探望权吗?季成的父母有探望权吗?

一、婚生子女与非婚生子女的准正

婚生子女是指在有效婚姻关系中怀孕、生育的子女;非婚生子女是指在非婚姻关系(有的国家也包括无效婚姻关系)中所生育的子女。② 婚生地位的有无,常常会影响子女的姓名、住所、国籍、抚养和继承等问题。各国关于确定子女是否婚生的准据法,主要有以下几种:

1. 适用父母属人法

包括适用父或母一方属人法(法国、日本等),适用父母共同属人法(奥地利等),分别适用父母各自属人法(南斯拉夫等)几种类型。

2. 适用子女属人法

为保护子女利益,晚近一些国家开始采用子女属人法,以东欧国家为主。但适用子女属人法并不一定对确认子女的婚生地位有利,也无法保证该法律的实体规定将对子女有利,因此也存在缺陷。

3. 适用支配婚姻有效性的法律

比如 1982 年《土耳其国际私法和国际诉讼程序法》第 15 条规定,确定子女是否婚生适用子女出生时调整其父母婚姻效力的法律。但是,适用支配婚姻效力的法律并不意味着如果婚姻无效,子女即为非婚生子女,只是由支配婚姻效力的冲突规则指向的实体法决定子女是否婚生。

4. 适用有利于子女婚生的法律

因为适用子女属人法尚不能确认对子女的婚生地位必然有利,因此为了更好地保护子女利益,一些国家选择直接适用有利于子女婚生的法律,比如 1978 年《奥地利联邦国际私法

---

① 黄进主编:《国际私法》(第二版),法律出版社 2005 年版,第 355 页。

② 韩德培主编:《国际私法》(第三版),高等教育出版社、北京大学出版社 2014 年版,第 230 页。

法规》第 21 条规定,适用配偶双方的属人法,如果属人法不同,应依其中更有利于子女为婚生的法律。

即便许多国家都在为子女婚生提供各种更有利的法律适用方式,但社会中仍存在很大一部分非婚生子女。为改变非婚生子女的不幸境遇,出现了非婚生子女的准正方式:有允许依父母事后婚姻而取得婚生子女地位的;有通过认领取得婚生子女地位的;也有由国家行为宣布准证,即通过确认亲子关系诉讼由法院判决来实现的。关于准正的准据法的确定,有些国家作笼统规定,而有些国家根据不同方式要求适用不同的准据法,这里不作详细展开。

二、父母子女关系的法律适用

关于父母子女关系的法律适用,各国主要有以下做法:
1. 以父母尤其是父亲的住所作为行使亲权的中心,适用父母属人法,如英国等;
2. 考虑对子女的幸福和利益加以保障,适用子女属人法,如日本、匈牙利等;
3. 适用父母和子女的共同本国法,如瑞士等;
4. 中国的规定。

我国《法律适用法》第 25 条规定:"父母子女人身、财产关系,适用共同经常居所地法律;没有共同经常居所地的,适用一方当事人经常居所地法律或者国籍国法律中有利于保护弱者权益的法律。"

该条款规定父母子女之间的人身、财产关系,适用统一法律适用规则。

适用父母子女共同经常居所地法律,盖因父母子女的共同经常居所地是父母对未成年子女行使亲权的中心,也是成年子女赡养父母的中心,与父母子女关系通常具有最密切的联系。父母子女关系通常涉及其居住地的道德风化和社会秩序,因此应当首先由共同经常居所地调整。

如果父母和子女没有共同经常居所地,则适用一方当事人经常居所地法律或者国籍国法律中有利于保护弱者权益的法律,该规定旨在保护未成年子女或年迈需赡养的父母的利益。该条款在一定程度上吸收了近代国际私法领域中的淡化"管辖选择"、重视"规则选择"的趋势,该趋势的核心理论是,传统的准据法选择规则是一种被动的、消极的选择,应当直接了解有关实体法规则的内容,看选择哪一种实体法更适合案件的公正解决,然后确定这种更好的实体法为准据法。①

★热身问题 7 分析:

(1) 我国法律未对婚生子女的认定作出详细明确的区分标准。因莘茵是在婚姻有效期间发现自己身怀有孕的,依照更有利于子女婚生认定的原则,可以将如花认定为婚生子女。

(2) 根据《法律适用法》第 25 条,适用双方共同经常居所地法即中国法。根据我国《民法典》第 1086 条,离婚后,不直接抚养子女的父或者母,有探望子女的权利,另一方有协助的义务,因此季成有探望权,而季成的父母则由法院酌定考虑。

---

① 万鄂湘主编,最高人民法院民事审判第四庭编著:《〈中华人民共和国涉外民事关系法律适用法〉条文理解与适用》,中国法制出版社 2011 年版,第 189 页。

第六节 收 养

★**热身问题8(续上)：**

在法院的调解下，莘茵最终同意季成和他的父母探望如花，并和季成达成了探望协议。如花非常招人喜欢，季成看后非常思念，但并不能经常见到，于是决定收养一中国女孩。经过努力，季成决定收养一中国孤儿茅美(1岁)。

问题：

(1) 季成能收养吗？准据法是何国法？

(2) 如果季成不能收养，而由季成的父母(均为60多岁)收养，那决定季成父母能否收养茅美的法律有哪些？

一、收养的一般问题

收养是指收养人根据法律规定的条件和手续，领养他人的子女为自己的子女，从而在本无父母子女关系的收养人与被收养人之间建立拟制亲子关系的法律行为。

收养的成立必须符合一定的实质要件和形式要件，即收养必须符合法定的条件和手续。收养的实质要件(即收养的条件)是指收养关系中的收养人和被收养人的年龄和身份、收养人收养的意思表示和送养人送养的意思表示等内容。收养的形式要件(即收养的手续)是指收养的法律程序。

在收养领域，海牙国际私法会议达成了如下两个国际条约：1965年《关于收养的管辖权、法律适用及判决承认的公约》(Convention of 15 November 1965 on Jurisdiction, Applicable Law and Recognition of Decrees Relating to Adoptions)。[1] 这一公约已经没有缔约国。而1993年《跨国收养方面保护儿童及合作公约》(Convention of 29 May 1993 on Protection of Children and Co-operation in Respect of Intercountry Adoption)，则取得了巨大的成功，缔约方达107个之多，公约中所规定的儿童最佳利益原则尤其值得关注。[2]

二、收养成立的条件和手续

在收养成立的形式要件上，各国大多主张适用收养成立地法，一般要求经过申请及有关主管部门的核准备案，进行公证或登记，收养才能生效。但在具体法律手续上存在差异。

对涉外收养的实质要件采取重叠适用法律的规则，是当今国际社会涉外收养关系法律适用的立法潮流。[3] 而且，各国立法对收养的条件和手续的法律适用一般不作区分。我国《法律适用法》第28条第1句顺应了这种立法潮流，就收养的条件和手续规定了一条重叠适用准据法的双边冲突规范，即同时适用收养关系双方的属人法，具体而言，适用收养人和被

---

[1] 此公约早期有3个缔约国：奥地利、瑞士、英国，但后来纷纷退出。

[2] 儿童最佳利益原则源自于1989联合国《儿童权利公约》。公约第3条第1款规定："关于儿童的一切行动，不论是由公私社会福利机构、法院、行政当局或立法机关执行，均应以儿童的最大利益为一种首要考虑。"儿童最佳利益原则已成为保护儿童权利的一项国际性指导原则。《跨国收养方面保护儿童及合作公约》第1条中就规定，本公约的宗旨之一是制定保障措施，确保跨国收养的实施符合儿童最佳利益和尊重国际法所承认的儿童的基本权利。

[3] 参见李双元等：《中国国际私法通论》(第三版)，法律出版社2007年版，第454—456页。

收养人的经常居所地法律。如果收养人和被收养人的经常居所地相同,那么"重叠适用"的意义并不突出;如果双方具有不同的经常居所地,那么收养的条件和手续必须同时符合双方经常居所地法律的规定。显然,这是为了力求跨国收养的顺利进行,确保跨国收养的成立得到双方主要生活地区的共同承认,减少或消除"跛足收养"。①

三、收养效力的法律适用

收养的效力涉及收养对养子女与养父母的法律效力和收养对子女与生父母的法律效力。对于收养效力的法律适用,各国主要采取了适用收养人属人法、适用收养人和被收养人共同属人法、适用支配收养人婚姻效力的法律等几种方式。

我国《法律适用法》第 28 条第 2 句规定,收养的效力适用收养时收养人经常居所地法律。由于经常居所地是一个可变动的连结点,有必要从时间上加以界定,故本条规定其时间要素为收养成立时。规定收养效力适用收养人的属人法,主要是考虑到收养的效力决定了收养人对被收养人地位的态度,而且跨国收养通常是被收养人到收养人的家中跟随收养人生活起居,对收养人的生活影响也较大。这样的规定能较好地保护收养人的利益,也能较好地维持收养人的积极性,从而起到鼓励跨国收养这一善举的效果。

四、收养解除的法律适用

在收养解除的法律适用上,主要有两种做法:(1) 采用与收养成立相同的准据法,如奥地利;(2) 采用与收养效力相同的准据法,如日本。②

由于收养关系的解除对被收养人的利益影响较大,我国《法律适用法》第 28 条第 3 句规定,收养关系的解除可以选择适用被收养人的属人法,并规定其时间要素为收养成立时。经常居所地较能反映被收养人在收养关系成立前的主要生活所在地域,体现了注重保护处于弱势一方当事人利益的立法取向。

同时,法院还可以选择适用受理解除收养案件的法院地法。鉴于我国目前主要是作为被收养儿童送养国这一社会现实情况,我国法院受理的涉外收养纠纷案件中,被收养人的经常居所地通常就是我国,即法院地法与被收养人属人法在大多数情况下都是重合的。③

★热身问题 8 分析:

(1) 根据《法律适用法》第 28 条,收养的条件和手续,适用收养人和被收养人经常居所地法律。季成与茅美的经常居所地均为中国,因此适用中国法。而我国《民法典》第 1102 条规定:"无配偶者收养异性子女的,收养人与被收养人的年龄应当相差四十周岁以上。"季成与茅美的年龄差显然不到 40 周岁,因此根据中国法,季成不能领养。

(2) 根据《法律适用法》第 28 条,收养的条件和手续,适用收养人和被收养人经常居所地法律。季成父母与茅美的经常居所地分别为荷兰和中国,因此收养需要同时适用荷兰法和中国法。

---

① 万鄂湘主编,最高人民法院民事审判第四庭编著:《〈中华人民共和国涉外民事关系法律适用法〉条文理解与适用》,中国法制出版社 2011 年版,第 211 页。
② 黄进主编:《国际私法》(第二版),法律出版社 2005 年版,第 361 页。
③ 万鄂湘主编,最高人民法院民事审判第四庭编著:《〈中华人民共和国涉外民事关系法律适用法〉条文理解与适用》,中国法制出版社 2011 年版,第 212—213 页。

第七节 扶 养

★**热身问题 9(续上)**：

两年后，荦茵父亲的企业破产，抑郁而死，而荦茵一直未找到工作，生活日渐困难。而季成则为荷兰跨国公司的中层管理人员，荦茵想请季成支付如花一定的抚养费并打算诉至法院。

问题：法院将适用哪种法律决定如花的抚养费问题？

一、扶养的一般问题

扶养是指在具有身份关系的一定亲属间，所存在的经济上相互供养、生活上相互扶助的权利义务关系。扶养包括配偶之间的扶养、亲子之间的扶养和其他亲属之间的扶养。在国际私法上，有的对上述三类扶养采取分割论，分别规定法律适用；有的则不加区分，规定统一的法律适用。

扶养是海牙国际私法会议达成公约最为密集的领域，相关公约有：

> 1956 年《抚养儿童义务法律适用公约》(Convention of 24 October 1956 on the Law Applicable to Maintenance Obligations towards Children)
>
> 1958 年《儿童抚养义务判决的承认和执行公约》(Convention of 15 April 1958 Concerning the Recognition and Enforcement of Decisions Relating to Maintenance Obligations towards Children)
>
> 1965 年《关于收养的管辖权、法律适用及判决承认的公约》(Convention of 15 November 1965 on Jurisdiction, Applicable Law and Recognition of Decrees Relating to Adoptions)
>
> 1973 年《扶养义务判决的承认和执行公约》(Convention of 2 October 1973 on the Recognition and Enforcement of Decisions Relating to Maintenance Obligations)
>
> 1973 年《扶养义务法律适用公约》(Convention of 2 October 1973 on the Law Applicable to Maintenance Obligations)
>
> 2007 年《关于国际追索儿童抚养费和其他形式家庭扶养的公约》(Convention of 23 November 2007 on the International Recovery of Child Support and Other Forms of Family Maintenance)
>
> 2007 年《扶养义务法律适用议定书》(Protocol of 23 November 2007 on the Law Applicable to Maintenance Obligations)

这些公约既涉及冲突法的传统领域，如管辖权、法律适用、判决的承认与执行，也涉及儿童抚养方面的跨国司法和行政合作。

二、扶养的法律适用

对于扶养关系的法律适用,各国主要有以下几种做法:

1. 适用被扶养人属人法

实践中大部分国家都采取这一做法,因为设立扶养制度本身就是为了维护被扶养人的利益,因此适用被扶养人属人法会有助于这一目的的实现。德国《民法施行法》第18条第1款中规定:"扶养义务适用扶养权利人惯常居所地法的实体规定"。1956年海牙《抚养儿童义务法律适用公约》第1条第1款规定:"未成年人可以在何种程度上以及可以向哪些人要求抚养,适用未成年人惯常居所地国法。"2007年海牙《扶养义务法律适用议定书》第3条法律适用的一般规定所确定的原则是适用权利人惯常居所地国法。

2. 适用扶养人属人法

采取这种做法的国家是将扶养义务作为扶养制度的基础,而适用扶养人属人法有利于扶养义务的履行。如早期的土耳其和韩国,但现在均已改为被扶养人的惯常居所地法。

3. 适用扶养人和被扶养人双方共同的属人法

扶养义务在一定亲属间有时是双向的,应兼顾二者的利益。另外,有时适用被扶养人的属人法未必对被扶养人有利,此时也可以适用二者之间的其他共同属人法。例如,德国《民法施行法》第18条第1款首先规定,扶养义务应适用扶养权利人惯常居所所在地法的实体规定,但如果根据该法权利人不能向义务人请求扶养,则应适用双方共同国籍国法。1956年《扶养义务法律适用公约》第5条规定,如果适用被扶养人的惯常居所地国法,不能从扶养义务人处获得扶养费,则适用他们共同国籍国的法律。

4. 适用有利于被扶养人的法律

这一主张较之仅适用被扶养人属人法更直接表明"有利于被扶养人"的态度,完全站在被扶养人的角度考虑扶养问题,也是对相对弱势群体的一种保护。

三、中国法的规定

我国《法律适用法》第29条规定,扶养,适用一方当事人经常居所地法律、国籍国法律或者主要财产所在地法律中有利于保护被扶养人权益的法律。本条适用于跨国扶养关系的成立、终止以及扶养关系当事人之间的权利和义务。

本条规定了一则选择适用的双边冲突规范。首先,可供选择适用的系属既包括属人法,也包括物之所在地法;法律选择的标准是政策定向、结果选择的方法。其次,属人法中的"人",包括扶养人或被扶养人中的任何一方;同时,任何一方的属人法都包括经常居所地法和国籍国法两种系属。再次,物之所在地法是指主要财产所在地法;"主要财产"包括扶养人或被扶养人之中任何一方的主要财产。最后,上述准据法的选择标准是唯一的,即"有利于保护被扶养人权益"。本条是一种特殊的选择适用规范,其不同于《法律适用法》第28条规定[①]中的一般选择适用规范。在一般选择适用规范下,法官可以在各个选择项之中任意择一适用,并不需遵循任何既定的选择标准;而在本条规定下,法官不是随意选择适用,而是需要

---

① 《法律适用法》第28条规定:"收养的条件和手续,适用收养人和被收养人经常居所地法律。收养的效力,适用收养时收养人经常居所地法律。收养关系的解除,适用收养时被收养人经常居所地法律或者法院地法律。"

谨慎地对各个选项进行比较、筛选。本条规定在立法政策上体现了注重保护弱方当事人利益的政策。① 此外，第 28 条规定收养的条件和手续适用收养人和被收养人经常居所地法律，属于重叠性冲突规范，旨在确保收养的严肃性。收养的效力适用收养时收养人的经常居所地法律，是为了鼓励跨国收养；收养关系的解除适用收养时被收养人经常居所地法律或者法院地法律，一方面是为了保护弱者，另一方面也是出于我国是送养大国的考虑，从而赋予我国一定的司法管辖权。

★ **热身问题 9 分析：**

根据《法律适用法》第 29 条，"扶养，适用一方当事人经常居所地法律、国籍国法律或者主要财产所在地法律中有利于保护被扶养人权益的法律"，该案应当适用中国法与荷兰法中更有利于保护如花权益的法律。根据我国《民法典》第 1084 条第 2 款，"离婚后，父母对于子女仍有抚养、教育、保护的权利和义务"，因此根据中国法，季成需要支付如花的抚养费。

第八节　监　护

★ **热身问题 10（续上）：**

季成知道荦茵的困难后，立即伸出援手，照顾荦茵和如花的生活。经过生活的磨难，双方更加理性，且感情愈加成熟。对于如花的爱，也日渐让二人走在了一起，双方再次在北京登记结婚。

时间又过了 3 年，季成的母亲去世，父亲中风，季成将茅美（最后由季成父母收养）接到中国，并请求中国法院确认他对茅美（6 岁）有监护权。

问题：法院适用哪些法律决定季成对茅美的监护权问题？季成对茅美是否可以享有监护权？

一、监护概述

监护（custody or guardianship），顾名思义，是对被监护人设立的监督与保护②，其一般是对无行为能力人和限制行为能力人，在无父母或父母不能行使亲权的情况下，为保护其人身和财产利益而设置的一种法律制度。现代国际社会越来越多地使用父母责任（parental responsibility）一词。③ 例如，欧盟《有关婚姻事项和父母责任事项的管辖权和判决的承认与执行的第 2201/2003 号条例》第 2 条第 7 项就规定，父母责任，是指发生法律效力的判决、司法或协议赋予具有法律人格的人对于有关儿童人身或财产的权利和义务的总称。一般来说，监护既包括了对一切未成年人的监护，也包括了对成年人的监护；既包括了法定监护，也

---

① 万鄂湘主编，最高人民法院民事审判第四庭编著：《〈中华人民共和国涉外民事关系法律适用法〉条文理解与适用》，中国法制出版社 2011 年版，第 217 页。

② 一般而言，Custody 一词用来指对于未成年人的监护；而 Guardianship 则常用来指对成年人的监护，有时也用于未成年监护。参见秦红嫚：《涉外监护法律适用理论与实证研究》，法律出版社 2020 年版，第 25 页。

③ 如 1996 年《关于父母责任和保护儿童措施的管辖权、法律适用、承认、执行和合作公约》、2003 年欧盟《有关婚姻事项和父母责任事项的管辖权和判决的承认与执行的第 2201/2003 号条例》(Council Regulation (EC) No 2201/2003 of 27 November 2003 concerning jurisdiction and the recognition and enforcement of judgments in matrimonial matters and the matters of parental responsibility, repealing Regulation (EC) No 1347/2000)。

包括了指定监护和意定监护;既包括了对被监护人的人身和财产权益的保护,也包括了对其他相关权益的保护。

由于各国经济发展、历史文化传统、家庭道德观念以及宗教信仰等方面的不同,各国在监护的种类、条件、设立方式、监护人资格及其职责、被监护人的范围等问题上规定不尽相同,涉外监护不可避免地会产生法律冲突。

二、监护的法律适用

鉴于监护制度是为保护被监护人的利益而设置的,从此目的出发,大多数国家以被监护人的属人法作为有关监护问题的准据法,如意大利、泰国、土耳其等国。

(一)被监护人属人法

被监护人属人法主要包括被监护人的本国法和住所地法,但现在越来越多地适用被监护人的惯常居所地法。被监护人本国法是早期成文法国家的主要规定方式。现在依然有不少国家采纳此规定,例如,《日本法律适用通则法》第35条第1款就规定被监护人等的本国法。被监护人住所地法英美法系国家的一个重要选择,尽管其经常与管辖权联系在一起。[1]而现代越来越多的国家采纳被监护人的惯常居所地法。例如,2004年《比利时国际私法典》第35条第1款规定,亲权、监护权、成年人无行为能力的确认以及对无能力人或其财产的保护适用引起确认亲权、监护权或批准保护措施的事实发生时当事人有惯常居所的国家的法律。在惯常居所变更时,亲权或对尚未承担监护责任的个人有利的监护权的确认适用新惯常居所地的国家的法律。亲权或监护权的行使适用权利行使时子女有惯常居所的国家的法律。

1961年海牙《未成年人保护的主管机关的权力及法律适用公约》第1条规定了未成年人惯常居所地的司法机关和行政机关具有管辖权,第2条则规定了主管机关可采取国内法所规定的措施,确立未成年人惯常居所地法的适用。1996年海牙《关于父母责任和保护儿童措施的管辖权、法律适用、承认、执行和合作公约》第5条中规定了儿童惯常居所地为主要的行使管辖权的根据,而在第15条儿童惯常居所地法就成为法律适用的首要选择。2000年海牙《成年人国际保护公约》第5条管辖权和第13条法律适用采纳了与前述公约类似的规定模式。适用法院地法有利于与监护管辖权规则的立法政策相协调。英美法系国家一旦决定对监护案件行使管辖权,就会适用法院地法;而且如果监护当事人和法院地之间建立了某种联系,这种联系满足了该国法院对涉外监护案件的管辖权标准,那么就应当允许其获得该国法律所规定的救济。

另外,由于欧盟许多成员国都是海牙公约的成员国,惯常居所地法也是这些国家处理涉外监护法律适用的准据法。适用被监护人的属人法,总体来说目的是保护被监护人的利益。

(二)监护人属人法

监护人的属人法主要包括监护人的本国法。虽然大多数国家创设监护制度的目的是保护被监护人的利益,但有的国家对于监护中的具体事项进行分别立法,对监护人在监护过程中承担的义务,则适用监护人的属人法作为准据法。例如,1997年《乌兹别克斯坦民法典》第1174条第2款规定,监护人(保佐人)承担监护(保佐)的义务,依照被指定为监护人(保佐

---

[1] R. v. R., [2006] 1 FLR 389; Mitchell v. U.S., 88 U.S. 350, 352 (1874).

人)者的属人法确定。适用监护人的本国法可以在一定程度上保护监护人的合法权益,进而平衡被监护人和监护人之间的权益。①

(三)有利于被监护人利益的法律

有利于被监护人的利益,主要体现了对弱者的保护。被监护人因年龄或者精神或健康等原因,致其行为能力受限,一些国际公约或国内立法为了更直接有效地保护被监护人的利益,在立法中明确规定准据法的选择应该最有利于被监护人的权益。② 比如,1996年《关于父母责任和保护儿童措施的管辖权、法律适用、承认、执行和合作公约》在序言中明确提及"确认以儿童的最佳利益为主要考虑因素"。2000年《成年人国际保护公约》也在序言中明确"确认成年人的利益、对其尊严和自治权的尊重应成为首要的考虑"。

在国内立法中,美国保护未成年人的一大特色就是将"儿童最大利益原则"引入相关的立法中,几乎所有的州在各自儿童监护的立法中均规定了儿童最佳利益的相关内容。③ 很多国家不仅在未成年人监护的法律适用中强调适用有利于保护被监护人的法律,在规定成年人监护的法律适用中也强调适用有利于被监护人的法律,例如,丹麦、希腊、马耳他等国家。④ 有利于被监护人的利益虽然体现了保护弱者原则,但其赋予法院的自由裁量权过大,需要制订一些有利被监护人的考虑标准。为此,在成年人监护方面,德国、英国⑤等在立法中规定了具体的标准;而对于未成年人,英国、美国、加拿大、法国以及澳大利亚等国纷纷制订未成年人利益最大化的标准⑥,旨在避免灵活性有余而确定性不足的弊端。

(四)法院地法

法院地法的适用往往与管辖权的确定密切相关。目前,一些国际条约,以及英国和加拿大等国家的立法,一般先确定涉外监护案件的管辖权,然后规定有管辖权的法院适用法院地法处理此类案件。⑦

三、中国法的规定

我国《民法典》第26条、第27条分别规定,父母对未成年子女负有抚养、教育和保护的义务;父母是未成年子女的监护人。第31条规定,应当尊重被监护人的真实意愿,按照最有利于被监护人的原则在依法具有监护资格的人中指定监护人。而且,第35条规定监护人应当按照最有利于被监护人的原则履行监护职责。监护人除为维护被监护人利益外,不得处分被监护人的财产。未成年人的监护人履行监护职责,在作出与被监护人利益有关的决定时,应当根据被监护人的年龄和智力状况,尊重被监护人的真实意愿。成年人的监护人履行监护职责,应当最大程度地尊重被监护人的真实意愿,保障并协助被监护人实施与其智力、

---

① 参见秦红嫚:《涉外监护法律适用理论与实证研究》,法律出版社2020年版,第166—167页。
② 同上书,第181页。
③ See David Hodson OBE, *The International Family Law Practice*, 4th ed., Jordan Publishing, 2015, p.743.
④ See Richard Frimston, et al., *The International Protection of Adults*, Oxford University Press, 2015, pp.552, 565.
⑤ 2005年英国《意思能力法》(Mental Capacity Act)第4条规定的因素有:非歧视和平等考虑;决定作出者必须要考虑监护事项的所有相关情形;考虑恢复的可能性;允许并鼓励意思能力欠缺者参与作出决定;考虑意思能力欠缺者过去和现在的意愿和情感、信念和价值观等。
⑥ 参见秦红嫚:《涉外监护法律适用理论与实证研究》,法律出版社2020年版,第193—199页。
⑦ 同上书,第150—161页。

精神健康状况相适应的民事法律行为。对被监护人有能力独立处理的事务，监护人不得干涉。从上述规定可以看出，我国规定了最有利于保护被监护人原则。

我国《法律适用法》第30条规定："监护，适用一方当事人经常居所地法律或者国籍国法律中有利于保护被监护人权益的法律。""有利于保护被监护人权益的法律"也体现了冲突法的灵活性和追求实体正义的理念，该规定具有如下特点：

首先，本条为有条件的选择适用的冲突规范。所谓选择适用的冲突规范，指其系属中有两个或两个以上的连结点，但只选择其中之一所指引的准据法，来调整涉外民事法律关系的冲突规范。而有条件的选择性冲突规范分为两种情况：一种是这种冲突规范中的两个或两个以上的连结点所指向的法律有主次或先后顺序之分，只允许依顺序或有条件地选择其中之一来处理某一涉外民事关系。而另一种则是附"结果导向"的有条件的选择性冲突规范①，《法律适用法》第30条明显为后者，法官需要从"一方当事人的经常居住地法"和"国籍国法"中有条件地选择有利于保护被监护人权益的法律作为准据法。这一做法彰显了国际私法中的保护弱者权益原则，体现了以人为本的理念。

其次，从规定的术语来看，此处"监护"既包括未成年人监护，也包括成年人监护。

最后，"有利于保护被监护人权益的法律"赋予了法官自由裁量权，但缺乏具体的考量标准，尤其是如何界定"有利于被监护人的权益"，具有一定的模糊性。

★**热身问题10分析**：

《法律适用法》第30条规定："监护，适用一方当事人经常居所地法律或者国籍国法律中有利于保护被监护人权益的法律。"因此，应当适用中国法与荷兰法中更有利于保护茅美权益的法律。

我国《民法典》第27条第2款规定："未成年人的父母已经死亡或者没有监护能力的，由下列有监护能力的人按顺序担任监护人：（一）祖父母、外祖父母；（二）兄、姐；（三）其他愿意担任监护人的个人或者组织，但是须经未成年人住所地的居民委员会、村民委员会或者民政部门同意。"因此，在季成的母亲去世、父亲无力监护的情况下，且季成父母的父母也都不在世的情况下，根据中国法，季成作为茅美法律上的兄长，是有权成为茅美的监护人的，因此可以确认季成对茅美的监护权。

【**推荐参考资料**】

1. 秦红嫚：《涉外监护法律适用理论与实证研究》，法律出版社2020年版；
2. 汪金兰：《儿童权利保护的国际私法公约及其实施机制研究——以海牙公约为例》，法律出版社2014年版；
3. 杜焕芳：《国际诱拐儿童民事问题研究——〈海牙公约〉解释、实施与适用》，法律出版社2014年版；
4. 袁发强：《人权保护与现代家庭关系中的国际私法》，北京大学出版社2010年版；
5. 吴用：《儿童监护国际私法问题研究》，对外经济贸易大学出版社2009年版；
6. 焦燕：《婚姻冲突法问题研究》，法律出版社2007年版；
7. 齐湘泉：《涉外民事关系法律适用法——婚姻、家庭、继承论》，法律出版社2005年版。

---

① 李双元、欧福永主编：《国际私法》（第六版），北京大学出版社2022年版，第90页。

第十二章

继承的法律适用

第一节 概 述

同婚姻家庭关系一样,继承领域涉及家庭关系、宗教和伦理道德等领域,还涉及家族的财富传承问题,各国在此领域达成统一的实体规范非常困难。总结继承领域的法律适用,具有如下特点:

一是继承关系涉及身份问题又涉及财产问题,因理论倾向不同,会有区别制和同一制的差异。

二是区别制区分动产和不动产,不动产适用不动产所在地法,动产依然考虑被继承人的属人法。而同一制主要考虑的是被继承人的属人法。

三是遗嘱的形式问题,采用尽量使之有效原则。

四是在继承领域存在一些冲突法条约,包括海牙国际私法会议先后制定的如下国际公约:

> 1961年《关于遗嘱处分方式法律冲突的公约》(Convention of 5 October 1961 on the Conflicts of Laws Relating to the Form of Testamentary Dispositions)[①]
>
> 1973年《遗产国际管理公约》(Convention of 2 October 1973 Concerning the International Administration of the Estates of Deceased Persons)[②]
>
> 1989年《遗产继承的法律适用公约》(Convention of 1 August 1989 on the Law Applicable to Succession to the Estates of Deceased Persons)[③]

尽管在某些方面,国际社会在涉外继承法律规定和继承事项解决上,呈现出逐步发展的态势,然而因为继承法律关系本身属性的复合性,以及继承事项解决中多元利益需求及不同政策导向所引致的多维考量,各国在继承人范围、遗产认定、继承顺序、继承份额、遗产管理、遗嘱有效性、遗嘱效力、继承协议、遗嘱与信托、无人继承财产认定、无人继承财产归属等相关法律问题上,不可避免地倚重于不同的法律规则,或秉承不同的法律传统。在人员、财产、资金、技术跨国流转越来越便捷的当前背景下,注重涉外财产继承的国际协调和统一,无疑

---

① 截至2022年年初,44个缔约方。
② 截至2022年年初,8个缔约方
③ 截至2022年年初,3个缔约方。

是有其理论价值和实践意义的,事实上也受到全球不同国家和地区的普遍重视。从上述三个公约的缔约国来看,公约关于遗嘱处分方式灵活性的规定受到了部分国家和地区的欢迎;但在有关遗产的实质问题上,不管是遗产国际管理还是遗产继承的法律适用,公约都没有取得成功,缔约国的数目仅为个位数。

五是无人继承财产的问题上,有先占权理论和继承权理论,我国采纳了先占权理论。

第二节 法定继承

★热身问题11(接上一章)
前提:本案系列假定案例中准据法为现行有效的法律且未发生变更。
- 莘茵,女,1991年出生,中国公民,某著名企业家的独女
- 季成,男,1991年出生,荷兰公民
- 如花,女,2015年出生,季成与莘茵(离婚诉讼期间)的婚生女
- 似玉,女,2014年出生,中国籍孤儿,被季成于2015年底收养

2035年,天降不祥,季成在出差欧洲期间突发心脏病,猝死在荷兰阿姆斯特丹。后查明,季成的父亲在2025年去世的时候,通过遗嘱为季成留下两套别墅,季成在北京与莘茵复婚前有房一套,婚后以莘茵的名义购买房产一套,其工资卡中有存款30万欧元。为继承财产,似玉和如花互不相让,如花认为自己应全部继承季成的财产,后双方在北京法院展开诉讼。

问题:法院应适用哪些法律来分配季成在荷兰和中国的财产?

一、法定继承的法律冲突

(一)继承的概念与法律归类

继承是指被继承人死亡后,按照一定程序将死者(the deceased)所留的财产及其与财产相关的权利义务转移给继承人(successor)的一种法律制度。继承主要分为法定继承和遗嘱继承,此外还包括无人继承。继承同时具有身份性和财产性,在不同国家定性有所不同。

英美等普通法国家认为,继承在本质上属于财产所有权的一种转移方式。

大陆法系的许多国家,虽不否认继承是财产的一种转移方式,但或认为此种财产转移乃与特定的身份相关联,或认为此种财产转移与债权一样,也是一种财产取得方式。

(二)法定继承的法律冲突

法定继承(intestate succession)是按照法律规定的继承人范围、继承顺序和继承份额,以及财产分配和取得方式等所进行的财产继承。各国在法定继承上的法律冲突主要表现如下:

首先,各国有关继承人范围的规定有所不同。不少国家将继承人的范围规定得很宽。例如,《德国民法典》规定,继承人的配偶和下至子女、孙子女、曾孙子女和玄孙子女等直系血亲,上至父母、祖父母、曾祖父母直至高祖父母等直系尊亲都有继承权。该法几乎把与被继承人有直系血亲身份关系的一切生存者,都列入了继承人的范围。而另一些国家则范围较窄。例如,《俄罗斯民法典》即规定,只有被继承人的配偶、子女、兄弟姐妹、父母、祖父母、外

祖父母以及被继承人生前抚养过 1 年以上,并丧失劳动能力的人才有继承权。

其次,各国对继承人的顺序规定不同,例如:

示例 12.1

《日本民法典》规定了四个顺序的继承人,即直系卑血亲、直系尊血亲、兄弟姐妹、兄弟姐妹的直系卑亲属,配偶则可以与任何一个顺序的继承人共同继承,只是取得遗产的份额多少要视参加哪一顺序而定。

《德国民法典》则规定了五个顺序的继承人,即死者的后裔、死者的父母及其后裔、死者的祖父母和外祖父母及其后裔、死者的曾祖父母及其后裔、死者较远的后裔及其后裔。

我国《民法典》继承编第 1127 条规定了两个顺序的继承人:配偶、子女、父母为第一顺序的继承人;兄弟姐妹、祖父母、外祖父母为第二顺序的继承人。

再次,各国有关继承份额的法律规定不同。各国立法对同一顺序继承人的继承份额,基本采取的是平均分配原则,但对配偶继承份额的规定,则差异较大。如配偶同被继承人的直系卑亲属共同继承时的应继承份额,日本规定为 1/3,德国规定为 1/4,法国规定为 1/4 的用益权;配偶同被继承人的尊亲属共同继承时的应继承份额,日本、德国规定为 1/2,法国规定为 1/2 的用益权。[①]

最后,各国法律关于继承开始的时间、代位继承、继承权的丧失、继承权的放弃及恢复、遗产的范围等,也存在不同规定,这些差异必然导致跨国遗产继承问题处理中的法律冲突。

二、法定继承的法律适用

由于继承关系兼具人身和财产双重属性,在法律适用上,各国自然地从人身和财产两个维度规范相应的法律适用规则。

- 侧重于人身属性的国家,往往倾向于适用被继承人的属人法;
- 侧重于财产属性的国家,则倾向于以财产所在地法作为处理问题的准据法。
- 现实中还有兼容人身属性和财产属性,融属人法和财产所在地法为一体的混合法律适用规则。

在立法上,对动产继承而言,各国首先都考虑属人法的适用。区别主要存在于有关不动产的继承可否适用属人法,抑或必先适用财产所在地法的问题。概括起来大致有两种基本的规则,即"同一制"(unitary system)和"区别制"(scission system)。

(一) 同一制和区别制

1. 同一制

同一制又称单一制,是指在涉外继承中,不区分动产和不动产,将遗产视为一个整体统一适用同一冲突规则即被继承人的属人法所指向的准据法。但由于属人法自身在各国有别,又存在适用被继承人本国法和被继承人住所地法的差异,其具体适用日趋多元化。

- 适用被继承人本国法的国家有德国、意大利、日本、西班牙、葡萄牙、荷兰、希腊、瑞典

[①] 参见何其生主编:《国际私法入门笔记》,法律出版社 2019 年版,第 216 页。

等国；
- 适用被继承人住所地法的国家有挪威、丹麦、冰岛、巴西等国。
- 适用被继承人死亡时的惯常居所地法律，如 2012 年《欧盟继承条例》的规定。①
- 适用复合型的法律规范。例如，2012 年捷克共和国《关于国际私法的法律》第 76 条规定，"继承关系，依照被继承人死亡时其经常居所所在国的法律。如果被继承人曾为捷克共和国国民或者至少一个继承人在捷克共和国境内有经常居所，则适用捷克法律"。

2. 区别制

区别制又称分割制，是指在涉外继承中，将遗产区分为动产和不动产，对动产和不动产分别适用不同的冲突规范，即动产适用被继承人的属人法，而不动产则适用不动产所在地法。② 采取区别制原则的国家主要有英国、美国、法国、卢森堡、俄罗斯等国。相对于同一制而言，采用区别制的国家更为普遍。我国也采用区别制。

(二) 同一制和区别制的比较

相对于区别制，采用同一制的最大优势是其适用的简便化，依据同一标准处理继承的各种问题。不管被继承人的遗产分布在多少个国家，也不管其所遗留的财产是动产还是不动产，均一并处理。不过，同一制所存在的弊端是，如果有关财产在外国，且财产所在地国采取区别制原则，则依据属人法所作出的判决，很可能得不到财产所在地国家的承认与执行。

与同一制正好相反，采用区别制注重了动产和不动产的差异，尊重了不动产所在地法律的适用，相关判决容易得到承认和执行。但采用区别制的弊端在于法律适用可能因此而非常复杂。首先，存在区分动产和不动产并进而分别适用属人法和财产所在地法的困扰；其次，在所涉不动产位于不同国家境内时，还需要适用不同国家的法律；最后，区别制难以确保所有的继承人均能依据同一标准参与继承，同时还有可能引致不同法律适用后果间的冲突。

因此，同一制和区别制各有利弊，而且二者在不断发展和兼容，并呈现如下新特点：

一是强调继承财产属性的国家倾向于采用区别制，而强调继承人身属性的国家则倾向于采用同一制，但惯常居所在继承法律适用中的重要性日渐突出。

二是最密切联系原则在继承领域得以适用。2012 年《欧盟继承条例》在确认被继承人惯常居所地法适用的同时，作为例外，如果案件所有情形表明，被继承人在死亡时与另一国的联系明显比继承人惯常居所地国更为密切，则应该适用该另一国的法律。

三是受案法院在实践中也不乏通过反致来扩大内国法适用的情形。

三、海牙《死者遗产继承法律适用公约》

海牙国际私法会议经过近 20 年的努力，于 1989 年第 16 届会议上通过了《死者遗产继承法律适用公约》③，公约共 5 章 31 条，分别规定了适用范围、准据法、继承协议等内容。

---

① 《欧盟继承条例》第 21 条：除非本《条例》另有规定，继承应该整体适用被继承人死亡时的惯常居所地法国家的法律。但是，作为例外，如果案件所有情形表明，被继承人在死亡时与另一国的联系明显比前款所规定法律应予适用国的联系更为密切，则应该适用该另一国的法律。

② 参见韩德培主编：《国际私法》(第三版)，高等教育出版社、北京大学出版社 2014 年版，第 242 页。

③ 公约目前尚未生效，缔约国只有荷兰。

公约将法律适用问题规定在第 2 章,主要采用了如下方法:

一是原则上遗产的继承适用被继承人死亡时的惯常居所地国家的法律,只要他那时也具有该国国籍,或者在该国至少居住了 5 年时间;

二是在其他情况下,继承适用被继承人死亡时其国籍国的法律;但被继承人在死亡时与其他国家有更密切联系的,继承适用与其有更密切联系的国家的法律。

上述两点主要规定在公约第 3 条。

> Article 3
> (1) Succession is governed by the law of the State in which the deceased at the time of his death was habitually resident, if he was then a national of that State.
> (2) Succession is also governed by the law of the State in which the deceased at the time of his death was habitually resident if he had been resident there for a period of no less than five years immediately preceding his death. However, in exceptional circumstances, if at the time of his death he was manifestly more closely connected with the State of which he was then a national, the law of that State applies.
> (3) In other cases succession is governed by the law of the State of which at the time of his death the deceased was a national, unless at that time the deceased was more closely connected with another State, in which case the law of the latter State applies.

三是公约采纳了有限制的意思自治原则。公约第 5 条、第 6 条允许被继承人生前选择适用于其遗产继承的法律,明确承认涉外继承领域的当事人意思自治原则。

> Article 5
> (1) A person may designate the law of a particular State to govern the succession to the whole of his estate. The designation will be effective only if at the time of the designation or of his death such person was a national of that State or had his habitual residence there.
> (2) This designation shall be expressed in a statement made in accordance with the formal requirements for dispositions of property upon death. The existence and material validity of the act of designation are governed by the law designated. If under that law the designation is invalid, the law governing the succession is determined under Article 3.
> (3) The revocation of such a designation by its maker shall comply with the rules as to form applicable to the revocation of dispositions of property upon death.
> (4) For the purposes of this Article, a designation of the applicable law, in the absence of an express contrary provision by the deceased, is to be construed as governing succession to the whole of the estate of the deceased whether he died intestate or wholly or partially testate.

> Article 6
> A person may designate the law of one or more States to govern the succession to particular assets in his estate. However, any such designation is without prejudice to the application of the mandatory rules of the law applicable according to Article 3 or Article 5, paragraph 1.

但是,此种意思自治是有严格限制的,有关限制主要为:
(1) 形式上必须是明示的,而且必须符合订立遗嘱的形式要件;
(2) 范围上仅限于其死亡时的国籍国法或惯常居所地法;
(3) 法律选择的作出人,对此种选择的撤销,也必须遵循遗嘱撤销方式的同样规则;
(4) 除非被继承人有明示的相反意见,当事人所指定的法律适用于其全部财产的继承。
四是公约排除反致,但在适用非缔约国法律时允许转致。

> Article 4
> If the law applicable according to Article 3 is that of a non-Contracting State, and if the choice of law rules of that State designate, with respect to the whole or part of the succession, the law of another non-Contracting State which would apply its own law, the law of the latter State applies.

按照公约第4条之规定,如果应适用的法律非缔约国的法律,而该国的冲突法规则指定适用另一非缔约国法律,且该另一非缔约国也适用其本国法时,则适用该另一非缔约国的法律。

另外,关于公共秩序保留,公约第18条规定,公约所规定适用的任何法律,只有在其适用将明显违反公共秩序时方可被拒绝。

四、海牙《遗产国际管理公约》

被继承人死亡后,有关遗产是直接由继承人取得,抑或需由第三人收集、清理之后才可转移给继承人,在各国立法和司法实践中差别较大。

在大陆法系国家,实行的是直接的遗产转移制度,即被继承人死亡后,继承人按照法律规定或者按照遗嘱,直接从被继承人或遗嘱执行人那里取得遗产;

在英美法系国家,实行的是间接遗产转移制度,即被继承人死亡后,其遗产由被继承人指定并经法院认许的遗产执行人或由法院选定的遗产管理人出面收集,并由其清理被继承人的债务和遗嘱,然后将遗产在有关继承人之间进行分配,也就是说,被继承人死亡后,遗产并不立即归属于继承人,而是先归属于法院,再由遗产管理人交给继承人。

各国在遗产管理执行制度上所奉行的不同规则,不可避免地导致在涉外继承中,常因遗产的管理而产生冲突。为此,海牙国际私法会议于1973年制定了《遗产国际管理公约》,专门对此予以协调。该公约共8章46条,分别规定了国际许可证,许可证的制订,许可证的承认(保护措施或紧急措施),许可证的使用及其效力,许可证的无效、变更和效力的中止,不动产等内容。①

> 公约主要规定了对涉外继承的遗产实行国际许可证(international certificate)管理制度。
> （1）许可证应由死者惯常居所地国的主管机关制作,许可证持有人(遗产管理人)的指定及其权限,原则上依照制作许可证国家的法律,但作为例外,也可以依照被继承人的本国法,或者根据被继承人的选择依循惯常居所地法或本国法之任何一国法律。
> （2）许可证持有人的权限,仅凭许可证证明,不需要履行确认其是否真实等手续(公证和认证),许可证在其他缔约国应得到承认。但如果许可证是非正式的或者未依公约所附格式,或制作机关不属于公约规定的机关,或死者在该国没有惯常居所,或死者具该国国籍的情况下,被请求国可拒绝承认许可证。
> （3）对许可证持有人交付或支付财产的任何人,均应免除责任,除非其行为出于恶意；任何人从许可证持有人那里得到的财产,均视为从有权处分该财产者手中取得的财产,除非证明其行为出于恶意。但被请求国可以要求许可证持有人行使其权利时,服从地方当局适用于其本国遗产代表人的同样的监督和管理,被请求国并得占有在其领土内的财产以清偿债务。
> （4）公约还允许将许可证持有人的权限扩大到不动产,但缔约国可以全部承认或承认一部分。②

五、中国法的规定

《法律适用法》第31条规定："法定继承,适用被继承人死亡时经常居所地法律,但不动产法定继承,适用不动产所在地法律。"

首先,该法区分动产和不动产,采纳了区别制,分别确定了相关的法律适用；

其次,《法律适用法》较为全面地分别规定了有关法定继承、遗嘱继承、遗产管理以及无人继承的法律适用问题。而第31条仅适用于法定继承。

最后,在动产继承上,《法律适用法》采纳了"被继承人死亡时经常居所地"标准。

★热身问题11分析：

对于假定案例11中法院应适用哪些法律来分配季成在荷兰和中国的财产的问题,根据中国《法律适用法》第31条,动产适用被继承人死亡时经常居所地法律,即季成的30万欧元存款应当适用中国法；不动产适用不动产所在地法律,即季成在荷兰的房产应当适用荷兰法,在中国的房产则应当适用中国法。

第三节 遗嘱继承

★热身问题12(续上)：

前提：本案系列假定案例中准据法为现行有效的法律且未发生变更。

---

① 公约内容请参见外交部条约法律司编：《海牙国际私法会议公约集》,法律出版社2012年版,第86—95页。
② 何其生主编：《国际私法入门笔记》,法律出版社2019年版,第233页。

- 荦茵,女,1991年出生,中国公民,某著名企业家的独女
- 季成,男,1991年出生,荷兰公民
- 如花,女,2015年出生,季成与荦茵(离婚诉讼期间)的婚生女
- 似玉,女,2014年出生,中国籍孤儿,被季成于2015年底收养

在诉讼的过程中,荦茵发现季成在其办公室的电脑里以录音的方式留下遗嘱,该遗嘱在2035年3月1日作成,并有两位公司同事作为见证。遗嘱人和见证人在录音录像中记录了姓名以及具体的年月日。遗嘱将荷兰的两栋别墅分别指定由如花和似玉各继承一套,而在北京的房产和动产则归荦茵支配。

问题:

(1) 如何确定该遗嘱所适用的法律?

(2) 该遗嘱是否有效?

一、遗嘱的法律冲突

遗嘱(testamentary succession)是被继承人在生前依法对其遗产或其他事务予以处分,并于死后发生法律效力的法律行为。遗嘱是被继承人生前对其遗产在不违反法律强制性规定的前提下,变更法定继承中有关继承人的范围、继承顺序、继承份额等事项的一种意思表示。与法定继承相比较,遗嘱继承具有优先性。

遗嘱继承是各国都认可的一种继承制度,但各国有关遗嘱继承的立法和实践存在差异,主要体现在如下几个方面:

(1) 遗嘱能力。尽管各国大多不作特别规定,但也有一些国家规定达到一定年龄的未成年人也具有立嘱能力。如法国法律规定18岁成年,但年满16岁的人可以订立遗嘱;日本法律规定20岁成年,但年满15岁的人就可以立遗嘱。我国《民法典》第1143条规定,无民事行为能力人或者限制民事行为能力人所立的遗嘱无效。遗嘱必须表示遗嘱人的真实意思,受欺诈、胁迫所立的遗嘱无效。

(2) 遗嘱内容。遗嘱内容是立遗嘱人处理遗产的意思表示,主要体现为遗嘱规定的继承人范围及继承份额等事项。英美普通法国家赋予立遗嘱人以很大的权利,而大陆法系国家则通常对遗嘱自由有较大的限制。我国《民法典》第1141条规定,遗嘱应当为缺乏劳动能力又没有生活来源的继承人保留必要的遗产份额。

(3) 遗嘱方式。遗嘱方式是遗嘱形式要件,即遗嘱制作设立的法定方式。各国法律对于遗嘱方式一般均有明文规定,但不尽一致。例如,日本《民法典》第967—984条对遗嘱方式作出了详细而具体的规定,将遗嘱区分为普通方式遗嘱和特殊方式遗嘱。普通方式遗嘱包括自笔证书遗嘱、公证书遗嘱和秘密证书遗嘱三种。特殊方式遗嘱则指在死亡危急、传染病隔离、船舶遇难等情况下所立的遗嘱。在英国法中,对遗嘱方式的规定相对简单,一般有自笔遗嘱和公证遗嘱两种类别,只有军人和船员等才可使用口授遗嘱。我国《民法典》第六编第三章"遗嘱继承和遗赠"中规定了六种遗嘱方式,即自书遗嘱、代书遗嘱、打印遗嘱、录音录像遗嘱、口头遗嘱、公证遗嘱。

(4) 遗嘱的变更和撤销。按照法国《民法典》的规定,遗嘱仅得以日后重订的遗嘱,或在公证人面前作成证书以声明改变的方式全部或部分地加以取消。以后重订的遗嘱未明确取

消以前的遗嘱时,以前的遗嘱中与新订遗嘱相抵触或相反的条款无效。我国《民法典》第1142条规定,立遗嘱后,遗嘱人实施与遗嘱内容相反的民事法律行为的,视为对遗嘱相关内容的撤回。

由于各国法律关于遗嘱的规定不同,在涉外遗嘱继承中,不可避免地会引发法律冲突。一般而言,遗嘱的法律适用主要分为三个方面:遗嘱实质要件和效力、遗嘱形式要件、遗嘱变更或撤销。

二、遗嘱实质要件及效力的法律适用

关于遗嘱实质要件及效力法律适用问题的解决,主要有以下几种不同法律适用规则:

1. 立遗嘱人的本国法。采纳立遗嘱人本国法的国家一般强调遗嘱实质要件与立遗嘱人本国有密切联系,采纳这一规则的国家有德国、日本、奥地利等。[①] 例如,2006年《日本法律适用通则法》第37条规定:"遗嘱的成立及效力,适用遗嘱成立时遗嘱人的本国法。"

2. 立遗嘱人的住所地法。例如,《泰国国际私法》第42条规定:"遗嘱全部或部分条款失效或消灭,依遗嘱人死亡时的住所地法。"

3. 基于动产和不动产的区分而适用不同的法律。对于遗嘱的实质要件及效力,也和法定继承一样,区分动产与不动产分别适用不同的法律。

三、遗嘱形式要件的法律适用

(一)国内法的规定

关于遗嘱方式法律适用问题,各国主要有两种不同的解决方法。

1. 区别制,即区分动产和不动产,不动产遗嘱适用不动产所在地法律,动产遗嘱的法律适用则较为灵活。目前在遗嘱方式法律适用上,采取区别制的国家主要有英国、德国等国家。海牙《遗嘱处分方式法律冲突的公约》对遗嘱方式法律适用问题亦采取区别制。

示例 12.2

> 英国1961年以前所遵从的判例原则是,不动产的遗嘱方式依遗产所在地法,动产的遗嘱方式依立遗嘱人死亡时的住所地法。英国法院据此曾经判决一个死亡时住所在法国的英国妇女,生前依据英国法规定的遗嘱方式所立的遗嘱无效。此案判决引起了人们的非议和法学界的广泛讨论,导致英国重修了关于遗嘱的法律,于1861年通过了"金斯唐法"(Lord Kingsdown's Act)。根据该法的规定,不动产遗嘱方式仍适用遗产所在地法,而动产遗嘱方式,只要符合行为地法、立遗嘱人立遗嘱时的住所地法、立遗嘱人死亡时的住所地法和立遗嘱人在英国的原始住所地法之一,即为有效。

2. 同一制,即对遗嘱方式法律适用问题,不区分动产与不动产,统一适用立遗嘱人的属人法或行为地法。例如,《泰国国际私法》第40条规定:"遗嘱方式,依遗嘱人本国法,或依遗

---

① 不过,对于立遗嘱人立遗嘱后国籍发生变更时,该适用立遗嘱人立遗嘱时的本国法,还是适用立遗嘱人死亡时的本国法的问题,各国实践亦有所不同。多数国家明确规定应适用立遗嘱时遗嘱人的本国法。也有些国家规定,既可以适用立遗嘱时立遗嘱人的本国法,也可以适用立遗嘱人死亡时的本国法。

嘱地法。"①此外有一些国家,如拉丁美洲的阿根廷、乌拉圭、巴拉圭等国家,对遗嘱方式不区分动产和不动产,均适用财产所在地法。

(二)海牙《遗嘱处分方式法律冲突的公约》

为了统一各国关于遗嘱方式的法律适用规则,海牙国际私法会议于1961年制定了《遗嘱处分方式法律冲突的公约》,公约共20条,已于1964年1月生效,目前,公约有缔约国40多个。

公约关于遗嘱处分方式规定了如下的可选择性的法律适用:

> Article 1
>
> A testamentary disposition shall be valid as regards form if its form complies with the internal law:
>
> a) of the place where the testator made it, or
>
> b) of a nationality possessed by the testator, either at the time when he made the disposition, or at the time of his death, or
>
> c) of a place in which the testator had his domicile either at the time when he made the disposition, or at the time of his death, or
>
> d) of the place in which the testator had his habitual residence either at the time when he made the disposition, or at the time of his death, or
>
> e) so far as immovables are concerned, of the place where they are situated.
>
> For the purposes of the present Convention, if a national law consists of a non-unified system, the law to be applied shall be determined by the rules in force in that system and, failing any such rules, by the most real connexion which the testator had with any one of the various laws within that system.
>
> The determination of whether or not the testator had his domicile in a particular place shall be governed by the law of that place.

根据上述公约第1条规定,遗嘱方式只要符合下列法律之一,即为有效:

(1)立遗嘱地法;

(2)遗嘱人立遗嘱时或死亡时的国籍国法;

(3)遗嘱人立遗嘱时或死亡时的住所地法;

(4)遗嘱人立遗嘱时或死亡时的惯常居所地法;

(5)关于不动产的遗嘱,适用该不动产的所在地法。

在适用公约时,如果某国内法由非单一的法律制度构成,即复合法域国家,则应适用的法律由该法律制度的有效规则确定;如果没有此类规则,则由构成该法律制度的所有法律中与立遗嘱人最有实际联系的法律确定。

公约的规定对许多国家产生了影响,先后为日本、法国、德国、瑞士、英国等国有关立法

---

① 另外,《俄罗斯民法典》第1224条规定,"当事人设立和撤销遗嘱的能力,包括设立和撤销涉及不动产的遗嘱能力,以及该遗嘱的形式或撤销遗嘱的文书之形式,均依遗嘱人设立遗嘱或制作撤销遗嘱文书时的住所地国家的法律"。

所采纳。可见,公约在遗嘱方式法律适用问题上所持的宽松态度和做法,反映了当今遗嘱方式法律适用的发展趋势。

四、遗嘱变更或撤销的法律适用

一份有效成立的遗嘱,可能因为嗣后新订遗嘱和其他行为,以及结婚、离婚或子女出生等事件或行为而被变更或撤销。遗嘱变更或撤销主要涉及两个方面的问题:一是变更和撤销的能力,二是变更或撤销的形式。关于二者的法律适用,主要有两种路径:

一是对遗嘱变更或撤销专门规定法律适用规则。例如,《德国民法施行法》第26条规定,一份遗嘱,即使系由数人在同一文件上设立或者据此而撤销了以前的遗嘱,只要符合适用于死亡而发生的权利继承的法律,或者设立遗嘱时本应适用的法律所规定的形式要件,则在形式上有效。

二是对遗嘱变更或撤销并不作专门规定,而分别适用确定遗嘱能力和遗嘱方式的准据法。例如,《欧盟继承条例》第24条亦明确规定,有关遗嘱变更或撤销,适用支配继承关系的法律,在遗嘱继承之被继承人对所适用法律予以选择的情形下,则适用该有关当事人所选择的法律。

五、中国法的规定

我国新旧立法有关涉外遗嘱继承法律适用的规定,发展变化较大。1985年《继承法》不区分法定继承和遗嘱继承,有关遗嘱继承奉行区别制。2021年生效的《民法典》继承编中则对法定继承和遗嘱继承作出了区分,有关遗嘱继承奉行区别制度。

《法律适用法》有关遗嘱继承法律适用问题的规定,集中体现在该法第32条和第33条之中。该法第32条规定,"遗嘱方式,符合遗嘱人立遗嘱时或者死亡时经常居所地法律、国籍国法律或者遗嘱行为地法律的,遗嘱均为成立"。第33条则进一步规定,"遗嘱效力,适用遗嘱人立遗嘱时或者死亡时经常居所地法律或者国籍国法律"。[①]

该法对前述遗嘱成立实质要件法律冲突问题,并未规定相应的法律适用规则,此外,也缺乏有关遗嘱变更或撤销之法律适用问题的规定。

★热身问题12分析:

(1)根据《法律适用法》第32条的规定,"遗嘱方式,符合遗嘱人立遗嘱时或者死亡时经常居所地法律、国籍国法律或者遗嘱行为地法律的,遗嘱均为成立",因此,本案可以适用中国法或荷兰法予以判断。

(2)我国《民法典》第1137条规定,以录音录像形式立的遗嘱,应当有两个以上见证人在场见证。遗嘱人和见证人应当在录音录像中记录其姓名或者肖像,以及年、月、日。结合假定案例的情形,该遗嘱有效。

---

① 另外,《法律适用法》第34条还规定,遗产管理等事项,适用遗产所在地法律。

第四节　无人继承财产

★热身问题 13(续上):

前提:本案系列假定案例中准据法为现行有效的法律且未发生变更。
- 莘茵,女,1991年出生,中国公民,某著名企业家的独女
- 季成,男,1991年出生,荷兰公民
- 如花,女,2015年出生,季成与莘茵(离婚诉讼期间)的婚生女
- 似玉,女,2014年出生,中国籍孤儿,被季成于2015年底收养

2036年,莘茵、似玉和如花在处理完季成在荷兰的遗产后,从荷兰飞回北京,飞机失事,三人均不幸遇难。三人也没有任何继承人。

问题:三人留下的中国境内遗产该如何处理?

一、无人继承财产及其法律冲突

无人继承财产,是指继承已经开始,但在法定期限内,没有人接受继承或者受领遗赠。亦即继承开始后,既没有法定继承人,也没有遗嘱继承人,或者全部继承人都放弃继承或者被剥夺继承权。

各国立法有关继承人的范围、继承权的取得和丧失、可继承财产的范围等继承事项的规定有所不同,同时有关继承人状况不明时发布公告的时间和方式也存在差异,由此在认定被继承人的遗产是否属于无人继承财产时,依据不同国家的法律所得出的结论可能有所不同。

尽管各国法律一般规定无人继承的财产由国家或其他公共团体取得,但有关国家以什么名义或资格取得无人继承财产,有两种不同的理论主张:一是继承权理论,二是先占权理论。

(1)继承权理论,即国家以特殊继承人资格取得无人继承财产。德国学者萨维尼认为,国家和地方团体可以被假定为最后的继承人。

(2)先占权理论,即国家以先占权取得无人继承财产。法国学者魏斯主张无人继承财产是无主物,为防止个人先占,引起社会混乱和公益受损,国家根据领土主权原则,以先占权取得其领土内无人继承财产的所有权。

二、无人继承财产的法律适用

无人继承财产的法律适用,涉及两方面的问题:

一方面,关于无人继承财产的识别问题,即判断被继承人遗留下的财产是否为无人继承财产的问题,一般主张适用继承的准据法,即依照法院地国冲突规范援用的支配该继承关系的有关国家的实体法来确定;

另一方面,无人继承财产的归属问题。根据前述继承权理论和先占权理论,确立法律适用的规则主要有两种:

一是适用被继承人的本国法。德国在审判实践中即采用此原则解决无人继承财产的归属问题。如被继承人本国法将国家对无人继承财产的权利视为继承权,则德国就把该项财

产交由被继承人所属国的国库所有;如被继承人本国法把国家对无人继承财产的权利视为对无主财产的先占权,则德国就以先占权名义把该项财产收归德国国库所有。一般来说,采用此原则的国家多主张国家以特殊继承人资格取得无人继承财产。

二是适用财产所在地法。对于涉外无人继承财产的归属问题,该原则主张只适用财产所在地法。一般来说,采用此原则的国家多是主张以先占权取得无人继承财产的国家。2012年《欧盟继承条例》采纳了财产所在地标准。①

三、中国法的规定与实践

关于无人继承财产问题,《法律适用法》第35条规定,无人继承遗产的归属,适用被继承人死亡时遗产所在地法律。从此规定不难得出,我国对无人继承财产取得,所奉行的是先占权理论。

另外,1988年《民法通则意见》第191条规定:"在我国境内死亡的外国人,遗留在我国境内的财产如果无人继承又无人受遗赠的,依照我国法律处理,两国缔结或者参加的国际条约另有规定的除外。"据此,对于外国人遗留在我国的无人继承财产,应收归我国所有,只有在负有条约义务的情况下,才将该项财产交归死者的所属国。②

但根据条约约定和互惠,我国在涉外无人继承财产争议解决上,也适当地采取灵活立场。1954年外交部、最高人民法院所发布的《外国人在华遗产继承问题处理原则》③规定,如果所有的合法继承人及受赠人均拒绝受领,或有无继承人不明确,若公告继承期满6个月,仍无人申请继承,财产即成为无人继承财产,应收归我国所有。如果外国人遗留在我国的无人继承财产为动产,该外国人所属国与我国建立了外交关系,则在互惠原则下,可将动产遗产移交给该外国驻我国使领馆处理。后一项原则在我国缔结的双边条约中得到采纳。如1986年缔结的《中华人民共和国和蒙古人民共和国领事条约》第29条第4款规定:"派遣国国民死亡后在接受国境内留下的绝产中的动产,应将其移交给派遣国领事官员。"

★热身问题13分析:

(1)《法律适用法》第35条规定,"无人继承遗产的归属,适用被继承人死亡时遗产所在地法律",因此,中国境内的遗产适用中国法。

(2)根据我国《民法典》第1160条的规定,无人继承又无人受遗赠的遗产,归国家所有,用于公益事业;死者生前是集体所有制组织成员的,归所在集体所有制组织所有。该案中,

---

① Regulation (EU) No 650/2012 of the European Parliament and of the Council of 4 July 2012 on jurisdiction, applicable law, recognition and enforcement of decisions and acceptance and enforcement of authentic instruments in matters of succession and on the creation of a European Certificate of Succession.

Article 33 Estate without a claimant

To the extent that, under the law applicable to the succession pursuant to this Regulation, there is no heir or legatee for any assets under a disposition of property upon death and no natural person is an heir by operation of law, the application of the law so determined shall not preclude the right of a Member State or of an entity appointed for that purpose by that Member State to appropriate under its own law the assets of the estate located on its territory, provided that the creditors are entitled to seek satisfaction of their claims out of the assets of the estate as a whole.

② 该规定虽已失效,但尚无替代规定,故仍具有参照意义。

③ 参见《外交部、最高人民法院颁布"外人在华遗产继承问题处理原则"的指示》,发部欧54字第1689787号,1954年9月28日。

三人的遗产应当收归国家。

【推荐参考资料】

1. 宋晓:《同一制与区别制的对立及解释》,载《中国法学》2011年第6期;

2. 李浩培:《国际私法在遗产继承方面的几个新发展》,载《李浩培文选》,法律出版社2000年版;

3. Kenneth Reid, Marius de Waal, and Reinhard Zimmermann (eds.), *Comparative Succession Law: Volume Ⅱ: Intestate Succession*, Oxford University Press, 2015.

4. Alfonso-Luis Calvo Caravaca, Angelo Davì and Heinz-Peter Mansel, *The EU Succession Regulation: A Commentary*, Cambridge University Press, 2016.

5. Li Hopei, "Some Recent Developments in the Conflict of Laws of Succession", 224 *Collected Courses of the Hague Academy of International Law* 9-22 (1990).

6. Louis Garb and John Wood (eds.), *International Succession*, 4th ed., Oxford University Press, 2015.

第十三章

票据的法律适用

第一节 票据的法律冲突

一、票据与涉外票据

票据是出票人签发的,由自己或委托他人在一定时间和地点无条件支付给持票人一定金额的有价证券。在跨国民商事交往特别是国际货物买卖中,票据经常被使用,它可以作为结算工具、支付工具,有的还可以作为流通工具。

票据法中的"票据",不是泛指商业实务中所使用的凭证,而是专指汇票(bills of exchange)、本票(promissory notes)和支票(cheque 或 check)这三种有价证券。《票据法》[①]第2条指出:"本法所称票据,是指汇票、本票和支票"。

在《票据法》中,"汇票"是出票人签发的,委托付款人在见票时或者在指定日期无条件支付确定的金额给收款人或持票人的票据。

"本票"是出票人签发的,承诺自己在见票时无条件支付确定的金额给收款人或持票人的票据。

"支票"是出票人签发的,委托办理支票存款业务的银行或其他金融机构在见票时无条件支付确定的金额给收款人或持票人的票据。[②]

由于票据具有汇兑和支付的效用,其使用并不限于一国之内,在国际间亦辗转流通,故极易引起涉外票据问题的法律冲突。在甲国发行的票据,在乙国承兑,在丙国转让,而又在丁国付款的情形,屡见不鲜。那么,如何界定涉外票据法律关系呢?我国法学理论及实务界在界定"涉外"民事关系时遵循的普遍原则是以民事关系的构成要素为基准,考察其主体、客体和产生、变更或消灭权利、义务的法律行为或事实三个要素中是否存在同外国相牵连的因素,凡上述要素中有一个或一个以上与外国有关,就属于涉外民事关系。但是,在界定"涉外票据"时,我国《票据法》第94条第2款规定,涉外票据"是指出票、背书、承兑、保证、付款等行为中,既有发生在中华人民共和国境内又有发生在中华人民共和国境外的票据"。也就是说,我国在判断票据的涉外性时,只采用了法律行为要素,而排除了票据的主体和客体这两个判断标准。之所以如此,是因为票据是一种流通证券,票据的涉外性表现在同一票据上的

[①] 《票据法》于1995年5月10日颁布;2004年8月28日,第十届全国人民代表大会常务委员会第十一次会议通过了《关于修改〈中华人民共和国票据法〉的决定》。
[②] 参见我国《票据法》第19条、第73条和第81条。

各种票据行为的跨国性上,采用票据当事人的国籍或住所作为划定标准,难以反映各国间票据活动的客观现状,也不能涵盖国际流通票据的实际范围,从而难以正确区分国内票据和国际票据,并且容易引起法律适用的错误。

二、票据的法律冲突

近代的票据法是在欧洲中世纪末期的商业习惯法的基础上形成和发展起来的。由于各国经济、文化、社会以及法制发展的背景不同,在票据法律制度方面,一度形成了法国法系、德国法系和英美法系的对立。1930年,法国、德国等欧洲大陆为主的20多个国家参加了在日内瓦召开的国际票据法统一会议,签订了《统一汇票本票法公约》(Convention on the Unification of the Law Relating to Bills of Exchange and Promissory Notes),1931年又签订了《统一支票法公约》(Convention Providing a Uniform Law of Cheques)。大陆法系国家之间的差距日渐缩小,已基本上融合,并称为日内瓦体系。

英美法系国家的票据法是以1882年《英国票据法》为蓝本的。美国及大部分英联邦成员国如加拿大、印度等都以此为参照制定本国的票据法。此后美国1952年《统一商法典》关于票据的法律规定也具有一定的代表性和影响力。

日内瓦公约达成后,英美法系各国一直没有参加日内瓦统一票据法,致使当今国际社会仍然存在着两大对立的票据法体系,即英美法系和日内瓦体系。两大票据法体系的对立,不仅造成各国在票据法立法体例上的差异,而且在许多票据法律制度的具体内容上也规定不一,从而引发票据的法律冲突问题。虽然联合国国际贸易法律委员会公布了1982年《国际支票公约草案》和1988年《国际汇票和国际本票公约》,设想将两大票据法体系统一在"公约"范围内,但至今仍因签字国过少而尚未生效。票据的法律冲突问题至今尚未从根本上得到解决。

两大法系票据法的差异有很多方面,此处以《英国票据法》和日内瓦统一法为例作以简单介绍。

(1) 立法体例。英美法系国家采用票据包括主义,日内瓦体系国家采用票据分离主义。如《英国票据法》包括汇票、本票和支票,并将本票、支票作为汇票的特殊形式加以处理。而日内瓦体系则分为1930年的《统一汇票本票法公约》和1931年的《统一支票法公约》。

(2) 记载事项。票据是一种要式证券,日内瓦体系尤为强调票据的要式性,票据的格式和记载事项只有符合法律规定,才能产生票据效力,不依法定方式作成的票据不能产生法律效力。在票据的必要项目方面,日内瓦统一法强调票据上要有票据名称的字样,即标明是汇票或本票或支票。《英国票据法》无此要求。在出票日期上,日内瓦统一法将此作为必要项目。《英国票据法》认为无出票日期,票据仍然成立。在其他记载方面,二者也有一些不同规定。

(3) 票据行为。首先,票据行为方面,《英国票据法》规定,限制背书的被背书人无权转让票据权利。日内瓦统一法认为不得转让背书的票据仍可由被背书人转让,转让人只对直接后手负责,对其他后手概无责任。其次,在票据权利的善意取得上,《英国票据法》对是否知道前手权利缺陷是以"实际知悉"为原则的,只有出于善意并付对价的正当持票人不受对抗。日内瓦统一法则不强调是否付过对价。再次,在票据提示的时效上,日内瓦统一法规定,即期票据必须从出票日起1年内作付款提示;见票后定期汇票必须在出票日起1年内作承兑提示;远期票据必须在到期日及以后的两个营业日中作付款提示。《英国票据法》则规定,即期汇票必须在合理时间内作付款提示;见票后定期汇票必须在合理时间内作承兑提示;远期汇票必须在到期日当天作付款提示。如果持票人未在规定时效内提示票据,那么他就丧失对前手的追索权,但承兑人对持票人仍有付款责任。最后,持票人遭到拒付时,根据《英国票据法》,只有国际汇票才必须由公证人作成拒绝证书。日内瓦统一法允许在汇票人或付款人破产时,以法院判决代替拒绝证书。

综观各国票据法的规定,它们在票据应记载的事项、出票、背书、承兑、参加承兑、保证、付款和票据时效等方面均有不同规定。即使在同一票据法体系的各国之间,有关票据的具体规定也不完全一致。例如,在日内瓦公约的签字国中,有的国家没有完全按照公约的规定修订本国的票据法,有的国家还对公约作了若干保留。为了解决各国法律的差异问题,日内瓦体系国家在制定关于票据的统一实体法公约的同时,还制定了有关票据的统一冲突法公约,即 1930 年《解决汇票及本票若干法律冲突公约》(Convention on the Settlement of Certain Conflicts of Laws in Connection with Bills of Exchange and Promissory Notes)和 1931 年《解决支票若干法律冲突公约》(Convention on the settlement of Certain Conflicts of Laws in Connection with Check)。

第二节 票据的法律适用

一、票据法律适用的原则

(一) 国际条约优先和国际惯例补缺原则

《票据法》第 95 条第 1 款规定:"中华人民共和国缔结或者参加的国际条约同本法有不同规定的,适用国际条约的规定。但是,中华人民共和国声明保留的条款除外。"目前,国际上由有关国家签订并正式生效的关于票据的国际条约主要有 1930 年和 1931 年在日内瓦签署的《统一汇票本票法公约》《解决汇票及本票若干法律冲突公约》《汇票、本票印花税公约》《统一支票法公约》《解决支票若干法律冲突公约》《支票印花税公约》。1975 年,美洲国家组织成员在巴拿马签署了《美洲国家间关于汇票、本票和发票法律冲突的公约》(Inter-American Convention on conflict of laws concerning bills of exchange, promissory notes and invoices),1979 年,该组织又通过了《美洲国家间关于支票法律冲突的公约》(Inter-American Convention on conflicts of laws concerning checks)。我国尚没有参加任何有关票据的国际公约,但是上述公约的有关原则已为我国票据实践活动所借鉴。另外,国际惯例在国际经贸关系的发展中起着重要的作用,在票据问题上也是如此,仅靠票据法不可能解决涉外票据关系中的所有复杂问题。因此,《票据法》第 95 条第 2 款规定:"本法和中华人民共和国缔结或者参加的国际条约没有规定的,可以适用国际惯例。"

(二) 普遍采用硬性的冲突规范

出于票据流通性和交易安全性的考虑,现代各国票据法在立法时都立足于保护正当持票人的权利,保证票据的受让人在受让票据时能够预见自己享有的票据权利和应承担的票据义务。否则,受让人就不会轻易接受票据,票据也就不能自由流通。硬性的冲突规则可以充分保障法律适用的确定性,能够适应保证票据流通性和安全性的需要。基于此,在解决票据法律适用问题时,无论是大陆法系国家还是英美法系国家,都支持运用硬性的冲突规则来选择票据法律冲突所适用的法律,一个直接的例证就是各国在规定票据法律适用法时都没有采纳最密切联系原则。

(三)"意思自治原则"的限制使用

当事人通过协议选择合同的准据法已成为各国立法的普遍原则,只有当事人未达成协议时才以其他原则作补充。但是票据是无因性的要式证券,当事人的权利和义务内容,完全取决于票据的文义记载,票据的流通性使票据关系的一方当事人只能通过票据形式识别相对方的意思表示。票据法为保证票据的流通性和安全性,发挥票据的商业作用和适应统一性的需要,对其成立的方式和实质要件都有十分严格的规定,当事人的自由意志受到很大限制。特别是,票据流通涉及善意受让人权利保护,对票据行为地国家的金融秩序和经济发展都会产生重大影响,加之票据法的规定大多具有强制性,这就决定了通常不允许当事人通过协议选择票据的准据法。目前,两大票据法系国家在解决票据法律冲突时,都不适用当事人意思自治原则,而"票据行为适用行为地法"则成为票据法律适用的主要原则。

(四)分割制(Dépesage)的运用

票据要求流通,同一票据在流通过程中包含着一系列各自相对独立的票据关系。票据所承载的票据法律关系的复杂性决定了不宜由单一的准据法来解决同一票据的法律适用问题,而应该对同一票据所承载的各种票据法律关系按照票据行为的种类进行分割。各国在法律适用问题上,大都采用分割法,把涉外票据关系所涉及的票据当事人的行为能力、票据形式、票据权利的实现等方面区别开来,结合不同环节的不同特点和争议的性质,以票据行为与场所的重要联系为基准,确立不同的法律适用规则。

二、票据债务人的行为能力

票据债务人通常是指按照票据上记载的文义承担票据责任的人,包括出票人、背书人、汇票承兑人、保证人、付款人等。票据债务人可以是自然人,也可以是法人。票据债务人的民事行为能力,事关其票据行为是否有效,票据是否有效等问题,是各国票据法的基本内容。

在此问题上,国际上一般通过当事人的属人法来确定准据法。欧洲大陆有些国家主张票据当事人的票据能力,由其本国法来决定;而英美法系国家则主张票据当事人的行为能力应由其住所地法或行为地法决定。1930年《解决汇票及本票若干法律冲突公约》和1931年《解决支票若干法律冲突公约》在其第2条中均规定,当事人承担票据义务的能力,原则上由其本国法决定,但依其本国法无行为能力者,如签字在外国,而依该外国有效的法律为有能力者,则仍应受其约束。此外,该两公约均允许适用反致,即票据当事人的行为能力依其本国法,如其本国法律规定适用另一国法律的,则应适用另一国的法律。

我国《票据法》第96条规定,票据债务人的民事行为能力,适用其本国法律;票据债务人的民事行为能力,依其本国法为无民事行为能力或为限制民事行为能力而依行为地法为完全民事行为能力的,适用行为地法。可见,我国票据法在涉外票据当事人行为能力的法律适用问题上以本国法为主,同时适用行为地法加以补充。与日内瓦体系所不同的是,我国的票据法在解决涉外票据当事人能力问题上并没有明确表示接受反致。

三、票据行为方式

票据行为包括出票、背书、承兑、付款及保证等,其中出票行为为创造票据的原始行为,称为基本票据行为,其余票据行为则称为附属票据行为。各种票据行为的有效成立,均应具备法定方式。而基本票据行为,如因欠缺法定方式而无效时,其他附属票据行为,虽具备法定方式,亦为无效。

出票是票据行为的首要环节。出票人签发票据的格式和记载事项,必须符合法定要件,这是各国票据法的基本要求。但是对于票据形式、必须记载的内容,在法律的规定上又有差异。由于不同国家对票据形式要件的规定不同,很可能导致在甲国被认为有效的票据,到乙国就可能被认为形式要件欠缺而无效。这在票据的转让流通和票据当事人权利的保护方面就会产生问题。为了消除这种问题,许多国家都通过国内立法明确规定,对票据形式要件的认定,适用出票地法。我国对此采用了国际上通行的做法。《票据法》第97条明确规定:涉外汇票、本票出票时的记载事项,适用出票地法律;涉外支票出票时的记载事项,适用出票地法律,但经当事人协议,也可以适用付款地法律。[①] 允许支票出票时的记载事项也可以适用付款地法律的主要原因是,不管支票出票人在什么地方签发支票,持票人都要到出票人的开户银行办理结算或者支取现金。允许双方当事人经协议选择付款地法律,便于持票人无障碍地行使票据权利,更好地发挥支票作为结算工具和支付手段的功能。

不过,出票行为通常包括出票人签发票据和交付票据两个部分,我国《票据法》将出票行为的法律适用限定在"出票时的记载事项"上,使交付票据行为方式的法律适用付之阙如。在实践中,票据的签发与交付往往不在一个地点完成,例如,某人在德国签发一张汇票,到了法国交给受款人,究竟以哪一个地点作为出票地呢?一般认为应当以交付票据的地点作为出票地,因为交付是出票行为最终完成的标志,而且交付也具有公示性,有利于保护票据的受让人。

由于票据行为是要式行为,行为人只能依照行为地法律规定的形式要件去做,才能发生票据权利义务,否则,即使能够形成民事权利义务关系,也不能发生票据权利义务关系。因此,确定某一票据行为方式要件的准据法,通常根据行为地法来决定。这一规则也源于"场所支配行为"法则,对于票据行为方式是强制性的。而且票据行为适用行为地法,较之适用行为人本国法、出票地法和付款地法等,对票据当事人来说方便、简单,也便于当事人实现自己的权利和履行自己的义务。因此,票据行为方式适用行为地法,为国际社会广泛接受。诸如1928年《布斯塔曼特国际私法典》(第263条)、1975年签订于巴拿马的《美洲国家间关于汇票、本票和发票法律冲突的公约》(第2条)和1979年签订于蒙得维的亚的《美洲国家间关于支票法律冲突的公约》(第2条)均采用行为地法等。不过,对于"行为地"的理解可能会略有不同。根据1930年《解决汇票及本票若干法律冲突公约》和1931年《解决支票若干法律

[①] 如果适用我国《票据法》,该法对于出票地和付款地进行了规定。第23条要求汇票上记载付款日期、付款地、出票地等事项的,应当清楚、明确。汇票上未记载付款地的,付款人的营业场所、住所或者经常居住地为付款地。汇票上未记载出票地的,出票人的营业场所、住所或者经常居住地为出票地。第76条也要求,本票上记载付款地、出票地等事项的,应当清楚、明确。本票上未记载付款地的,出票人的营业场所为付款地。本票上未记载出票地的,出票人的营业场所为出票地。第86条规定,支票上未记载付款地的,付款人的营业场所为付款地。支票上未记载出票地的,出票人的营业场所、住所或者经常居住地为出票地。

冲突公约》的规定,行为地根据不同情况,分别指付款地和签字地等。

我国《票据法》在票据行为的法律适用上,没有明确区分票据行为的形式有效性与实质效力,而是统一规定了应适用的法律。《票据法》第98条规定,票据的背书、承兑、付款和保证行为,适用行为地法律。这一规定既决定着票据行为形式的有效性,也决定着这些行为的实质性效力。在韩国大邱银行诉威海纺织集团进出口有限责任公司等票据付款请求权纠纷案[二维码案例]中,法院就适用了第98条的规定。

四、票据债务人的义务

票据是一种设权证券,依据票据行为可以在特定人之间创设一定的债权、债务关系。票据债务依票据行为的不同类别可以分为主债务和从债务两种。前者指汇票承兑人及本票出票人根据票据上的文义记载承担的向持票人给付一定金钱的债务;后者则包括汇票出票人、背书人或参加承兑人,以及本票背书人、支票出票人、背书人等对持票人所负的债务。

1. 票据主债务的法律适用

对于票据主债务的法律适用,主要存在以下两种主张:

(1) 付款地法。对于票据主债务的法律适用,大都主张适用付款地法,如日内瓦《解决汇票及本票若干法律冲突公约》(第4条)、《美洲国家间关于汇票、期票和发票法律冲突的公约》①和《美洲国家间关于支票的冲突法公约》、韩国《国际私法》(第59条)、美国1971年《冲突法重述(第二次)》(第214条)、《罗马尼亚关于调整国际私法关系的105号法》(第131条)、《瑞士联邦债法典》(第1090条)以及意大利、比利时、日本等国的法律规定。适用付款地法的理由是,付款是设定票据契约的根本目的,也是票据权利人正当期望的结果。因此,付款地构成票据债务履行的重心,适用付款地法律便于债务履行,也有益于票据权利的行使和安全。

(2) 票据订立地法,如日内瓦《解决支票若干法律冲突公约》以及英国、阿根廷等国的法律规定。该观点认为,票据是依一定票据行为创设的特殊契约②,是根据创设地法律成立的契约。当事人权利和义务应当由创设地国法律支配,而他国应以既得权加以承认。并且当事人在某地为出票行为,亦可推知有接受该地法律管辖的意思。以票据行为地法为票据债务的准据法,也便于债务履行。英国1882年《汇票法》第72条第2款规定:汇票签发、背书、承兑的解释,依照该契约的缔约地法决定。英国在票据行为的性质上坚持"契约说",依据票据缔结的合同,其缔约地法实际上指票据交付地法。但行为地法主义存在不少缺陷,由于缔约地常常具有偶然性,按缔约地决定主债务的准据法,难以实现法律选择的可预见性和确定

---

① 公约第3条规定:因汇票而产生的一切债务均应依照债务缔结地的法律。第5条进一步明确:如果汇票并未载明债务成立地,其债务应依汇票支付地法律;如果支付地也未载明,应依出票地法。

② 对于票据行为的性质,它究竟属于单方法律行为还是契约行为,理论界一直存在争论。主张契约行为的学说认为,票据债务人之所以负担票据上的债务,是因为他与债权人订立了契约。主张单方法律行为的学说认为,票据上的债务仅因债务人的单方行为而成立。这两种学说各有利弊,长期以来争论不休。目前世界各国票据法对这两种学说所持态度仍不一致。一般说来,英美法国家采契约行为说,而大陆法国家则采单方行为说。

性。所以,除英国等少数国家外,采此主张的不多。

2. 票据从债务的法律适用

关于票据从债务的法律适用,各国的理论和实践存在下列主张:

(1) 签字地法。根据日内瓦《解决汇票及本票若干法律冲突公约》的规定,汇票或本票上所有其他签字人所负债务的效力,应依签字地的法律。由于票据是一种文义证券,在票据上签名者均依票据上所载的字义负责,所以,无论是汇票的出票行为、背书行为,还是本票、支票的背书行为,各该行为当事人必须签名于票据上才能成为票据的从债务人。依签字地法支配票据从债务人的权利义务关系,不仅符合当事人签字时的意思,也可避免使从债务人负其不可预见责任的危险。[1]

另外,英国《票据法》、美洲国家间关于票据冲突的公约、日内瓦《解决支票若干法律冲突公约》等采用债务成立地或合同缔结地法。在实践中,债务成立地或合同缔结地与签字地往往是重合的。因此,对于从债务的效力适用签字地法基本上为国际社会广泛认可。

(2) 交付地法。即票据从债务适用票据的交付地国法。其根据是,票据行为包括签名和交付两个相关的环节,交付构成各个票据行为成立的最后步骤。根据票据行为成立的债务,交付地为债务成立地。因此,同一票据上所产生的各个从债务应分别适用其交付地法。

(3) 付款地法。此说认为票据上的债务具有担保债务的属性,对主债务和从债务应当适用同一法律,以保证法律适用的协调一致。

我国《票据法》并没有具体区分票据债务人的主从,对票据债务人义务的法律适用问题也未作规定。根据《法律适用法》第 2 条的规定,"涉外民事关系适用的法律,依照本法确定。其他法律对涉外民事关系法律适用另有特别规定的,依照其规定",当《票据法》没有作出特别规定时,可以考虑适用《法律适用法》第 39 条关于涉外有价证券法律适用问题的冲突规则,[2]即"有价证券,适用有价证券权利实现地法律或者其他与该有价证券有最密切联系的法律",以权利实现地法律为解决涉外票据债务人的义务问题的一般准据法,例外情况下也可考虑将最密切联系地法律作为补充。

五、票据追索权的行使期限

追索权是指票据不获承兑或者不获付款时,持票人对其前手请求偿还的权利。行使追索权一般须具备三个前提条件:一是必须在规定的期限内向付款人为承兑或付款的提示;二是须在规定的时期内向出票人和所有的背书人发出退票的通知;三是须在规定的期限内作成拒绝证书。票据追索权的行使期限由法律规定,同时也受票据权利时效的约束,因为超过时效不行使票据权利,票据权利消灭,追索权也随之消灭。法律规定追索权的行使期限,是为了督促持票人及时行使票据权利,使票据债务人早日从票据债务中解脱,以加快市场运转。各国法律对票据追索权的行使期限和票据权利的时效规定不同,在实践中必然会在认定涉外票据追索权人所持票据的效力时产生法律冲突。目前,国际、国内立法大多主张由出

---

[1] 参见肖永平:《国际私法原理》,法律出版社 2005 年版,第 241 页。
[2] 参见万鄂湘主编,最高人民法院民事审判第四庭编著:《〈中华人民共和国涉外民事关系法律适用法〉条文理解与适用》,中国法制出版社 2011 年版,第 290 页。

票地法支配,如德国、韩国、罗马尼亚、意大利、比利时、日本、瑞士的国内法以及日内瓦《解决汇票及本票若干法律冲突公约》等。我国的《票据法》第 99 条也采纳了这一做法。不过,也有一些例外,如日内瓦《解决支票若干法律冲突公约》(第 6 条)规定适用票据成立地法。

六、涉外票据的提示期限、拒绝证明出具方式

票据是一种提示证券,持票人要求付款人付款时,必须向付款人作出承兑提示或付款提示。票据的提示,本为持票人行使其权利的行为,但是如果付款人拒绝承兑或承兑人拒绝付款,持票人的提示行为即成为保全追索权的行为。也就是说,持票人的提示成为其行使追索权的前提,正因为持票人进行了必要的提示,尽管付款请求权遭到拒绝,但追索权却得以保全。此项权利的行使必须以出具拒绝证书和发出拒付通知为基础和要件。但是在提示的时间、效力、拒绝证书记载的事项,作成的方式和拒付通知发出方式及时间诸问题上,各国立法的差异很大。有关法律适用的学说和立法也很不一致。

关于涉外票据的提示期限、拒绝证书出具方式等的法律适用,大致有两种主张:其一,付款地法。此种主张认为票据的提示、拒绝证书的作成和拒付通知等票据债务履行中的细节问题,适用付款地法。① 就一般契约法律适用的普遍实践来看,契约的成立和效力适用契约准据法决定,但契约履行的细节问题则例外适用契约履行地法,以作为契约的"辅助准据法"。② 票据的提示、拒绝证书的作成和拒付通知的发出等均属于债务履行的细节问题,应适用债务履行地法(即付款地法)决定。其二,行为地法。主张行为地法的理由是,上述细节问题与行为地法存在密切联系,适用行为地法便于票据权利的行使和保全。国际社会大多采用行为地(包括拒付地、拒绝证书作成地)法标准,如英国、德国、韩国、美国、阿根廷、罗马尼亚、意大利、比利时、日本、瑞士的国内法以及日内瓦两个解决票据法律冲突的公约、美洲国家间两个关于票据冲突的公约等。

这两种学说利弊兼有,立法规定也颇不一致。我国《票据法》第 100 条也规定,票据的提示期限、有关拒绝证明的方式、出具拒绝证明的期限,适用付款地法律。我国采用付款地的主要考虑是:付款地单一、容易确定,适用法律简便;而且,付款是票据关系的重心,为各当事人所重视。

七、票据权利的保全与行使

对于票据丧失,各国票据法都规定了补救办法,主要有两种:一是采取普通诉讼程序。由失票人向有管辖权的法院提起诉讼,主张票据权利,由法院裁定恢复行使票据权利。大多数英美法系国家采取这种做法。另一种是采取公示催告程序。由失票人申请法院为一定期间的公示催告,逾期没有其他利害关系人主张票据权利时,由法院进行除权判决,宣告丧失的票据无效,由失票人依法院判决行使票据权利。多数大陆法系国家采取这种做法。我国兼收上述两种国际通行做法,允许失票人自行选择适用普通诉讼程序或者公示催告程序来保全自己的票据权利,同时允许失票人先行通知付款人挂失止付,防止票款被他人冒领,以

---

① 刘铁铮:《国际私法论丛》,台湾政治大学出版社 2000 年版,第 147 页。
② 〔德〕马丁·沃尔夫:《国际私法》,李浩培、汤宗舜译,法律出版社 1988 年版,第 639 页。

求最大限度地保护票据当事人的权益。鉴于失票人请求保全票据权利的行为均离不开付款地司法机关的协助,日内瓦两个解决票据法律冲突的公约,德国、韩国、罗马尼亚、意大利、比利时、日本、瑞士的国内法和美洲国家间关于票据冲突的公约都明确规定,因票据遗失或被盗应采取的措施,适用付款地法。我国《票据法》第101条也规定,票据丧失时,失票人请求保全票据权利的程序,适用付款地法律。

第三编 ｜ 国际条约与国际惯例

第十四章

国际条约的适用

第一节 国际组织与统一国际私法

在人类社会的跨国交往,尤其是国际经贸往来中,相对于战争、混乱和结果的不可预见性来说,人们无疑更希望和平、有序和结果的确定性。几乎所有社会都尝试或成功地确立了使其成员和平共处的各种措施,以及促进有序和提高结果可预见性的法律制度。而若想构建有序的国际私法秩序,无疑需要大量统一国际私法规则。"国内法力图保护群体内部的和谐与合作,国际法则力图在跨国或全世界的范围内实现和谐与合作。国际法制定了促进国家间政治和经济交往的规范与程序……国际法正是通过上述规范与程序来努力减少可能引起国际冲突的起因的。"①一个良好的法律制度必须既考虑个体的能力和需要,也考虑整个社会的利益。此外,良好的国际法律制度必须有一定的机构或力量来推动规则的制定,推动共同法律秩序的形成。

一、统一国际私法的国际组织

晚近,统一国际私法的发展与国际组织的推进密切相关。有学者还专门将这些国际组织统称为统一国际私法的国际组织,即指那些从事冲突法、贸易法、劳动法、海商法等私法部门国际规范化和统一化运动的国际组织。② 这些从事国际私法统一的广泛性的国际组织包括各种政府间组织③和非政府间组织④。其中,海牙国际私法会议(Hague Conference on Private International Law,HCCH)、联合国国际贸易法委员会(United Nations Commission on International Trade Law,UNCITRAL)、国际统一私法协会(International Institute for the Unification of Private Laws,UNIDROIT)各有自己的工作领域,又相互合作。⑤ 这三个制定统一国际私法规则的机构,被形象地比喻为"三姐妹"。它们制定的法律文件既包括实体法、程序法,也包括冲突法,成为推动形成当代国际私法秩序的重要力量。

---

① 〔美〕E.博登海默:《法理学——法律哲学与法律方法》,邓正来、姬敬武译,华夏出版社1987年版,第379页。
② 参见徐国建:《国际统一私法总论》,法律出版社2011年版,第361页。
③ 例如,联合国及其前身国际联盟、海牙国际私法会议、国际统一私法协会、美洲国家组织、亚非法律协商会议等。
④ 例如,国际商会、国际法律协会、国际法学会、国际航空运输协会、国际咨询工程师联合会、国际公路运输联盟、国际铁路运输联盟、国际海事委员会、国际律师协会等。
⑤ 相关介绍参见国际统一私法协会网站(http://www.unidroit.org/about-unidroit/overview)。

(一) 统一国际私法的国际组织

1. 海牙国际私法会议

1892年,在荷兰法学家阿瑟(T. M. C. Asser)教授的推动下,荷兰政府邀请了一些欧洲主要的国家举行会议,以便对法律冲突规则进行协商和国际性的编纂。这些国家先后在海牙举行了6次会议。会议上先后讨论并通过了有关结婚、离婚、监护、无能力人的禁治产、继承和遗嘱、民事诉讼程序、破产、外国判决的承认和执行问题等方面的国际私法条约。在1904年之前的4次外交会议上,海牙国际私法会议达成了2项国际民事程序公约,5项国际家庭法公约。自此,多边国际公约或条约作为海牙国际私法会议的正式文件,成为国际私法统一化的承载工具。[①]

1951年,第七届海牙国际私法会议通过了《海牙国际私法会议章程》,标志着它已演变成以统一国际私法为目的的常设政府间国际组织。实践证明,海牙国际私法会议已成为在统一冲突法和程序法方面最有成效、最有影响力的国际组织。海牙国际私法会议制定的文书主要是家庭和财产关系、国际司法合作和诉讼、国际商事和金融等方面的国际公约。[②]

2. 联合国国际贸易法委员会

1966年,联合国大会通过第2205(XXI)号决议,成立联合国国际贸易法委员会(以下简称"贸易法委员会"),旨在通过拟订并促进使用和采纳一些重要商法领域的立法和非立法文书,推进促进国际贸易法逐步统一化和现代化的任务[③],以建立更完善的全球性法律框架,便利国际贸易和投资。[④] 与海牙国际私法会议和国际统一私法协会不同,贸易法委员会成员从联合国会员国中选出,最初包括29个国家,后增至60个国家[⑤]。由于成员国的多元性,除了考虑议题的适格性之外,还需要考虑统一规则本身的形式或方法。

3. 国际统一私法协会

国际统一私法协会成立于1926年,是专门从事私法统一的政府间国际组织。其宗旨是统一和协调不同国家或国家集团之间的私法尤其是商法规则,研究这一领域规则现代化的方法,进而制定统一的法律文书、原则和规则[⑥],也包括示范法、法律指南和合同指南等。协会制定的统一法主要是私法领域实体规则的统一,也常常涉及规制法领域的某些公法规则,偶尔也涉及统一冲突法规则的制定,但很少涉及"政治性"问题。

国际统一私法协会的成员以接受协会的章程为前提,目前有63个成员国,遍及五大洲,代表着多元的法律、经济和政治体制,也意味着不同的法律文化背景。

(二) 统一国际私法的国际组织的特点

1. 宗旨的相对统一性

上述三大国际组织的宗旨均为促进和实现私法的国际统一和协调。海牙国际私法会议

---

① See Kurt. H. Nadelmann, "Multilateral Conventions in the Conflicts Field: an Historical Sketch", 19 *Netherlands International Law Review* 107(1972).

② 海牙国际私法会议制定的法律文件可在其网站(https://www.hcch.net/en/instruments/conventions)查询。

③ 参见秘书长的报告,《大会正式记录,第二十一届会议》,A/6396(1966年)。

④ 关于贸易法委员会履行任务的方法,可参见联合国大会第2205(XXI)号决议,第二节,第8段。

⑤ 在结构上,为保证各地域以及世界各主要经济和法律体系都有代表,60个成员国包括14个非洲国家、14个亚洲国家、8个东欧国家、10个加勒比国家以及14个西欧和其他国家。

⑥ Article 1 of the Statute of UNIDROIT.

"致力于国际私法的逐渐统一"。① 贸易法委员会的任务是在商法领域制定法律文书,并促进各国使用和采纳这些文书,以促进国际贸易法逐步统一和现代化。② 国际统一私法协会的宗旨是统一和协调不同国家或国家集团之间的私法尤其是商法规则,研究这一领域规则现代化的方法,进而制定统一的法律文书、原则和规则③,也包括示范法、法律指南和合同指南等。

2. 成员的多元性

三大国际组织均由不同宗教、文化背景和法律制度的国家组成。若没有对统一国际私法秩序的期望,其协调和统一的难度可想而知。

早期海牙国际私法会议的成员国除日本外,主要是欧洲大陆国家。20世纪60年代以后,随着英国、美国、加拿大和澳大利亚等国的加入,海牙国际私法会议架起了大陆法系和英美法系制度一体化的桥梁。后来,埃及、以色列以及东南地中海地区国家相继加入,由于这些国家基于不同的宗教和文化而有其独特的法律制度,海牙国际私法会议进一步加强了不同文明的法律制度之间的协调,并革新了一些国际私法制度和观念。④

国际统一私法协会目前有63个成员国,遍及五大洲,代表着多元的法律、经济和政治体制,也意味着不同的法律文化背景。

与海牙国际私法会议和国际统一私法协会不同,贸易法委员会成员从联合国会员国中选出,⑤代表不同法律传统和不同经济发展程度。

3. 统一法领域的广泛性

虽然成员国具有多元的文化和法律制度,但三大国际组织建构国际私法秩序的工作领域非常广泛。海牙国际私法会议制定的文书主要是家庭和财产关系、国际司法合作和诉讼、国际商事和金融等方面的国际公约。⑥ 1968年,贸易法委员会在第一届会议上选定了9个领域为工作基础:国际货物销售、国际商事仲裁、运输、保险、国际支付、知识产权、消除影响国际贸易的法律歧视、代理、书证的公证证明。⑦ 后来添加了贸易融资合同、运输、电子商务、采购、国际商事调解、破产、担保权益、网上争议解决和小额金融。⑧ 国际统一私法协会起草的法律文书涉及国际货物销售及代理、资本市场、商事合同、订单农业(contract farming)、文化财产、保理、特许经营、遗嘱、租赁、担保权益、国际民事诉讼、运输等。

整体而言,海牙国际私法会议主要侧重于冲突法和国际民事诉讼法的统一和协调;国际统一私法协会则着重于私法尤其是商法的统一化和现代化;贸易法委员会则更多涉及商法、国际商事仲裁与调解等领域法律的一体化。三者的工作范围实现了对于私法及私人争议解决的全覆盖,有力地推动了当代国际私法秩序的形成和发展。

---

① Article 1 of the Statute of the HCCH.
② 关于贸易法委员会履行任务的方法,可参见联合国大会第2205(XXI)号决议,第二节,第8段。
③ Article 1 of the Statute of UNIDROIT.
④ 例如,引入惯常居所、关注实体结果、采纳意思自治、严格限制公共政策例外、确立行政和司法合作的直接渠道。See Hans van Loon, note above 4, pp. 28-30.
⑤ See Hans van Loon, "The Global Horizon of Private International Law", 380 *Recueil des cours* 28-30, Brill (2016).
⑥ 海牙国际私法会议制定的法律文件可在其网站(https://www.hcch.net/en/instruments/conventions)查询。
⑦ 《大会正式记录,第二十三届会议,补编第16号》(A/7216)(1968年),第40和48段。但在保险、消除影响国际贸易的法律歧视、代理以及书证的公证证明领域,尚没有起草相关的法律文件。
⑧ 《贸易法委员会指南:联合国国际贸易法委员会基本情况》,载联合国贸易法委员会官方网站,https://uncitral.un.org/sites/uncitral.un.org/files/media-documents/uncitral/zh/12-57490-guide-to-uncitral-c.pdf,第28段。

二、统一法的形式和规范

国际法文书有硬法文书和软法文书之分，前者是指有约束性的文书，像国际条约、公约、协定等，而软法文书则是指没有约束力的国际法律文书，例如示范法（model law）、通则（principles）、指南等。为了实现国际私法规则的统一化和一致化，三大国际组织采取了不同的形式和方法，如公约、议定书、示范法、通则、立法指南等，不一而足。[①] 海牙国际私法会议主要以制定条约等硬法规范为主，目前仅制定了 1 部国际软法。贸易法委员会在推动国际贸易法现代化和协调方面，主要采用公约和示范法来统一和协调各国的法律，同时，还采纳立法指南和示范条款的方式，供各国备选。[②] 国际统一私法协会起草的统一规则，通常采取国际公约的方式，而当约束性国际法律文书并非本质性需求时，协会也考虑其他形式的统一化方式。

（一）公约

公约旨在通过确立具有约束力的法律义务来统一法律。通过各国承诺尊重公约所规定的义务，而使各国法律高度协调，并保证各国的法律与公约条款相符合。

海牙国际私法会议主要以制定条约等硬性规范为主，目前制定了 39 项国际条约：（1）在家庭和财产关系方面，涉及儿童和成年残疾人的国际保护、夫妻关系、遗嘱、财产与信托；（2）国际司法合作和诉讼方面，涉及民事诉讼程序、送达、取证、司法救助、管辖权和判决的承认与执行；（3）国际商事和金融方面，包括合同、侵权、证券、信托、公司地位认可等方面的国际公约。[③] 晚近，《选择法院协议公约》影响较大，2019 年通过的《外国法院判决承认与执行公约》因促进判决的全球性流通，更是吸引了全球性的关注和各成员国的广泛参与。

贸易法委员会近年来制定了不少国际公约。在程序法上，2006 年贸易法委员会以声明解释的方式修订了《纽约公约》的有关条款；在实体法上，相关公约如 2001 年《联合国国际贸易应收款转让公约》、2005 年《联合国国际合同使用电子通信公约》、2008 年《联合国全程或部分海上国际货物运输合同公约》（即鹿特丹规则）。这些规则的制定在一定程度上发展了统一国际私法的内涵。尤其值得关注的是，《联合国国际货物销售合同公约》和《纽约公约》已经取得了巨大的成功。

2001 年以来，国际统一私法协会制定的国际法律文件如《移动设备国际利益公约》及一系列议定书，《中介持有证券的实体法公约》也产生了广泛的影响。

（二）示范法

当约束性国际法律文书并非本质性需求时，示范法常常成为国际组织的选择。示范法是供各国借鉴、提升国内立法现代化和相互协调的重要手段。成员国可以在起草国内法时决定是否采纳。同时，它也为各国留下调整的空间，以适应各国的需求。正是这种灵活性，使示范法比国际条约更容易达成一致，而且在相同议题上，示范法比公约更能得到接受，但

[①] See David P. Stewart, "Private International Law: A Dynamic and Developing Field", 30 U. Pa. J. Int'l Econ. L. 1121(2009).

[②] 参见《贸易法委员会指南：联合国国际贸易法委员会基本情况》，第 32 段。

[③] 海牙国际私法会议制定的法律文件可在其网站（https://www.hcch.net/en/instruments/conventions）查询。

其也为各国法律的差异留下了空间。①

海牙国际私法会议目前尚没有制定示范法。20世纪中叶，美国在加入海牙国际私法会议的过程中曾建议使用示范法的方法，但没有被采纳。② 1964年，海牙国际私法会议进一步讨论了示范法的适用，认为应以公约为主要方式，但可以考虑在适当的时候制定示范法。而贸易法委员会和国际统一私法协会均制定了大量的示范法。

贸易法委员会最近完成的示范法都附有"颁布指南"，列出背景信息和其他解释性信息，帮助国家政府和立法者使用相关案文。例如，《国际贷记划拨示范法》《国际商事仲裁示范法》包含由贸易法委员会秘书处编写的解释性说明；《电子商务示范法》《电子签名示范法》《跨国界破产示范法》《国际商事调解示范法》《公共采购示范法》包含较全面的正式颁布指南。这些指南经由贸易法委员会审议，一般与各示范法的案文一并通过。以《国际商事仲裁示范法》为例，其先后为78个国家共109个法域所采纳；《电子商务示范法》则为71个国家共150个法域所吸收；而《电子签名示范法》，也有32个国家通过了以其为基础或在其影响下形成的立法。③

国际统一私法协会也制定了一系列的示范法、通则和指南，如《融资租赁示范法》《特许经营披露示范法》《跨国民事诉讼程序原则》《国际商事合同通则》等。其中影响较大的是《国际商事合同通则》。④ 示范法虽然仅为各国制定国内法提供借鉴，但其为统一各国的国内法进行了铺垫，有利于各国在国内形成相似的规则和共通性的私法秩序，推动各国之间的价值认可。

（三）立法指南和建议

由于各国法律体系的差异，在使用公约或示范法难以协调各国法律，或者各国尚没有准备采用单一办法或就共同规则达成一致的情况下，就很难找到统一办法达成共识。尤其在某一议题还不成熟时，很难制定统一规则。一个替代的方法是制定法律指南，例如国际统一私法协会的《国际特许经营指南》等。海牙国际私法会议2015年批准的唯一一部国际软法《国际商事合同的法律选择通则》，既可被视作一个说明，以解释一个综合的法律选择制度如何赋予当事人选择以效力，同时也可被视作对确立和完善该制度的"最佳实践"指南。⑤

贸易法委员会也经常制定一些原则或立法建议。这些原则或建议不仅指出总体目标，而且就某些问题提供一套可能的立法解决办法，在某些情况下，会提供一些政策选择或备选案文，供各国根据本国特定的国情选择最适合的政策或案文。⑥ 贸易法委员会第一份立法建

---

① 另外，法官、仲裁员或者缔约当事人也可以考虑该示范法是否已成为普遍性原则，而予以采纳。参见《贸易法委员会指南：联合国国际贸易法委员会基本情况》，第40段。

② See Kurt H. Nadelmann, Uniform Legislation versus International Conventions as a Method of Unification of Private International Law, in David F. Cavers, Arthur T. Von Mehren and Donald T. Trautman, *Conflict of Laws: International and Interstate*, Selected Essays by Kurt H. Nadelmann, Martinus Hijhoff, 1972, pp.97, 116-117.

③ 资料来源于贸易法委员会网站：http://www.uncitral.org/uncitral/en/uncitral_texts.html, 2021年12月29日访问。

④ See Stefan Vogenauer & Jan Kleinheisterkamp eds., *Commentary on the Unidroit Principles of International Commercial Contracts* (PICC), Oxford University Press, 2009.

⑤ See HCCH, Principles on Choice of Law in International Commercial Contracts, Introduction I.5.

⑥ 参见《贸易法委员会指南：联合国国际贸易法委员会基本情况》，第43—44段。

议于1985年通过,目的是鼓励审查有关计算机记录法律价值的立法条款。① 贸易法委员会近些年制定了大量的立法指南等软法文件,其数量远多于条约等硬法性法律文件,如2000年《私人融资基础设施项目立法指南》、2004年《破产法立法指南》、2007年《担保交易立法指南草案》、2009年《跨国界破产合作实务指南》等。

（四）示范条款

示范条款包括示范立法条款和示范合同条款。关于示范立法条款,1982年,贸易法委员会拟订了一个示范立法条款,确定了在国际运输公约和赔偿责任公约中使用的表示货币数量不变价值的世界记账单位。2001年《联合国国际贸易应收款转让公约》载有一个备选法律条款的附件,以补充公约中处理优先权问题的冲突法规则。② 这些示范立法条款供将来的公约和现有公约的修订使用。关于示范合同条款,1976年《贸易法委员会仲裁规则》(2010年修订)和1980年《贸易法委员会调解规则》就列入了一个标准的争议解决条款,提及利用国际公认的规则进行争议解决程序。在拟订合同时,通过提及一个标准或统一条款或一套条款,可以增强当事人对条款的有效性的信赖。"法律这一名称不仅指由一个或几个国家立法机关制定的客观的规范,而且还指当事人间订立的,在他们之间有着法律约束力的合同;在此方面,单个的合同以及典型而且广泛采用的合同示范也可称为'合同法'。"③示范立法条款和示范合同条款无疑是任选性的统一化解决方案。

三、统一国际私法方法与统一法的形式

从三个国际组织的法律文书所覆盖的领域来看,既有统一实体法领域,也涉及争议解决程序和冲突法领域,并各有所侧重。这充分说明了不管是实体法领域,还是程序法与冲突法领域,各国均有建立统一化规则、维护国际私法秩序、促进跨国贸易和投资以及人员流动的愿望和需求。而且,不管是传统的贸易、投资、金融,还是婚姻家庭、老人和儿童,以及新兴的电子商务、文化财产方面,都已制定了大量的国际性法律规则。因此,可以说,统一国际私法规则是全球治理最为常见的国际规则,有力地推动了国际民商事交往的有序性和一致性。

国际私法的统一与各国建构国际私法秩序的愿望和认知成正比。在现代社会,新技术和国际商事实践通常要求统一的和广泛的解决方案。至于传统议题是否具有成为统一规则的适格性,通常取决于国家是否愿意改变其国内法规则,并接受针对该议题的国际解决方案。因此,关于统一化的考虑需要权衡各国的认知和意图,也即关注国际社会对该领域法律统一的需求程度,同时还要考虑在该领域协调各不同法系之间分歧的可能性。④ 前述已经讨论,鉴于制定统一国际私法规则需求的不同,国际组织通常会灵活采用不同的统一法方法。

在各种统一法方法中,公约作为硬法文书是三大国际组织最常使用的统一和协调方式。示范法和立法指南等软法性法律文件也已是数量众多。目前,国际私法统一化的方式可以说硬法与软法兼备,但这恰恰也是争议点之一。最大的质疑是这些国际组织应该把来自成

---

① 《就计算机记录的法律价值向各国政府和国际组织提出的建议》(1985年),大会正式记录,第四十届会议,补编第17号(A/40/17),第360段。
② 参见《贸易法委员会指南:联合国国际贸易法委员会基本情况》,第46段。
③ 〔德〕诺伯特·霍恩:《国际商业合同法的统一和变异》,方之寅译,载《环球法律评论》1985年第3期,第31页。
④ 资料参见国际统一私法协会网站,http://www.unidroit.org/about-unidroit/overview。

员国的有限资源放在硬法文书的制定上,而不是放在那些没有约束力的法律文件上。①

软法性法律文件虽不具有法律约束力,但因为在制定过程中,没有强烈的政治因素干扰,故多半是由专家选择的最佳方案。而且,通过非正式地建立可接受的行为规范以及"整理"或尽可能反映习惯法的规则,它们通常代表着相关领域的发展方向。② 例如,贸易法委员会制定的《电子商务示范法》就成为71个成员国电子商务立法的蓝本。因此,示范法等软法并不以法的现实效力为唯一的追求目标,而是更多关注演进中的社会秩序,从而促进法律的统一。

比较而言,硬法文书通常仅意味着各国经过多轮谈判和妥协后得出的能够接受的实践方案,软法文书则常常反映最好的实践规则。软法文书不仅能够兼容各种法律传统和法律文化,而且因不具有直接的约束力,故而不会与国内法和国际公约发生直接冲突。而其弹性和先进性的规定又常常能为各国的法院和仲裁机构所广泛采用,其中立性的特点在当事人的利益发生冲突后又能为当事人所接纳。③ 软法所具有的优势和特点广受国际组织的欢迎,在国际私法的统一化方面也发挥着重要的作用,应该为中国参与国际规则制定时认真对待。

第二节 国际条约与国内法的关系

一、条约必须遵守原则

"条约必须遵守"是一项古老的国际法原则,可溯源到古罗马法的"约定必守"(*pacta sunt servanda*)原则。国际法上的条约必须遵守原则,是指条约缔结后,各方必须按照条约的规定,行使自己的权利,履行自己的义务。在国际社会中,由于没有凌驾于各国之上的强制执行机关,如果国家不遵循该原则,则其缔结的国际条约就可能被恣意破坏,正常的国际关系也就不可能维持和发展,国际法也就难以存在。此外,如果各缔约国不遵守业已签订并生效的条约,当事国的利益也会受到损害,因其背约行为可能作为一种"先例"而被其他国家效仿。这种基于相互原则的利害关系是条约必须遵守原则的社会心理基础和道德源泉。④

国际法确立了"条约必须遵守""善意履行条约义务"的基本原则。⑤ 1969年《维也纳条约法公约》(Vienna Covention of the Law of Treaties)第26条规定,凡有效之条约对其各当事国有拘束力,必须由各该国善意履行。第27条"国内法与条约之遵守"进一步规定,一当

---

① See Henry Deeb Gabriel,"The Advantages of Soft Law in International Commercial Law: The Role of Unidroit, Uncitral, and The Hague Conference",34 *Brook. J. Int'l L.* 655(2009).
② 参见〔美〕熊玠:《无政府状态与世界秩序》,余逊达、张铁军译,浙江人民出版社2001年版,第134页。
③ See Henry Deeb Gabriel,"The Advantages of Soft Law in International Commercial Law: The Role of Unidroit, Uncitral, and The Hague Conference",34 *Brook. J. Int'l L.* 655(2009).
④ 参见曾令良、饶戈平主编:《国际法》,法律出版社2005年版,第245页。
⑤ "公认的国际法原则或准则"一般被称为"国际法的基本原则"。我国学者通常认为,国际法的基本原则是指那些被各国公认、具有普遍意义的、适用于国际法的一切效力范围的、构成国际法基础的基本原则。参见王铁崖主编:《国际法》,法律出版社1995年版,第46页。外国学者有认为"基本原则在整个国际立法体系中处于最高的位置。它们构成了最高的法律标准"。参见〔意〕安东尼奥·卡塞斯:《国际法》,蔡从燕等译,法律出版社2009年版,第65页。

事国不得援引其国内法规定为理由而不履行条约。《联合国宪章》在序言部分要求各成员国"尊重由条约与国际法其他渊源而起之义务"。因此,许多国家的宪法纷纷规定遵守"公认的国际法原则或准则"①,或是《联合国宪章》所确立的宗旨和原则,②以及善意履行"国际法律义务"。在国际法和国内法的关系上,有一元论和二元论的主张。其中一元论又可以进一步划分为"国内法优先说"③和"国际法优先说"④。二元论则认为国内法与国际法是两个形式上相互独立的平行的法律体系,二者的主体、法律渊源、调整的法律关系均有不同。一元论与二元论都是学者为了解释国家所采取的不同方法而提出的理论。⑤ 实践中,没有一个国家在国内法律制度中声称自己奉行"二元论"抑或是"一元论"。⑥

二、国际条约与国家法律体系的组成

目前,关于"国际条约是否是国家法律体系的组成部分",国际社会主要有以下做法:⑦

一是直接规定国际条约是该国法律体系的组成部分。例如,1991年《克罗地亚宪法》第141条规定:"根据宪法缔结和批准并公布和生效的国际协定是克罗地亚共和国国内法律体系的一部分,具有高于法律的效力。"

二是间接规定国际条约是该国法律体系的组成部分,即规定经适当批准的国际条约具有法律效力。例如,《巴林宪法》第37条第1款规定:"条约在经同意、批准和公布于官方公报后具有法律效力。"

三是规定国内法与国际法的位阶关系,从而一定程度上认可国际法是国家法律体系的一部分。

四是宪法直接规定国际条约不是国内法律体系的一部分。此种情况比较少见。例如,《爱尔兰宪法》第29条第6款规定,除由国家议会决定,国际协定不得成为本国国内法的一部分。

三、国际条约与国内法的位阶关系

目前国际社会中,国际条约与国内法的位阶关系有如下几种:⑧

一是国际条约低于宪法但高于普通法律。此为不少国家立法的立法模式,体现了国际

---

① 条约(treaty),即国际条约(international treaty),广义条约包括名称各异的条约,而狭义的条约仅指以"条约"为名称命名的条约。条约常见的名称有:条约(treaty)、公约(convention)、议定书(protocol)、协定(agreement)、宪章(charter)、组织宪章(constitution)、盟约(pact)、规约(statute)、换文(exchange of notes)、宣言(declaration)、谅解备忘录(memorandum of understanding)。

② 在宪法有相关立法或类似立法的国家有21个亚洲国家、28个欧洲国家、13个美洲国家、15个非洲国家。参见戴瑞君:《国际条约在中国法律体系中的地位》,中国社会科学出版社2020年版,第28—30、49—50、66、91页。相关讨论亦可参见王勇:《条约在中国适用之基本理论问题研究》,北京大学出版社2007年版,第101—102页。

③ 参见[意]安东尼奥·卡塞斯:《国际法》,蔡从燕等译,法律出版社2009年版,第284—285页。

④ 一元论的国际法优先说,其代表学者是汉斯·凯尔森。凯尔森认为,构成法律体系的法律规范效力上有高低等级之分,国内法从国际法规范中获得效力。国际法律秩序决定各国国内法律秩序的属地、属人和属时的效力范围,从而使许多国家的共存成为可能。参见[美]汉斯·凯尔森:《国际法原理》,王铁崖译,华夏出版社1989年版,第339—348页。

⑤ [英]安托尼·奥斯特:《现代条约法与实践》,江国青译,中国人民大学出版社2005年版,第143页。

⑥ 参见戴瑞君:《国际条约在中国法律体系中的地位》,中国社会科学出版社2020年版,第8—16页。

⑦ 同上书,第32—96页。

⑧ 同上书,第70—97页。

法优先原则。① 例如,《联邦德国基本法》第 25 条规定:"国际法之一般规则构成联邦法律之一部分。其效力高于法律,并对联邦领土内居民直接产生权利义务。"

美洲有不少国家则直接列出了不同法律渊源的位阶关系,例如,《巴拉圭宪法》第 137 条第 1 款规定:"宪法是共和国最高的法律。宪法以及国会批准通过的国际条约、国际协定,国会制定的法律以及其他较低位阶的行政法规,构成国家的现行法律体系。上述法律的位阶按照列举顺序递减。"② 阿根廷和哥斯达黎加则直接规定国际条约的法律位阶优于法律。

二是国际条约低于宪法,但与国内法的位阶不明。有些国家是根据宪法对国际条约进行合宪性审查,例如,《吉尔吉斯斯坦宪法》第 97 条。此种规定可以确保国际条约低于宪法,但与国内法关系不明。有些则规定国际条约是国家法律体系的组成部分,但不得与宪法抵触。例如,《不丹宪法》第 10 条第 25 款规定:"政府此后通过适当程序加入的所有国际公约、盟约、条约、议定书和协定,经议会批准后成为王国的法律,与宪法不一致者除外。"

三是国际条约的法律地位等同于国内法。例如《大韩民国宪法》第 6 条第 1 款规定,根据宪法经适当缔结和公布的条约,以及得到普遍承认的国际法规则与大韩民国的国内法具有同等效力。《美国联邦宪法》第 6 条规定:"本宪法及依本宪法所制定之合众国法律以及合众国已经缔结及将要缔结之一切条约,皆为全国之最高法律。每个州的法官都应受其约束,任何一州宪法或法律中的任何内容与之抵触时,均不得有违这一规定。"美国虽然认可二者的同等地位,但适用"后法优于先法"的原理。③

四是国际条约有条件地优于宪法。实践中此种规定非常少,例如,1999 年《瑞士宪法》就规定,修宪提案、对宪法的全部或部分修改,均不得违背国际法上的强制性规范。

五是国际条约等同于宪法。此种情况非常少,只是有一些国家赋予国际人权公约以等同于宪法的地位。例如,《贝宁宪法》第 7 条强调,贝宁于 1986 年 1 月 20 日批准的非洲统一组织的《非洲人权和民族权宪章》(1981 年通过)所宣布和保障的权利和义务,是贝宁宪法和法律不可分割的组成部分。

六是赋予不同国际条约以不同的效力等级。阿塞拜疆宪法将国际条约区分为国家间协定(interstate agreement)与政府间协定(intergovernmental agreement),国家间协定在法律地位上低于宪法、高于法律,而政府间协定的法律地位低于宪法和法律。

四、国际条约在国内的适用方式

条约的适用,是指缔约国按照法定程序把条约具体应用于现实生活,使条约条款得以实现的活动。

---

① 有 18 个欧洲国家明确赋予国际法低于宪法、高于法律的地位。参见戴瑞君:《国际条约在中国法律体系中的地位》,中国社会科学出版社 2020 年版,第 54 页。相关讨论亦可参见王勇:《条约在中国适用之基本理论问题研究》,北京大学出版社 2007 年版,第 114—115 页。

② 《玻利维亚宪法》也规定,宪法是该国的最高法,高于任何其他法律规定的效力。法律规则的适用按照下列层级进行:(1)宪法;(2)国际条约;(3)国家法律、自治条例、组织章程和其他部门市政和土著人地方立法;(4)有关行政机关发布的法令、法规和其他决议。

③ 在美国,除特别情况需要借助于国内立法给予完全的效力外,条约的规定可直接在法院自动执行。不过只限于"自动执行"的条约。所谓"自动执行的"和"非自动执行的"条约区别在于:前者是指那些本身规定已经十分清楚明确,以至法院可以直接适用的条约;后者是指那些只规定一般性义务,只有政府部门承担政策性的义务,而法院难以直接适用的条约。See Foster *v.* Neilson, 27 U. S. 253, 7 L. Ed. 415, 2 Pet. 253, 1829 U. S. LEXIS 405.

条约的适用主要涉及三个问题或三个步骤:一是条约是国家法律体系一部分的问题,即如何将条约接受为国内法;二是条约在国内的效力问题,即如何解决条约与其他国内法之间的效力冲突;三是条约能否作为行政机关或司法机关处理具体问题的依据的问题。前两个问题是前提,后一个则是条约的具体适用方式。

一般来说,条约的适用方式主要有两种:直接适用和间接适用。

直接适用是指一国法律适用的专门机构,即司法或行政部门,将条约作为法律渊源,并以适用国内法的同样方式直接适用条约。条约的直接适用具有高效、便捷的特点,但有可能与国内法产生冲突;而且有的条约规定过于原则或措辞比较模糊,从而会导致难以适用的情形。

间接适用是指一国将条约转化为国内法,司法或行政机关只能适用由立法机关转化后的国内法律,而不能直接适用条约,当事主体也不能直接援引条约的规定作为处理问题的法律依据。[①] 条约的间接适用具有稳妥、能够有效解决与国内法的差异等优点,但考虑各国所订条约繁多而立法机关立法数量有限,完全通过间接适用是一种不现实的方式。

五、中国法的规定

自中华人民共和国建立以来至2018年年初,中国已缔结近500项多边条约,超过25000项双边条约。[②] 中国宪法和其他法律中关于国际条约的主要规定如下:

(一)缔约权

中国宪法主要是对缔约权进行了规定:

一是《宪法》第67条中规定,全国人民代表大会常务委员会决定同外国缔结的条约和重要协定的批准和废除。[③]

二是《宪法》第81条中规定,国家主席批准和废除同外国缔结的条约和重要协定。

三是《宪法》第89条中规定,国务院同外国缔结条约和协定。

(二)缔约名义

1990年《中华人民共和国缔结条约程序法》(以下简称《缔约程序法》)第4条规定:"中华人民共和国以下列名义同外国缔结条约和协定:(一)中华人民共和国;(二)中华人民共和国政府;(三)中华人民共和国政府部门。"缔结条约和协定的名义不同,谈判和签署阶段的

---

① 参见王勇:《条约在中国适用之基本理论问题研究》,北京大学出版社2007年版,第138—139页。
② 参见中华人民共和国外交部条约法律司编著:《中国国际法实践案例选编》,世界知识出版社2018年版,第81页。
③ 《缔约程序法》第7条 条约和重要协定的批准由全国人民代表大会常务委员会决定。
前款规定的条约和重要协定是指:
(一)友好合作条约、和平条约等政治性条约;
(二)有关领土和划定边界的条约、协定;
(三)有关司法协助、引渡的条约、协定;
(四)同中华人民共和国法律有不同规定的条约、协定;
(五)缔约各方议定须经批准的条约、协定;
(六)其他须经批准的条约、协定。
条约和重要协定签署后,由外交部或者国务院有关部门会同外交部,报请国务院审核;由国务院提请全国人民代表大会常务委员会决定批准;中华人民共和国主席根据全国人民代表大会常务委员会的决定予以批准。
双边条约和重要协定经批准后,由外交部办理与缔约另一方互换批准书的手续;多边条约和重要协定经批准后,由外交部办理向条约、协定的保存国或者国际组织交存批准书的手续。批准书由中华人民共和国主席签署,外交部长副署。

条约缔结程序也有所不同,详见表 14.1。

表 14.1　谈判和签署阶段的条约缔结程序

	条约中方草案的拟定部门	条约草案的审批部门	谈判代表的委派	全权证书的签署
以中华人民共和国名义的	(1) 外交部 (2) 国务院有关部门会同外交部	国务院	(1) 外交部 (2) 国务院有关部门报请国务院	(1) 总理 (2) 外交部长
以中华人民共和国政府名义的	(1) 外交部 (2) 国务院有关部门会同外交部	(1) 国务院 (2) 国务院同意后其有关部门决定(必要时同外交部会商)	(1) 外交部 (2) 国务院有关部门报请国务院	(1) 总理 (2) 外交部长
以中华人民共和国政府部门名义的	(1) 属于本部门职权范围的事项由本部门或与外交部会商后决定; (2) 涉及重大问题或涉及国务院其他部门职权范围的由本部门或与国务院有关部门会商	(1) 本部门 (2) 国务院	部门首长	部门首长

(三) 条约的批准和核准

一是批准。《缔约程序法》第 7 条规定,条约和重要协定的批准由全国人民代表大会常务委员会决定。①

二是核准。《缔约程序法》第 8 条第 1 款规定,条约和重要协定以外的国务院规定须经核准或者缔约各方议定须经核准的协定和其他具有条约性质的文件签署后,由外交部或者国务院有关部门会同外交部,报请国务院核准。

三是无须批准和核准条约的备案。《缔约程序法》第 9 条规定,无须全国人民代表大会常务委员会决定批准或者国务院核准的协定签署后,除以中华人民共和国政府部门名义缔结的协定由本部门送外交部登记外,其他协定由国务院有关部门报国务院备案。

(四) 国际条约与中国法律体系

在国际条约与中国法律体系的关系问题上,由于宪法规定的缺位,国际条约是否是中国法律体系的组成部分一直处于不明确的状态。

一方面,我国《票据法》第 95 条、《海商法》第 268 条、《民用航空法》第 184 条和《民事诉讼法》第 271 条则均规定,中华人民共和国缔结或者参加的国际条约有不同规定的,适用国际条约的规定,但中华人民共和国声明保留的条款除外。这表明立法已承认国际条约是中国法律体系的组成部分,不然,中国的司法机关和执法机关将无法适用条约。

另一方面,2011 年国务院新闻办公室发表的《中国特色社会主义法律体系》白皮书指

---

① 从《缔约程序法》第 7 条的规定来看,全国人大常委会批准的是关系国家主权等具有根本重要性的条约,但全国人大常委会只能"制定和修改除应当由全国人民代表大会制定的法律以外的其他法律",而全国人民代表大会"制定和修改刑事、民事、国家机构的和其他的基本法律",这是否能从制定主体上推论国际条约效力低于刑事、民事等基本法律呢?答案是否定的,二者立法权限不同,但具有国家主权等重要内容的条约,无疑不能断然推论为其效力低于普通的民刑事法律。

出,"中国特色社会主义法律体系,是以宪法为统帅,以法律为主干,以行政法规、地方性法规为重要组成部分,由宪法相关法、民法商法、行政法、经济法、社会法、刑法、诉讼与非诉讼程序法等多个法律部门组成的有机统一整体"。① 从此官方发布的白皮书可以看出,中国特色社会主义法律体系并不包含国际条约和国际惯例。这一表述可能与白皮书聚焦于中国自身法律体系的建设有关,也可能因为宪法未对国际法作出规定,以及国际法本身不能作为一个"法律部门",从而无法纳入上述的系统中。

第三节 国际私法条约在中国的适用

一、国际私法条约的概念

国际条约是国际法主体(国家、国际组织等)之间以国际法为准则而缔结的确立其权利和义务的书面协议。《维也纳条约法公约》第 2 条规定:"称'条约'者,谓国家间所缔结而以国际法为准之国际书面协定,不论其载于一项单独文书或两项以上相互有关之文书内,亦不论其特定名称如何。"②

国际条约作为我国国际私法的渊源,按照缔约国分类包括双边条约和多边公约。而按照条约的法律性质分类,可分为造法性条约和契约性条约。前者是指缔约国为创立新的行为规则或确认、改变现有行为规则而签订的条约,它通常是多边的、开放性的条约,如《维也纳条约法公约》;后者是指缔约国之间就一般关系或特定事项上的相互权利和义务而签订的条约。

除上述公认的分类标准外,考虑到现代国际法的许多规则越来越多地影响着个人地位和活动,有学者认为,根据条约保护目的的不同,可以将条约分为公法性条约和私法性条约,前者以保护各国国家和政府利益为主要目的,后者以保护各国国内的私人利益为首要目的。③ 对于私法性条约或条约中的"私法性条款",只有将其具体落实到私人,才是对此类公约全面的履行。这也是"约定必须遵守"的必然要求。亦如周鲠生先生所言:"有的条约一方面确立国家间的关系,同时也涉及人民的权利义务或国内法规的修改,对于这类条约,国家为了履行国际义务,就必须保证在国内执行。"④

国际条约本身并无国际私法条约与国际公法条约的明确区分,此处泛指与国际私法领域密切相关的国际条约。在国际民事诉讼领域,特别是在国际民事司法协助方面,我国与其他许多国家签订了大量的双边司法协助条约。⑤ 很多专门性双边协定中也包含有国际私法

---

① 参见国务院新闻办公室:《中国特色社会主义法律体系》白皮书,2011 年 10 月 27 日发布。
② 1986 年《关于国家和国际组织间或国际组织相互间条约法的维也纳公约》第 2 条中指出,"条约"是指(1)一个或更多国家和一个或更多国际组织间,或(2)国际组织相互间,以书面缔结并受国际法支配的国际协议,不论其载于一项单独的文书或两项或更多有关的文书内,也不论其特定的名称为何。
③ 参见王勇:《条约在中国适用之基本理论问题研究》,北京大学出版社 2007 年版,第 29 页。
④ 周鲠生:《国际法》(下册),商务印书馆 1976 年版,第 652 页。
⑤ 参见最高人民检察院刑事检察厅编:《中外司法协助与引渡条约集》,中国人民大学出版社 1997 年版。

方面的条款,比如 2001 年《中华人民共和国与德意志联邦共和国社会保险协定》第 8 条的规定。① 我国缔结或参加的国际私法方面的多边国际条约也很多,包括外国人民事法律地位的条约、冲突法公约、统一实体法公约、国际民事诉讼条约和国际商事仲裁条约。

国际条约在国内产生效力有三种方式:一是并入式,即条约无须另经国内立法程序便可以直接纳入国内法,而在国内具有法律效力;二是转化式,即条约必须经过国内立法的程序并转化为国内法以后才在国内具有法律效力;三是混合式,即兼采转化和并入方式。对应地,国际条约在国内法院的适用也就可能有三种方式:直接适用、间接适用即适用转化后的国内法、兼采直接适用和间接适用。

二、间接适用

国际条约转化为国内法主要有两种情形:一是事前转化,即批准或加入某国际条约之前先进行国内立法,以满足国际条约的要求,便于实施国际条约,或者对国内法进行修改,以尽量避免国内法与国际条约发生冲突。例如,中国于 1995 年 10 月颁布了《民用航空法》,其中有关民用航空器权利的规定与 1948 年《国际承认航空器权利公约》的内容完全一致。2000 年 10 月,由于我国已经建立了民用航空器权利登记制度,具备了实施国际条约的条件,全国人大常委会作出了加入该公约的决定。二是事后转化,即先批准或加入国际条约,再进行国内立法。例如,中国分别于 1975 年和 1979 年加入《维也纳外交关系公约》和《维也纳领事关系公约》,两个公约直接在国内适用。中国分别于 1986 年、1990 年制定了《外交特权与豁免条例》和《领事特权与豁免条例》。根据中国国情,两条例对两公约的个别条款作了变通规定,但这并不妨碍两公约在中国国内直接适用。

实践中有两个特殊的领域,知识产权和国际贸易行政案件,值得予以关注。

1. 知识产权。知识产权领域的国际条约依然以国际条约直接适用为基本原则。关于知识产权公约如何实施,1998 年《最高人民法院关于全国部分法院知识产权审判工作座谈会纪要》指出:"人民法院在审理涉外知识产权民事纠纷案件中,应当严格按照我国法律、法规的有关规定办理。我国缔结或者参加的国际条约同我国法律有不同规定的,应当优先适用国际条约的规定,但我国声明保留的条款除外;我国法律、法规和我国缔结或者参加的国际条约没有规定的,可以适用国际惯例。"由此可见,知识产权领域的民商事纠纷,相关国际条约不仅可以直接适用,而且具有优先适用的效力。

2012 年《法律适用法解释(一)》第 4 条规定,涉外民事关系的法律适用涉及适用国际条约的,人民法院应当根据《民法通则》第 142 条第 2 款以及《票据法》第 95 条第 1 款、《海商法》第 268 条第 1 款、《民用航空法》第 184 条第 1 款等法律规定予以适用,**但知识产权领域的国际条约已经转化或者需要转化为国内法律的除外。**"

---

① 第 8 条"关于参保义务规定的例外"规定:就参保义务而言,如果依照第三条至第五条以及第七条规定,缔约一国关于参保义务的法律规定适用于雇员,或依照第六条的规定适用于任何其他人员,该缔约国的主管机关或由其指定的机构可以根据雇员和雇主的共同申请或其他人员的申请免除对该雇员或该其他人员适用该法律规定,条件是该雇员或该其他人员受缔约另一国关于参保义务的法律规定的管辖。在作出免除适用的决定之前,缔约另一国的主管机关或由其指定的机构应有机会声明该雇员或该其他人员是否受关于参保义务的法律规定的管辖。在作出该决定时,必须顾及到其工作的性质和情形。前述规定特别适用于缔约一国企业的雇员被该企业的在缔约另一国的投资企业临时雇用并在此期间由投资企业负担其劳动报酬的情况。

此规定一方面强调了知识产权领域国际条约优先适用,另一方面则规定对于已经转化或需要转化为国内法律的国际条约不能直接适用。比较前述1998年《最高人民法院关于全国部分法院知识产权审判工作座谈会纪要》和2012年《法律适用法解释(一)》第4条的规定,后者强调"知识产权领域的国际条约已经转化或者需要转化为国内法律的除外",但哪些国际公约已经转化或需要转化,情况不明确,需要核对我国知识产权法的具体规定。

示例 14.1

以著作权为例,《著作权法》第2条就规定,"外国人、无国籍人的作品根据其作者所属国或者经常居住地国同中国签订的协议或者共同参加的国际条约享有的著作权,受本法保护"。可见,相关条约通过《著作权法》已转化为国内的相关规定。《实施国际著作权条约的规定》(2020修订)第1条就开宗明义地指出,"为实施国际著作权条约,保护外国作品著作权人的合法权益,制定本规定"。而该规定中的"国际著作权条约"包括中国参加的《伯尔尼公约》和与外国签订的有关著作权的双边协定。但该规定第19条又规定,"本规定与国际著作权条约有不同规定的,适用国际著作权条约",由此可见,此规定虽有转化的功能,但并没有排除国际著作权条约的直接适用。

2. 国际贸易行政案件。2002年,《最高人民法院关于审理国际贸易行政案件若干问题的规定》第7条规定:"人民法院审理国际贸易行政案件,应当依据中华人民共和国法律、行政法规以及地方立法机关在法定立法权限范围内制定的有关或者影响国际贸易的地方性法规。"由于该类案件涉及WTO下的国际协定,而通常该类国际协定已经转化为国内法,因此该规定要求司法实践中适用中国国内法的规定。

三、直接适用

(一)国际私法条约直接适用的国内法依据

改革开放以后,我国日渐重视国际法律渊源的作用,不仅允许直接适用国际条约作为法院裁判的依据,而且在国内法与国际条约有不同规定的时候,强调直接适用国际条约,这一点在各层级的规范中均有体现。

一是法律。该规定源自1985年《涉外经济合同法》第6条:"中华人民共和国缔结或者参加的与合同有关的国际条约同中华人民共和国法律有不同规定的,适用该国际条约的规定。但是,中华人民共和国声明保留的条款除外。"我国《民法通则》第142条第2款规定:"中华人民共和国缔结或者参加的国际条约同中华人民共和国的民事法律有不同规定的,适用国际条约的规定,但中华人民共和国声明保留的条款除外。"此规定强调了国际条约在涉外审判中的直接适用性。之后,该规定成为我国民商事法律处理中国法律与国际条约规定不一致时的立法范式。我国《票据法》第95条、《海商法》第268条、《民用航空法》第184条均采纳了相同的表述。

二是司法解释。改革开放以来,在涉外案件中的处理中,强调国际条约的作用,而且并不限于民商事案件。1995年《外交部、最高人民法院、最高人民检察院、公安部、安全部、司法部关于处理涉外案件若干问题的规定》中明确规定:"处理涉外案件,在对等互惠原则的基础上,严格履行我国所承担的国际条约义务。当国内法或者我内部规定同我国所承担的国际条约义务发生冲突时,应当适用国际条约的有关规定(我国声明保留的条款除外)。各主管部门不应当以国内法或者内部规定为由拒绝履行我国所承担的国际条约规定的义务。"

该规定的"涉外案件"是指在我国境内发生的涉及外国、外国人(自然人及法人)的刑事、民事经济、行政、治安等案件及死亡事件。尽管该规定的"涉外案件"主要从主体层面来界定涉外因素,但其覆盖面无疑也足够广泛。从实务的角度来看,该规定体现了我国实践中各部门对待国际条约的态度,即严格履行国际条约义务,遵循国际条约优先原则,以及不得以国内法为由拒绝履行国际条约义务。

三是司法解释类文件。在国际条约能否直接作为裁判依据上,2000年《最高人民法院关于充分发挥审判职能作用为经济发展提供司法保障和法律服务的意见》[①]就指出,"我国政府参加或承认的国际性法律规范,除声明保留的内容之外,无论是多边的还是双边的条约或协议,都是人民法院审理相关涉外案件的法律依据"。由此可见,法院的判决是可以直接援引国际条约作为裁判依据的。

我国还强调国际条约的优先性。2000年《最高人民法院关于审理和执行涉外民商事案件应当注意的几个问题的通知》(2008调整)[②]第2段明确指出:"对我国参加的国际公约,除我国声明保留的条款外,应予优先适用,同时可以参照国际惯例。制作涉外法律文书应文字通畅,逻辑严密,格式规范,说理透彻。"

从上述规定可以看出,在涉外民商事案件的审判中,我国政府参加或承认的国际性法律规范,除声明保留的内容之外,是人民法院审判的法律依据。国际条约在我国不仅可以直接适用,而且具有优先性。下文按照国际私法学科所涉及的不同领域,逐个考察我国所参加的相关国际条约在中国的适用情况。总结国际私法领域国际条约在中国的适用,主要有以下情形:无国内法规定而直接适用、有国内法规定但不考虑直接适用、在国内法与国际公约冲突下而直接适用、因当事人选择而直接适用、因法院选择而直接适用,以及法院直接适用但兼顾国内公共秩序。

(二)国际私法条约在中国法院直接适用的情形

1. 无国内法规定而直接适用

在国际私法的主体地位等领域,我国参加的国际条约主要有1951年《关于难民地位的公约》和1967年《关于难民地位的议定书》。由于国内法没有关于难民地位的规定,此类公约主要是直接适用。再以1993年《跨国收养方面儿童保护及合作公约》为例,该公约具有直接适用的性质,目前尚没有发现国内进行转化的立法。

在统一实体法领域,也存在国内法缺乏规定而直接适用的实践。例如,《联合国国际货物销售合同公约》于1988年对我国生效,当时只有1985年的《涉外经济合同法》,且和公约规定不同之处甚多。1987年原对外经济贸易部《关于执行联合国国际货物销售合同公约应注意的几个问题》[③]明确指出:"目前已经参加公约的国家除中国外,还有美国、意大利、赞比亚、南斯拉夫、阿根廷、匈牙利、埃及、叙利亚、法国和莱索托等国家。……我国政府既已加入

---

① 法发〔2000〕6号,2000年3月1日。
② 法〔2000〕51号,2000年4月17日发布,根据2008年12月16日法释〔2008〕18号《最高人民法院关于调整司法解释等文件中引用〈中华人民共和国民事诉讼法〉条文序号的决定》调整。
③ (87)外经贸法字第22号,1987年12月4日。

了公约,也就承担了执行公约的义务,因此,根据公约第一条(1)款的规定,自1988年1月1日起我各公司与上述国家(匈牙利除外)的公司达成的货物买卖合同如不另做法律选择,则合同规定事项将自动适用公约的有关规定,发生纠纷或诉讼亦得依据公约处理。"此种情形应属于国内法缺乏规定而直接适用公约的情形。

2. 不考虑国内法的规定而直接适用

国际私法条约直接适用原则是我国涉外法律适用的一项基本原则,这既是我国作为条约当事国应当履行条约的义务,也是由作为统一实体规范的国际条约的法律地位决定的。统一实体法是直接调整涉外民事法律关系双方当事人权利义务的法律规范,能够直接、准确地确定当事人的权利义务,消除不同国家之间的法律冲突。只要存在国际条约已经调整的涉外民商事领域,就应直接适用国际条约,而不应适用法院地冲突规范指引的法律。

以国际贸易领域为例,《联合国国际货物销售合同公约》是最常适用的公约,通常是直接为法院所适用,而不会考虑我国1999年《合同法》的规定。

示例 14.2 深圳市亿诚电子科技有限公司、深圳市生辉煌电子有限公司国际货物买卖合同纠纷案[①]

该案中的国际货物买卖合同关系发生在原告奥利安电子有限责任公司与被告亿诚公司之间,原告与被告亿诚公司的营业地分别在匈牙利和中国,均为《联合国国际货物销售合同公约》缔约国,而双方未约定排除《联合国国际货物销售合同公约》的适用,双方买卖的货物也不属于《联合国国际货物销售合同公约》禁止适用的范围。故法院直接适用公约作为裁判的依据。

实践中不少法院判决认为,《联合国国际货物销售合同公约》应优先适用,中国法只有在公约没有规定的情况下方予以适用。在天津鲁冶钢铁贸易有限公司、BETA股份公司国际货物买卖合同纠纷案[②]中,天津市高级人民法院认为:

"本案为国际货物买卖合同纠纷。二审庭审时,鲁冶公司确认其营业地在中华人民共和国,BETA公司确认其营业地在罗马尼亚。因中华人民共和国与罗马尼亚均系《联合国国际货物销售合同公约》缔约国,依照公约第一条第(1)款(a)项规定,本案应适用《联合国国际货物销售合同公约》。对于本案中《联合国国际货物销售合同公约》未明确规定、亦无法按照公约所依据的一般原则来解决的相关事项,依照公约第七条第(2)款规定,应按照国际私法规定适用的法律即一国国内法律来解决。因《合同》及其《补充协议》对准据法均未作约定,而鲁冶公司与BETA公司在本案一、二审庭审中均选择适用中华人民共和国法律,故在上述情形下,依照《中华人民共和国涉外民事关系法律适用法》第四十一条规定,应适用中华人民共和国法律作为相关事项的准据法。故此,一审判决在未确定《联合国国际货物销售合同公约》是否应适用于本案的前提下直接适用《中华人民共和国合同法》等我国国内法律存在不当,本院予以更正。"

[①] 深圳市中级人民法院民事判决书,(2019)粤03民终3155号。
[②] 天津市高级人民法院民事判决书,(2019)津民终90号。

另外,在此方面,蒂森克虏伯冶金产品有限责任公司与中化国际(新加坡)有限公司国际货物买卖合同纠纷上诉案[二维码案例]是一起非常具有代表性的案例。

3. 在国内法与国际条约冲突的情况下直接适用

国际民商事实体性条约在中国的适用,常见规定是我国《民法通则》第142条第2款:"中华人民共和国缔结或者参加的国际条约同中华人民共和国的民事法律有不同规定的,适用国际条约的规定,但中华人民共和国声明保留的条款除外。"这一规定着眼于冲突的解决,即国内法与条约冲突的情况下如何适用法律,被学界通称为国际条约优先原则。

首先,在国内法与国际条约冲突下直接适用,是我国法律规定的主流形式。

该规定源自1985年《涉外经济合同法》第6条,即"中华人民共和国缔结或者参加的与合同有关的国际条约同中华人民共和国法律有不同规定的,适用该国际条约的规定。但是,中华人民共和国声明保留的条款除外"。之后,该规定成为我国民商事法律处理我国法律与国际条约规定不一致时的立法范式。我国《票据法》第95条、《海商法》第268条、《民用航空法》第184条均采纳了相同的表述。

关于民事诉讼程序领域国际条约的适用,早期的司法文件明确指出其具有优先适用的效力。例如,1989年最高人民法院《全国沿海地区涉外、涉港澳经济审判工作座谈会纪要》[①]中指出:"在程序法方面,包括司法管辖权、诉讼过程中的文书送达、调查取证,以及判决的承认和执行等,应当按照我国民事诉讼法和其他法律中的程序规定办理。但是我国缔结或者参加的国际条约(例如《承认和执行外国仲裁裁决公约》和中外司法协助协定)与我国法律有不同规定的,除我国声明保留的条款外,应当优先适用国际条约的规定。"之后,《民事诉讼法》第271条规定:"中华人民共和国缔结或者参加的国际条约同本法有不同规定的,适用国际条约的规定,但中华人民共和国声明保留的条款除外。"该规定确定了国际民事诉讼条约的直接适用性,同时,在《民事诉讼法》和国际条约二者不一致的情况下,适用国际条约的规定。

其次,在国内法与国际条约冲突的情况下直接适用,未必是我国实践中的真实做法。下文以国际民用航空领域的国际条约在我国的适用进行说明。

目前国际航空方面的公约已达50多个,总体上大致可以分为三大体系:(1)关于航空权利的国际航空公法公约体系,即处理有关国家之间民用航空事务规范和国际民用航空关系的航空公法。(2)关于保障航空安全及防止航空器上犯罪的国际航空刑法公约体系,即处理和防止航空器上的犯罪行为规范的航空刑法。(3)关于调整国际航空运输合同关系以及对地面第三者损害责任的国际航空私法公约体系,亦被称为国际航空民法体系。该体系的核心是处理国际航空运输中承运人和货主及乘客之间的关系。国际航空运输法公约又可以细分为两个体系:"华沙公约体系"和"蒙特利尔公约体系"。两个体系的公约中都同时包含了调整旅客运输和货物运输的规定。

对我国生效的国际公约主要有:

1929年《统一国际航空运输某些规则的公约》,即《华沙公约》;

1955年《修改1929年10月12日在华沙签订的统一国际航空运输某些规则公约的议定

---

① 法[经]发[1989]12号,1989年6月12日。

书》，即《海牙议定书》；

1999年《统一国际航空运输某些规则的公约》，即《蒙特利尔公约》。2005年6月1日中国向国际民航组织交存加入的批准书，同年7月31日起该公约对中国正式生效；与此同时，《华沙公约》和《海牙议定书》在中国停止适用。

从上述公约的内容来看，我国加入的民用航空公约主要涉及国际民用航空运输。① 在此方面，《民用航空法》第184条第1款规定："中华人民共和国缔结或者参加的国际条约同本法有不同规定的，适用国际条约的规定；但是，中华人民共和国声明保留的条款除外。"此规定赋予了国际民用航空公约在我国法院直接适用的效力。在实践中，最高人民法院也遵循了这一原则。

示例 14.3

在最高人民法院所发布的指导案例51号，阿卜杜勒·瓦希德诉中国东方航空股份有限公司航空旅客运输合同纠纷案②中，上海市第一中级人民法院的做法就得到了肯定，具体表述如下："我国和巴基斯坦都是《经1955年海牙议定书修订的1929年华沙统一国际航空运输一些规则的公约》（以下简称《1955年在海牙修改的华沙公约》）和1961年《统一非立约承运人所办国际航空运输的某些规则以补充华沙公约的公约》（以下简称《瓜达拉哈拉公约》）的缔约国，故这两个国际公约对本案适用。"

在域多利货运有限公司、中国人民财产保险股份有限公司广州市分公司保险人代位求偿权纠纷案③中，二审法院认为：《蒙特利尔公约》已于2005年在我国生效，2006年，国务院作出批复，同意《蒙特利尔公约》适用于香港特别行政区。根据《法律适用法解释（一）》第4条……的规定，案涉货物系从美国空运至香港，属于《蒙特利尔公约》第1条适用范围所规定的"国际运输"，该案应适用《蒙特利尔公约》的规定。

同样，在郑河元、马来西亚亚洲航空公司广州代表处合同纠纷案④中，一、二审法院均认为：关于该案的法律适用问题。被告亚航为外国企业，该案属于涉外航空旅客运输合同纠纷案件，根据《法律适用法解释（一）》第4条……的规定，涉案航空旅客运输合同签约双方所在国均为《蒙特利尔公约》的成员国，故该案应适用《蒙特利尔公约》作为解决争议的准据法。

总结上述三个案例可以得出，国际民用航空领域的国际公约的适用在我国具有如下特点：一是国际公约均直接适用，而非与国内法规定不同时才适用；二是大部分国际民用航空领域的公约属于自动执行的公约，能够为法院直接适用；三是中国法院在审判案件将其作为

---

① 除上述公约外，我国于2000年4月28日加入了1948年《国际承认航空器权利公约》，同时声明："中华人民共和国政府不承认旧中国政府对《国际承认航空器权利公约》的签署"；"在中华人民共和国政府另行通知前，《国际承认航空器权利公约》暂不适用于中华人民共和国香港特别行政区。"另外，中华人民共和国政府曾于1999年12月9日发布通知，适用于澳门的该公约将自1999年12月20日起继续适用于澳门特别行政区。
② 最高人民法院审判委员会讨论通过，2015年4月15日发布，最高人民法院第十批指导性案例。
③ 广东省珠海市中级人民法院民事判决书，(2018)粤04民终454号。
④ 广东省广州市中级人民法院民事判决书，(2017)粤01民终6146号。

直接适用的依据,而没有考虑中国法的规定。

但从前述《民用航空法》条文的表述来看,并无有关法律与条约的位阶关系的规定。同时,也不能推论出在涉外民事关系的处理中"优先适用国际条约"的规定,尤其是有些条约,如《联合国国际货物销售合同公约》,本身就允许当事人减损公约的规定,其实质是法院直接适用公约的规定。

4. 当事人选择适用

首先,在国际贸易合同纠纷中,如果当事人选择适用《联合国国际货物销售合同公约》,则公约因为当事人的选择而可以有限适用。

示例 14.4 杰斯托进口有限公司诉上海新联纺进出口有限公司国际货物买卖合同纠纷案[①]

本案双方当事人一致同意适用《联合国国际货物销售合同公约》处理该案争议,若该公约对相关事项没有作出规定,则适用中国法律来处理该案争议。一审法院认为,鉴于中国与澳大利亚联邦均为《联合国国际货物销售合同公约》的缔约国,该案双方当事人并未明确排除该公约的适用,故应适用该公约处理该案争议。鉴于双方同意对系争合同中所涉国际贸易术语适用国际商会制定的《INCOTERMS 2010》,故应适用《INCOTERMS 2010》予以解释。鉴于双方当事人对于《联合国国际货物销售合同公约》《INCOTERMS 2010》没有涉及的事项同意适用中国法律,故根据《法律适用法》第 41 条的规定,应适用中国法律予以处理。[②]

其次,选择中国法但未排除条约,依旧可能适用国际条约。

当案件当事人选择中国法作为争议解决的法律依据时,考虑到公约作为中国法律体系的组成部分,可以直接适用,因此,在当事人未明确排除公约的情况下,法院适用公约作为裁判的依据。

示例 14.5 萨拉平克曼公司、广东劳特斯企业有限公司国际货物买卖合同纠纷案[③]

广东省高级人民法院认为:涉案买卖合同的当事人萨拉公司与劳特斯公司的营业地分别在美国和中国,美国和中国均为《联合国国际货物销售合同公约》的缔约国。根据《联合国国际货物销售合同公约》第 1 条第(1)款(a)项的规定,《联合国国际货物销售合同公约》适用于营业地在不同国家的当事人之间所订立的货物销售合同:(a)如果这些国家是缔约国,即使双方对于适用《联合国国际货物销售合同公约》没有选定,双方争讼的买卖合同也应适用该公约规定,除非双方当事人明确排除该公约的适用。虽然萨拉公司与劳特斯公司选择适用我国法律,但双方并没有明确排除公约适用,故该案买卖合同的处理应首

---

① 上海市第一中级人民法院民事判决书,(2018)沪 01 民终 11306 号。
② 上海市长宁区人民法院民事判决书,(2017)沪 0105 民初 19401 号。
③ 广东省高级人民法院民事判决书,(2018)粤民终 1424 号。

先适用《联合国国际货物销售合同公约》,《联合国国际货物销售合同公约》没有规定的,再适用我国法律的有关规定。

最后,如果双方明确选择中国法并特别排除公约,则不适用国际条约。

示例 14.6 伊诺塔池技术株式会社、宁波波普朗士数码科技有限公司国际货物买卖合同纠纷①

案涉合同约定,协议的解释管辖均适用中国法,不适用法律冲突规则,不适用《联合国国际货物销售合同公约》。据此,浙江省高级人民法院认为:

"本案系国际货物买卖合同纠纷,波普朗士公司与伊诺塔池会社的营业地分别在中华人民共和国及大韩民国,两国均为《联合国国际货物销售合同公约》缔约国,故本案纠纷应适用《联合国国际货物销售合同公约》处理。但上述公约第六条规定:双方当事人可以不适用本公约。因双方协议明确约定本协议的解释管辖均适用中华人民共和国法律,双方在诉讼中也明确选择适用我国法律审理,本院对此予以确认。"

5. 法院选择适用

《民事诉讼法》第 283 条也规定,人民法院对在中华人民共和国领域内没有住所的当事人送达诉讼文书,可以采用"依照受送达人所在国与中华人民共和国缔结或者共同参加的国际条约中规定的方式送达"。"可以"一词包含了选择性的因素,不具有强制性。

选择适用是国际条约在中国直接适用的表现形式之一,是指人民法院在国内法与国际条约之间进行选择适用。除了人民法院直接选择以外,有时候还根据一方当事人的意愿而进行选择适用。

示例 14.7 唐逸敏与国家开发银行保证合同纠纷案②

最高人民法院认为:"作为《关于向国外送达民事或商事司法文书和司法外文书公约》(以下简称 1965 年《海牙送达公约》)成员国的日本,于 2018 年 12 月 21 日针对 1965 年《海牙送达公约》第十条 a 项提出保留,排除邮寄送达方式在该国的适用。但是,本案中井上俊英书面向本院提供了其日本国的邮寄地址,明确表示接受本院以邮寄方式直接向其送达,在收到本院相关诉讼文书后,井上俊英签收了诉讼文书并向本院寄回了相应的送达回证。本院认为,就需要进行跨域送达的民事案件而言,一国对 1965 年《海牙送达公约》中的邮寄送达提出保留后,他国司法机关向该国当事人以邮寄方式送达并不产生程序法上的效力。但 1965 年《海牙送达公约》属于私法性质的公约,公约内容主要是就民事或商事司法文书和司法外文书的国外送达问题进行规范。就具体个案而言,如当事人明确同意接受他国法院的邮寄送达,属于其自身对程序性权利的处分,尊重当事人基于自身判断

---

① 浙江省高级人民法院民事判决书,(2019)浙民终 944 号。
② 最高人民法院民事判决书,(2019)最高法民终 395 号。

而做出的合理选择,反而有利于当事人诉讼利益的保护。因此,日本国当事人井上俊英在涉及自身利益的私法案件中就民商事案件的跨域送达问题行使处分权,与日本国政府对邮寄送达方式提出保留,两者并不矛盾。在井上俊英书面同意且实际接受的前提下,本院向其邮寄送达相关司法文书符合正当程序。"

从上述案例来看,《海牙送达公约》下的中央机关途径并不具有优先性,只是中国法院域外送达的可选择方式之一,国际条约的直接适用让位于受送达人的选择。

值得注意的是,在国际投资领域,以直接适用为主。我国目前与外国订立了大量的双边投资协定,这些投资协定大部分可以直接适用,而很少转化为国内立法。不过,《外商投资法》第4条第4款规定:"中华人民共和国缔结或者参加的国际条约、协定对外国投资者准入待遇有更优惠规定的,可以按照相关规定执行。""可以"一词表明《外商投资法》允许选择适用国际条约。由此可见,选择适用是指在国内法和国际条约之间进行选择,此种情形更多地体现在行政执法领域,但也可能发生在投资争议的诉讼程序中。

6. 法院直接适用但兼顾国内公共秩序

在国际民事诉讼程序上,《民事诉讼法》第271条规定:"中华人民共和国缔结或者参加的国际条约同本法有不同规定的,适用国际条约的规定;但是,中华人民共和国声明保留的条款除外。"

但与国际民事实体公约有所不同的是,《民事诉讼法》规定了不少公共秩序保留条款。例如,《民事诉讼法》第293条规定:"根据中华人民共和国缔结或者参加的国际条约,或者按照互惠原则,人民法院和外国法院可以相互请求,代为送达文书、调查取证以及进行其他诉讼行为。外国法院请求协助的事项有损于中华人民共和国的主权、安全或者社会公共利益的,人民法院不予执行。"

《民事诉讼法》第299条进一步规定:"人民法院对申请或者请求承认和执行的外国法院作出的发生法律效力的判决、裁定,依照中华人民共和国缔结或者参加的国际条约,或者按照互惠原则进行审查后,认为不违反中华人民共和国法律的基本原则且不损害国家主权、安全、社会公共利益的,裁定承认其效力;需要执行的,发出执行令,依照本法的有关规定执行。"

《企业破产法》第5条第2款也规定:"对外国法院作出的发生法律效力的破产案件的判决、裁定,涉及债务人在中华人民共和国领域内的财产,申请或者请求人民法院承认和执行的,人民法院依照中华人民共和国缔结或者参加的国际条约,或者按照互惠原则进行审查,认为不违反中华人民共和国法律的基本原则,不损害国家主权、安全和社会公共利益,不损害中华人民共和国领域内债权人的合法权益的,裁定承认和执行。"

由此可以看出,即使在涉外民事诉讼领域适用国际条约的规定,如果违反我国的公共秩序,国际条约也不能得到人民法院的执行。

实际上,中国已经参加的国际民事诉讼领域的国际公约中有不少亦含有公共秩序保留条款,包括《纽约公约》①《海牙送达公约》②《海牙取证公约》③。因此某种程度上可以说,民事诉讼程序领域规定了国际条约直接适用原则,而且在与国内法有不同规定的情况下具有优先效力,但依然不能突破民事诉讼法所规定的"主权、安全或者社会公共利益"。

四、混合适用

混合适用兼具采直接适用与间接适用。

中国分别于1975年和1979年加入《维也纳外交关系公约》《维也纳领事关系公约》,两个公约当时均是直接在国内适用。在此之后,中国分别于1986年、1990年制定了《外交特权与豁免条例》和《领事特权与豁免条例》。两条例对公约的个别条款作了变通规定,但这并不妨碍两公约在中国国内的直接适用,两条例均有有关国际条约另有规定除外的条款。例如,《外交特权与豁免条例》第27条规定,中国缔结或者参加的国际条约另有规定的,按照国际条约的规定办理,但中国声明保留的条款除外。中国与外国签订的外交特权与豁免协议另有规定的,按照协议的规定执行。

示例 14.8 交通运输部南海救助局与阿昌格罗斯投资公司、香港安达欧森有限公司上海代表处海难救助合同纠纷案④

在该案中,最高人民法院不仅认为"《救助公约》所确立的宗旨……在本案中应予遵循",而且认为:"海难救助是一项传统的国际海事法律制度,《救助公约》和《海商法》对此作了专门规定。《海商法》第九章关于海难救助的规定,借鉴吸收了《救助公约》的主要内容。《救助公约》第十二条、《海商法》第一百七十九条规定了'无效果无报酬'的救助报酬支付原则,《救助公约》第十三条、《海商法》第一百八十条及第一百八十三条在该原则基础上进一步规定了报酬的评定标准与具体承担。上述条款是对当事人基于'无效果无报酬'原则确定救助报酬的海难救助合同的具体规定。与此同时,《救助公约》和《海商法》均允许当事人对救助报酬的确定另行约定。"

在判决中,最高人民法院比较了二者之间的异同,指出"《海商法》第九章关于海难救助的规定,借鉴吸收了《救助公约》的主要内容",并进一步肯定二者均可适用于本案的纠纷。

五、按照国际条约解释国内法

对于国内法的规定,如果存在两种或两种以上的解释,选取与国际条约规定一致的解释,即解释一致原则,实际上也是适用国际条约的一种方式。2002年《最高人民法院关于审理国际贸易行政案件若干问题的规定》第9条规定:"人民法院审理国际贸易行政案件所适

---

① 参见《纽约公约》第5条第2款。
② 《海牙送达公约》第13条第1款规定:"如果送达请求书符合本公约的规定,则文书发往国只在其认为执行请求将损害其主权或安全时才可拒绝执行。"
③ 《海牙取证公约》第12条中规定,被请求国认为,请求书的执行将会损害其主权和安全,可以拒绝执行请求书。
④ 最高人民法院民事判决书,(2016)最高法民再61号;《最高人民法院公报》2016年第11期。

用的法律、行政法规的具体条文存在两种以上的合理解释,其中有一种解释与中华人民共和国缔结或者参加的国际条约的有关规定相一致的,应当选择与国际条约的有关规定相一致的解释,但中华人民共和国声明保留的条款除外。"

示例 14.9 重庆正通药业有限公司、国家工商行政管理总局商标评审委员会与四川华蜀动物药业有限公司商标行政纠纷案①

> 关于《商标法》第 15 条规定的"代理人"的范围问题②,最高人民法院认为:"商标法第十五条的规定既是为了履行巴黎公约第六条之七规定的条约义务,又是为了禁止代理人或者代表人恶意注册他人商标的行为。巴黎公约第六条之七第(1)项规定,'如果本联盟一个国家的商标所有人的代理人或者代表人,未经该所有人授权而以自己的名义向本联盟一个或一个以上的国家申请该商标的注册,该所有人有权反对所申请的注册或要求取消注册'。据该条约的权威性注释、有关成员国的通常做法和我国相关行政执法的一贯态度,巴黎公约第六条之七的'代理人'和'代表人'应当作广义的解释,包括总经销、总代理等特殊销售关系意义上的代理人或者代表人。参照《最高人民法院关于审理国际贸易行政案件若干问题的规定》第九条……的规定,巴黎公约第六条之七规定的'代理人'的含义,可以作为解释我国商标法第十五条规定的重要参考依据。"

不仅如此,2015 年《最高人民法院关于人民法院为"一带一路"建设提供司法服务和保障的若干意见》③第 7 段指出:"要深入研究沿线各国与我国缔结或共同参加的贸易、投资、金融、海运等国际条约,严格依照《维也纳条约法公约》的规定,根据条约用语通常所具有的含义按其上下文并参照条约的目的及宗旨进行善意解释,增强案件审判中国际条约和惯例适用的统一性、稳定性和可预见性。"由此可见,按照《维也纳条约法公约》所规定的解释方法,④也是准确适用公约的表现方式。

---

① 最高人民法院行政判决书,(2007)行提字第 2 号。该案后成为最高人民法院公报案例,参见《最高人民法院公报》2007 年第 11 期。

② 最高人民法院认为,《商标法》第 15 条规定:"未经授权,代理人或者代表人以自己的名义将被代理人或者被代表人的商标进行注册,被代理人或者被代表人提出异议的,不予注册并禁止使用。"由于在本案中当事人及一审、二审判决对"代理人"的含义具有不同的理解和认定,为消除分歧,正确适用法律,可以通过该条规定的立法过程、立法意图以及参照相关国际条约的规定等确定其含义。该条规定系 2001 年 10 月 27 日修改的商标法增加的内容。原国家工商行政管理局局长王众孚受国务院委托于 2000 年 12 月 22 日在第九届全国人民代表大会常务委员会第十九次会议上所作的《关于〈中华人民共和国商标法修正案(草案)〉的说明》指出,"巴黎公约第六条之七要求禁止商标所有人的代理人或者代表人未经商标所有人授权,以自己的名义注册该商标,并禁止使用。据此,并考虑到我国恶意注册他人商标现象日益增多的实际情况,草案增加规定:'未经授权,代理人或者代表人以自己的名义将被代理人或者被代表人的商标进行注册,被代理人或者被代表人提出异议的,不予注册并禁止使用'"。

③ 法发〔2015〕9 号,2015 年 6 月 16 日。该意见还指出要"积极参与相关国际规则制定,不断提升我国司法的国际话语权。要进一步拓宽国际司法交流渠道,密切关注亚洲投资银行、丝路基金建设的进展,及时研究相关的国际金融法、国际贸易法、国际投资法、国际海事规则等国际法的发展趋势,积极参与和推动相关领域国际规则制定"。

④ 《维也纳条约法公约》第 31 条第 1 款规定:"条约应依其用语按其上下文并参照条约之目的及宗旨所具有之通常意义,善意解释之。"

第四节　当事人选择对我国未生效国际条约的适用

一、概述

条约是缔约国之间的协议，原则上只对缔约国有拘束力，对第三国[①]没有拘束力，此为"条约相对效力原则"。[②] 其来源于古老的罗马法格言——"约定对第三者无损益"（pacta tertiis nec nocent nect prosunt）。《维也纳条约法公约》第 34 条明确规定，"条约非经第三国同意，不为该国创设义务或权利。"

但在国际商事交易中，当事人意思自治是确定合同法律适用的首要原则。以中国为例，实践中当事人既可能选择中国法，也会选择具有商事实体法内容的国际民商事公约，其中既有中国已加入的民商事公约，如《联合国国际货物销售合同公约》等，也可能有中国未加入或未对中国生效的国际民商事公约。

关于当事人选择尚未对我国生效的国际条约，最常见的实践是当事人在提单中载明适用 1924 年《统一提单的若干法律规则的国际公约》（International Convention for the Unification of Certain Rules of Law relating to Bills of Lading，"Hague Rules"，即《海牙规则》）的内容。其他国际条约并不多见。[③] 在海事运输领域，由于《海牙规则》下承运人责任较轻，故其多受承运人的青睐。这也许是提单中大多载明适用《海牙规则》的原因。我国是海运大国，提单中载明将《海牙规则》并入合同条款，或直接选择《海牙规则》作为合同准据法也是我国远洋公司常见的做法。尽管我国《海商法》借鉴了《海牙规则》的规定，但是迄今为止，我国还未加入该公约。下文主要以《海牙规则》为例论述未生效的国际公约在我国法院的适用。

二、早期我国法院的实践分歧

早期，法院在适用"未对我国生效国际条约"的实践中存在不少分歧。20 世纪 90 年代以前，如果当事人选择《海牙规则》，法院的通常做法是认定无效。在具体的案例中，有的以中国法律存有强制性规则为由，拒绝当事人协议选择适用《海牙规则》；有的强调当事人在庭审中引用了我国法律，以此拒绝适用当事人选择的未对我国生效的国际公约。

90 年代之后，我国法院开始适用《海牙规则》，主要有以下几种做法：

[①] 第三国是指非条约当事国之国家，其包括如下国家：(1) 对条约未签署的国家；(2) 对需要批准或核准的条约未予批准或核准的国家；(3) 原来为条约当事国但后来退出该条约的国家；(4) 多边条约缔约国中提出保留的国家。条约之所以对上述国家没有约束力，是因为国家主权是平等的，任何国家在未经第三国同意的情况下，都无权以一个双边条约或多边条约将权利和义务强加于该国。

[②] 参见李浩培：《条约法概论》，法律出版社 1987 年版，第 475 页。

[③] 其他有可能的是 1988 年《国际融资租赁公约》、1988 年《国际保付代理公约》、2001 年《联合国国际贸易应收款转让公约》、2009 年《联合国全程或部分海上国际货物运输合同公约》（鹿特丹规则）。

一是视为国际惯例。在司法实践中,将《海牙规则》视为国际惯例予以适用的情形比较多。①

二是视为当事人选择的准据法。② 我国《法律适用法》第 3 条中明确规定"当事人依照法律规定可以明示选择涉外民事关系适用的法律"。该法第 41 条又进一步明确规定"当事人可以协议选择合同适用的法律"。此外,《海商法》第 269 条规定:"合同当事人可以选择合同适用的法律,法律另有规定的除外。合同当事人没有选择的,适用与合同有最密切联系的国家的法律。"当事人所选择适用的准据法,并不一定要局限于国内法,它既可以是国内立法,也可以包括国际民商事条约,但都必须为实体法规范。据此,一旦当事人之间事前约定以某国际民商事条约为准据法,并在双方合同或协议中予以明确约定,根据"约定必须遵守"的原则,该条约可以对当事人产生法律效力,具有约束力。当然这里所言的约束力并非出自国际条约本身,而是来自双方当事人的约定。只要该公约内容为调整国际民商事关系并规范当事人权利义务,就可以作为当事人选择的准据法予以适用。实践中,对于当事人选择适用的《海牙规则》这一我国未参加的公约,法院也经常将之视为当事人选择的准据法予以适用。

三是视为合同条款。将《海牙规则》作为当事人并入提单的合同条款,仅在双方当事人之间产生效力,对其他第三人都不产生法律效力,而且可以以法院地的强行规则或者国家公共秩序来防御。司法实践中,不少法院将当事人选择适用《海牙规则》当作当事人合同的一部分。

三、司法解释的统一认定

鉴于早期法院做法的分歧,最高人民法院经过数年的讨论,在 2012 年通过的《法律适用法的解释(一)》第 9 条对此进行了明确规定,即:"当事人在合同中援引尚未对中华人民共和国生效的国际条约的,人民法院可以根据该国际条约的内容确定当事人之间的权利义务,但违反中华人民共和国社会公共利益或中华人民共和国法律、行政法规强制性规定的除外。"

根据此规定,最高人民法院将当事人选择的在我国尚未生效的条约,视作合同的一部分,而并非法律规范。

示例 14.10

> 根据《最高人民法院民四庭负责人就〈关于适用〈中华人民共和国涉外民事关系法律适用法〉若干问题的解释(一)〉答记者问》的介绍:司法实践中当事人在合同等法律文件中援引对我国尚未生效的国际条约,人民法院一般会尊重当事人的选择,且同时认为,既然是对我国尚未生效的国际条约,该条约对我国没有拘束力,不能将其作为裁判的法律依

---

① 参见厦门海事法院审理的中保财产保险有限公司福建省分公司诉俄罗斯远东海洋轮船公司海上货物运输代位求偿纠纷案,厦门海事法院民事判决书,(1999)厦海法商初字第 011 号。法院认为,被告远东公司关于本案应依照提单背面条款的约定适用海牙维斯比规则的抗辩没有事实根据,不予支持。《海牙规则》及《海牙维斯比规则》在我国仅为国际惯例,而不具法律规范的效力,根据提单背面条款的约定,本案应适用目的港国家的法律即中华人民共和国法律来解决双方当事人之间的纠纷。可见,法院直接将未加入的公约——《海牙规则》视为国际惯例来看待。另外可参见 1995 年广东省高级人民法院审理的香港民安保险有限公司苏圣文森特永航船务有限公司和中国营口海运总公司"仙人轮"货损纠纷案。

② 参见巴拿马安斯航运公司与中国中设(南通)机械进出口公司进口分公司海上货物运输合同货损赔偿纠纷上诉案,最高人民法院民事判决书,(2002)民四提字第 4 号。

> 据,即我国法院不能将其作为国际条约予以适用。然而,怎样看待这种情形更合理呢? 司法解释稿讨论过程中确有不同认识:第一种观点认为,这种情形可以作为当事人约定适用"外国法律"的情形对待。第二种观点认为,可以把这类国际条约视为国际惯例。第三种观点认为,把这类国际条约视为构成当事人之间合同的组成部分,据以确定当事人之间的权利义务,更为合理,这样也可以解决如何对待当事人援引一些不具有拘束力的国际示范法、统一规则等产生的问题。同时,由于国际条约的复杂性,也不能将条约内容简单地等同于当事人之间的合同内容。对我国生效的国际条约,我国往往会通过声明保留排除对我国可能会产生不利影响的条款的适用,而对我国尚未生效的国际条约,很有可能存在这方面的问题,在我们不将该国际条约作为"外国法"对待的情况下,可以排除外国法适用的公共秩序保留条款不能发生作用,因此,还应当增加对违反我国社会公共利益的情形的限制性规定。司法解释最终采纳了第三种观点。①

从上述引用来看,最高人民法院主张把该类公约视为当事人之间合同的组成部分。相较于以前国内立法关于此问题的空白状态,新的司法解释对未加入的国际民商事条约在我国法院的效力这个问题似乎已进行了明确界定。然而,司法实践并非完全如此。②

四、未对我国生效条约在我国适用的限制

一般而言,涉外案件的法律适用只有两个结果:一个是适用本国法,另一个是适用非内国法。对于未生效的条约而言,无论如何,其在任何情况下都不可能成为非缔约国的本国法。对于第二种情形,需要判定我国没有参加的国际民商事公约是否属于可以适用的非内国法的范围之内,如果属于,那么此类条约在适用时是否有限制的必要性。

(一)国内法的限制

《法律适用法》第9条规定:"涉外民事关系适用的外国法律,不包括该国的法律适用法。"与《民法通则》及其司法解释的规定一致,《法律适用法》允许外国实体法的运用,只是排除了外国法律适用法的适用,并没有规定我国未参加的民商事条约不能作为外国法适用。因此,根据目前我国现行的法律规定来看,对于将我国未加入的国际民商事条约作为非内国法来适用,我国法律是没有禁止的。

对于我国参加的国际民商事条约,如果有些条款违背了我国的强制性或者禁止性规定,或者与我国的社会公共利益相抵触,我国通常会对相关条款进行保留。但对于未参加的国际民商事国际公约,则不能进行保留。这时就需要对此类规则进行限制或不予适用。我国法律对适用非内国法的限制大致分为以下两类:

一是以公共秩序为理由实现排除非内国法适用的效果。《民法通则》第150条曾规定,适用外国法律或者国际惯例的,不得违背中国的社会公共利益。考虑到国际惯例是通过长期的商业实践所确立的一系列规则,这些规则不太可能违反我国的社会公共利益。因此,

---

① 参见高晓力:《最高人民法院关于适用〈中华人民共和国涉外民事关系法律适用法〉若干问题的解释(一)解读》,载《法律适用》2013年第3期,第41页。

② 参见三井住友海上火灾保险株式会社(Mitsui Sumitomo Insurance Company Limited)诉中远海运集装箱运输有限公司国际多式联运合同纠纷案,上海海事法院民事判决书,(2016)沪72民初288号;上海市高级人民法院民事裁定书,(2018)沪民终140号。

《法律适用法》第 5 条删除了"国际惯例",仅规定外国法律的适用将损害中国社会公共利益的,适用中国法律。

二是对某些国际民商事关系需要直接适用国内强制性规则。《法律适用法》第 4 条第一次明确规定了强制性规则的直接适用。此类强制性规定既包括我国法律中的相关规则,也包括我国行政法规的规定,但这些规定必须涉及我国的社会公共利益;当事人不能通过约定排除强制性规定的适用。①

(二)条约自身的角度

从我国法律的角度出发所作的论证,解决的只是我国法律体系对我国未参加的国际民商事条约的准入问题。至于未加入的公约是否可以适用,还需要从公约自身的角度来探究,即这类条约是否能够在非缔约国作为法律依据适用,或者说哪一类公约可以作为法律依据在非缔约国适用。

对于这一问题,应该从条约的性质和其适用范围两个方面进行考察:

一是"当事人在合同中援引尚未对中华人民共和国生效的国际条约",其中的"国际条约"应属于实体性条约。国际民商事条约可以分为实体法条约和程序法条约。对于未参加的国际民商事程序法条约而言,由于程序问题一般适用法院地法,而且我国《民事诉讼法》第 4 条规定:"在中华人民共和国领域内进行民事诉讼,必须遵守本法。"如果实践中我国是非缔约国,不管案件外方当事人的所属国是不是缔约国,我国法院均不适用条约中的程序法规则。因此,我国未参加的程序性国际民商事条约理所当然地不在当事人可以适用的非内国法范围内。从其性质上来看,"当事人在合同中援引尚未对中华人民共和国生效的国际条约"中的"国际条约"应属于实体性条约。

二是"当事人在合同中援引尚未对中华人民共和国生效的国际条约"中的"国际条约"不仅包括全球性的统一实体条约,而且并未排除区域性、双边性的封闭条约。

【推荐参考资料】

1. 李双元主编:《中国与国际私法统一化进程》(修订版),武汉大学出版社 2016 年版;
2. 孙希尧:《国际海事私法统一研究:条约角度》,知识产权出版社 2014 年版;
3. 徐国建:《国际统一私法总论》,法律出版社 2011 年版;
4. 高旭军:《〈联合国国际货物销售合同公约〉适用评释》,中国人民大学出版社 2017 年版;
5. 张玉卿主编:《国际货物买卖统一法:联合国国际货物销售合同公约释义》,中国商务出版社 2009 年版;
6. 何其生编著:《统一合同法的新发展:〈国际合同使用电子通信公约〉评述》,北京大学出版社 2007 年版;
7. 〔德〕彼得·施莱希特里姆:《〈联合国国际货物销售合同公约〉评释》(第三版),李慧妮编译,北京大学出版社 2006 年版。

---

① 《法律适用法解释(一)》第 10 条。

第十五章

国际惯例的适用

一、国际惯例的概念

我国《民法通则》第142条第3款规定:"中华人民共和国法律和中华人民共和国缔结或者参加的国际条约没有规定的,可以适用国际惯例。"《海商法》第268条第2款、《民用航空法》第184条第2款、《票据法》第95条第2款也规定了相同的条款。

首先,应当把这里的"国际惯例"区别于"国际习惯"①,国际习惯通常具有法律约束力。②

其次,上述条款中规定的国际惯例,是用来弥补我国国内民法中的漏洞的。这些国际惯例与各种贸易术语、交货条件、标准合同、格式条款、示范法等一起构成了一个相对独立的"商人法(lex mercatoria)"部门,我国著名国际私法学者李浩培将其称为"自发法"(spontaneous law)。这种"商人法"或"自发法"不同于国际法,也不同于国内法,是一个自治的法律领域,属于任意性规范,供从事国际商业交往的当事人任意选用。③

再次,在我国司法实践中,一方面,法院要准确适用国际惯例。例如,2015年《最高人民法院关于人民法院为"一带一路"建设提供司法服务和保障的若干意见》第7段指出:"要不断提高适用国际条约和惯例的司法能力,在依法应当适用国际条约和惯例的案件中,准确适用国际条约和惯例。"另一方面,国际惯例又不限于国际商事惯例,例如,上述最高人民法院意见第5段指出:"要遵循国际条约和国际惯例,科学合理地确定涉沿线国家案件的连结因素,依法行使司法管辖权,既要维护我国司法管辖权,同时也要尊重沿线各国的司法管辖权,充分保障'一带一路'建设中外市场主体的诉讼权利。"可见,最高人民法院文件中的"国际惯例"应不限于国际商事惯例。

最后,就国际惯例在我国的适用而言,尽管法律规定了补缺适用,但实践中存在当事人选择适用和直接适用的情况。④ 下文分别论述之。

---

① 可能是基于custom和usage的翻译和理解不同,这两个用语的含义常存在分歧。权威的观点是将custom(习惯)视为具有法律约束力的国际法渊源,而usage(惯例)则不具有法律约束力。参见《中国大百科全书·法学卷》,中国大百科全书出版社1984年版,第230页、第828页。
② 参见〔英〕詹宁斯、瓦茨修订:《奥本海国际法》(第一卷第一分册),王铁崖等译,中国大百科全书出版社1995年版,第16页。
③ 关于"现代商人法",参见郑远民:《现代商人法研究》,法律出版社2001年版。
④ 关于国际惯例的概念,以及补缺适用、选择适用和直接适用的关系,进一步的讨论可参见何其生:《国际惯例适用规则的立法范式研究——以我国司法实践为出发点》,载《法学研究》2023年第6期。

二、补缺适用

对于中国法律和中国缔结或者参加的国际条约没有规定的问题,可以适用国际惯例。① 这类规定表明:虽然国际惯例可以直接适用,但只是在我国法律以及我国缔结或者参加的国际条约没有规定的情况下方才适用。其表明国际惯例的地位为我国法律漏洞的补充。因此,国际惯例的适用常被称为"国际惯例补缺原则"。在刘驰诉荷兰皇家航空公司损害赔偿案[二维码案例]中,就适用了国际惯例补缺原则。我国《民法典》第10条规定:"处理民事纠纷,应当依照法律;法律没有规定的,可以适用习惯,但是不得违背公序良俗。"《民法典》虽然使用的是"习惯"一词,而非《民法通则》中的"国际惯例",但二者有不少相似之处,使其可以在《民法通则》被废除的情况下作为适用的依据。而且该条"不得违背公序良俗"的规定,与《民法通则》第150条"依照本章规定适用外国法律或国际惯例的,不得违背中华人民共和国的社会公共利益"②的规定,有异曲同工之妙。从这些条文来看,我国立法主张当事人之间约定的"国际惯例"的适用不得违背我国的公共秩序。

三、当事人选择适用

如果国际惯例被当事人选择,则可以作为合同条款被并入合同,从而约束当事人。许多国际惯例对此都给予了肯定。1994年罗马国际统一私法协会《国际商事合同通则》前言就明确指出,在当事人一致同意其合同受通则管辖时,适用通则。国际商会制定的《国际贸易术语解释通则》(INCOTERMS2000)、国际商会的《托收统一规则》《跟单信用证统一惯例》,以及《华沙—牛津规则》《欧洲合同法原则》也有类似规定。

以《国际贸易术语解释通则》在我国的适用为例,1989年最高人民法院《全国沿海地区涉外涉港澳经济审判工作座谈会纪要》③指出:"凡是当事人在合同中引用的国际惯例,例如离岸价格(FOB)、成本加运费价格(C&F)、到岸价格(CIF)等国际贸易价格条件,以及托收、信用证付款等国际贸易支付方式,对当事人有约束力,法院应当尊重当事人的这种选择,予以适用。"

2016年颁布的《最高人民法院关于审理独立保函纠纷案件若干问题的规定》(2020年修正)④第5条也规定:"独立保函载明适用《见索即付保函统一规则》等独立保函交易示范规则,或开立人和受益人在一审法庭辩论终结前一致援引的,人民法院应当认定交易示范规则的内容构成独立保函条款的组成部分。不具有前款情形,当事人主张独立保函适用相关交

---

① 我国《票据法》第95条第2款规定:"本法和中华人民共和国缔结或者参加的国际条约没有规定的,可以适用国际惯例。"《海商法》第268条第2款规定:"中华人民共和国法律和中华人民共和国缔结或者参加的国际条约没有规定的,可以适用国际惯例。"《民用航空法》第184条第2款规定:"中华人民共和国法律和中华人民共和国缔结或者参加的国际条约没有规定的,可以适用国际惯例。"

② 《海商法》第276条亦规定:"依照本章规定适用外国法律或者国际惯例,不得违背中华人民共和国的社会公共利益。"

③ 法[经]发〔1989〕12号,1989年6月12日。

④ 2016年7月11日最高人民法院审判委员会第1688次会议通过,根据2020年12月23日最高人民法院审判委员会第1823次会议通过的《最高人民法院关于修改〈最高人民法院关于破产企业国有划拨土地使用权应否列入破产财产等问题的批复〉等二十九件商事类司法解释的决定》修正。

易示范规则的,人民法院不予支持。"由此可见,我国法院在实践中也是以当事人的选择作为适用国际惯例的前提,而且也认为国际惯例仅对当事人具有约束力。此外,适用国际惯例应当"谁主张,谁举证",对方可以反证。

> **示例** 东方置业房地产有限公司、安徽省外经建设(集团)有限公司保函欺诈纠纷①
>
> 最高人民法院认为:"因涉案保函载明适用《见索即付保函统一规则》,应当认定上述规则的内容构成争议保函的组成部分。根据《中华人民共和国涉外民事关系法律适用法》第四十四条'侵权责任,适用侵权行为地法律'的规定,《见索即付保函统一规则》未予涉及的保函欺诈之认定标准应适用中华人民共和国法律。"本案中,《见索即付保函统一规则》因为当事人的选择而得以适用,而对于此国际惯例没有规定的,法院依据冲突规范适用了中国法。

不过,在当事人选择适用的情况下,国际惯例的适用也不得违反中国的公共秩序。1989年最高人民法院《全国沿海地区涉外涉港澳经济审判工作座谈会纪要》第二部分第三段就指出:"涉外、涉港澳经济纠纷案件的双方当事人在合同中选择适用的国际惯例,只要不违背我国的社会公共利益,就应当作为解决当事人间纠纷的依据。"

四、直接适用

在中国,国际惯例不仅可以补缺适用,由当事人选择适用,在信用证领域还可以直接适用,无须当事人的选择,甚至优先于国内法而得以适用。

2020年修正的《最高人民法院关于审理信用证纠纷案件若干问题的规定》②第2条则更为明确地规定:"人民法院审理信用证纠纷案件时,当事人约定适用相关国际惯例或者其他规定的,从其约定;当事人没有约定的,适用国际商会《跟单信用证统一惯例》或者其他相关国际惯例。"

在信用证纠纷案件中,无论当事人是否约定,"《跟单信用证统一惯例》或者其他相关国际惯例"都是适用的依据。

【推荐参考资料】

1. 傅龙海主编:《信用证与UCP600》(第二版),对外经济贸易大学出版社2014年版;
2. 郑远民:《国际商事习惯法发展趋势研究》,湖南人民出版社2010年版;
3. 张玉卿主编:《国际统一私法协会国际商事合同通则2010》(第三版),中国商务出版社2012年版;
4. 于强:《URDG758与银行保函实务操作指南》,中国海关出版社2010年版;
5. 李金泽主编:《UCP600适用与信用证法律风险防控》,法律出版社2007年版;

---

① 最高人民法院民事判决书,(2017)最高法民再134号。
② 2005年10月24日最高人民法院审判委员会第1368次会议通过,根据2020年12月23日最高人民法院审判委员会第1823次会议通过的《最高人民法院关于修改〈最高人民法院关于破产企业国有划拨土地使用权应否列入破产财产等问题的批复〉等二十九件商事类司法解释的决定》修正。

6. 国际商会中国国家委员会组织翻译:《国际商会托收统一规则评注》,中国民主法制出版社2004年版;

7. 商务部条约法律司编译:《国际统一私法协会:国际商事合同通则》,法律出版社2004年版;

8. 国际商会中国国家委员会编:《2000年国际贸易术语解释通则》,中信出版社2000年版。

第四编 | 国际民事诉讼

第十六章

国际民事诉讼概述

第一节 国际民事诉讼的基础理论

国际民事诉讼,对于一个具体的国家而言,就是具有国际因素或涉外因素的民事诉讼,即在民事诉讼程序中,涉及两个或两个以上国家的人、事、物,或同两个或两个以上的国家存在不同程度的联系。而关于涉外案件审理的诉讼程序,即为涉外民事诉讼程序或国际民事诉讼程序。[①]

一、国际民事诉讼的特殊性

正是国际民事诉讼的涉外性,使其呈现出许多与国内诉讼不同的内容和特性。

首先,法律的基本原则不同。国际民事诉讼除了要考虑国内民事诉讼法的基本原则外,还要考虑诸如国家主权原则、国民待遇原则、平等互惠原则、尊重国际条约原则等国际民事诉讼的基本原则。

国家主权原则在国际民事诉讼领域中体现于多个方面,诸如管辖权、法院地程序法的使用、语言、送达和取证、外国判决和仲裁裁决的承认与执行等。例如,我国《民事诉讼法》第273条规定,人民法院审理涉外民事案件,应当使用中华人民共和国通用的语言、文字。当事人要求提供翻译的,可以提供,费用由当事人承担。[②] 第274条规定,外国人、无国籍人、外国企业和组织在人民法院起诉、应诉,需要委托律师代理诉讼的,必须委托中华人民共和国的律师。

尊重国际条约原则体现于《民事诉讼法》第271条的规定,即中华人民共和国缔结或者

---

① "程序"常见的有两个单词:procedure 和 proceedings。《布莱克法律词典》(*Black's Law Dictionary*, 8th ed)对这两个词的解释(第1241页)是:

    Procedure:1. A specific method or course of action. 2. The judicial rule or manner for carrying on a civil lawsuit or criminal prosecution.

    Proceeding:1. The regular and orderly progression of a lawsuit, including all acts and events between the time of commencement and the entry of judgment. 2. Any procedural means for seeking redress from a tribunal or agency…

对比而言,procedure 是一个概括的、抽象的概念,而 proceeding 是诉讼中某一个阶段的程序,而且 proceeding 表示"程序"时一般用复数。

② 《民事诉讼法解释》第525条规定,当事人向人民法院提交的书面材料是外文的,应当同时向人民法院提交中文翻译件。当事人对中文翻译件有异议的,应当共同委托翻译机构提供翻译文本;当事人对翻译机构的选择不能达成一致的,由人民法院确定。

参加的国际条约同本法有不同规定的,适用该国际条约的规定,但中华人民共和国声明保留的条款除外。

其次,国际民事诉讼与国内民事诉讼有不同的法律问题。一国法院在审理涉外民商事案件时,通常要适用国内法中关于审理民商事案件的一般诉讼程序,但涉外民商事案件涉及的某些问题是国内民事诉讼无须考虑的。例如,涉外案件经常会涉及国际条约与国内法的关系,要处理诸如国际条约的适用等问题;再有,禁诉令制度常适用于国际民事诉讼,但不适用于国内民事诉讼。

再次,国际民事诉讼在具体制度上与国内民事诉讼有不少差异。国际民事诉讼制度立足于国内民事诉讼制度,但研究的内容则完全不同,诸如,外国人的民事诉讼地位、涉外管辖权、域外送达、域外取证、领事认证、国际民事诉讼期间、法院判决的承认与执行。

最后,国际民事诉讼中的程序问题经常需要考虑法律适用问题。比如程序问题的法律适用;选择法院协议的准据法问题;判决承认与执行过程中间接管辖权、送达等准据法问题。

由于涉外民商事案件的特殊性,仅仅适用国内一般的诉讼程序难以满足涉外民事诉讼的需要,不便于涉外民商事争议的解决,因而,还要适用一些专门用于审理涉外民商事案件的特别程序规范。鉴于此,许多国家都针对涉外民事诉讼规定了特别的程序。我国《民事诉讼法》也专门设置了第四编"涉外民事诉讼程序的特别规定"。此外,最高人民法院发布的《民事诉讼法解释》第520条从主体、客体、法律事实以及其他情形等四个方面规定了涉外民事案件的范围。由此,国内民事诉讼与国际民事诉讼的关系一直存在着一元论和二元论的争议。其争论根源在于这二者之间既有许多相似之处,也有着诸多明显的不同,国际民事诉讼有着国内民事诉讼所不具有的特殊问题。

二、国际民事诉讼程序与法院地法

在国际民事诉讼中,尽管在处理实体问题时常常根据冲突规则的指引适用外国法,但各国法院通常都遵循它们自己的程序规则。对于程序问题适用法院地法(lex fori),各国间并无很大的分歧,其主要理由如下:

一是国际民事程序法属于公法,原则上只能适用国内法,而不能适用外国法。所以在程序问题上,法院和当事人都必须遵守法院地法。

二是如果程序问题适用外国法,那么由于内国法院不熟悉外国的程序法,必然会面临确定程序法的困难,从而导致在适用程序规则时存在不确定性,这也意味着案件审理过程中时间和金钱的浪费。[①]

三是在现代各国立法和国际法律文件中,程序问题适用法院地法已得到了公认。例如,美国法学会1986年修订的《冲突法重述(第二次)》第122条规定:"诉讼程序规则,通常由法院地州的本地法确定,即使法院对案件中其他问题适用另一州的本地法。"除了国内立法以外,有许多国际条约也对该原则表示了肯定。例如,1928年的《布斯塔曼特法典》第314条规定:"各缔约国法院的管辖和组织,依其法律决定。诉讼程序,执行判决的方式,以及对于裁判的上诉,亦同。"

尽管程序适用法院地法现在已成为全世界公认的原则,但在适用之前则需要识别该问

---

① 李浩培:《国际民事程序法概论》,法律出版社1996年版,第17—18页。

题究竟是程序问题还是实体问题。因为如果属于程序问题,就需适用法院地法;如果属于实体问题,就要根据冲突规则所指定的准据法解决。尤其在时效法规、证据规则、审理方式和救济方法、损害赔偿以及优先权的问题上,各国间存在分歧,无法就其属于程序还是实体这一问题达成共识。目前,并无一致且确定的规则可以适用。具体如何进行区别,需要根据该问题的性质,并以实现当事人之间的公平为目标,予以决定。

在我国,民事诉讼程序适用法院地法主要表现为以下几个方面:

(1) 外国自然人、法人、国家和国际组织等,在我国必须遵守我国的《民事诉讼法》,享有诉讼权利,承担诉讼义务。

(2) 在管辖权问题上,《民事诉讼法》规定属我国法院管辖的案件,我国法院均有权审理。而专属我国法院管辖的案件,外国法院无权管辖。

(3) 在具体审判程序上,应依照我国民事诉讼法规定的程序进行审判。

(4) 外国法院判决和仲裁裁决的承认与执行,均须首先根据我国法律规定进行审查,确定符合条件之后该外国判决或者仲裁裁决方能在我国生效,进而才能根据我国法律规定的程序执行。

三、国际民事诉讼中的诉和诉权

(一) 当事人

与国内民事诉讼不同,确定涉外案件当事人时,相关标准不仅要符合法院地中法关于原被告的要求,而且需要考虑案件应适用的准据法。在确定适格当事人的问题上,1992年罗马尼亚《关于调整国际私法法律关系的第105号法》第160条规定"适用支配引起争议的法律关系的法律"。而对于当事人的适格问题,因适用法律的差异,可能会产生较大的差距。

示例 16.1

> 在原告适格的问题上,苏格兰法院有一个著名的判例(罗西斯诉辛格)。该案的原告是一个妇女,她向苏格兰法院起诉,声称被告曾在英格兰诱奸她,要求被告赔偿损害。根据法院地法(即苏格兰法),她有权起诉,即可作原告。但是该案是一件涉外侵权行为案件(因为苏格兰和英格兰是两个法域),适格的原告要由案件的准据法决定。当时该案的准据法是侵权行为地法,即英格兰法。根据英格兰法,诱奸受害者本人没有起诉的权利,只有她的父母有此项权利。苏格兰法院据此认为,她不是适格的原告,没有起诉的权利。[①]

由上述案例可见,在当事人适格的问题上,尽管法院地法能产生直接的影响,但实体问题的准据法则对当事人的适格性具有决定性的影响。

(二) 诉讼标的

国际民事诉讼的诉讼标的由于涉及不同国家的法律,因此有时候也需要根据准据法来识别。例如下述施韦伯尔诉安加案。

---

① C.G.J. Morse, *Torts in Private International Law*, North Holland Publishing, 1978, p.142.

示例 16.2　施韦伯尔诉安加案

该案涉及的一对夫妻都是犹太人,他们在匈牙利设有住所。后来他们决定移居以色列。在去以色列途中,他们在意大利的一个犹太人居住区离婚。对他们的离婚,匈牙利法律并不承认(当时他们的住所仍在匈牙利),但依照以色列法则是可以承认的。离婚后,他们均选择了以色列为住所,其后女方到加拿大多伦多市与第二个丈夫举行了婚礼,之后,她向加拿大安大略法院请求宣告其第二次婚姻无效。

该案涉及的主要问题是女子的再婚能力问题。根据安大略省的冲突规范,这一问题应适用以色列法解决,先决问题是该女子与第一个丈夫离婚的有效性问题。依照安大略省的冲突规范指定适用的准据法,该离婚无效;但依照以色列的冲突规范指定的准据法,则离婚有效。加拿大最高法院肯定了安大略省上诉法院的判决,并裁定该女子离婚有效,因为根据该女子婚前住所地法,她具有单身女子身份。因此驳回了该女子的诉请。①

上述案例显示,诉讼标的可以因适用法律的不同,而有不同的识别。在此问题上,尽管起诉的标的通常适用支配引起争议的法律关系的法律,但法院地法才是关键。

（三）诉因

在国际民事诉讼中,由于涉及不同国家的实体法,在诉因的确定上也有很大的差异。

示例 16.3　德·布里蒙特诉佩里曼案

在该案中,被告和原告是翁婿关系。《法国民法典》第 206 条和第 207 条规定,女婿与媳妇,在同样的情况下,对岳父母与公婆也负有赡养的义务。但这种赡养的义务,为赡养人与被赡养人双方对等的义务。原告根据这些规定,在法国法院向被告提起诉讼,要求被告支付他一笔津贴。法国法院作出了支持原告的判决。由于这一判决需要在美国执行,原告便到美国法院申请执行。但是,美国法院没有承认法国法院这一判决,其理由是该判决所基于的诉讼原因是美国法所不知道的。②

在对国际私法法律关系进行诉讼的程序中,诉因通常适用支配引起争议的法律关系的法律,但法院地法通常起限制性的作用。

（四）诉权

诉权是诉的法律制度所确定并赋予当事人进行诉讼的基本权利,是具体的诉讼权利的基础,而诉讼权利则是诉权的具体表现形式。因为只有依法享有诉权的人才能提起具体的诉讼,不具有诉权的人不具有当事人的资格,不能进行诉讼,就无所谓诉讼权利。《法国民事诉讼法》第 30 条规定:"对于提出某项请求的人,诉权是指其对该项请求之实体的意见陈述能为法官所听取,以便法官裁判该请求是否有依据的权利。对于他方当事人,诉权是指辩论

---

① 参见袁成第:《涉外法律适用原理》,同济大学出版社 1988 年版,第 236 页。
② 同上书,第 242 页。

此项请求是否有依据的权利。"①

诉讼权利是程序法上规定的从事诉讼活动的系列权利,而诉权是实体法和程序法两方面法律所确定的有权进行诉讼的权利。在国际民事诉讼中,当事人诉权会涉及法律适用问题。因此,在国际民事诉讼中,不仅要考虑本国诉讼程序的规定,也要考虑实体问题上所应适用的法律,进而确定当事人是否有实体法上的请求权。实体法确定的权利是国际民事诉讼中诉权的实质,程序法确定的权利是诉权的形式,不可将二者截然分开。

四、涉外民事诉讼在中国的识别

(一)国内案件与涉外案件的区分

国内案件和涉外案件的区分不仅是启动涉外民事诉讼程序的先决条件,也是适用国际私法规则的前置性问题。我国现行《民事诉讼法》并没有对"涉外"或"国际"民商事案件下定义,但一些司法解释对此有界定。②

《民事诉讼法解释》第520条认定的涉外民事案件有下列情形:(1)当事人一方或者双方是外国人、无国籍人、外国企业或者组织的;(2)当事人一方或者双方的经常居所地在中华人民共和国领域外的;(3)标的物在中华人民共和国领域外的;(4)产生、变更或者消灭民事关系的法律事实发生在中华人民共和国领域外的;(5)可以认定为涉外民事案件的其他情形。从上述规定来看,我国对涉外案件的识别主要从主体、客体、内容三个方面进行。

与《法律适用法解释(一)》相比,最高人民法院在《民事诉讼法解释》中将"外国法人"改为"外国企业",不仅扩大了民事诉讼法的适用范围,更省去了为"外国法人"定性的问题。而两部司法解释都赋予了法院自由裁量权,规定了"可以认定为涉外民事案件的其他情形"。这一规定非常必要。随着我国的国际化进程加快,越来越多的案件将具有涉外性因素。赋予法院相应的自由裁量权,能够帮助法院更好地处理复杂的涉外案件。

(二)涉港澳台地区与涉外

国际私法中所讲的"涉外因素",不仅指外国国家因素,还经常包括一个国家内部不同的"法域"。我国是一个多法域国家。由于祖国内地、香港、澳门、台湾四地施行互不相同的法律制度,在区际民商事交往中,当某一事项或一项争议涉及两个或两个以上的地区时,就需要确定此类案件的程序如何处理。

《民事诉讼法解释》第549条明确指出,人民法院审理涉及香港、澳门特别行政区和台湾地区的民事诉讼案件,可以参照适用涉外民事诉讼程序的特别规定。既然涉港澳台案件参照《民事诉讼法》中关于涉外民事诉讼程序的特别规定,而与该特别规定相关的司法解释无疑也应得以适用。实践中,也有不少案例是这样处理的,如刘泽成诉东莞绿洲鞋业有限公司债权转让纠纷案[二维码案例]。

---

① 《法国新民事诉讼法典》,罗结珍译,中国法制出版社2008年版,第71页。
② 1992年《民事诉讼法意见》第304条规定,当事人一方或双方是外国人、无国籍人、外国企业或组织,或者当事人之间民事法律关系的设立、变更、终止的法律事实发生在外国,或者诉讼标的物在外国的民事案件,为涉外民事案件。

第二节 外国当事人的诉讼地位

国际民事诉讼中当事人①的诉讼地位主要是针对外国人而言的,即外国人在内国享有什么样的诉讼权利,承担什么样的义务。外国当事人的诉讼地位还体现在与内国当事人相比有何差别等方面。

一、一般原则

(一)国民待遇原则

在国际民事诉讼中,国民待遇表现为一个国家把给予其本国国民的民事诉讼权利也给予在本国境内的外国人,该国法院并不会以有关当事人具有外国国籍或无国籍为理由,而要求其提供诉讼费用担保或对其采取其他限制其诉讼权利的措施。

国民待遇原则包含两个方面的内容:一是外国人在内国境内享受与内国国民同等的诉讼权利,承担同等的诉讼义务,其诉讼权利不因其外国人身份而受到限制。二是外国人在内国境内享有的诉讼权利不能超出内国国民所能享有的权利范围。

我国《民事诉讼法》第5条第1款规定:"外国人、无国籍人、外国企业和组织在人民法院起诉、应诉,同中华人民共和国公民、法人和其他组织有同等的诉讼权利义务。"该规定赋予外国人以国民待遇。

(二)对等原则

一般而言,各国出于对本国国民权利的保护,在规定国民待遇原则的同时,还会进一步规定对等原则,强调外国法院如果对内国公民的诉讼权利加以限制,内国法院也会对该国公民的民事诉讼权利加以限制。②

我国《民事诉讼法》第5条第2款规定了对等原则,即外国法院对中华人民共和国公民、法人和其他组织的民事诉讼权利加以限制的,中华人民共和国人民法院对该国公民、企业和组织的民事诉讼权利,实行对等原则。

二、外国人的诉讼行为能力

当事人的诉讼行为能力,是指当事人以自己的名义独立行使诉讼权利与履行诉讼义务的能力。诉讼行为能力以民事行为能力为基础,但民事行为能力与诉讼行为能力并不完全一致。民事行为能力可以分为完全行为能力、限制行为能力和无行为能力。而诉讼行为能力只能区分为有诉讼行为能力和无诉讼行为能力。限制行为能力人和无行为能力人没有诉讼行为能力,他们的诉讼活动由他们的法定代理人代理。自然人的诉讼行为能力始于成年,

---

① 关于国际民事诉讼的当事人可能还涉及国家及其财产的司法豁免和国际组织的司法豁免的问题,相关内容参见本书第四章"国际私法的主体"。

② 例如,《俄罗斯联邦民事诉讼法》第433条第3款规定:"对俄罗斯公民、企业或组织的民事诉讼权利规定特别限制的国家,俄罗斯对其公民、企业或组织实行对等的限制。"

终于死亡。法人的诉讼行为能力与其权利能力同始同终,即始于成立,终于消灭。

外国人当事人诉讼行为能力的法律适用主要以其属人法为主,以法院地法为限制。

1. 以当事人属人法为主

诉讼行为能力是决定一个人诉讼地位的重要因素,它直接影响着诉讼权利的行使。对于外国人能否或能在多大程度上以自己的行为有效地行使诉讼权利和承担诉讼义务的问题,各国立法都作了明确的规定,而且普遍承认外国人的诉讼行为能力依其属人法确定。一些大陆法系国家的民事诉讼法规定外国人的民事诉讼行为能力依其本国法,例如,1992年罗马尼亚《关于调整国际私法法律关系的第105号法》第158条规定:"诉讼当事人的诉讼行为能力适用其本国法。"[1]而英美法系国家原则上依据住所地法来决定外国人的民事诉讼行为能力问题。

2. 以法院地法为限制

为了求得民商事法律关系的稳定,保护善意的对方当事人特别是本国国民的合法权益,各国在原则上规定依属人法决定外国人的民事诉讼行为能力,同时,补充规定了如果依法院地法外国人具有民事诉讼行为能力,即视为有诉讼行为能力。[2] 例如,美国《冲突法重述(第二次)》第125条规定:"法院地法决定谁能充当诉讼当事人,如果这样做影响当事人实质性的权利和义务时则不在此限。《德国民事诉讼法》第55条规定:"外国人,虽然依其本国法为无诉讼能力人,但依受诉法院的法律有诉讼能力时,视为有诉讼能力。"[3]《日本民事诉讼法》第33条规定:"外国人虽然依据其本国法没有诉讼能力,但依据日本法律应该有诉讼行为能力的,视为有诉讼行为能力者。"[4]

而在我国,《民事诉讼法》和《法律适用法》没有对此作出明确的规定,但根据我国有关立法的精神,原则上应该依外国人的属人法来确定其民事诉讼行为能力。而且,如果有关外国人依其属人法没有诉讼行为能力,而依我国民事诉讼法具有该项能力时,其在我国所为的诉讼行为应视为有能力所为的行为。

三、当事人出境限制

根据2005年《第二次全国涉外商事海事审判工作会议纪要》第93条,人民法院在审理涉外商事纠纷案件中,对同时具备下列条件的有关人员,可以采取措施限制其出境:(1)在我国确有未了结的涉外商事纠纷案件;(2)被限制出境人员是未了结案件中的当事人或者当事人的法定代表人、负责人;(3)有逃避诉讼或者逃避履行法定义务的可能;(4)其出境可能造成案件难以审理、无法执行的。有未了结民事案件(包括经济纠纷案件)的,由人民法院

---

[1] 资料来源于李双元、欧福永、熊之才编:《国际私法教学参考资料选编》(上册),北京大学出版社2002年版,第288页。
[2] 黄进主编:《国际私法》(第二版),法律出版社2005年版,第632页。
[3] 《德意志联邦共和国民事诉讼法》,谢怀栻译,中国法制出版社2001年版,第11页。
[4] 《日本新民事诉讼法》,白绿铉编译,中国法制出版社2000年版,第42页。

决定限制出境并执行,同时通报公安机关。①

2021年《全国法院涉外商事海事审判工作座谈会会议纪要》第50条进一步指出,"逃避诉讼或者逃避履行法定义务的可能"是指申请人提起的民事诉讼有较高的胜诉可能性,而被申请人存在利用出境逃避诉讼、逃避履行法定义务的可能。申请人提出限制出境申请的,人民法院可以要求申请人提供担保,担保数额一般应当相当于诉讼请求的数额。

被申请人在中国境内有足额可供扣押的财产的,不得对其采取限制出境措施。被限制出境的被申请人或其法定代表人、负责人提供有效担保或者履行法定义务的,人民法院应当立即作出解除限制的决定并通知公安机关。

四、律师代理

诉讼代理制度,是指诉讼代理人基于诉讼当事人或其法定代理人的授权以当事人的名义代为实施的诉讼行为,可以直接对当事人发生法律效力的制度。

在当代国际社会,由于司法制度的差异,各国对于诉讼代理制度的规定也不一致。

1. 当事人诉讼制度

一些英美法系国家实行当事人本人诉讼制度,当事人无论有没有诉讼代理人,都须出庭参加诉讼。但大多数国家则规定当事人本人自诉或代理均可。例如,1992年罗马尼亚《关于调整国际私法法律关系的第105号法》第164条规定:"如果无行为能力或限制行为能力的外国人按照其本国法没有确定其代理人或监护人,并因此而延迟其诉讼行为,法院可临时为其指定特别监护人。"

2. 律师代理制度

在法国、奥地利等大陆法系国家实行强制性的律师代理制度。当事人必须委托律师为诉讼代理人,而当事人则不必亲自出庭。② 涉外民事诉讼中的律师代理有一个特点,即各国通常要求聘请法院地国的律师。如刘莉琼诉KAMCO GLOBAL INVESTMENT II LIMITED、广州客车厂债权转让合同纠纷案[二维码案例]。目前,依据我国《民事诉讼法》第274条的规定,我国并不允许外国律师以律师身份在中国出庭。③

法院地国不允许委托外国律师代理诉讼主要有两种理由:一是诉讼的便利性。委托诉讼代理人的目的在于寻求法律上的帮助,而外国律师一般对法院地国的法律不熟悉;相反,

---

① 其他相关规定,可参见2010年最高人民法院《关于进一步做好边境地区涉外民商事案件审判工作的指导意见》第7条。此外,根据最高人民法院、最高人民检察院、公安部、国家安全部《关于依法限制外国人和中国公民出境问题的若干规定》第2条,其他限制外国人或中国公民出境的审批权限包括:(1)公安机关和国家安全机关认定的犯罪嫌疑人或有其他违反法律的行为尚未处理并需要追究法律责任的,其限制出境的决定需经省、自治区、直辖市公安厅、局或国家安全厅、局批准。(2)人民法院或人民检察院认定的犯罪嫌疑人或有其他违反法律的行为尚未处理并需要追究法律责任的,由人民法院或人民检察院决定限制出境并按有关规定执行,同时通报同级公安机关。(3)国家安全机关对某些外国人或中国公民采取限制出境措施时,要及时通报公安机关。(4)对其他需要在边防口岸限制出境的人员,可按1985年公安部、国家安全部《关于做好入出境查控工作的通知》([85]公发24号文件)精神办理。

② 参见章尚锦主编:《国际私法》,中国人民大学出版社2000年版,第226页。

③ 《民事诉讼法》第274条规定:"外国人、无国籍人、外国企业和组织在人民法院起诉、应诉,需要委托律师代理诉讼的,必须委托中华人民共和国的律师。"

如果是法院地国的律师代理诉讼往往有利于案件的公正解决。二是主权问题。基于主权因素,外国律师是根据外国的法律制度所赋予的身份,一般不为内国所承认。①

五、领事代理

领事代理是派遣国的领事在驻在国以代理人的身份保护本国公民和法人的合法权益的制度。领事代理有两个特点:其一,领事对代理行为不享有领事特权,而是以私人身份进行;其二,当当事人本人或其委托的领事以外的任何人开始行使诉讼权利时,领事代理即应终止。

1963年《维也纳领事关系公约》第5条第9项规定,领事"以不抵触接受国内施行之办法与程序为限,遇派遣国公民因不在当地或由于其他原因不能于适当期间自行辩护其权利和利益时,在接受国法院及其他机关之前担任其代表或为其安排适当之代表,俾依照接受国法律规章取得保全此等国民之权利和利益之临时措施"。此外,许多双边领事条约也确认了领事代理制度,如1980年《中华人民共和国和美利坚合众国领事条约》第24条即有类似的规定。

示例16.4 尤塔·毛雷尔离婚案

> 德国籍人尤塔·毛雷尔根据中德学术交流计划,来到中国上海市某大学任教,并在任教期间与在该大学任教的中国公民结婚。后因双方性格不合等因素,尤塔·毛雷尔向上海市中级人民法院起诉,要求离婚。起诉后,尤塔·毛雷尔任教期满,回到本国。考虑到诉讼的问题,尤塔·毛雷尔向上海市中级人民法院提出,欲委托在上海市任教的某德国籍人或德国驻上海领事馆的工作人员,担任其在离婚诉讼中的诉讼代理人。由于法律规定中没有明确此问题,上海市高级人民法院就是否允许外籍当事人委托居住在我国境内的外国人或本国驻我国领事馆工作人员为诉讼代理人问题,向最高人民法院请示,要求作出司法解释。
>
> 最高人民法院在批复中专门指出:(1)外籍当事人委托居住我国境内的本国人为诉讼代理人,不违背我国民事诉讼法的规定,可以准许。(2)外国驻华使、领馆官员,受本国国民的委托,以个人名义担任诉讼代理人时,亦应准许。同时根据我国参加的《维也纳领事关系公约》的规定,外国驻华领事馆官员(包括经我国外交部确认的外国驻华使馆的外交官同时兼有领事官衔者),当作为当事人的本国国民不在我国境内,或由于其他原因不能适时到我国法院出庭时,还可以在没有委托的情况下,直接以领事名义担任其代表或为其安排代表在我国法院出庭。②

尽管外国驻华使领馆官员,受本国公民的委托,可以以个人名义担任诉讼代理人,但在诉讼中不享有外交或者领事特权和豁免。

---

① 参见黄进主编:《国际私法》(第二版),法律出版社2005年版,第632页。
② 参见林准主编:《国际私法案例选编》,法律出版社1996年版,第132页。

对于领事代理,根据国际法的原则,派遣国领事可以在其驻在国法律规定的范围内,代表派遣国国民参加诉讼,以保护本国公民的合法权益。但领事代理是领事依职权采取的临时措施,一旦该国民本人或其委托的领事以外的任何人开始行使诉讼权利,领事代理即自行终止。在我国,外国驻华使领馆官员,受本国公民的委托,可以以个人名义担任诉讼代理人,但在诉讼中不享有外交或领事特权和豁免。在实践中,还可能会涉及外国当事人是否可以委托本国驻法院地国大使馆职员代为聘请代理人的问题。

示例 16.5

曾有瑞士籍人李美提、李爱维委托瑞士驻华大使馆参赞,以外交代表身份为其在我国法院进行的民事诉讼代为聘请中国律师代理诉讼的案例。最高人民法院为此曾批复指出:根据我国参加的《维也纳外交关系公约》和《维也纳领事关系公约》的有关规定,瑞士驻华大使馆受其本国国民李美提、李爱维的委托代聘律师,属于使馆公务,因此,该大使馆授权本馆职员以外交代表身份为李美提、李爱维在我国聘请中国律师代理民事诉讼,是可以的。①

上述示例中的批复在后来凝练成《民事诉讼法解释》第 527 条,即涉外民事诉讼中,外国驻华使领馆授权其本馆官员,在作为当事人的本国国民不在中国领域内的情况下,可以以外交代表身份为其本国国民在中国聘请中国律师或者中国公民代理民事诉讼。

六、诉讼费用担保和救助

在国际民事诉讼中,除了要求原告在起诉时缴纳案件受理费之外,一些国家还可能要求其缴纳一些其他费用,诸如当事人、证人、鉴定人、翻译人员的差旅费、出庭费及其他费用等,以担保以后可能判决由他负担的诉讼费用。如果原告不提供诉讼费用担保,则面临诉讼被驳回的危险。如《日本民事诉讼法》第 78 条规定:"原告在应提供担保的期间不提供担保时,法院不经过口头辩论,可以判决驳回其诉讼。但是,在作出判决之前,提供担保的,则不在此限。"②

(一)国内立法

关于诉讼费用担保,目前的国内立法主要有以下几种情况:

一是不要求作为原告的外国人提供诉讼费用担保,如意大利和法国等。

二是实行互惠原则,规定内国人在某一外国作为原告无须提供诉讼费用担保时,该外国人在内国作为原告也无须提供,如德国、西班牙等国。

三是不以原告的国籍为准,而以原告在内国有无住、居所或足够的财产为标准,决定原告是否应提供诉讼费用担保。例如,按照 1962 年《英国高级法院规则》命令第 23 号规则的

---

① 最高人民法院《关于外国驻华使馆的职员能否以外交代表身份为本国国民在我国聘请中国律师代理民事诉讼的批复》,[1985]民他字第 5 号,1985 年 3 月 28 日。该文件目前已经失效。
② 《日本新民事诉讼法》,白绿铉编译,中国法制出版社 2000 年版,第 54 页。

规定,根据被告的申请,法院认为原告通常居住在英国管辖区域以外时,可以命令原告对被告提供其认为公正的担保。但如原告证明其在英国管辖区域内有相当数量的财产足以清偿诉讼费用时,法院不作出这种命令。

四是要求外国籍原告提供诉讼费用担保,但其中一部分国家以被告申请为条件,如瑞典、奥地利、荷兰等。

诉讼费用担保的制度,主要目的在于保护被告,因为一个没有根据的跨国诉讼很容易对被告造成严重损害,而且也会造成管辖法院所属国司法资源和费用上的损失。当法院在最后判决中驳回某一外国原告的请求时,在很多情况下,由于有关判决在国外得不到执行,被告无法获得其为此诉讼而支出的费用,管辖法院也无法得到费用上的补偿。不过,要求外国原告提供诉讼费用担保的制度毕竟加重了外国原告的负担,违反了国民待遇原则,目前一些国家纷纷采取一些措施,如互惠原则、被告申请等,以减少或免除诉讼费用担保制度。

在中国,根据《诉讼费用交纳办法》第6章"司法救助"的规定,当事人交纳诉讼费用确有困难的,可以依照本办法向人民法院申请缓交、减交或者免交诉讼费用的司法救助。但诉讼费用的免交只适用于自然人。由于并没有规定司法救助只适用于中国公民,可以推定,该办法也应该适用于外国自然人。

(二)国际立法

在国际立法中,目前已经有不少国际条约对诉讼费用担保和救助制度进行了规定,如1928年《布斯达曼特法典》和1954年海牙《民事诉讼程序公约》。而1980年10月25日订于海牙的《国际司法救助公约》则是这方面的专门性条约,该公约分四章进行了规定,即法律援助、诉讼费用的担保及诉讼费用支付令的执行、记录和判决书的副本、人身拘留及安全通行。该公约的主要内容如下[①]:

1. 法律援助

缔约国的国民以及常住在缔约国国内的居民,在各缔约国国内进行民商事诉讼时,均应视同于该国国民及其常住居民,有在同等条件下享受法律援助的权利。不符合前述规定,但在将要或已经开始诉讼程序的缔约国内曾有惯常居所的人,如果诉因是基于他们在该国的前惯常居所而产生,则应仍享有前述规定法律援助的权利。在对行政、社会或税务事项提供法律救助的国家里,该规定应一并适用于向有权受理该项事件的法院或其他裁判机关提出的案件。已被核准予以法律援助之人,于其案件判决以后,在任何其他缔约国请求承认和执行该项判决时,应毋庸再经调查,有径行享受法律援助的权利。

2. 诉讼费用的担保及诉讼费用支付令的执行

(1)诉讼费用担保的免除。在某一缔约国惯常居住的人(包括法人)在另一缔约国法院或其他裁判机构为原告或诉讼参加人时,不得仅以其属于外国国籍或现在该国无住所或居所为由而要求其提供担保、保证金或押金。对原告或诉讼参加人要求支付任何款项以作为法院诉讼费用的担保时,亦应适用上述规定。

[①] 正文下述公约内容参考了中华人民共和国外交部条约法律司编:《海牙国际私法会议公约集》,法律出版社2012年版,第134—137页。

(2)诉讼费用支付令的执行。对于某一缔约国内作出的、依本公约或该国法律的规定,针对免予提供担保、保证金、押金或支付款项的任何人所作出的支付诉讼费用和开支的命令,在其他缔约国内,经过根据此命令享有权益的人提出申请,应予以执行,毋庸缴纳任何(申请执行)费用。

3. 记录和判决书的副本

任何缔约国的国民以及常住在任何缔约国国内的居民能在其他任何缔约国内,依照与该国国民同等的待遇和条件,取得公共登记机关登记内容的摘录和民商事案件判决书的副本,并且在必要时,可以申请对上述文件进行认证。

4. 人身拘留及安全通行

(1)人身拘留。在逮捕和拘留国不得对其国民行使逮捕和拘留的各类情况下,在民商事案件中,该国不得对任何缔约国的国民或惯常居民,以执行手段或预防性措施为由而实施逮捕和拘留。如惯常居住在该国的国民可以通过援引任何事实从逮捕或拘留状态中被释放,则任何缔约国的国民或惯常居民,也可援引该事实并产生同样的效果,即使该事实发生于国外。

(2)安全通行。任何缔约国的国民或其惯常居住的居民,经另一缔约国的法院或其他裁判机关,或经由其核准的一方当事人,被指名传唤出庭充当证人或专家时,在该另一缔约国领土内,不得根据其到达该国以前发生的任何行为或有罪判决,而对之检举,或加以拘留,或对其人身自由施加任何限制。前述规定的豁免,应自讯问证人或专家的确定日期开始,至经司法当局通知其无须再到庭应讯之日后连续 7 天,虽有机会离境而仍留在境内或离境后又自动返回时即停止。

七、国际民事诉讼中的语言、文字

目前,各国法院都要求在涉外民事诉讼中使用本国的语言、文字。例如,《俄罗斯联邦民事诉讼法》第 8 条规定,民事诉讼使用俄语进行。[①] 因此,在内国法院涉讼的外国人如果不懂内国法院的语言、文字,必须依赖翻译。

在我国,人民法院审理涉外民事案件,应当使用中国通用的语言、文字。当事人要求提供翻译的,可以提供,费用由当事人承担。另外,当事人向人民法院提交的书面材料是外文的,应当同时向人民法院提交中文翻译件。当事人对中文翻译件有异议的,应当共同委托翻译机构提供翻译文本;当事人对翻译机构的选择不能达成一致的,由人民法院确定。

【推荐参考资料】

1. 何其生:《大国司法理念与中国国际民事诉讼制度的发展》,载《中国社会科学》2017 年第 5 期;

[①] 该条还规定,对于不通晓诉讼语言的人,要保证他们有权用本民族语言提出申请,进行说明,提供证言,在法庭上陈述和申辩,以及按本法典规定的程序得到翻译人员的帮助。《俄罗斯联邦民事诉讼法·执行程序法》,张西安、程丽庄译,中国法制出版社 2002 年版,第 3—4 页。

2. 何其生主编:《国际商事法院研究》,法律出版社2019年版;
3. 何其生:《比较法视野下的国际民事诉讼》,高等教育出版社2015年版;
4. 鞠海亭:《网络环境下的国际民事诉讼法律问题》,法律出版社2006年版;
5. 张潇剑:《国际民商事及经贸争端解决途径专论》,北京大学出版社2003年版;
6. 李双元、谢石松:《国际民事诉讼法概论》,武汉大学出版社2001年版;
7. 张茂:《美国国际民事诉讼法》,中国政法大学出版社1999年版;
8. 李浩培:《国际民事程序法概论》,法律出版社1996年版。

第十七章

国际民事诉讼的管辖权

第一节　国际民事诉讼管辖权概述

一、管辖权的类型及其概念

在国际法上,管辖权一般包括三种类型:立法管辖权(jurisdiction to prescribe)、裁判管辖权(jurisdiction to adjudicate)和执法管辖权(jurisdiction to enforce)。立法管辖权是指一个国家使其法律适用于人、财产或行为的权力,其范围通常限定在被管辖对象与寻求管辖权的国家之间存在"真实联系"的场合。此类"真实联系"(genuine connection)的常见基础包括:属地管辖原则(territory principle)、效果原则(effects)、积极属人原则(active personality)、消极属人原则(passive personality)、保护原则(protective principle)、普遍原则(universal principle)。裁判管辖权指一个国家通过其法院或行政法庭对人或物适用法律的权力。执法管辖权则指一个国家通过其强制力强令(某对象)遵守其法律的权力,国家可以在其领土上行使执法管辖权,执行本国或他国的法律。同时,执法管辖权要受到国家豁免相关法律的限制,而且,在他国领土上实施执法管辖权需要他国的同意。[①]

在习惯国际法上,裁判管辖权和执法管辖权的行使均受到国家豁免的限制。[②] 在管辖权的行使机关上,立法管辖权可以由立法机关在制定法律时行使,也可以由执法机关在制定行政令与规章时行使,或由法院的法官在普通法的法官造法过程中行使;裁判管辖权可以由法院或行政裁判机关行使;执法管辖权通常由国家执法人员行使,但同时法院也可以在外国法院判决的承认与执行中行使执法管辖权。[③]

二、国际民事诉讼管辖权的概念

国际民事诉讼管辖权是指一国法院受理某一国际民商事案件并行使审判权的资格或权限。国际民事诉讼管辖权以国家权力为基础,管辖权的行使至少存在两个步骤:一是确定哪个国家具有对案件的管辖权,二是确定具体由国内哪一地区的哪一级法院来行使管辖权。

三、国际民事诉讼管辖权的功能

确定国际民事诉讼管辖权的意义在于以下几方面:

---

① Restatement of the Law Fourth, The Foreign Relations Law of the United States,§ 401,407-408.
② Ibid,§ 401,comments(b);§ 422,Reporters' Note 1;§ 432.
③ Ibid,§ 402,432,Comment(a).

（1）国际民事诉讼管辖权是国家行使司法职权的体现。一国法院对某一涉外民事案件行使管辖权是国家司法主权的一种表现。

（2）管辖权的确定是法院受理涉外民事案件的前提。一国法院只有先明确其具有管辖权，才有可能启动国际民事诉讼的各项程序，包括送达程序、调查取证程序等。管辖权的确定有利于诉讼活动的进行，从而保证法院及时审理案件。

（3）管辖权的确定直接关系到案件的审理结果。在国际民事诉讼中，一国法院在确定管辖权的同时，也就确定了适用本国冲突法的权力，从而直接关系到审理案件所适用的实体法的确定。

（4）正确地确定管辖权，有利于判决的域外承认和执行。一国法院承认和执行外国法院判决的前提条件之一就是该外国法院有适当的管辖权，换句话说，如果作出法院判决的国家本无管辖权，则其判决不会被他国承认与执行。

第二节　国际民事诉讼的管辖权根据

★热身问题：

营业地在中国的A公司同美国B公司签订了大豆买卖合同（B公司在中国境内有代表机构），合同签订于新加坡。后因为大豆质量问题，A公司在中国法院起诉B公司要求赔偿；B公司则在美国起诉A公司要求支付部分未支付的货款。

问题：

（1）中国法院行使管辖权的依据是什么？

（2）根据中国法，双方能否选择新加坡法院来管辖本案的争议？

（3）根据中国法，双方能否选择日本法院来管辖本案的争议？

一、国际民事诉讼的管辖权根据

国际民事诉讼的管辖权根据，是一国就某国际民商事争议行使诉讼管辖权的标准或理由。常见的管辖权根据包括国籍、住所、居所、惯常居所、营业所、行为地、诉讼标的物所在地、被告财产所在地、当事人合意选择的法院地等。就国内法层面而言，因为国际民商事案件的复杂性和各国立法的差异，各国所选择的管辖权根据并不相同。常见的管辖权根据一般可以分为三类："与被告的联系""同意"以及"争议与法院之间的联系"。

二、英美法系：对人管辖权和对物管辖权

美国的司法管辖权分为对人管辖权（*in personam jurisdiction*）、对物管辖权（*in rem jurisdiction*）和准对物管辖权（*quasi in rem jurisdiction*）。

（一）对人管辖权

对人管辖权是指法院审理针对被告人身的诉讼请求并针对被告及其财产作出判决的权力。在对人管辖权下，法院具有确定当事人之间权利和义务的权限，并且对当事人具有约束

力。① 美国法院通常是通过在州内送达传票或其他一些与当事人的本质上的充分联系而取得这种权力的。② 根据被告与法院地联系的不同,又分为一般管辖权(general jurisdiction)和特殊管辖权(specific jurisdiction)。③ 在判断美国法院对某一案件是否具有对人管辖权时,美国法律规定应参照以下两个方面的条件:第一,必须有立法上的授权赋予法院对被告行使管辖权的权力;第二,依据立法授权行使管辖权必须符合美国宪法中正当程序条款的要求。只有在这两个条件都得到满足的情况下,美国法院才能行使对人管辖权。④ 其中,长臂管辖权(long-arm jurisdiction)是美国民事诉讼中的一个重要概念,其既可以运用在国际民事诉讼中,也可以运用于美国国内州际民事诉讼中。在国际民事诉讼中,长臂管辖权是指当位于外国的非美国居民被告与美国法院有某种联系,同时原告提起的诉讼又产生这种联系时,美国法院对被告所主张的管辖权。其具有如下三个特点:一是被告是非美国居民且人不在法院地,但与法院地有某种联系;二是原告提起的诉讼又产生于这种联系;三是长臂管辖是美国以最低限度的接触点(联系)为理论基础形成的概念,在满足一定条件下,该法院对被告人具有对人管辖权,可以在域外对被告发出传票。长臂管辖权最初在美国用于州际间关于交易行为和侵权行为的诉讼,后扩大到国际领域,开始适用于外国国民。近年来,"长臂管辖"的含义逐渐泛化,脱离了长臂管辖权的含义,在实践中也发展到了执法领域。

(二)对物管辖权

对物管辖权是指对涉及特定财产的所有权或其他权利诉讼请求的审判而行使的管辖权,虽然基于对物管辖权的判决仅仅涉及该特定财产,但它对于涉及此财产权益的人均有拘束力。对物诉讼,其诉讼目的在于通过法院的判决确定某一特定财产的权利和当事人的权利,法院判决的效力不但拘束案件的当事人,还及于所有跟当事人或该特定财产有法律关系的其他人,诸如房地产诉讼和部分海事案件。另外,英美法还把涉及身份行为的诉讼(如婚姻案件)识别为对物诉讼。⑤ 不管当事人于诉讼开始时是否正处于法院地,其住所地法院均有管辖权。⑥

(三)准对物管辖权

准对物管辖权是指准对物诉讼中的法院管辖权。准对物诉讼针对已知的人而非财产,原告提出准对物管辖是要将特定的人的某些财产权置于其提出的诉讼请求之下。⑦ 一个准对物判决只影响在特定财产之上且属于被告的那部分权益,而不会影响其他所有已知或未

---

① 何其生:《比较法视野下的国际民事诉讼》,高等教育出版社2015年版,第57页。
② 参见韩德培、韩健:《美国国际私法(冲突法)导论》,法律出版社1994年版;张茂:《美国国际民事诉讼法》,中国政法大学出版社1999年版。
③ 何其生:《比较法视野下的国际民事诉讼》,高等教育出版社2015年版,第57页。
④ Omni Capital Int'l v. Rudolf Wolff Co., 484 U.S. 97, 104 (1987); C. Wright & A. Miller, *Federal Practice and Procedure*, 2d ed., Thomson West, 1987 § 1063.
⑤ 早期,美国法院将婚姻看作是"物"(res)。物都有一个占据空间的地理位置(situs),婚姻同样也有,地点位于夫妻双方的住所地,解除婚姻关系的诉讼被认为是对物诉讼,因而只能在物之所在地即夫妻双方的住所地提起。See Eugene F. Scoles & Peter Hay, *Conflict of Laws*, 2nd ed., West Publishing, 1992, pp.497-498.
⑥ 参见黄进主编:《国际私法》(第二版),法律出版社2005年版,第643页。
⑦ Freeman v. Alderson, 119 U.S. 185, 7 S. Ct. 165,166-167, 30 L. Ed. 372, 373 (1886).

知的人在该特定财产上的权益。① 在美国的司法实践中,请求消除所有权瑕疵、确认欺诈性转让财产无效、请求取消违约买主对不动产的衡平法权利、申请强制按约定履行转让不动产之诉等都属于这类诉讼。② 在此类诉讼中,当事人另有其他更为主要的争议,而财产权仅仅与此争议的救济有关。准对物管辖权主要用于在法院地境内扣押财产或债务,以作为对与被扣押的财产无关的诉讼请求所作判决的保证。

三、大陆法系:属地管辖权和属人管辖权

属人管辖侧重于当事人的国籍,即以当事人的国籍作为管辖权的根据。根据这一标准,不论国际民商事案件的当事人是原告还是被告,也不论其居住于何处,当事人国籍国法院对案件均享有管辖权。

示例 17.1

> 以法国为代表的拉丁法系国家③曾经多以国籍作为管辖依据。
> 1804 年《法国民法典》第 14 条规定:"不居住在法国的法国人,曾在法国与法国人订立契约者,因此契约所生的债务问题,得由法国法院受理;其曾在外国订约对法国人负有债务者,亦得由法国法院受理。"
> 第 15 条又规定:"法国人在外国订立契约所负的债务,即使对方为外国人的情形,得由法国法院受理。"所以,只要原被告中有一方为法国人,不论该法律关系发生在法国还是外国,法国法院都可以受理。

属地管辖权侧重于法律事实或法律行为的地域性质或属地性质,强调一国法院对其所属国领域内的一切人和物,以及法律事件和行为都具有管辖权。其管辖权的基础是被告人在法院所属国设有住所或习惯居所,或者是物之所在地或法律事件和行为发生地位于该国领域内。④

在成文法系的管辖权方面,欧盟的规则具有代表性。欧盟有关民商事案件法院管辖权的规定,早期主要体现在 1968 年订于布鲁塞尔的《关于民商事件管辖权及判决执行的公约》(Convention on Jurisdiction and Enforcement of Judgments in Civil and Commercial Matters,以下简称"《布鲁塞尔公约》")。《布鲁塞尔公约》为成员国法院规定了统一的国际管辖权规范,包括一般管辖权、特别管辖权、专属管辖权、协议管辖权,并对管辖权的审查、未决诉讼以及临时措施等作了规定。

2000 年 12 月 22 日,欧盟理事会在《布鲁塞尔公约》的基础上通过了《关于民商事管辖权及判决的承认与执行的第 44/2001 号条例》(以下简称"《布鲁塞尔条例Ⅰ》"),于 2002 年 3

---

① Gassert v. Strong, 38 Mont. 18, 98 p. 497(1908), appeal dismissed 215 U. S. 583, 30 S. Ct. 403, 54 L. Ed. 338(1909).
② Jack H. Friedenthal et al, Civil Procedure, 3rd ed., 1999, p.115.
③ 拉丁法系国家是指包括法国和立法上受法国影响较大的一些国家如荷兰、意大利等国。
④ 参见韩德培主编:《国际私法》(第三版),高等教育出版社、北京大学出版社 2014 年版,第 488 页。

月1日生效。① 2012年12月12日,欧盟对《布鲁塞尔条例Ⅰ》进行了全面的修订,新条例于2015年1月10日施行,通称为"《布鲁塞尔条例Ⅰ(重订)》"。② 此处仅就《布鲁塞尔条例Ⅰ(重订)》的主要管辖权规则加以介绍。③《布鲁塞尔条例Ⅰ(重订)》的结构如图17.1:

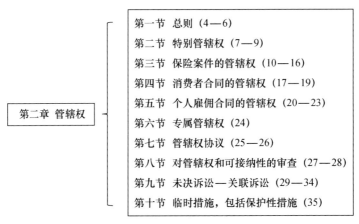

图 17.1 《布鲁塞尔条例Ⅰ(重订)》的结构

(一) 一般管辖权

一般管辖权通常由被告住所地法院行使。《布鲁塞尔条例Ⅰ(重订)》第4—6条将被告的住所作为行使一般管辖权的主要依据。该条例第4条规定,凡在一个成员国境内有住所者,不论其所属国籍,均应在该成员国法院被诉。在某成员国有住所而非该成员国的国民,应遵循适用于该成员国国民的有关管辖的规定。

(二) 特别管辖权

特别管辖权是指由于诉讼标的具有特殊性,而可以由被告住所地以外的其他法院行使的管辖权。《布鲁塞尔条例Ⅰ(重订)》对一般合同事项的特别管辖权(第7条)、特别诉讼(包括共同被告、第三人诉讼、反请求和有关合同的合并诉讼)④以及船舶责任诉讼的特别管辖权⑤

---

① Council Regulation (EC) No 44/2001 of 22 December 2000 on Jurisdiction and the Recognition and Enforcement of Judgments in Civil and Commercial Matters, O. J. L 12/ 2001. Hereinafter Brussels Ⅰ Regulation.
② 2000年5月29日,欧盟理事会颁布了《关于婚姻事项和夫妻双方对共生子女的父母责任事项的管辖权及判决的承认与执行的第1347/2000号条例》,通常简称"《布鲁塞尔条例Ⅱ》"。《布鲁塞尔条例Ⅱ》在管辖权以及判决的承认与执行上,为婚姻事项和夫妻双方共同子女的父母责任事项制定了统一的规则。在亲子关系方面,该条例只适用于父母对婚生子女的监护权争议,而对于非婚生子女或者父母离婚后子女的监护问题并未作出规定。1998年5月28日,欧盟15个成员国签署了《婚姻事项管辖权及判决的承认与执行公约》,即《布鲁塞尔公约Ⅱ》,《布鲁塞尔条例Ⅱ》系由《布鲁塞尔公约Ⅱ》转化而来。
2003年11月27日,欧盟理事会颁布了《关于婚姻事项与父母责任事项的管辖权及判决的承认与执行并废除第1347/2000号条例的第2201/2003号条例》,即《布鲁塞尔条例Ⅱa》。《布鲁塞尔条例Ⅱa》第2章"管辖"分为三节,分别规定了离婚、依法别居或者婚姻无效;父母责任和共同规定。相对于《布鲁塞尔条例Ⅱ》,《布鲁塞尔条例Ⅱa》在亲子关系(包括婚生子女、非婚生子女和父母离婚后的子女)中父母亲责任诉讼的管辖权规则进行了详细规定,而在其他方面,二者的规定则十分相似。详细介绍可参见邹国勇:《德国国际私法的欧盟化》,法律出版社2007年版,第270—279页。
③ 此处的介绍取材于《布鲁塞尔条例Ⅰ》英文版原文,并参考了《欧盟理事会民商事件管辖权及判决的承认与执行规则》,杜志华译,载《中国国际私法与比较法年刊》(第5卷),法律出版社2002年版,第588—596页。
④ Art. 8 of Brussels Ⅰ Regulation(recast).
⑤ 《布鲁塞尔条例Ⅰ(重订)》第9条:某一成员国法院,根据本规则,对船舶的使用或经营所产生的责任诉讼具有管辖权,则该法院,或该成员国内国法为此目的而确定的其他替代法院,对该种责任限制之诉也具有管辖权。

作了规定。根据该条例,对于下列 7 类事项提起的诉讼,住所在一个成员国境内者,除了可以由该成员国法院管辖以外,还可以由另一个成员国法院管辖:

(1) 有关合同的案件,由合同债务履行地法院管辖;除非另有约定,货物销售合同的债务履行地应在合同规定之交付货物或应该已经完成货物交付地的成员国法院;提供服务合同的债务履行地,应在合同规定之提供服务或应该已经提供服务地的成员国法院。

(2) 有关侵权行为或准侵权行为的案件,在损害行为发生地或可能发生地法院。

(3) 根据产生刑事诉讼的行为而提起的损害赔偿或要求恢复原状的民事诉讼,在审理刑事诉讼的法院,但以该法院依照其本国法有受理民事诉讼管辖权者为限。

(4) 文化物品的返还案件,在文化物品所在地的法院。

(5) 由于公司、代理或其他机构经营业务而产生的争议,在该分支、代理或其他机构所在地法院。

(6) 依据章程、书面文件或口头成立并有书面证明之方式而设立的信托,对委托人、受托人或受益人的诉讼,在信托关系所在地成员国法院。

(7) 因救助船舶或货物所发生的酬金支付争议,可以在下列法院被诉:扣押该船舶或货物以保证该支付的法院,或者可以扣押该船舶或货物,但因向其提供保证金或者其他担保而未命令扣押的法院。但该规定的适用以原告主张被告对该船舶或货物具有利益或者在救助时具有利益的情形为限。①

除上述规定外,《布鲁塞尔条例Ⅰ(重订)》还规定了保险事件、消费者合同、个人雇佣合同的管辖权。

(三) 专属管辖权

专属管辖权是指有关国家对特定范围内的民事案件无条件地保留其受理诉讼和作出裁决的权利,从而排除其他国家法院对此类民事案件的管辖权。专属管辖权是和任意管辖权相对而言的。后者是指根据连结因素的指引,既可以由内国法院管辖,也可以由外国法院管辖的一种管辖权,原告可以依法选择。

《布鲁塞尔条例Ⅰ(重订)》第 24 条对 5 类事项规定了专属管辖权:

(1) 以不动产物权或其租赁权为标的的诉讼,专属财产所在地的成员国法院;然而,以不超过连续 6 个月的期限供私人临时使用的不动产租赁权为标的的诉讼,被告住所地成员国法院也有管辖权,只要承租人为自然人,并且出租人和承租人在同一成员国有住所。

(2) 以公司、其他法人组织、自然人或法人社团有效成立、撤销或歇业清理,或以有关机构的决议的有效性为标的的诉讼,专属该公司、法人组织或社团所在地的成员国法院。为决定所在地,法院将适用其本国的国际私法规则。

(3) 以确认公共登记效力为标的的诉讼,专属保管登记簿的成员国法院。

(4) 有关专利、商标、设计模型或者必须备案或注册的其他类似权利的注册或效力的诉讼,专属业已申请备案或注册或者已经备案或注册,或按照共同体法律文件或者国际公约之规定被视为已经备案或注册的成员国法院。

(5) 有关判决执行的诉讼,专属业已执行或将要执行判决的成员国法院。

---

① Art. 7of Brussels I Regulation(recast).

(四)协议管辖

为适应加入2005年海牙《选择法院协议公约》的需要,2012年修订后的《布鲁塞尔条例Ⅰ》第25条所规定的协议管辖与《选择法院协议公约》基本保持一致。①

第一,不管当事人住所在何处,如果他们协议约定某一成员国的某一法院或某些法院有管辖权,以解决因某种特定法律关系而已经产生或可能产生的争议,则只有被指定的某一法院或某些法院具有管辖权。除非当事人另有约定,该管辖权应是排他性的。但这种管辖权协议应符合下列条件:(1)书面的或由书面证明;或(2)符合当事人之间业已确立的惯例的形式;或(3)在国际贸易或商务中,符合双方当事人意识到或应该已经意识到的通常做法的形式,并且,在这类贸易或商务中,此种形式已为该类特定贸易或商务中相同类型合同的双方当事人广泛知晓并被通常遵守。而且,任何能对协议提供持久性记录的电子通信方式,应该等同于书面。②

第二,构成合同部分内容的管辖权协议,应视为独立于合同的其他条款。合同无效,并不能简单地致使管辖权协议无效。③

四、中国的涉外民事管辖权

在我国确定管辖法院时,大致可以遵循如下步骤:第一,我国参加或缔结的国际条约中可适用的规定;第二,经识别后在《民事诉讼法》第四编"涉外民事诉讼程序的特别规定"中寻找管辖权根据;第三,如没有规定,在《民事诉讼法》第二章的一般规定中寻找管辖权根据;第四,具有立法上的管辖权根据后,还需要在受理案件时特别考虑以下情况:是否涉及外国国家及其财产,是否涉及外国或国际组织的外交代表,有没有有效的仲裁协议。同时,在确定具体的管辖法院时,还需要考虑司法解释的相关规定。

(一)一般地域管辖

以被告住所、居所、惯常居所为根据确定的管辖权,也可以简称为"原告就被告原则",即原告向被告住所地国家或被告居所地国家的法院起诉的原则。被告住所地作为一般管辖权的根据,无论是在大陆法系国家还是英美法系国家,都得到了广泛的承认,并为国际社会所普遍接受。④"原告就被告"原则是我国民事诉讼法在管辖权上的一般原则,适用于所有的案件。⑤

对公民提起的民事诉讼,由被告住所地人民法院管辖;被告住所地与经常居住地不一致的,由经常居住地人民法院管辖。对法人或者其他组织提起的民事诉讼,由被告住所地人民法院管辖。同一诉讼的几个被告住所地、经常居住地在两个以上人民法院辖区的,各该人民

---

① See T. Hartley, Choice-of-Court Agreements under the European Instruments and the Hague Convention: The Revised Brussels I Regulation, the Luogano Convention, and the Hague Convention (2013).
② Art. 25(1) & (2) of Brussels I Regulation (recast).
③ Art. 25(5) of Brussels I Regulation (recast).
④ 参见1968年的《布鲁塞尔公约》第2条,2001年《布鲁塞尔条例Ⅰ》第2条,1986年美国《冲突法重述(第二次)》第29条和第30条。
⑤ 不论是在国际民事诉讼中,还是在国内民事诉讼中,通常遵循"原告就被告"的原则。被告住所地国家的法院行使管辖权被称为普通国际民事管辖权,或称之为"普通审判籍"。此原则起源于罗马法,为很多国家所接受,如《瑞士联邦国际私法法规》第2条规定:"除本法有特别规定外,被告住所地的瑞士司法或行政机关有管辖权。"《德国民事诉讼法》第12条规定:"某人的普通审判籍所在地的法院,是管辖对他提起的一切诉讼的法院,但以未定专属审判籍的诉讼为限",第13条规定:"人的普通审判籍,依其住所所定之。"

法院都有管辖权。① 被告住所地作为被告生活的中心,与被告的各种行为有着重要的联系。在被告住所地进行诉讼,不仅有利于案件的审理、判决的承认和执行,而且可以避免原告挑选法院,有利于原、被告权益的平衡保护。

(二) 特殊地域管辖

特殊地域管辖主要规定在《民事诉讼法》第 276 条,即因涉外民事纠纷,对在中华人民共和国领域内没有住所的被告提起除身份关系以外的诉讼,如果合同签订地、合同履行地、诉讼标的物所在地、可供扣押财产所在地、侵权行为地、代表机构住所地位于中华人民共和国领域内的,可以由合同签订地、合同履行地、诉讼标的物所在地、可供扣押财产所在地、侵权行为地、代表机构住所地人民法院管辖。除前述规定外,涉外民事纠纷与中华人民共和国存在其他适当联系的,可以由人民法院管辖。通过该规定,"适当联系"成为我国法院涉外管辖权的标准。分析前述的规定,还可以进一步归纳为物之所在地管辖和行为地管辖等。

首先,物之所在地管辖。作为确定管辖权的连结因素的物有两种,即诉讼标的物和被告财产。诉讼标的物或被告财产所在地法院行使管辖权,可使受案法院有效控制诉讼标的物或被告财产,便于判决的执行。诉讼标的物为不动产的,由不动产所在地法院管辖,这种做法已被世界各国普遍承认和采用。在我国,合同标的物所在地和可供执行的财产所在地是确定涉外合同管辖权的重要根据。争讼合同标的物位于一国领域之内,就意味着诉讼与该国有客观的、空间上的联系,这也是一国行使管辖权的重要依据。可供执行的财产一般指被告的财产,尽管它可能与诉讼争议并无直接联系,但许多国家都将其作为确立管辖权规则的基础之一。这是因为,只有能有效控制被告的财产,才可以保证判决被实际执行,而被告财产所在地法院最有利于控制被告财产。但被告财产所在地管辖仍然欠缺一定的合理性,因为被告并非法院地国居民,即使偶有财产出现在法院地国,该国也与争讼无实际关联,如果被迫接受管辖,可能有失公允。

其次,行为地管辖。行为地管辖是依据行为发生地或者诉讼原因发生地等连结点而确定的管辖。这类管辖的争议主要包括两种:合同案件和侵权案件。通常情况下,合同案件由合同签订地或履行地国法院管辖。侵权案件由侵权行为地法院管辖。

(1) 合同签订地与合同履行地。对于国内的合同纠纷,由被告住所地或者合同履行地人民法院管辖。而对于涉外合同纠纷或者其他财产权益纠纷,对在中国领域内没有住所的被告提起的诉讼,如果合同在中国领域内签订或者履行,或者诉讼标的物在中国领域内,或者被告在中国领域内有可供扣押的财产,或者被告在中国领域内设有代表机构,可以由合同签订地、合同履行地、诉讼标的物所在地、可供扣押财产所在地、侵权行为地或者代表机构住所地人民法院管辖。这就意味着在合同争议中,合同签订地、合同履行地以及其他几个管辖权根据都是法院行使管辖权的重要标准。

(2) 侵权行为地。在我国,侵权案件的管辖权也在不断地发展变化,某些特定类型的侵权案件的管辖权呈逐步扩大的趋势。"侵权行为地"不仅包括行为实施地,而且包括结果发生地。②

---

① 参见《民事诉讼法》第 22 条。
② 例如,《民事诉讼法》第 29 条规定:"因侵权行为提起的诉讼,由侵权行为地或者被告住所地人民法院管辖。"《民事诉讼法解释》第 24 条进一步明确:"民事诉讼法第二十九条规定的侵权行为地,包括侵权行为实施地、侵权结果发生地。"

(三) 专属管辖

专属管辖权是指依照国际条约或国内立法,某些涉外案件只能由特定国家的法院具有独占管辖权,而排除任何其他国家法院对此类案件的管辖权。通常情况下,被列入专属管辖的案件一般都与内国的政治、经济、法律或公共秩序有密切联系,例如,不动产案件、知识产权案件、法人破产案件等。专属管辖的效力即具有独占并且排他的管辖权,也就是凡属于一国立法专属管辖的案件,其他任何国家的法院均无管辖权,同时专属管辖也排除当事人基于意思自治原则所达成的协议管辖。我国《民事诉讼法》第279条规定了如下的涉外专属管辖:(1)因在中华人民共和国领域内设立的法人或者其他组织的设立、解散、清算,以及该法人或者其他组织作出的决议的效力等纠纷提起的诉讼;(2)因与在中华人民共和国领域内审查授予的知识产权的有效性有关的纠纷提起的诉讼;(3)因在中华人民共和国领域内履行中外合资经营企业合同、中外合作经营企业合同、中外合作勘探开发自然资源合同发生纠纷提起的诉讼。

另外,《民事诉讼法》第34条规定:"下列案件,由本条规定的人民法院专属管辖:(一)因不动产纠纷提起的诉讼,由不动产所在地人民法院管辖;(二)因港口作业中发生纠纷提起的诉讼,由港口所在地人民法院管辖;(三)因继承遗产纠纷提起的诉讼,由被继承人死亡时住所地或者主要遗产所在地人民法院管辖。"这一规定主要是针对国内案件而言,就涉外案件而言,由于本条规定的是双边性管辖权依据,很难构成"专属性"的管辖。而且关于继承遗产纠纷,本身就规定了选择性的管辖权连结因素,已经不具有"专属性"的特征。但当不动产所在地在中国境内时,则完全可以由中国法院专属管辖,其他国家不得行使管辖权。

(四) 协议管辖

协议管辖又称约定管辖、合意管辖,是指双方当事人出于方便考虑,在不违背国内专属管辖的前提下,以协商一致的方式来选择管辖法院。协议管辖是契约自由和私法自治原则在国际民事诉讼领域的自然延伸。协议管辖可以使原来没有管辖权的外国法院获得管辖权,也可以使原本具有管辖权的法院丧失管辖权。

虽然协议管辖为各国立法和实践普遍承认,但在协议选择的案件范围、被选择法院与案件的实际联系程度、协议管辖的排他效力等问题上,各国规定存在相当大的差异,或者说,各国对待协议管辖往往附加一定的限制,主要表现在:

(1)协议管辖的范围限于有关合同或财产权益的争议;
(2)协议管辖仅限于选择一审法院;
(3)当事人协议选择的管辖法院须与案件有实际联系;
(4)一般情况下,当事人的管辖协议应是书面的或以书面形式证明。①

在协议管辖方面,《民事诉讼法》规定得比较简洁,即涉外民事纠纷的当事人书面协议选择人民法院管辖的,可以由人民法院管辖。徐志明与张义华股权转让纠纷案[二维码案例]是一起比较经典的案件。

当事人约定不明时,《民事诉讼法解释》第30条规定:"根据管辖协议,起诉时能够确定管辖法院的,从其约定;不能确定的,依照民事诉讼法的相关规定确定管辖。"鄂托克旗常洪口中山煤业有限公司、香港源宏集团实业发展有限公司股权转让纠纷管辖权异议案[二维码案例]就是此方面的案件。

---

① 《民事诉讼法》第277条规定,涉外民事纠纷的当事人书面协议选择人民法院管辖的,可以由人民法院管辖。

（五）应诉管辖

应诉管辖也称被告无保留应诉管辖，是指根据国际条约或国内立法，国际民商事案件的被告不抗辩法院无管辖权而出庭应诉，并进行言词辩论，因而确定该法院具有管辖权的制度。综合国际条约和各国立法，被告应诉接受管辖可通过下列行为表示：被告人出庭或通过律师出庭、提交答辩状和提起反诉等。

《民事诉讼法》第278条规定，当事人未提出管辖异议，并应诉答辩或者提出反诉的，视为人民法院有管辖权。推定管辖实际上是通过对当事人意图的推定，进而确定人民法院的管辖权。前款规定中的"应诉答辩"应该理解为被告就案件的实质进行了答辩，如果是特别出庭抗议管辖权，则意味着对人民法院的管辖权提出了异议。

（六）级别管辖

对于涉外民事案件的级别管辖，《民事诉讼法》规定，基层人民法院管辖第一审民事案件（第18条），中级人民法院管辖重大的涉外民事案件（第19条）。2001年我国加入WTO后，为进一步提升审判质量，最高人民法院发布了《最高人民法院关于涉外民商事案件诉讼管辖若干问题的规定》（2020年修正，以下简称"《集中管辖规定》"），对此进行了调整。

最高人民法院关于涉外民商事案件管辖若干问题的规定

（2022年8月16日最高人民法院审判委员会第1872次会议通过，
自2023年1月1日起施行　法释〔2022〕18号）

为依法保护中外当事人合法权益，便利当事人诉讼，进一步提升涉外民商事审判质效，根据《中华人民共和国民事诉讼法》的规定，结合审判实践，制定本规定。

第一条　基层人民法院管辖第一审涉外民商事案件，法律、司法解释另有规定的除外。

第二条　中级人民法院管辖下列第一审涉外民商事案件：

（一）争议标的额大的涉外民商事案件。

北京、天津、上海、江苏、浙江、福建、山东、广东、重庆辖区中级人民法院，管辖诉讼标的额人民币4000万元以上（包含本数）的涉外民商事案件；

河北、山西、内蒙古、辽宁、吉林、黑龙江、安徽、江西、河南、湖北、湖南、广西、海南、四川、贵州、云南、西藏、陕西、甘肃、青海、宁夏、新疆辖区中级人民法院，解放军各战区、总直属军事法院，新疆维吾尔自治区高级人民法院生产建设兵团分院所辖各中级人民法院，管辖诉讼标的额人民币2000万元以上（包含本数）的涉外民商事案件。

（二）案情复杂或者一方当事人人数众多的涉外民商事案件。

（三）其他在本辖区有重大影响的涉外民商事案件。

法律、司法解释对中级人民法院管辖第一审涉外民商事案件另有规定的，依照相关规定办理。

第三条　高级人民法院管辖诉讼标的额人民币50亿元以上（包含本数）或者其他在本辖区有重大影响的第一审涉外民商事案件。

第四条　高级人民法院根据本辖区的实际情况，认为确有必要的，经报最高人民法院批准，可以指定一个或数个基层人民法院、中级人民法院分别对本规定第一条、第二条规定的第一审涉外民商事案件实行跨区域集中管辖。

依据前款规定实行跨区域集中管辖的,高级人民法院应及时向社会公布该基层人民法院、中级人民法院相应的管辖区域。

第五条　涉外民商事案件由专门的审判庭或合议庭审理。

第六条　涉外海事海商纠纷案件、涉外知识产权纠纷案件、涉外生态环境损害赔偿纠纷案件以及涉外环境民事公益诉讼案件,不适用本规定。

第七条　涉及香港、澳门特别行政区和台湾地区的民商事案件参照适用本规定。

第八条　本规定自2023年1月1日起施行。本规定施行后受理的案件适用本规定。

第九条　本院以前发布的司法解释与本规定不一致的,以本规定为准。

★**热身问题分析**:

对于热身问题中的假定案例,结合前文论述分析如下:

(1) 中国法院行使管辖权的依据是什么?

根据《民事诉讼法》第276条的规定,本案中被告在中国境内有代表机构,而且合同履行地也可能在中国境内,中国法院可以根据这两个管辖权基础来行使管辖权。

(2) 根据中国法,双方能否选择新加坡法院来管辖本案的争议?

根据《民事诉讼法》第35条,合同或者其他财产权益纠纷的当事人可以书面协议选择被告住所地、合同履行地、合同签订地、原告住所地、标的物所在地等与争议有实际联系的地点的人民法院管辖。如果双方当事人选择新加坡法院,由于新加坡是合同的签订地,双方的选择满足实际联系的要求。实际上,《民事诉讼法》第280条规定:"……当事人订立排他性管辖协议选择外国法院管辖且不违反本法对专属管辖的规定,不涉及中华人民共和国主权、安全或者社会公共利益的,人民法院可以裁定不予受理;已经受理的,裁定驳回起诉。"可见,对于当事人排他性地选择外国法院,我国《民事诉讼法》第280条没有规定"实际联系"的要求。

(3) 根据中国法,双方能否选择日本法院来管辖本案的争议?

根据前述我国《民事诉讼法》第280条的规定,如果双方当事人订立排他性管辖协议,选择日本法院来管辖本案,是可以的。

第三节　国际民事诉讼的管辖权冲突

★**热身问题**:

营业地在中国的A公司同美国B公司签订了大豆买卖合同(B公司在中国境内有分支机构),合同签订于新加坡。后因为大豆质量问题,A公司在中国法院起诉B公司,要求赔偿;B公司则在美国起诉A公司要求支付部分未支付的货款。

问题:

(1) 本案在中国法院和美国法院的诉讼是否构成平行诉讼?

(2) 根据中国法律,如何处理中国法院和美国法院的管辖权问题?

一、管辖权冲突及其原因

国际民事诉讼管辖权冲突是指在国际民事诉讼中,与涉外民事案件相关联的所有国家都主张管辖权或都拒绝管辖的情况,前者称为管辖权的积极冲突,后者称为管辖权的消极冲突。

管辖权冲突的主要原因有:

(1) 主权原因。独立的立法权和司法权是国家主权原则的重要内容。基于本国国情,选择合适的管辖权根据首先是立法的需要,而维护本国立法并尊重当事人(尤其是原告)选择又构成司法的需要。所以,如果产生了管辖权的积极冲突,无论相关国家是积极争夺管辖权,还是主动放弃管辖权,都是可以以主权原则为理据的。

(2) 法律原因。各国的立法差异是国际民事诉讼管辖权冲突形成的直接原因,这种差异主要表现在各国关于管辖权根据的规定不同,且平行诉讼为多数国家立法和实践肯定。

(3) 经济原因。在国际民事诉讼中,原告通常会选择对自己有利的法院提起诉讼,目的是获得一个对自己最有利的判决。而各国关于管辖的不同规定为原告挑选法院创造了可能,同时多数国家许可平行诉讼的事实又进一步为当事人挑选法院创造了机会。

二、管辖权积极冲突及其解决

(一) 管辖权积极冲突

平行诉讼等现象是国际民商事诉讼管辖权积极冲突的表现形式。这种形式的特点就是不同国家的法院对同一案件都具有管辖权,而且也不排斥其他国家法院的管辖。[①] 关于平行诉讼的构成要素,在理论上和实践中都存有不同观点,一般认为该诉讼应具有争议事项的同一性,其判断标准可以包含两方面:主体标准,即当事人相同;法律关系标准,即诉讼标的相同。《海牙判决公约》第7条第2款将其界定为"相同当事人关于相同标的的诉讼"。由此,平行诉讼又可划分为两类:

一是重复诉讼,或称为相同原告诉讼、原被告共同型诉讼。《民事诉讼法解释》对重复诉讼作出了界定。当事人就已经提起诉讼的事项在诉讼过程中或者裁判生效后再次起诉,同时符合下列条件的,构成重复起诉:(1) 后诉与前诉的当事人相同;(2) 后诉与前诉的诉讼标的相同;(3) 后诉与前诉的诉讼请求相同,或者后诉的诉讼请求实质上否定前诉裁判结果。当事人重复起诉的,裁定不予受理;已经受理的,裁定驳回起诉,但法律、司法解释另有规定的除外。

二是对抗诉讼,也称为相反当事人诉讼、原被告逆转型诉讼,即同一纠纷当事人中的一方作为原告在甲国以对方当事人为被告提起诉讼,而对方当事人同时作为原告在乙国以甲国诉讼中的原告为被告提起诉讼,也就是原告、被告的地位在两个或两个以上国家法院中的地位发生逆转。

(二) 管辖权积极冲突的解决:国际条约路径

当前,全面调整各民商领域管辖权冲突的国际条约也是很难达成的,一方面是国家间的

---

① 例如,《民事诉讼法解释》第531条规定,中华人民共和国法院和外国法院都有管辖权的案件,一方当事人向外国法院起诉,而另一方当事人向中华人民共和国法院起诉的,人民法院可予受理。判决后,外国法院申请或者当事人请求人民法院承认和执行外国法院对本案作出的判决、裁定的,不予准许;但双方共同缔结或者参加的国际条约另有规定的除外。外国法院判决、裁定已经被人民法院承认,当事人就同一争议向人民法院起诉的,人民法院不予受理。

利益博弈在所难免,另一方面也很难让所有国家都接受这一类国际条约。2005年海牙《选择法院协议公约》则是一大进步,该公约已于2015年10月1日生效,主要内容如下:

(1) 协议管辖事项

协议管辖事项局限于民商事合同事项,但不包括雇佣合同与消费者合同,同时也不包括自然人的身份及法律能力、扶养义务、遗嘱与继承、运输货物和旅客、版权和邻接权以外的知识产权的有效性、不动产物权以及不动产租赁权等16种事项。

《选择法院协议公约》规定国际性的判断标准是:当事人不在同一缔约国居住,或者当事人的法律关系具有涉外性,或者案件涉及的其他因素具有涉外性。但是,倘若上述条件并不具备,而仅仅是当事人选择了外国法院进行管辖的话,该案件并不能被称为国际案件,或者说不属于公约调整范围。

(2) 管辖协议的形式

《选择法院协议公约》规定,选择法院管辖的协议必须用以下方式签订或以文件形式证明:一是以书面形式;二是以其他任何联系方式,且该方式能提供可获取的信息,使其日后能够被引用。

(3) 管辖协议的实质内容

按照《选择法院协议公约》的规定,一项有效的管辖协议应包含下列内容:

- 签约双方应具备相关的行为能力,并且意思表示真实;
- 选择管辖的事项应在公约允许规定之内;
- 管辖协议符合公约规定的形式;
- 协议管辖的法院应是缔约国的一个或多个法院。

但是,由于各国无法就缔约能力和协议实质有效性问题达成一致,《选择法院协议公约》决定将此类问题交由各国国内法调整,也就是说,各国在审定协议有效性问题时,有权将其认定为无效或不能生效。同时,出于谨慎考虑,公约又用"明显不公正""明显违背受理案件国家的公共秩序"等措辞对这一"权限"进行了限制,即一般情况下,管辖协议应被确认为有效且具有排他性。

(4) 管辖协议的效力

《选择法院协议公约》第3条规定,"排他性选择法院协议"系指双方或多方当事人缔结的,符合形式要求,为解决与某一特定法律关系有关的已发生或可能发生的争议,而指定某个缔约国的法院或某个缔约国的一个或多个特定的法院进行管辖并且排除其他任何(国家)法院管辖的协议。可见,公约致力于促成一项有效的管辖协议具有排他性的意图是非常明确的,虽然公约本身并未直接使用"排他"一词。因此,在一项有效的管辖协议下,被选择的缔约国法院就享有唯一管辖权,排除他国管辖,且不得以该案件应由别国审理为由而拒绝管辖。而该国法院所作的判决,应得到其他缔约国的承认和执行。

(三) 管辖权积极冲突的解决:国内法的路径

国内法的方法主要有如下几种:

1. 尊重当事人的协议管辖

将私法中的意思自治原则引入管辖权领域,通过当事人合意选择法院而使管辖特定于某一国法院,不仅能够避免管辖冲突,也可以使当事人在一定程度上预见判决的结果,从而确保判决的执行。赋予当事人协议管辖的权利且使各国普遍认可该管辖权根据,是当前解决国际民事诉讼管辖权冲突的最佳途径。

2. 先受理规则

先受理规则是指对于外国已经受理的相同当事人基于相同事实和相同目的的诉讼,后受理法院承认外国法院正在进行的诉讼的效力而拒绝或中止本国诉讼的制度。例如,《布鲁塞尔条例Ⅰ(重订)》第 29 条规定,相同当事方就相同诉因在不同成员国法院提起诉讼时,法院之外的任何法院均应主动中止诉讼,直到先受理法院确定其管辖权为止。当先受理法院的管辖权确定时,其他受诉法院都应放弃管辖权,将案件交由先受理法院审理。

"先受理"的标准在各国并不相同(见表 17.1):

表 17.1 各国的"先受理"的标准

先起诉立案	中国内地,美国,俄罗斯,以色列,日本,德国,越南,格鲁吉亚,罗马尼亚,斯洛伐克
先送达	葡萄牙(同一天送达的,按起诉顺序) 中国澳门(送达/被传唤) 新加坡(送达开审令状) 委内瑞拉(送达传票) 匈牙利,斯洛文尼亚
判决先取得效力	巴西
其他	欧盟(若原告已经采取措施,向被告送达,则提交起诉状即为受理;若送达被告的时间早于提交法院的时间,且原告已经采取了措施将文件提交法院,负责送达的机构收到文件时即为受理)

先受理原则的优点在于较为简单清晰地解决了平行诉讼下管辖权的争议:(1)避免对司法资源的浪费;(2)避免跨国诉讼对当事人造成过大的经济负担;(3)避免相互矛盾判决的出现。缺点:(1)如果绝对地适用这一原则,可能导致"鱼雷诉讼"(Italian torpedoes)[①],原告恶意地选择诉讼程序漫长的法院给被告施加压力;(2)时间的先后与案件能否得到妥善处理之间没有必然联系,有时先受理法院可能会受到证据收集等方面的限制,很难查清事实。

3. 不方便法院原则

不方便法院原则是指一国法院依据内国法或有关国际条约,对某一涉外民事案件享有管辖权,但因其本身审理该案非常不方便或不公平,而拒绝行使管辖权,使当事人在另一个更为方便的法院进行诉讼的制度。一般情况下,不方便法院原则的运用要求存在一个更为合适的可替代法院。巴润摩托车有限公司诉美顺国际货运有限公司海上货物运输合同货损赔偿纠纷案[二维码案例]是国

---

① See Trasporti Castelletti v Hugo Trumpy, Case C-159/97, 7, ECR 1999 p. I-1597) ECLI:EU:C:1999:142. In this case, a Danish shipping company delivered bills of lading to an Argentinian shipper for a voyage from Argentina to Italy. The bills of lading contained a choice-of-court clause in favour of England. There was nothing at all unusual about the terms of this clause, it was exactly the same as similar clauses contained in hundreds of other bills of lading issued every day in different countries around the world. Nevertheless, when the receiver of the cargo brought proceedings in Italy, it took ten years for it to be decided that the Italian courts had no jurisdiction. Admittedly, two years of this were taken up by a reference to the European Court, a court itself not renowned for speediness; nevertheless, for the Italian courts to take eight years to decide such a simple issue was grossly excessive.

内法院较早适用不方便法院原则的案例。

《民事诉讼法》第282条规定,人民法院受理的涉外民事案件,被告提出管辖异议,且同时有下列情形的,可以裁定驳回起诉,告知原告向更为方便的外国法院提起诉讼:(1)案件争议的基本事实不是发生在中国领域内,人民法院审理案件和当事人参加诉讼均明显不方便;(2)当事人之间不存在选择人民法院管辖的协议;(3)案件不属于人民法院专属管辖;(4)案件不涉及中华人民共和国主权、安全或者社会公共利益;(5)外国法院审理案件更为方便。裁定驳回起诉后,外国法院对纠纷拒绝行使管辖权,或者未采取必要措施审理案件,或者未在合理期限内审结,当事人又向人民法院起诉的,人民法院应当受理。

4. 预期承认理论

预期承认理论是指在一国法院系属之同一诉讼,若其判决将来在另一国预测可能被承认,另一国法院应对在该国提起的后诉适用禁止双重起诉的规定。换言之,如果外国法院受理在先,且预期该外国法院作出的判决将来能够得到内国法院承认与执行的判决,则内国法院应驳回或中止对相同案件的审理。适用预期承认规则须满足以下两个要件:一是外国法院受理在先,本国法院受理在后;二是内国法院预测该外国法院作出的判决可能被本国承认与执行。预期承认理论在很多国家已经上升到立法层面[①],成为本国法院中止诉讼的合法理由。例如,2004年《比利时国际私法典》第14条规定:当一项诉讼正在外国法院进行并且可以预见该外国判决在比利时将会得到承认或执行时,对于相同当事人之间就同一诉讼标的和诉因随后又向比利时法院提起的诉讼,比利时法院可以在该外国判决作出之前,中止诉讼程序。如果外国判决可以根据本法获得承认,则法院应当拒绝管辖。

★**热身问题分析:**

在热身问题中,A公司在中国法院起诉B公司要求赔偿,B公司则在美国起诉A公司要求支付部分未支付的货款。

(1)从平行诉讼的构成要素来看,本案存在相同当事人、相同的事实以及相同的诉讼标的,属于平行诉讼现象。

(2)根据中国法律,由于本案涉及中国公司,根据中国现有司法解释的规定,不适用不方便法院原则。而根据《民事诉讼法解释》第531条的规定,中国法院和外国法院都有管辖权的案件,一方当事人向外国法院起诉,而另一方当事人向中国法院起诉的,人民法院可予受理。判决后,外国法院申请或者当事人请求人民法院承认和执行外国法院对本案作出的判决、裁定的,不予准许;但双方共同缔结或者参加的国际条约另有规定的除外。由此,我国可以继续审理此案。

三、管辖权消极冲突及其解决

诉讼无门即是典型的国际民事诉讼管辖权消极冲突的表现。管辖权消极冲突通常是因为联系较弱导致各国都没有管辖权,有时也表现为因各国规定的差异而产生的诉讼无门的现象。

[①] See Art. 9 of Switzerland's Federal Code on Private International Law;2002年《俄罗斯联邦民事诉讼法典》第406条第2款。

第十七章　国际民事诉讼的管辖权

示例 17.2

> 2023年前，两个新加坡人就一起与中国没有任何联系的交易，排他性地选择中国法院管辖，就可能产生管辖权的消极冲突。一方面，新加坡对于当事人选择法院协议并未要求实际的联系，因此会认可当事人的协议有效，中国法院有管辖权。而在中国，由于《民事诉讼法》第35条要求当事人协议选择法院必须与法院有实际联系，本案与中国法院没有实际联系，中国法院就没有管辖权。

在各国法院都没有管辖权的情况下，就存在无法诉诸司法救济或诉讼无门的现象。管辖权消极冲突的解决途径相对于管辖权积极冲突要简单得多，主要是通过国内立法的方式予以解决，或者增加一些管辖权依据，或赋予法官一定的自由裁量权，在便利当事人诉讼并保护当事人利益的原则下，要求某些法院受理别国法院均不受理的一些案件。

其中，必要管辖是一种重要的解决方式。必要管辖通常有如下特征：一是基于原告的起诉行为行使。在原告无法在任何地方提起诉讼、寻求争议的司法解决时，原告的诉求将无法得到解决。因此，为了保障原告的诉讼权利，势必要为原告在法院寻求争议解决创造可能。二是法院行使必要管辖权必须基于法律没有规定其他管辖权基础的前提，否则，原告应当按照相关的管辖权规定，到相应的法院提起诉讼。三是为了体现国际礼让，对其他国家行使适当的司法管辖权也要体现出相应的尊重。因此，只有在诉讼不可能在外国进行或在外国提起诉讼不合理时，法院才可以行使必要管辖权。

在此方面，《瑞士联邦国际私法法规》第3条规定了"紧急管辖权"（emergency jurisdiction），即如果瑞士法院根据该法没有管辖权，且诉讼不可能在外国进行或者在外国提起诉讼不合理时，与案件事实具有密切联系的瑞士司法或行政部门可以行使管辖权。

鉴于此，如果原告在人民法院提起诉讼，尽管根据中国法律人民法院没有管辖权，且诉讼不可能在外国进行或在外国提起诉讼不合理时，人民法院可以行使管辖权。此方法赋予了我国人民法院管辖权，旨在管辖权不明确、且原告无法在外国寻求适当司法救济时，维护司法正义，保护原告正当的诉讼权益。从宏观层面上看，也可以解决国际民事诉讼管辖权的消极冲突。

【推荐参考资料】

1. 肖永平、朱磊主编：《批准〈选择法院协议公约〉之考量》，法律出版社2017年版；
2. 〔美〕阿瑟·冯迈伦：《国际私法中的司法管辖权之比较研究》，李晶译，法律出版社2015年版；
3. 叶斌：《比较法视角下的2005年海牙选择法院协议公约研究》，中国社会科学出版社2013年版；
4. 刘力：《国际民事诉讼管辖权研究》，中国法制出版社2004年版；
5. 王吉文：《2005年海牙〈选择法院协议公约〉研究》，东南大学出版社2008年版；
6. 何其生：《中国加入海牙〈选择法院协议公约〉的规则差异与考量》，载《武汉大学学报（哲学社会科学版）》2016年第4期；
7. 何其生：《非方便法院原则问题研究》，载《诉讼法论丛》（第7卷），法律出版社2002年版；

8. 刘力主编:《中国涉外民事诉讼立法研究:管辖权与司法协助》,中国政法大学出版社2016年版;

9. 胡振杰:《国际合同争议管辖权与判决执行比较研究》,中国法制出版社2014年版;

10. 李晶:《国际民事诉讼中的挑选法院》,北京大学出版社2008年版;

11. 李旺:《国际诉讼竞合》,中国政法大学出版社2002年版;

12. 罗剑雯:《欧盟民商事管辖权比较研究》,法律出版社2003年版;

13. 徐伟功:《不方便法院原则研究》,吉林人民出版社2002年版;

14. 徐卉:《涉外民商事诉讼管辖权冲突研究》,中国政法大学出版社2001年版;

15. 倪征燠:《国际法中的司法管辖问题》,世界知识出版社1985年版。

第十八章

国际民事诉讼中的送达

第一节 域外送达的概念与性质

一、域外送达的概念

域外送达是指在国际民事诉讼中,一国司法机关或当事人依据有关国家的国内立法或国际条约的规定,将司法文书(judicial documents)和司法外文书(extrajudicial documents)交由居住在被请求国的诉讼当事人或诉讼参与人的行为。

司法文书一般被认为是具有诉讼意义的文件,是一国法院在审理涉外民事案件中依法制作的各种书面材料,主要包括传票、通知、决定、调解书、裁定书、判决书、送达回证、公告、法庭制作的各种笔录,还包括诉讼参与人依法提交的起诉书、答辩书、反诉状、上诉状、申请书、委托书及鉴定意见书等。司法外文书指非法院制作的诉讼程序以外的文书,它包括:有关国家机关依法制作的公证书、认证书、汇票拒绝书、给付催告书、离婚协议书、收养同意书、申请人提交的需要确认的材料等。

域外送达在国际民事诉讼中的作用举足轻重,对于法院而言,只有合法而有效地送达了文书,才能保证诉讼活动的进行,法院才能就案件作出判决;对于受送达人而言,受送达人只有收到诉讼文书并获悉诉讼文书的内容,才能确定自己如何行使诉讼权利和承担诉讼义务。

英美法系国家和大陆法系国家对域外送达的性质存在不同认识,这与两大法系的民事审判模式存在差异有很大关系。英美法系国家实行当事人主义,诉讼活动由当事人发动、推进和主导,法院或法官则处于中立的裁判者地位,因此,英美法系国家更倾向于认为送达文书是当事人或其律师的职责。大陆法系国家实行职权主义,诉讼过程主要由法官控制和主导,法官处于主动地位,送达文书也被视为法院的职权行为。

二、大陆法系:"公"权力

在大陆法系国家,送达程序一般被认为是"司法"或"公权力"行为,不能由私人来完成。"民法法系国家一般认为司法程序的送达是国家主权行为,必须在他们国家领域内由他们自己的官员根据其本国的法律来进行。"① 在这种观点影响下,大陆法系国家一般都反对外国法院对其本国国民进行直接送达。这一定性反映在送达的主体上,就是送达基本上由法院或

---

① Restatement (Third) Foreign Relations Law of the United States §471, comment b (1987).

专司送达的官员完成。例如,在法国、比利时等国,送达由执达员完成。执达员虽然不属于法院工作人员,但属于专门履行特定诉讼行为(送达文书)公共机构的工作人员。①

大陆法系对于送达性质的界定,一方面与其法律传统有关,另一方面,与其诉讼模式也不无关系。"英美法系国家多采用当事人主义,大陆法系多采用职权主义",这种观点是我国民事诉讼法学界通常的观点。② 在职权主义的模式下,法院在民事诉讼中居于主动地位,发挥着积极作用。送达作为诉讼程序的一个环节,当然也应该由法院进行。在法院主导送达制度的情况下,送达很难再被认为属于个人范围内的事务,而是被深深地打上了法院职权的烙印,因此,也就体现着"公"权力的性质。

在送达被视为国家司法机关执行职权行为的情况下,在域外送达方面,像德国这些国家认为,"为尊重其他国家的属地优越权,一个国家没有获得准许……不得在外国领土上实施行政或管理权的行为"③。所以,在没有获得准许的情况下,一个国家也不容许另一个国家在其境内进行送达或公布官方通知等行使司法权的行为。④ 这些国家要求,外国法院向其境内送达司法文书,必须得到其许可,并使用符合其法律规定的方式,否则就是对其主权的侵犯。

三、英美法系:"私"的性质

英美法系国家采取的是当事人主义的诉讼模式,当事人在诉讼过程中起着主导作用。由于法院在民事诉讼中本质上起着被动的公断人的作用,英美法系国家将许多在大陆法系国家看来属于官方行为的诉讼程序上的步骤,如送达文书、调查取证等,看成当事人或其律师的事情,即使是协助外国法院进行的诉讼,也被认为属于"私"的性质,不能与"国家(州)的特权"联系在一起。对送达的这一认识以美国为代表。⑤

> **示例 18.1** 1979 年 9 月 27 日德意志联邦共和国大使馆向美国国务院的外交照会
>
> 德意志联邦共和国大使馆向美国国务院致意,并提及近来美国通过邮寄向德国受送达人送达司法文件的三个案例,大使馆荣幸地向国务院通报德国关于外国国家邮寄送达此类文件的观点:
>
> 根据德国的法律解释,外国直接向德意志联邦共和国邮寄送达外国的司法文件是对德国主权的侵犯。此类送达行为,是一个主权的行为,在德意志联邦共和国境内实施却不能为德国机构所控制,这是为德国法律所不允许的。根据德国的法律,德国当局必须能够检查外国送达的请求是否符合德国法律条款所规定的目的,是否符合德意志联邦共和国的公共秩序。这是德意志联邦共和国在批准 1965 年 11 月 15 日《海牙送达公约》时,根据公约第 21 条第 2 款第 1 项反对适用公约第 10 条所规定的转送途径的原因。由于《海牙

---

① 参见何其生:《域外送达制度研究》,北京大学出版社 2006 年版,第 29—30 页。
② 田平安:《我国民事诉讼模式构筑初探》,载《中外法学》1994 年第 5 期;中国政法大学的陈桂明教授也持这种观点,参见陈桂明:《民事诉讼模式与重塑》,法制出版社 1998 年版,第 184 页;但张卫平教授却一直对此种分类方式有异议,参见张卫平:《民事诉讼基本模式:转换与选择之根据》,载《现代法学》1996 年第 6 期。
③ 〔英〕劳特派特修订:《奥本海国际法》(上卷,第一分册),王铁崖、陈体强译,商务印书馆 1981 年版,第 229 页。
④ 参见徐宏:《国际民事司法协助》,武汉大学出版社 2006 年版,第 117 页。
⑤ 参见何其生:《域外送达制度研究》,北京大学出版社 2006 年版,第 32—34 页。

送达公约》已经于1979年6月26日在美利坚合众国和德意志联邦共和国间生效,如果仅根据《海牙送达公约》的规定就来源于美国境内的司法程序文件向德意志联邦共和国境内的人进行送达,并且对美国的法院和律师作以通知,德国政府将十分感谢。①

示例18.2 **1980年11月6日美国法院职员行政办公室对于向外国进行送达的备忘录**

国务院已经向我们建议,一些外国政府近来已经呈送外交抗议照会,反对向居住在他们国家领域内的被告进行国际邮寄送达。这个分发的备忘录旨在努力澄清美国司法文件域外送达所遵守的程序。

联邦法院审理的案件要向国外被告送达的,适用《联邦民事诉讼规则》第4条第9款的规定,②邮寄送达规定在第4条第9款第(1)(D)项中。该条规定允许法院职员负责通过国际邮寄的方式送达传票和起诉状。当传票和起诉状根据第4条第9款第(1)(D)项的规定邮寄到国外时,一些国家认为,这种送达方法侵犯了其司法主权和国际法。这些国家抗议这种送达方法侵犯了他们国家国内法所规定的执行送达程序官员的职能。同时,向《海牙送达公约》成员国、特别是那些对公约第10条的规定提出保留的国家,以及宣布反对邮寄送达的国家进行邮寄送达,也已经引起了一些外交抗议。为了避免将来这些问题再次发生,我们要求法院的职员在向那些反对国际邮寄送达国家的被告送达传票和起诉状时,不要再采取国际邮寄的方式。这些国家有捷克斯洛伐克、瑞士、苏联。对于这些国家,请求书方式是合适的送达机制。③

美国的送达制度经过1983年、1993年和1997年三次修改,目前已经发生了比较大的变化。尽管历史上送达由法院的官员来完成,但现在更多是通过非政府或司法途径来实施。④近年来,邮寄送达日渐频繁。⑤ 国内的诉讼中,送达通常由专业的私人送达公司或者通过原告的律师完成。而更能体现送达性质不同的是美国的"放弃送达"。在德国民事诉讼中,无论是职权送达还是当事人申请送达,也不管送达的诉讼文件具有何种性质,当事人的受送达利益均不得放弃。一方当事人也不得要求对方当事人放弃送达,否则,属于法律不予承认的无效行为。但是,根据美国《联邦民事诉讼规则》的规定,负有送达义务的公民、法人、社团组织有义务减少依法定方式收到诉讼通知的费用。为了减少费用,原告可以通知被告诉讼开始,并请求被告放弃传唤状的送达。而且美国《联邦民事诉讼规则》第4条第4款为了鼓励放弃送

---

① Diplomatic Note Dated September 27, 1979 from the Embassy of the Federal Republic of Germany to the U. S. Department of State, See Gary B. Born and Peter B. Rutledge, *International Civil Litigation in United States Courts*, 5th ed., Wolters Kluwer, 2011, pp. 883-884.

② 这是指1983年修订以前的《美国联邦民事诉讼规则》,笔者注。

③ Memorandum dated November 6, 1980 form the Administrative Office of the United States Court Clerks re Service of Process in Foreign Countries.

④ 到1980年为止,美国联邦诉讼中的送达程序主要由执达员或者助理执达员来完成。1980年修订的规则第4条第3款允许由法院委任的任何人进行送达,只要该诉讼是在具有一般管辖权的该州法院进行。

⑤ See Kent Sinclair, "Service of Process: Rethinking the Theory and Procedure of Serving Process Under Federal 4 (c)", 73 *Virginia Law Review* 1197-1212(1987). 应该说从1983年,《美国联邦民事诉讼规则》被修订,允许扩大使用邮寄送达以来,当面送达就相对减少了。See also Fed. R. Civ. P. 4(c).

达,还开列了在提交答辩状的时间等方面的优惠。这一规定,完全体现了送达"私"的性质,除了其主体的私人性之外,最主要的是私人对于是否"放弃送达",有自己处分的权利。

不过,以上所介绍的美国送达制度主要针对的是一般通知(notice)的送达,其主要是向受送达人提供诉讼进程的信息,以便受送达人根据这些信息,作出应诉、答辩的决定,不存在强制性的因素。[①] 在美国的判例法中[②],还有一种强制性的文书送达,其效果是强迫受送达人到庭作证或进行其他诉讼活动,当事人如果不执行,就会因藐视法庭而受到惩罚。这两种送达,尽管具体规则不同,但在程序上,通常都由当事人本人或其他非官方机构完成。在域外送达方面,美国法院认为强制性文书的送达具有行使主权的性质,如果向外国送达,则构成在外国领土内行使主权,因此,未经外国许可,不得执行。而向外国送达一般通知,则不具有此种性质。[③]

第二节 《海牙送达公约》评述

一、《海牙送达公约》概述

1965 年《海牙送达公约》是迄今为止国际上关于文书域外送达最为完备的公约,截至 2022 年 4 月,加入该公约的国家已有 78 个。我国于 1991 年加入该公约,公约于 1992 年 1 月 1 日起对我国生效。

公约的基本宗旨是:建立一套制度,在尽可能广的范围内使受送达人能够实际知悉被送达的文书,以便其有足够的时间为自己辩护;简化这些文书在请求国和被请求国间的转递方式;以统一规格的证明书方式便利各国证明已完成送达的程序。

公约第 1 条规定,在所有民事或商事案件中,如有须递送司法文书或司法外文书以便向国外送达的情形,均应适用本公约。在文书的受送达人地址不明的情况下,本公约不予适用。但是,公约没有明确哪些情形下应视为文书必须向国外送达,所以实践中,各国有权根据本国法决定是否要向国外进行送达,一旦决定向国外送达,公约必须适用。

二、《海牙送达公约》规定的送达方式

(一) 中央机关送达

中央机关(central authority)送达也称为请求书送达制度。公约首先要求各缔约国指定一个中央机关,负责接收缔约国间文书送达的请求并负责送交。中国加入该公约时,明确我国的中央机关是司法部。

(二) 外交代表或领事送达

外交代表或领事送达由文书发出国驻文书接收国的外交代表或领事代表机关直接将文书送达给收件人,无论收件人国籍如何,但是,这种方式允许缔约国保留。也就是说,缔约国可以

[①] Gary B. Born & Peter B. Rutledge, *International Civil Litigation in United States Courts*, 5th ed., Wolters Kluwer, 2011, pp. 908-909.

[②] *E.g.*, Commodity Futures Trading Commission v. Nahas, 738 F. 2d 487 (D. C. Cir. 1984).

[③] *See* Gary B. Born & Peter B. Rutledge, *International Civil Litigation in United States Courts*, 5th ed., Wolters Kluwer, 2011, pp. 908-909.

只允许外国外交代表或领事向其本国国民直接送达。我国加入公约时,对公约第 8 条第 2 款声明保留,即只有在文书送达对象为文书发出国国民时,才能采用领事送达方式在我国境内送达。

（三）邮寄送达

公约允许缔约国通过邮寄方式直接将诉讼文书寄给在国外的人,但是公约明确规定,此送达途径须经目的地国也就是受送达国同意,否则无效。我国加入公约时就明确反对在我国境内采用该送达途径。

（四）个人送达

公约允许个人(包括司法助理人员、司法官员、其他主管人员或诉讼利害关系人)通过受送达国或目的地国的有关个人(包括主管司法人员、官员或其他人员)送达,该送达方式也须受送达国同意。包括中国在内的很多国家都在加入公约时明确提出反对。

示例 18.3 从电子邮件送达到社交网络送达

《海牙送达公约》制定之初,对于未来任何现代科技通讯方式的送达途径都是缺乏认识的,直到 1999 年 9 月,海牙国际私法会议组织常设事务局与日内瓦大学合作,召开一个圆桌会议讨论电子商务和互联网对国际私法的挑战,并设立第五委员会专门研究和讨论电子通讯手段对 1965 年《海牙送达公约》的影响。第五委员会认为,只要电子送达方式能够提供安全性保证,就应该予以采用。由于科学技术的不断发展,很难保证将来的送达方式依旧是电子邮件,为避免由于只考虑一种技术手段而落后于时代发展的要求,第五委员会采取了一种技术中立立场,并未针对任何具体的通讯技术作出规定,而是对于所有传送技术所须达到的安全标准作了要求,如机密性、完整性、不可更改性、可识别性等。

实践中,多数国家对于传真、电子邮件等电子送达方式给予了空前的肯定和采用。

结合 2003 年公约特别委员会的下述结论,更为前沿的利用现代科技手段发展起来的电子送达途径也开始步入有关国家的实践:第一,公约的条款并不阻止或强迫使用现代技术来提供协助,以进一步促进它的实施;第二,公约的条款并不直接处理国内的程序问题,但是在国内法制和公约的功能之间存在着一定的联系;第三,尽管如此,可以肯定的是,为公约目的而在国家间进行司法文书的转递,不仅能够而且应该由包括电子邮件在内的现代 IT 商业技术来承担。特委会建议公约的成员方为此目的探索所有能够使用现代技术的方法。

目前,通过社交网络平台,例如 Facebook 送达,在域外司法实践中早已不是创举。2008 年 12 月,澳大利亚法院批准了一家抵押贷款公司律师的申请,允许其通过 Facebook 通知一直无法通过传统方法联系上的一对夫妇,告知他们因房贷违约而丧失房产所有权。这是全球首例通过 Facebook 送达的案件。2009 年 3 月,新西兰法官批准用 Facebook 发送起诉书给一名旅居海外的男子,新西兰因而成为全球第二个尝试通过 Facebook 完成送达的国家。此后,英国一起商事案件的原告律师申请通过 Facebook 向被告送达。该律师称,被告的 Facebook 账号近期增加了两个好友,证明该账号仍在使用,遂申请通过 Facebook 向该账户发送起诉书,获英格兰高等法院大法官批准。这是英国法院首次授权通过 Facebook 发送起诉书。此外,美国司法实践中也出现了利用 Facebook 送达离婚起诉书的案件。

三、文书送达的相关规定

在文书送达方面,公约还规定了如下内容:

第一,确立请求书制度,其实质就是通过有关国家之间的相互请求与协作完成文书送达。请求的执行方式依被请求国法律所允许的方式进行,也可按请求国所请求的特殊方式进行,但以不违反被请求国法律为限。

第二,缔约国之间的送达互免费用,但因使用特殊方式而发生的费用由请求国支付。

第三,公约还规定了拒绝送达相关请求的理由,即被请求国认为请求书不符合公约规定、受送达人地址不明、请求的执行有损被请求国的主权或安全等。

第四,对受送达人,尤其是被告的保护措施主要是:(1)在送达完成之前,法官应推迟对案件的判决;(2)如果法院已作出判决,在被告非因自己的过失而未能在合理期间内知悉该判决从而丧失答辩或上诉机会的情况下,法官有权使被告免于承担该判决因上诉期间届满所产生的丧失上诉权的后果。

第三节　中国域外送达的立法与实践

★**热身问题**:

营业地分别在中国的 A 公司同美国 B 公司签订了大豆买卖合同,合同签订于新加坡。后因为大豆质量问题,A 公司在中国法院起诉 B 公司要求赔偿;B 公司则在美国起诉 A 公司要求支付部分未支付的货款。

问题:A 公司向 B 公司邮寄送达传票和诉状,B 公司也向 A 公司邮寄送达传票和诉状,根据中国法,两公司的邮寄送达是否合法?

我国《民事诉讼法》规定了我国法院对外国送达诉讼文书的途径,这些途径包括:条约途径、外交途径、个人送达、邮寄送达、电子送达、公告送达等。① 此外,《民事诉讼法》第 284 条规定了外国法院向在我国领域内的受送达人送达的途径:条约途径、外交途径、领事途径。

---

① 《民事诉讼法》第 283 条规定:
人民法院对在中华人民共和国领域内没有住所的当事人送达诉讼文书,可以采用下列方式:
(一)依照受送达人所在国与中华人民共和国缔结或者共同参加的国际条约中规定的方式送达;
(二)通过外交途径送达;
(三)对具有中华人民共和国国籍的受送达人,可以委托中华人民共和国驻受送达人所在国的使领馆代为送达;
(四)向受送达人在本案中委托的诉讼代理人送达;
(五)向受送达人在中华人民共和国领域内设立的独资企业、代表机构、分支机构或者有权接受送达的业务代办人送达;
(六)受送达人为外国人、无国籍人,其在中华人民共和国领域内设立的法人或者其他组织担任法定代表人或者主要负责人,且与该法人或者其他组织为共同被告的,向该法人或者其他组织送达;
(七)受送达人为外国法人或者其他组织,其法定代表人或者主要负责人在中华人民共和国领域内的,向其法定代表人或者主要负责人送达;
(八)受送达人所在国的法律允许邮寄送达的,可以邮寄送达,自邮寄之日起满三个月,送达回证没有退回,但根据各种情况足以认定已经送达的,期间届满之日视为送达;
(九)采用能够确认受送达人收悉的电子方式送达,但是受送达人所在国法律禁止的除外;
(十)以受送达人同意的其他方式送达,但是受送达人所在国法律禁止的除外。
不能用上述方式送达的,公告送达,自发出公告之日起,经过六十日,即视为送达。

我国除了加入 1965 年《海牙送达公约》外,还从 1987 年起先后同法国、波兰、意大利、比利时等 30 多个国家签订了生效的双边民事司法协助条约。在这些双边条约中,大多规定了域外送达途径。总结而言,域外送达主要有如下途径。

一、条约途径

条约途径是指依照受送达人所在国与中国缔结或者共同参加的国际条约规定的方式送达。条约途径以请求书送达途径为主。作为《海牙送达公约》的缔约方,中国在加入公约时作出了如下的声明:

> **全国人大常委会关于批准加入《关于向国外送达民事或商事司法**
> **文书和司法外文书公约》的决定**
> **(1991 年 3 月 2 日通过)**
>
> 第七届全国人民代表大会常务委员会第十八次会议决定:批准加入 1965 年 11 月 15 日订于海牙的《关于向国外送达民事或商事司法文书和司法外文书公约》,同时:
> 一、根据公约第二条和第九条规定,指定中华人民共和国司法部为中央机关和有权接收外国通过领事途径转递的文书的机关。
> 二、根据公约第八条第二款①声明,只在文书须送达给文书发出国国民时,才能采用该条第一款所规定的方式在中华人民共和国境内进行送达。
> 三、反对采用公约第十条②所规定的方式在中华人民共和国境内进行送达。
> 四、根据公约第十五条第二款声明,在符合该款规定的各项条件的情况下,即使未收到任何送达或交付的证明书,法官仍可不顾该条第一款的规定,作出判决。
> 五、根据第十六条第三款声明,被告要求免除丧失上诉权效果的申请只能在自判决之日起的一年内提出,否则不予受理。

在《海牙送达公约》上,唐逸敏、国家开发银行保证合同纠纷案是比较有突破性的一个案例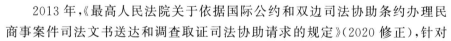。

2013 年,《最高人民法院关于依据国际公约和双边司法协助条约办理民商事案件司法文书送达和调查取证司法协助请求的规定》(2020 修正),针对

---

① 《海牙送达公约》第 8 条
每一缔约国均有权直接通过其外交或领事代表机构向身在国外的人完成司法文书的送达,但不得采用任何强制措施。
任何国家均可声明其对在其境内进行此种送达的异议,除非该文书须送达给文书发出国国民。
② 《海牙送达公约》第 10 条
如送达目的地国不表异议,本公约不妨碍:
(一) 通过邮寄途径直接向身在国外的人员送交司法文书的自由;
(二) 文书发出国的司法助理人员、官员或其他主管人员直接通过送达目的地国的司法助理人员、官员或其他主管人员完成司法文书的送达的自由;
(三) 任何在司法程序中有利害关系的人直接通过送达目的地国的司法助理人员、官员或其他主管人员完成司法文书的送达的自由。

依据国际公约还是双边条约进行域外送达问题作出了明确规定,该规定有以下三个特点:

第一,明确了人民法院提出、办理民商事案件司法文书送达、调查取证国际司法协助请求时应当遵循的原则,包括便捷高效原则、对等原则、依法审查原则等。其中便捷高效原则是指,人民法院应当根据便捷、高效的原则,在依据《海牙送达公约》《海牙取证公约》以及双边民事司法协助条约对外提出送达和调查取证请求时,不必坚持双边条约优先适用。

第二,明确了人民法院国际司法协助工作的管理机制,即统一管理和专人负责相结合的机制。

第三,明确了人民法院国际司法协助工作的制度建设,包括登记制度和档案制度的建立。

二、外交途径

如果与我国建立了外交关系但未与我国缔结双边司法协助条约,且其也未加入《海牙送达公约》,则会采用外交途径进行送达。根据《最高人民法院、外交部、司法部关于我国法院和外国法院通过外交途径相互委托送达法律文书若干问题的通知》,凡已同我国建交的国家的法院,通过外交途径委托我国法院向我国公民或法人以及在华的第三国或无国籍当事人送达法律文书,除该国同我国已订有协议的按协议办理外,一般根据互惠原则按下列程序和要求办理:

(1) 由该国驻华使馆将法律文书交外交部领事司转递给有关高级人民法院,再由该高级人民法院指定有关中级人民法院送达给当事人。当事人在所附送达回证上签字后,再以相同路径转退给对方;如未附送达回证,则由有关中级人民法院出具送达证明交有关高级人民法院,再通过外交部领事司转给对方。

(2) 委托送达法律文书须用委托书。委托书和所送法律文书须附有中文译本。

(3) 法律文书的内容有损我国主权和安全的,予以驳回;如受送达人享有外交特权和豁免,一般不予送达;不属于我国法院职权范围或因地址不明或其他原因不能送达的,由有关高级人民法院提出处理意见或注明妨碍送达的原因,由外交部领事司向对方说明理由,予以退回。

三、领事途径

对具有中华人民共和国国籍的受送达人,可以委托中华人民共和国驻受送达人所在国的使领馆代为送达。

四、向诉讼代理人送达

向诉讼代理人送达是指向受送达人委托的有权代其接受送达的诉讼代理人送达。2006年《最高人民法院关于涉外民事或商事案件司法文书送达问题若干规定》清晰界定了何为"有权"代其接受送达的诉讼代理人:除受送达人在授权委托书中明确表明其诉讼代理人无权代为接收有关司法文书外,其委托的诉讼代理人即有权代其接受送达,人民法院可以向该诉讼代理人送达。

五、向外国法人的特别送达

《民事诉讼法》规定了对外国法人送达的特别方式:(1)向受送达人在中华人民共和国领域内设立的独资企业、代表机构、分支机构或者有权接受送达的业务代办人送达;(2)受送达人为外国法人或者其他组织,其法定代表人或者主要负责人在中华人民共和国领域内的,向其法定代表人或者主要负责人送达。

六、向外国自然人的特别送达

受送达人为外国人、无国籍人,其在中华人民共和国领域内设立的法人或者其他组织担任法定代表人或者主要负责人,且与该法人或者其他组织为共同被告的,向该法人或者其他组织送达。

七、邮寄送达

受送达人所在国的法律允许邮寄送达的,可以邮寄送达。受送达人未在送达回证上签收但在邮件回执上签收的,视为送达,签收日期为送达日期。自邮寄之日起满三个月,送达回证没有退回,但根据各种情况足以认定已经送达的,期间届满之日视为送达。自邮寄之日起满三个月,如果未收到送达的证明文件,且根据各种情况不足以认定已经送达的,视为不能用邮寄方式送达。

八、电子送达

电子送达是指采用传真、电子邮件、即时通讯工具、特定电子系统等能够确认受送达人收悉的方式送达,但受送达人所在国法律禁止的除外。

九、受送达人同意的方式送达

除上述送达方式外,如果受送达人同意其他方式送达的,亦可送达,但受送达人所在国法律禁止的除外。

十、公告送达

《民事诉讼法》规定,不能用上述方式送达的,公告送达。

★热身问题的分析

在前述热身问题中,对于中国A公司向美国B公司邮寄送达传票和诉状,由于美国允许外国向其境内进行送达,而且,我国《民事诉讼法》第283条规定,受送达人所在国的法律允许邮寄送达的,可以邮寄送达,因此,A公司向B公司邮寄送达传票和诉状,是合法的送达方式。

对于B公司向A公司邮寄送达传票和诉状,由于中美两国都是《海牙送达公约》缔约国,而且全国人大常委会在批准加入《海牙送达公约》时,声明反对采用邮寄送达方式在中国境内进行送达,因此,根据中国法律,B公司向A公司邮寄送达是不合法的,其需要通过中国同意采用的《海牙送达公约》规定的途径向中国进行送达。

【推荐参考资料】

1. 徐宏:《国际民事司法协助》(第二版),武汉大学出版社2006年版;
2. 何其生:《域外送达制度研究》,北京大学出版社2006年版;
3. 何其生:《我国域外送达机制的困境与选择》,载《法学研究》2005年第2期。

第十九章

国际民事诉讼中的取证

第一节 国际民事诉讼中的取证制度概述

一、国际民事诉讼取证制度的概念

国际民事诉讼中的取证制度,又称域外取证(taking of evidence abroad),是指在国际民事诉讼程序中,当事人或其他机构及人员在法院国境外调取证据的行为。[1] 国际民事诉讼取证制度对于诉讼案件的审理和裁判有着实质性的影响。

一方面,域外证据涉及当事人的合法权益。证据是诉讼的核心,是案件审理的依据,也是确定案情和当事人之间权利与义务的重要依据,域外取证与案件裁判公正与否有直接的关系,直接影响到诉讼当事人的切身利益。

另一方面,域外取证如果处理不当,就有可能侵害到他国的司法主权。例如,未经他国允许,擅自到他国直接取证,就可能遭到证据所在国的抗议。

二、两大法系域外取证制度的不同

由于诉讼理念和诉讼制度上的差异,各国在域外取证的立法与实践方面也有很大的不同。在域外调查取证上,美国的做法与其他国家尤其不同。

首先,英美法系国家实行"抗辩式"的诉讼体制,并采当事人主义,在取证的问题上当事人也多扮演主动的角色。在美国,取证主要是当事人及律师的事情,美国的法律赋予诉讼当事人向对方当事人调查取证的广泛的权利[2],允许当事人自由选择使用何种调查方式。在调查过程中,通常仅在一方当事人对对方调查范围有异议,并请求法院发布有关调查的强制命令或保护性命令时,法院才会介入。[3] 在大陆法系国家,域外取证通常被认为涉及一国的司法主权,取证行为是一种行使国家司法权的活动,其职能应由法官行使。《德国民事诉讼法》第355条第1款规定,调查证据,由受诉法院为之。《法国新民事诉讼法典》第10条规定,法国有权依职权命令采取法律上允许的一切调查措施。由于调查取证是法院的司法职权行为,许多国家不允许"私人"调查取证。没有经过当地法院的许可,外国当事人来本国进行取

---

[1] 何其生:《比较法视野下的国际民事诉讼》,高等教育出版社2015年版,第261页。
[2] Rule 26 (b) of the Federal Rules of Civil Procedure.
[3] Gary B. Born & Peter B. Rutledge, *International Civil Litigation in United States Courts*, Wolters Kluwer, 2011, p.967.

证,被认为是对内国司法主权的侵犯。这与美国由当事人主导的取证行为有较大的不同。

其次,相对于美国,许多国家的审前证据开示范围限制较多,尤其不允许在证据开示上进行"审前调查"(fishing expeditions)。不少国家对调查取证范围进行限制主要是出于公共政策层面的考虑,例如防止侵犯自然人隐私和商业秘密等。

最后,除美国外,很少有国家承认单边域外调查取证的合法性。大陆法系国家认为,调取其境内证据的行为是一种司法行为,需要得到所在国的批准和许可。未经许可,进行调查取证的单边行为是侵犯国家司法主权的行为。① 美国进行单边调查取证的行为已经激起不少外交抗议。② 例如,Foreign Diplomatic Objections To U. S. Discovery、Diplomatic Note From The Secretary Of State For External Affairs Of Canada To The Ambassador Of The United States [二维码案例]。

各国采取不同的取证制度,导致域外取证在实施过程中难免发生冲突。针对美国的取证制度,一些国家还颁布了阻断法律(blocking statutes),例如法国、瑞士等。③

French Penal Code Law No. 80-538

Articles 1A & 2

1A . Subject to treaties or international agreements and applicable laws and regulations, it is prohibited for any party to request, seek or disclose, in writing, orally or otherwise, economic, commercial, industrial, financial or technical documents or information leading to the constitution of evidence with a view to foreign judicial or administrative proceedings or in connection therewith.

2. The parties mentioned in [Article 1A] shall forthwith inform the competent minister if they receive any request concerning such disclosures.

Swiss Penal Code

Article 273

273. *Supply of economic information*. Anyone who obtains by investigation a secret relating to a manufacturing process or a business in order to render it accessible to an authority abroad, a foreign organization or a private company or to one of its agents, anyone who renders a secret relating to a manufacturing process or a business accessible to an authority abroad, a foreign organization or a private company or to one of its agents, shall be punished by imprisonment, in severe cases by panel servitude. The person receiving a custodial sentence may also be fined.

---

① Restatement (Third) Foreign Relations Law § 442, Reporters' note 1 (1987).
② See Gary B. Born & Peter B. Rutledge, *International Civil Litigation in United States Courts*, Wolters Kluwer, 2011, pp. 969-971.
③ Ibid., pp. 972-974.

但随着经济的全球化,国家间的司法协作也是势在必行。为了协调这些冲突,国际范围内已经制定了一些全球性或者区域性的国际公约,比如海牙国际私法会议于1970年达成的《海牙取证公约》;1975年《美洲国家间关于从国外调取证据的公约》;2001年欧盟制定的《成员国法院间民商事域外取证的1206号条例》。

三、域外调查取证的范围

由于各国诉讼制度的差异,各国对证据本身有着不同的理解和规定,因此域外取证的范围也没有统一的规定。普通法系国家,尤其是美国,取证的范围非常广泛,几乎没有限制。《美国联邦证据法》把证据大致分为四种,即实物证据、书面证据、证人证言和司法认知。但在调取证据时,只要是当事人及其诉讼代理人认为与诉讼有关的材料,即使关联性很小,都在其搜集范围之内。

大陆法系国家如德国,规定的取证范围远远小于美国的取证范围。《德国民事诉讼法典》中规定了询问当事人、人证、书证、勘验和鉴定五种证明方式。我国《民事诉讼法》第66条规定了证据的法定形式,即书证、物证、视听资料、电子数据、证人证言、当事人陈述、鉴定意见及勘验笔录八种,但并未对域外取证的范围作出明确规定。

关于域外取证的范围,有关国际条约和双边司法协助条约通常不作明确规定。根据中国与外国缔结的双边司法协助条约,域外调查取证的范围通常包括:询问当事人、证人和鉴定人,进行鉴定和司法勘验,以及其他与调查取证有关的诉讼行为。[①] 如果前述条款对调查取证的范围未作规定,通常依据各国国内法确定。

第二节 国际民事诉讼中取证的方式

诉讼法上的"域外取证",一方面是指被申请国司法机关代为收集提取在该国境内的与案件有关的证据,另一方面是指申请国有关机关在域外直接提取案件所需要的证据。因此,在国际民事诉讼中,提取证据一般是通过直接、间接两种途径。

- 直接取证是指受诉法院国在征得有关国家同意的情况下直接提取有关案件所需的证据。
- 间接取证则是指受诉法院国通过司法协助的委托途径委托有关国家的主管机关进行取证。

一、请求书取证

请求书取证又称代为取证,是指一国受理案件的司法机关向证据所在国的司法机关提出请求,由后者进行取证。这种取证方式一般都以条约或互惠为前提,顾及了证据所在国的主权利益,尊重了将取证视为司法权的国家的立场,因而得到了各国的普遍采用。[②] 因此,大多数国家都将之作为本国法院到域外取证和外国法院到本国取证的最主要方式。例如,《法国新民事诉讼法典》规定:"法官依当事人的请求或依职权,可以向外国主管司法机关……签

[①] 屈广清、欧福永主编:《国际民商事诉讼程序导论》,武汉大学出版社2016年版,第324页。
[②] 徐宏:《国际民事司法协助》(第二版),武汉大学出版社2006年版,第189页。

发司法委托书,以求在该国进行其认为必要的调查取证及其他司法行为。"我国也将请求书取证作为域外取证的主要方式。

《海牙取证公约》规定了通过请求书进行取证的制度,即公约成员国应当根据各自的国内法组建或任命一个中央机关,负责接收从另一个公约成员国司法机关传递的请求书,以及将此请求书转交国内相对应的机关以便执行。请求书应当直接送达执行国的中央机关,而不应经过该国其他机关的转交。

> **《海牙取证公约》**
>
> 第二条 每一缔约国应指定一个中央机关负责接收来自另一缔约国司法机关的请求书,并将其转交给执行请求的主管机关。各缔约国应依其本国法律组建该中央机关。
> 请求书应直接送交执行国中央机关,无须通过该国任何其他机关转交。
> 第三条 请求书应载明:
> (一)请求执行的机关,以及如果请求机关知道,被请求执行的机关;
> (二)诉讼当事人的姓名和地址,以及如有的话,他们的代理人的姓名和地址;
> (三)需要证据的诉讼的性质,及有关的一切必要资料;
> (四)需要调取的证据或需履行的其他司法行为。
> 必要时,请求书还应特别载明:
> (五)需询问的人的姓名和地址;
> (六)需向被询问人提出的问题或对需询问的事项的说明;
> (七)需检查的文书或其他财产,包括不动产或动产;
> (八)证据需经宣誓或确认的任何要求,以及应使用的任何特殊格式;
> (九)依公约第九条需采用的任何特殊方式或程序。
> 请求书还可以载明为适用第十一条所需的任何资料。
> 不得要求认证或其他类似手续。

《海牙取证公约》第12条规定了请求书接收国可以在两种情形下拒绝调查取证,这两种情形是:(1)依据请求书接受国的法律,请求书的请求事项不属于司法机关的管辖范围;(2)请求书接受国认为,该请求书的内容侵犯了其主权或者国家安全。

二、外交代表或领事官员取证

外交代表或领事官员取证,是指一国司法机关通过该国派驻他国的领事或外交官员在其驻在国直接收集、调取证据的做法。与请求书取证相比,该取证方式避免了转递请求书的复杂程序,高效易行;因外交代表或领事官员行使职权是公职行为,所以不产生费用问题;外交代表或领事官员对其本国的法律和证据制度比较熟悉,调取证据时更易于理解和遵循法院地的法律要求。[1]

《海牙取证公约》第二章规定了有关外交官员、领事代表取证的内容。根据调查取证对

---

[1] 参见徐宏:《国际民事司法协助》(第二版),武汉大学出版社2006年版,第191页。

象的不同,外交官员、领事取证可以分为两种情形:一是对本国国民取证,二是向驻在国国民或第三国国民取证。因为领事的主要职责之一就是保护驻在国境内的本国公民的利益,因此,第一种情形为大多数国家所接受。《维也纳领事关系公约》以及大量的双边领事条约都肯定了这种做法。但少数国家,如葡萄牙、丹麦和挪威等国,则要求领事取证必须事先征得该国同意。而对于第二种情形,则接受的国家不多。

三、特派员取证

特派员取证是指一国法院在审理国际民事诉讼案件时,委派专门官员,包括法官、书记员以及律师,甚至是取证地国的公职人员或律师,在有关外国境内直接调取证据。

大陆法系国家对于特派员取证的态度极为谨慎,主要是考虑到司法主权的不可侵犯性,对该方式加以保留。

英美法系国家虽然同为特派员取证的践行国,不过在其内部,对于该制度的适用也作出了不同程度的限制:英国法要求该制度的适用以两国互惠为前提;而在美国,特派员取证方式的实行则要求事先得到主管机关的许可。

1970年《海牙取证公约》与美国做法保持了一致,第17条规定,特派员取证只有得到取证国的许可并遵守取证国主管机关所规定的条件方得进行。但公约允许对此种方式进行保留。

四、当事人或诉讼代理人取证

各国的民事诉讼法一般都规定当事人对自己的诉讼请求负有举证责任,当事人有义务提出证据来支持自己的主张,即所谓的"谁主张,谁举证"。但对于当事人是否有跨国取证的权利,国际上有两种截然相反的态度。以美国为代表的英美法系国家,较为提倡当事人和诉讼代理人直接跨国取证,而一部分大陆法系国家,如匈牙利,也认为法院可以考虑由有关当事人通过这种方式获取文书在证据法上的效力。但是英国则一反与美国保持一致的态度,公开反对直接取证。《海牙取证公约》原则上不否认当事人和诉讼代理人取证的方式,但同时允许缔约国对此声明保留。

第三节 我国的域外取证制度

★热身问题:

营业地在中国的A公司与营业地在美国的B公司签订了大豆买卖合同,合同签订于新加坡。后因为大豆质量问题,A公司在中国法院起诉B公司要求赔偿;B公司则在美国起诉A公司要求支付部分未支付的货款。

问题:A公司诉讼代理人到美国B公司和装货港调查取证;同时,B公司也直接派人来中国调查取证,根据中国法律,两公司的做法是否合法?

一、中国到域外取证的途径

我国域外取证制度既包括当事人自己取证,也包括当事人申请人民法院调查收集位于中国领域外的证据。

对于当事人自行取证,2001年最高人民法院《关于民事诉讼证据的若干规定》(2019年修正)①还针对当事人提取域外证据的情况进行了规定。

> **《关于民事诉讼证据的若干规定》(2019年修正)**
>
> 第十六条 当事人提供的公文书证系在中华人民共和国领域外形成的,该证据应当经所在国公证机关证明,或者履行中华人民共和国与该所在国订立的有关条约中规定的证明手续。
>
> 中华人民共和国领域外形成的涉及身份关系的证据,应当经所在国公证机关证明并经中华人民共和国驻该国使领馆认证,或者履行中华人民共和国与该所在国订立的有关条约中规定的证明手续。
>
> 当事人向人民法院提供的证据是在香港、澳门、台湾地区形成的,应当履行相关的证明手续。
>
> 第十七条 当事人向人民法院提供外文书证或者外文说明资料,应当附有中文译本。

由此观之,我国法院并不禁止当事人通过一定的途径获取域外证据,对于获取的方式,则没有加以规定。

对于人民法院域外取证,根据中国缔结或者参加的国际条约,或者按照互惠原则,人民法院和外国法院可以相互请求,代为送达文书、调查取证以及进行其他诉讼行为。当事人申请人民法院调查收集位于中国领域外的证据的,《民事诉讼法》第284条作了如下规定:一是当事人申请人民法院调查收集的证据位于中华人民共和国领域外,人民法院可以依照证据所在国与中华人民共和国缔结或者共同参加的国际条约中规定的方式,或者通过外交途径调查收集。二是在所在国法律不禁止的情况下,人民法院可以采用下列方式调查收集:(1)对具有中华人民共和国国籍的当事人、证人,可以委托中华人民共和国驻当事人、证人所在国的使领馆代为取证;(2)经双方当事人同意,通过即时通讯工具取证;(3)以双方当事人同意的其他方式取证。由此可见,我国法律所规定的法院之间的域外取证途径主要包括:条约途径、外交途径、使领馆途径、当事人同意的途径。

(一)条约途径

根据目前我国所签订的司法协助条约的情况,条约途径主要分为两种:

其一,《海牙取证公约》。1997年7月3日,全国人民代表大会常务委员会通过了《关于我国加入〈关于从国外调取民事或商事证据的公约〉的决定》,该公约已于1998年2月6日对我国生效,我国在加入时作出了如下声明:

> (1)根据公约第2条声明,指定中华人民共和国司法部为负责接收来自另一缔约国司法机关的请求书,并将其转交给执行请求的主管机关的中央机关;

---

① 2001年12月6日最高人民法院审判委员会第1201次会议通过,根据2019年10月14日最高人民法院审判委员会第1777次会议《关于修改〈关于民事诉讼证据的若干规定〉的决定》修正。

(2) 根据公约第 23 条声明,对于普通法国家旨在进行审判前文件调查的请求书,仅执行已在请求书中列明并与案件有直接密切联系的文件的调查请求;

(3) 根据公约第 33 条声明,除第 15 条所规定的领事官员向在驻在国本国国民取证的方式以外,不适用公约所规定的外交官员、领事代表和特派员取证。

其二,双边司法协助条约。目前,中国已经与三十多个国家签订了双边民商事司法协助条约。这些双边司法协助条约,有的直接以民事和商事条约名义签订,如中国同法国、比利时、意大利、西班牙、新加坡、韩国等签订的司法协助条约;有的采取的是民事与刑事混合的形式,如中国同波兰、俄罗斯、土耳其、乌克兰、白俄罗斯、埃及等签订的司法协助条约。在中外双边司法协助条约中,大都有域外取证的规定。

值得注意的是,针对有的国家既是《海牙取证公约》的缔约国,又与我国签订了双边司法协助条约的情况,根据《海牙取证公约》第 28 条的规定,公约不妨碍任何两个或两个以上的缔约国缔结协定排除其相关条款的适用。这表明,当缔约国间的双边司法协助条约与《海牙取证公约》不一致时,双边司法协助条约优先适用。

(二) 外交或领事取证

我国《民事诉讼法》第 284 条亦允许外交或领事取证,但也有一定的限制:一是需要中国主管机关的准许,未经允许,任何外国机关或者个人不得在中国领域内调查取证;二是不得违反中国的法律;三是不得采取强制措施。

(三) 当事人同意的方式取证

在所在国法律不禁止的情况下,中国法院可采用下列方式调查收集:(1) 经双方当事人同意,通过即时通讯工具取证;(2) 以双方当事人同意的其他方式取证。

二、外国在中国取证的许可

对于外国在中国取证,依照《民事诉讼法》的规定,依旧是条约所规定的途径、外交途径及根据互惠关系进行取证,但所不同的是,我国对于外国在中国进行取证规定了一些限制。

首先,公共秩序上的限制。《民事诉讼法》第 293 条规定,外国法院请求协助的事项有损于中国的主权、安全或者社会公共利益的,人民法院不予执行。

其次,文字上的限制。《民事诉讼法》第 295 条规定,外国法院请求人民法院提供司法协助的请求书及其所附文件,应当附有中文译本或者国际条约规定的其他文字文本。

再次,法律程序上的限制。《民事诉讼法》第 296 条规定,人民法院提供司法协助,依照中国法律规定的程序进行。外国法院请求采用特殊方式的,也可以按照其请求的特殊方式进行,但请求采用的特殊方式不得违反中国法律。2013 年《最高人民法院关于依据国际条约和双边司法协助条例办理民商事案件司法文书送达和调查取证司法协助请求的规定》(2020 修正)第 4 条第 2 款进一步规定,请求方要求按照请求书中列明的特殊方式办理的,如果该方式与我国法律不相抵触,且在实践中不存在无法办理或者办理困难的情形,应当按照该特殊方式办理。

最后,不允许特派员取证及当事人或诉讼代理人自行取证。从我国加入《海牙取证公约》的声明可以看出,我国不允许外国特派员在我国境内进行取证。

近年来,美国有不少案例涉及在中国的取证问题,违反了中国的法律,具体可参考 Tiffany v. Andrew、Gucci America, Inc. v. Weixing Li、Tiffany (NJ) LLC v. Forbse[二维码案例]。

★ **热身问题的分析**

首先,A 公司诉讼代理人到美国 B 公司和装货港调查取证的问题,根据我国《民事诉讼法》,当事人对自己提出的主张,有责任提供证据。当事人及其诉讼代理人因客观原因不能自行收集的证据,或者人民法院认为审理案件需要的证据,人民法院应当调查收集。因此,原则上调查取证是当事人的责任。最高人民法院《民事诉讼证据规定》第 16 条还规定,"当事人提供的公文书证系在中华人民共和国领域外形成的,该证据应当经所在国公证机关证明,或者履行中华人民共和国与该所在国订立的有关条约中规定的证明手续"。从此规定可以看出,我国法院对于当事人到域外取证并没有限制。因此,A 公司诉讼代理人到美国 B 公司和装货港调查取证,是符合中国法律规定的。

其次,美国 B 公司派人直接来中国调查取证的问题。由于中美两国都是《海牙取证公约》的缔约国,且我国法院通常认为,《海牙取证公约》在外国向我国调查取证上具有排他性,因此,美国 B 公司派人直接来中国调查取证,违反了中国的法律规定。

【**推荐参考资料**】

1. 何其生:《比较法视野下的国际民事诉讼》,高等教育出版社 2015 年版;
2. 乔雄兵:《域外取证的国际合作研究:以〈海牙取证公约〉为视角》,武汉大学出版社 2010 年版;
3. 王克玉:《国际民商事案件域外取证法律适用问题研究》,人民法院出版社 2008 年版;
4. 杜焕芳:《国际民商事司法与行政合作研究》,武汉大学出版社 2007 年版。

第二十章

外国法院判决的承认与执行

第一节 外国法院判决的承认与执行概述

一、承认与执行外国法院判决的概念

在涉外民商事案件中,诉讼当事人除考虑案件能否胜诉之外,往往还要考虑法院确定的民事权利如何实现的问题。只有经法院确定的权利义务能够得到切实的实现时,法院判决才具有现实意义。

外国法院判决的承认与执行一般是指法院依据内国法律或有关的国际条约承认有关外国法院民事判决在内国的效力,并在必要时予以强制执行的制度。

对外国法院判决的承认与执行的前提是,该判决为民商事判决而不能是行政性判决或者刑罚性判决,行政性判决和刑罚性判决因具有较强的公法性或惩罚性,往往涉及主权国家的司法主权问题,属于相应国家的专属管辖,所以不能在其他法域生效。

1. "外国"的概念

"外国"一词应是一个国际私法或宪法上的概念,而并非纯粹地理上的概念。一般而言,依据内国法律规定,非内国法院判决即为外国法院判决,如外国的领事法庭在内国作出的判决,或者一些国际法院等机构在内国作出的判决,通常都认为是外国法院判决。

2. "法院"的概念

外国"法院"也并非仅仅限于冠以"法院"名称的司法机构,还应包括行使司法权的其他机构。在英国,上议院、枢密院司法委员会也是其司法机关之一;在波兰,除法院外,公证处也有权处理数额不大的财产纠纷,以及关于遗嘱有效性、遗产保护方面的争议;有些国家的教会机构也具有一定司法权。[①] 因此,我国与一些国家签订的司法协助条约中,承认与执行的范围包括外国"法院或其他主管机构"作出的裁决,其判断标准依该机构所在国的法律来识别。[②]

3. "判决"的概念

"判决"一词是一个广义的概念。由于各国法律制度的差异,司法裁决在不同的国家有着不同的名称。例如,在匈牙利,法院就案件事实作出的裁决称为"判决",而就其他事项作

---

① 徐宏:《国际民事司法协助》(第二版),武汉大学出版社2006年版,第224页。
② 何其生:《比较法视野下的国际民事诉讼》,高等教育出版社2015年版,第314页。

出的裁决则称为"命令"。① 一般来说,下述一些事项常常纳入"判决"的范畴之内:法院制作或经法院认可的调解书、刑事案件有关损害赔偿的裁决、先行给付的裁决等。

2019年《海牙判决公约》第3条规定,公约中"判决"是指法院就实体问题作出的任何决定,包括裁判或命令,以及法院对费用的决定,不论其如何称谓,只要与实体问题有关且可以根据公约得到承认与执行即可。②

我国与外国缔结的一些双边司法协助条约中对"判决"也持扩大解释。例如,《中华人民共和国和白俄罗斯共和国关于民事和刑事司法协助的条约》第17条第2款规定,本条约所指的"法院裁决"在中华人民共和国方面系指法院作出的民事判决、裁定、决定和调解书及刑事案件中有关损害赔偿的裁决;在白俄罗斯共和国方面系指法院(法官)(包括经济法院(法官))作出的已发生法律效力的民事判决、裁定、决定和调解书及刑事案件中有关损害赔偿的判决。

二、承认与执行的关系

承认通常意味着被请求法院对于原审法院判决所确定的权利和义务赋予法律效力。例如,原审法院裁定原告有或没有某一权利,被请求法院接受该认定;或者,原审法院对于当事人法律关系的存在与否作出宣告性判决(a declaratory judgment),被请求法院接受该判决并认可已经解决了当事人的争议。③ 此类关于法律权利的决定将约束当事人之后的相关诉讼。因此,如果承认外国判决,将阻止相同当事人对于相同的诉讼标的在被请求国再次提起诉讼④,申请人或判决债权人无须对相同的诉讼请求进行两次抗辩。⑤

执行意味着被请求国的法律或者其他主管机关适用法律程序,来保证判决的债务人(即被申请执行人)遵守原审国法院的判决。执行意味着需要行使国家的强制性权力来保证被告服从判决。例如,若原审法院裁定被告必须向原告支付10000美元,被请求法院就需要通过执行程序或执行措施,来促使判决的债务人向债权人履行支付这笔费用的义务。由于执行判决以承认该判决为逻辑前提,被告不能再抗辩其不欠原告10000美元。比较而言,承认并不一定伴随着执行,但执行则一定以承认为前提。⑥

因此,承认与执行是两个既有联系又有区别的概念。承认外国法院的判决意味着外国法院判决取得了效力(既判力),即外国法院判决中所确定的权利义务关系在内国法院得到了确认。执行外国法院判决是承认外国法院判决的结果,但并非必然的结果,有些外国法院的判决只需承认,而无须执行。根据判决性质的不同,可以分为给付判决、确认判决和形成

---

① 何其生:《比较法视野下的国际民事诉讼》,高等教育出版社2015年版,第314页。
② 2012年《布鲁塞尔条例Ⅰ(重订)》第2(a)条规定,判决是指某一成员国法院或法庭所作的任何决定,不论该决定的名称是什么,包括裁决、命令、决定和执行令状、法院书记官就诉讼费用或其他费用所作的决定、公证文书和法院和解也可以予以承认和执行。
③ See Preliminary Draft Convention adopted by the Special Commission and Report by Peter Nygh and Fausto Pocar, Prel. Doc. No 11 of August 2000 for the attention of the Nineteenth Session of June 2001, in Proceedings of the Twentieth Session (2005), Rome Ⅱ, Judgments, Cambridge-Antwerp-Portland, Intersentia, 2013, para. 170. Hereinafter "Nygh/Pocar Report". See also Trevor Hartley and Masato Dogauchi, Explanatory Report of the Convention of 30 June 2005 on Choice of Court Agreements, para. 303. Hereinafter "Hartley/Dogauchi Report".
④ 成文法系常用 res judicata,英美法系常用 cause of action estoppel 或 claim preclusion。
⑤ See Explanatory Report on the HCCH 2019 Judgments Convention, para. 113.
⑥ See Explanatory Report on the HCCH 2019 Judgments Convention, paras. 116-117.

判决。给付判决是确定当事人之间实体权利义务关系、要求当事人履行一定义务的判决,因此通常既需要承认也需要执行;确认判决是确认当事人之间的某种法律关系是否存在的判决,形成判决是变更当事人之间现存的法律关系的判决,这两种判决一般只要被承认,就到达了判决的法律目的。

三、承认与执行外国法院判决的理论依据

(一)国际礼让说

该学说为以 17 世纪的荷兰学者胡伯为代表的荷兰法学派所创立,主张内国法院承认与执行外国法院判决,并不是因为该外国法院判决具有什么域外效力,而是基于内国对该外国的"礼让"(comity)而作出的行为。

(二)既得权说(vested right)

英国学者戴西在其著作《冲突法》中认为,诉讼当事人一方依据有关外国法院判决取得的对于诉讼相对方的权利,应该属于一种既得权,内国法院既然应该尊重该项既得权,就应该承认创设或确定该项权利的外国法院判决,并给予执行。该学说的实质是内国法院应尊重胜诉方当事人基于外国法院判决获得的权利,从而应在内国境内承认与执行该项外国法院判决。

(三)法律债务说(legal obligation)

法律债务说起源于英国,其认为外国法院判决产生的债务应如同根据该外国法产生的任何其他债务一样,在内国法院得到承认与执行。

(四)既判力说(res judicata)

既判力说类似于"一事不再理"原则,并主要为美国学者所主张。[1] 既判力体现的是排除政策,即案件的审理是寻求在当事人之间实现正义,并结束其争议,法律不允许就同一案件提出无休止的重复诉讼。一项有效的终局判决是对所涉法律争议的最终决定,并且排除了当事人再行诉讼的权利。[2] 既判力理论指出了即使是一个外国判决,也应能终结诉讼且适用任何人都不能两次起诉对方的原则,它可以构成承认外国判决效力的合法依据。[3]

(五)互惠说

作为内国法院承认与执行外国法院判决理论依据的互惠说,是指一国法律之所以规定内国法院应该承认与执行外国法院所作出的判决,是因为它期望本国法院的判决能在同样的情况下获得有关外国法院的承认与执行。这一学说首先承认内国的主权地位,认为内国法律规定承认与执行外国法院判决不是由于要尊重外国的既得权,或由于要承认外国法院判决所确定的债务等,而完全是基于本国利益的考虑,即希望使本国法院的判决能得到外国法院的承认与执行,从而保护内国及内国当事人的利益。

---

[1] Willis L. M. Reese, "The Policies Underlying Judgment Recognition," *50 Colum. L. Rev.* (1950), pp. 783-786.
[2] 孙劲:《美国的外国法院判决承认与执行制度研究》,中国人民公安大学出版社 2003 年版,第 30 页。
[3] Hans Smit, "International Res Judicate and Collateral Estoppel in the United States", *9 UCLA L. R.* 56 (1962).

第二节　承认与执行外国法院判决的条件

各国在承认与执行外国法院判决的同时,都会规定一定的限制性条件。我国《民事诉讼法》第 300 条规定,人民法院经审查,有下列情形之一的,裁定不予承认和执行:(1) 外国法院对案件无管辖权;(2) 被申请人未得到合法传唤或者虽经合法传唤但未获得合理的陈述、辩论机会,或者无诉讼行为能力的当事人未得到适当代理;(3) 判决、裁定系通过欺诈方式取得;(4) 人民法院已对同一纠纷作出判决、裁定,或已经承认和执行第三国法院对同一纠纷作出的判决、裁定;(5) 违反我国法律的基本原则或者国家主权、安全、社会公共利益。综合而言,大致可以概括为以下几个方面。

一、原判决国法院具有合格的管辖权

法院对涉外民事案件具有管辖权,是其审理并作出判决的先决条件。因此,承认与执行外国法院判决的一项基本条件是原判决国法院必须具有合格的管辖权。依据什么样的标准,或者说是依据原审国法律还是被请求国法律来判断,外国法院对有关案件具有管辖权,各国立法的规定存在很大的差异,有关国际条约的规定也有所不同。不少国家都严格规定,原判决国法院的管辖权应该依承认与执行地国家的内国立法来确定,即所谓的"映像原则"。如《德国民事诉讼法》第 328 条规定:"依德国法律,该外国法院所属国家的法院无管辖权时,则拒绝承认外国法院的判决。"比较而言,美国法律的规定更加灵活,实践中存在大量依美国法律不能成立管辖权但判决获得承认的案件。我国《民事诉讼法》规定下列情形之一的应当认定该外国法院对案件无管辖权:(1) 外国法院依照其法律对案件没有管辖权,或者虽然依照其法律有管辖权但与案件所涉纠纷无适当联系;(2) 违反本法对专属管辖的规定;(3) 违反当事人排他性选择法院管辖的协议。在与外国订立的双边民商事司法协助协定中通常也有规定,如《中华人民共和国和法兰西共和国关于民事、商事司法协助的协定》(以下简称《中法民商事司法协助协定》)第 22 条第 1 项明确规定:"按照被请求一方法律有关管辖权的规则,裁决是由无管辖权的法院作出的"时,不予承认和执行。[①]

二、诉讼程序具有必要的公正性

一国法院应经过一定的诉讼程序才能作出生效判决。但从诉辩双方公平的角度出发,各国立法和有关条约一般都会规定,在承认与执行外国法院判决时,内国法院应对外国法院判决进行的诉讼程序的特定方面,或者说,对败诉一方当事人的程序利益是否受到保护进行审查。如果发现败诉方由于本身失误以外的原因而未能适当行使辩护权,内国法院就可以因此拒绝承认与执行该外国法院判决。2019 年《海牙判决公约》第 7 条 1.(a)(i)规定,没有及时合法送达被告的情况下,被请求国法院可以拒绝承认和执行该裁决。我国最高人民法院《关于中国公民申请承认外国法院离婚判决程序问题的规定》(2020 修正)第 12 条第 3 项规定,判决是在被告缺席且未得到合法传唤情况下作出时可以不予承认。我国在同一些国家签订的双边司法协助协定中作了明确规定,如《中法民商事司法协助协定》第 22 条第 4 项

---

① 韩德培主编:《国际私法》(第三版),北京大学出版社、高等教育出版社 2014 年版,第 539 页。

规定,在"败诉一方当事人未经合法传唤,因而没有出庭参加诉讼"的情况下作出的判决,不予承认和执行。

> **示例**
>
> 在《最高人民法院关于对乌兹别克斯坦共和国 Chorvanaslxizmat 有限责任公司申请承认和执行乌兹别克斯坦共和国费尔干纳州经济法院作出的 N015-08-06/9474 号民事判决一案的请示的复函》中①,最高人民法院认为,乌国法院向我国境内当事人送达开庭传票和判决书,应由乌国的中央机关以请求书的形式向我国的中央机关提出请求,由我国的中央机关进行送达。根据新疆维吾尔自治区高级人民法院请示报告所述,乌国费尔干纳州经济法院一是通过我国驻乌国大使馆经商参处转新疆外经贸厅转交海洪公司送达开庭传票,二是通过传真方式送达开庭传票及判决书,这两种方式均不符合《海牙送达条约》规定,有损我国的司法主权。

三、有关国家之间存在互惠关系

原判决法院所在国与被请求承认与执行的法院所在国之间存在互惠关系,常常是各国承认与执行外国法院判决所要求的一项重要条件。这是基于司法利益对等原则而采取的自我保护措施。也就是说,各国承认与执行外国法院判决时,需要将外国承认和执行我国法院判决的条件与我国承认和执行外国法院判决的条件作比较,在外国规定的条件与我国规定的条件相一致或更优惠时,才可以承认外国法院的判决。许多国家都承认和规定了互惠原则。日本大审院 1932 年曾判示:"《日本民事诉讼法》第 200 条第 4 项的相互保证意味着外国并不依国际条约或其国内法来审查日本判决的妥当性,而是在与《日本民事诉讼法》第 200 条的规定相同或更宽松的条件下承认日本判决的效力的状态。"《斯洛文尼亚国际私法与诉讼程序法》第 101 条规定:"无互惠关系的,拒绝承认外国法院的判决。"不过,对于那些对外国法院判决进行实质性审查的国家,如阿根廷、印度、希腊、葡萄牙等,由于要对案件的事实和法律适用进行审查,因此并不需要设立互惠原则。②

在我国,人民法院对申请或者请求承认和执行的外国法院作出的发生法律效力的判决、裁定,依照我国缔结或者参加的国际条约,或者按照互惠原则进行审查后,认为不违反我国法律的基本原则或者国家主权、安全、社会公共利益的,裁定承认其效力,需要执行的,发出执行令。如果该法院所在国与我国没有缔结或者共同参加国际条约,也没有互惠关系的,裁定驳回申请,但当事人向人民法院申请承认外国法院作出的发生法律效力的离婚判决的除外。③

然而,欠缺先例的情况下,如果两国都要求以互惠关系为承认与执行外国判决的条件,就会导致僵局。典型者如中国法院处理的五味晃案[二维码案例]。

---

① [2011]民四他字第 18 号,2011 年 8 月 16 日。
② 何其生:《比较法视野下的国际民事诉讼》,高等教育出版社 2015 年版,第 325 页。
③ 参见《民事诉讼法》第 299 条。

近年来,这一规定在我国也逐渐得到了突破,在认定互惠原则时,我国实践中渐渐采取推定互惠的立场。例如,2019年,最高人民法院《关于人民法院进一步为"一带一路"建设提供司法服务和保障的意见》中就提到采取推定互惠的司法态度,以点带面不断推动国际商事法庭判决的相互承认与执行。实践中,Kolmar Group AG 与江苏省纺织工业(集团)进出口有限公司申请承认和执行外国法院民事判决、裁定特别程序民事裁定书[二维码案例]是中国法院在互惠原则上的一起经典的案例。

2021年《全国法院涉外商事海事审判工作座谈会会议纪要》第44条进一步规定了宽松的互惠标准,即人民法院在审理申请承认和执行外国法院判决、裁定案件时,有下列情形之一的,可以认定存在互惠关系:(1)根据该法院所在国的法律,人民法院作出的民商事判决可以得到该国法院的承认和执行;(2)我国与该法院所在国达成了互惠的谅解或者共识;(3)该法院所在国通过外交途径对我国作出互惠承诺或者我国通过外交途径对该法院所在国作出互惠承诺,且没有证据证明该法院所在国曾以不存在互惠关系为由拒绝承认和执行人民法院作出的判决、裁定。但人民法院对于是否存在互惠关系应当逐案审查确定。

四、不违反被请求国的公共秩序

大多数国家的法律都有公共秩序条款,这一制度具有"安全阀"的作用,有关外国法院判决的承认与执行不能与内国的公共秩序相抵触,否则被请求国可以拒绝承认和执行外国法院的判决,这是国际社会普遍公认的一个条件。各国立法及有关国际条约都对此作了明确规定。值得注意的是,各国通常还赋予本国法院或其他主管机关在解释公共秩序方面的自由裁量权,其内容不仅仅包括国家主权和安全,还包括道德、伦理、习俗等方面的内容。《海牙判决公约》第7条第1款第3项规定,承认或者执行将会与被请求国的公共政策明显相悖,包括作出该判决的具体诉讼程序不符合被请求国程序公正的基本原则,以及侵犯该国安全或者主权的情形,可以拒绝承认和执行该外国判决。在国内立法中,《日本民事诉讼法》第200条第3款规定的承认与执行的条件之一是"外国法院的判决,不违背日本的公共秩序或善良风俗"。《瑞士联邦国际私法法规》第27条第1款规定:"一项在外国作出的判决,如果承认该判决将显然与瑞士公共秩序不相容,应在瑞士拒绝予以承认。"①

适用这一原则时,应该是承认与执行外国法院判决的结果不与内国的公共秩序相抵触,而不是外国法院判决本身的内容不与内国的公共秩序相抵触。因为各国在规定这一条件时,只是为了保护本国的重大利益,维护本国的基本政策、道德与法律的基本观念和基本原则,使它们不至于因为外国法院判决在内国的承认与执行而受到威胁和动摇,但不能随意扩大该原则的适用范围。

五、外国法院判决是确定的合法判决

判决必须具有确定性,是承认与执行外国法院判决的前提。如果一项判决在判决作出国未生效或不具有执行力,在作出国就不能被执行,那么在其他国家就更不会得到承认与执行。判决具有确定性,是指由一国法院或有审判权的其他机关按照内国法规定的程序,对诉

---

① 何其生:《比较法视野下的国际民事诉讼》,高等教育出版社2015年版,第339页。

讼案件中的程序问题和实体问题作出了具有约束力而且已经发生法律效力的判决。大多数国家认定外国法院判决是否具有确定性时,倾向于主张根据外国法院地法来决定。例如,《德国民事诉讼法典》第723条第2款规定:"为执行某一外国判决,只有当它是一个终局判决时,才能颁发执行令。"《瑞士联邦国际私法法规》第25(b)条规定:瑞士予以承认的外国判决是不能再对该判决提起普通的上诉的判决,或者该判决为终审判决。

六、外国法院判决不是通过欺诈获得的

请求承认与执行的外国法院判决必须合法,也就是说,有关的外国法院判决是基于合法手段获取的。运用欺诈手段获得的外国法院判决在大多数国家的立法和国际条约中都没有得到认可,因此通常不能在内国得到承认与执行。2019年《海牙判决公约》第7条中规定,如果判决是通过欺诈获得的,则可以拒绝承认和执行。针对欺诈行为的认定标准应当适用哪一个国家法律的问题,各国一般都没有作出明确规定。大多数国家的法院都是基于内国法来决定,如美国法院通常都是基于美国法对欺诈行为所下的定义去审查外国法院判决,只有在原判决国立法中有关欺诈的范围比美国法规定的范围更广时,才考虑适用该外国法的规定。

七、不与其他有关法院判决相抵触

相同当事人基于同一争议的案件所作出的有效判决只能有一个。当基于同一争议的案件进入诉讼阶段并取得了生效判决,当事人之间的权利义务关系就被确定下来,从而不应允许当事人利用外国法院的判决加以对抗,这是维护法律关系的稳定性和法律的严肃性所必须的要求。因此,只有外国法院判决与内国法院就相同当事人之间的相同争议所作的判决不相抵触和冲突时,内国法院才可以在同时满足其他条件的情况下承认与执行该外国法院的判决。如根据《中华人民共和国和波兰人民共和国关于民事和刑事司法协助的协定》第20条第5项的规定,"将承认或执行裁决的缔约一方境内的法院对相同当事人之间就同一诉讼标的的案件已经作出了发生法律效力的裁决,或正在进行审理,或已承认了第三国法院对该案所作的发生法律效力的裁决",不予承认或执行。

第三节 承认与执行外国法院判决的程序

一、请求承认与执行外国法院判决的提出

外国法院判决需要在内国法院承认与执行时,必须向内国有关法院提出承认与执行该外国法院判决的请求,这是各国立法和司法实践的普遍要求。请求承认与执行外国法院判决的提出,通常有以下三种方法:

第一种是只能由当事人提出承认与执行外国法院判决的申请,这是大多数国家的立法所采用的做法;

第二种是申请先由当事人向作出判决的国家法院提出,然后再由该国法院向被请求国法院提出;

第三种是既可以由当事人直接向被请求国法院提出,也可以由作出判决的法院向被请

求国法院提出。[①]

我国《民事诉讼法》采取的是第三种方式,该法第 298 条规定,外国法院作出的发生法律效力的判决、裁定,需要人民法院承认和执行的,可以由当事人直接向有管辖权的中级人民法院申请承认和执行,也可以由外国法院依照该国与中华人民共和国缔结或者参加的国际条约的规定,或者按照互惠原则,请求人民法院承认和执行。我国与其他国家签订的司法协助条约中也有类似的规定。需要说明的是,承认外国法院的判决,在我国属于人民法院职责范围,其他机关无权作出此类决定。中国公民忻清菊诉美国公民曹信宝案[二维码案例]就是很好的说明。

关于提出请求的期限问题,各国立法不尽相同,有些国家甚至没有对这一期限作出明确规定。我国申请执行的期限为 2 年。

此外,根据各国立法和有关国际条约的规定,附上有关文件的副本也是请求承认与执行外国法院判决时的基本要求,否则,其请求难以得到有关国家法院的承认和执行。而且,各国法院通常要求请求人所提出的请求书及相关文件用被请求国官方文字写成,或附上用该国文字翻译的经核证无误的译本。

二、承认与执行外国法院判决的具体程序

请求承认与执行外国法院判决的一方当事人或其他利害关系人向内国有管辖权的法院提出承认与执行请求以后,该法院应按照何种程序来承认和执行该外国法院判决是一个国内法上的问题,应当由承认和执行国法院所属国的国内立法来规定。至于一国法院在承认与执行外国法院判决时,具体应遵循什么样的程序,各国诉讼立法的规定不尽相同,大致可以分为如下几种:

1. 执行令程序

欧洲大陆多数国家、拉美国家及日本等一些亚洲国家都采用这一程序。在这种程序中,内国法院受理了承认与执行某一外国法院判决的请求以后,先对该外国法院判决进行审查,如果符合内国法规定的条件,即由该国法院作出一个裁定,发布执行令,承认该外国判决中所认定的法律关系在该国的既判力。如果有执行必要的,按照本国的执行程序予以执行。

2. 重新审理程序和登记程序

英美法系国家大多采用重新审理程序。这种程序的做法是,本国法院不直接执行外国法院判决,而是把外国法院判决作为向执行地国法院重新提起诉讼的事实或证据,向执行地法院申请作出一个与外国法院判决内容相似的判决,然后按照本国的执行程序予以执行。实践中,法院主要是视原审法院所属国的不同而分别采用登记程序或重新审理程序,来决定是否承认与执行有关的外国法院判决。

英国除采用上述重新审理程序外,还实行登记执行程序,登记执行程序是英国实行的一种特殊程序,在适用的范围和适用的国家上都有限制。根据英国 1868 年的《判决延伸法》、1920 年的《司法行政法》、1933 年的《〈相互执行〉外国判决法》、1982 年的《民事管辖权和判决法》以及 1968 年欧洲共同体国家在布鲁塞尔签订的《关于民商事案件管辖权和判决执行公约》等立法的规定,有管辖权的英国法院对于英联邦国家和欧盟各国法院作出的判决适用

[①] 李旺:《国际民事诉讼法》(第二版),清华大学出版社 2011 年版,第 138—139 页。

登记程序,即英国法院在收到有关利害关系人提交的执行申请书以后,一般只要查明有关外国法院判决符合英国法院所规定的条件,就予以登记,并交付执行。①

三、我国承认与执行外国法院判决的程序

在承认与执行外国法院判决的程序方面,我国法院目前所采用的类似于执行令程序,即人民法院对申请或者请求承认和执行的外国法院作出的发生法律效力的判决、裁定,经审查后裁定承认其效力,如果需要执行的,则发出执行令,依照民事诉讼法所规定的执行程序执行。

【推荐参考资料】

1. 何其生:《间接管辖权制度的新发展及中国的模式选择》,载《法律科学(西北政法大学学报)》2020年第5期;

2. 何其生:《〈海牙判决公约〉与国家相关判决的承认与执行》,载《环球法律评论》2020年第3期;

3. 《承认与执行外国民商事判决公约》,何其生译,黄进校,载《中国国际私法与比较法年刊》(第24卷),法律出版社2020年版;

4. 何其生:《统一化与分割化:〈海牙判决公约〉下的不动产问题》,载《国际法学刊》2020年第1期;

5. 何其生:《比较法视野下的国际民事诉讼》,高等教育出版社2015年版;

6. 王吉文:《外国判决承认与执行的国际合作机制研究》,中国政法大学出版社2014年版;

7. 宣增益:《国家间判决承认与执行问题研究》,中国政法大学出版社2009年版;

8. 孙劲:《美国的外国法院判决承认与执行制度研究》,中国人民公安大学出版社2003年版。

---

① 李旺:《国际民事诉讼法》(第二版),清华大学出版社2011年版,第144页。

第五编 国际商事仲裁

第二十一章

国际商事仲裁的概念和性质

第一节 国际商事仲裁的概念

一、仲裁及其分类

仲裁(arbitration)是解决争议的一种方法,即由双方当事人将其争议交付他们信任的第三者(即仲裁员)居中评断,并作出裁决,该裁决是终局裁决并对双方当事人均具有拘束力。①仲裁依据适用领域的不同分为国内仲裁、国际仲裁和国际商事仲裁。

国内仲裁是指一国范围内的自然人、法人和其他组织之间不具有国际因素的仲裁,主要解决一国国内贸易、经济等争议。

国际仲裁是指国家间为某一公法上的争端提请第三方解决的仲裁,是解决国际争端的方法之一,属于国际公法的范围。

国际商事仲裁是指自然人、法人和其他组织之间因商事交易而产生的具有国际因素或涉外因素的仲裁。

二、国际商事仲裁的概念

国际商事仲裁(international commercial arbitration),即指当事人各方将他们之间发生的具有国际性或含有国际因素的商事争议交由一名或数名仲裁员组成的仲裁庭,授权该仲裁庭进行仲裁程序,就争议作出对当事人各方具有约束力的裁决。②

长期以来,由于各国政治经济制度不一以及价值取向和法律文化的差异,在界定国际商事仲裁中的"国际"和"商事"问题上,各国国内法及有关国际条约至今仍然未能达成一致。一般认为应对"国际"和"商事"作广义的解释。

(一)"国际"的含义

尽管国际仲裁通常也发生在一个国家之内,并受仲裁地强制性规则的约束,但国际仲裁和纯国内仲裁依然有着重要的意义。对于"国际"的认定,一般有以下三种做法③:

(1)以争议的国际性质(international nature of the dispute)为认定标准。争议性质标

---

① See Alan Redfern, Martin Hunter & Nigel Blackaby, *Redfern and Hunter on International Arbitration*, 6th ed., Oxford University Press, 2015, p. 2. Hereinafter "Redfern and Hunter on International Arbitration".
② 韩德培主编:《国际私法》(第三版),北京大学出版社、高等教育出版社2014年版,第530页。
③ See Redfern and Hunter on International Arbitration, pp. 8-10.

准是指依照争议性质确定仲裁的归属,若争议涉及国际商事利益,为解决这一争议的商事仲裁即为国际商事仲裁。根据此标准,即使是一个国家的两个国民订立了合同,若合同的履行在另一个国家,相关争议也具有国际性质。采用这一标准的主要有法国、美国和加拿大等国家。

(2) 以实质性连结因素(material connecting factors)为认定标准。若仲裁地点,当事人国籍、住所或居所,法人注册地及公司管理中心所在地等连结因素之一具有国际因素,此类商事仲裁即被视为国际商事仲裁,故又称为地理标准。英国、瑞典、瑞士等欧洲国家以及埃及、叙利亚等阿拉伯国家在认定仲裁的国际性时,均采此标准。① 但也有观点认为此种标准主要聚焦于"当事人",而不是"争议的性质",因此,笼统地将之称为"当事人国籍"(nationality of the parties)标准,该判断标准包括仲裁协议当事人的国籍、居所、营业地等。②

(3) 采用混合方法(blending approach)。混合方法并非采纳一种标准,而是将多种标准融合在一起。

联合国国际贸易法委员会《国际商事仲裁示范法》

第1条 适用范围
(3) 有下列情形之一的,仲裁为国际仲裁:
(a) 仲裁协议的各方当事人在缔结协议时,其营业地点位于不同的国家;或
(b) 下列地点之一位于各方当事人营业地点所在国以外:
(i) 仲裁协议中确定的或根据仲裁协议而确定的仲裁地点;
(ii) 履行商事关系的大部分义务的任何地点或与争议事项关系最密切的地点;或
(c) 各方当事人明确同意,仲裁协议的标的与一个以上的国家有关。

在《国际商事仲裁示范法》中就采纳了混合方法:一是营业地在不同国家的当事人之间的争议的仲裁;二是仲裁地和当事各方的营业地位于不同国家的仲裁;三是主要义务履行地和当事各方的营业地位于不同国家的仲裁,或者与争议标的关系最密切的地点和当事各方营业地位于不同国家的仲裁;四是当事各方明确同意争议标的与一个以上国家有关的仲裁。

(二) "商事"的标准

"商事"一词的界定在实践中也特别重要,因为在有些国家仅商事争议允许仲裁。我国《仲裁法》规定,"平等主体的公民、法人和其他组织之间发生的合同纠纷和其他财产权益纠纷,可以仲裁",但是,对于"婚姻、收养、监护、扶养、继承纠纷"就不能仲裁,此类事项也不属于"商事"的范畴。

---

① 参见韩健:《现代国际商事仲裁法的理论与实践》(修订本),法律出版社2000年版,第4—6页。
例如,《瑞士联邦国际私法法规》第176条第1款规定:"本章的规定适用于所有仲裁庭在瑞士的,并且至少有一方当事人在缔结仲裁协议时在瑞士既没有住所地也没有习惯居所的仲裁。"
《欧洲国际商事仲裁公约》第1条规定:"本公约适用于:(1) 旨在解决自然人或法人之间进行的国际贸易所引起的争议的仲裁协议,但以签订协议时,该自然人和法人在不同的缔约国内有其惯常居住地或所在地为限。(2) 根据本条第一款第一项所述协议而进行的仲裁程序和作出的裁决。"

② See Redfern and Hunter on International Arbitration, p.9.

一般而言,多数国家认为"商事"应尽可能作广义解释。《国际商事仲裁示范法》第 1 条①的注释中指出:对"商事"一词应作广义解释,使其包括不论是契约性或非契约性的一切商事性质的关系所引起的事项。商事性质的关系包括但不限于下列交易:供应或交换货物或服务的任何贸易交易;销售协议;商事代表或代理;代理;租赁;建造工厂;咨询;工程;使用许可;投资;筹资;银行;保险;开发协议或特许;合营和其他形式的工业或商业合作;空中、海上、铁路或公路的客货载运。

三、国际商事仲裁的种类

一是按照组织形式的不同,国际商事仲裁可分为两类:临时仲裁(ad hoc arbitration)和机构仲裁(administered or institutional arbitration)。临时仲裁是在不存在仲裁管理组织的情况下,当事人根据仲裁协议,将争议交给他们临时组成的仲裁庭进行审理并作出裁决的仲裁。待处理完争议后,仲裁庭即告解散。在临时仲裁中,仲裁程序的每一环节基本上都由双方当事人控制。机构仲裁是指当事人根据仲裁协议,将他们之间的纠纷提交给某一常设仲裁机构进行的仲裁。② 常设仲裁机构是指固定性的、专门从事以仲裁方式解决争议的组织,它有自己的组织章程和仲裁规则,并设有管理仲裁程序的办事机构。常设仲裁机构又可分为国际性的常设仲裁机构、国家常设仲裁机构和行业性常设仲裁机构等。

国际性的常设仲裁机构,如国际商会仲裁院(ICC Court of Arbitration)、世界知识产权仲裁与调解中心(WIPO Arbitration and Mediation Center)、解决投资争端国际中心(International Center for Settlement of Investment Disputes,ICSID)。

国家常设仲裁机构,如瑞典斯德哥尔摩商会仲裁院(Stockholm Chamber of Commerce,SCC)、伦敦国际仲裁院(London Court of International Arbitration,LCIA)、美国仲裁协会(American Arbitration Association,AAA)、新加坡国际仲裁中心(Singapore International Arbitration Center,SIAC)。

行业性的常设仲裁机构,主要是指附设于某一行业组织内专门受理其行业内部争议案件的机构,如伦敦黄麻协会、伦敦油脂商业协会、荷兰鹿特丹毛皮交易所等。

在常设仲裁机构中,中国知名的仲裁机构有中国国际经济贸易仲裁委员会(China International Economic and Trade Arbitration Commission,CIETAC)、中国海事仲裁委员会(China Maritime Arbitration Commission,CMAC)、香港国际仲裁中心(Hong Kong International Arbitration Center,HKIAC)等。

二是以仲裁庭是否必须依据法律规定作出裁决为标准,可将仲裁分为依法仲裁和友好仲裁。依法仲裁(arbitration by law)是指仲裁庭必须依照可适用的法律作出裁决;而友好仲裁(amiable composition)是指仲裁员依照当事人授权或仲裁规则的规定,根据其认为的公允及善良原则来处理争议。

---

① Article 1 (3) of the UNCITRAL Model Law on International Commercial Arbitration.
② 参见黄进、宋连斌、徐前权:《仲裁法学》,中国政法大学出版社 2008 年版,第 3 页。

四、中国法的规定与实践

中国在仲裁法领域并没有对"国际"一词进行界定。《仲裁法》第 65 条将"涉外仲裁"界定为"涉外经济贸易、运输和海事中发生的纠纷的仲裁"。① 但在一般意义上,对于"涉外"或"国际"的界定,应考虑广义的标准,尤其是考虑《法律适用法解释(一)》第 1 条和《民事诉讼法解释》第 522 条的规定,分别从主体、客体和内容三个方面进行界定。在此方面,利夫糖果(上海)有限公司申请承认和执行新加坡国际仲裁中心仲裁裁决案[二维码案例]即涉及"涉外因素"。

对于"商事"一词的界定,1987 年 4 月 10 日《最高人民法院关于执行我国加入的〈承认及执行外国仲裁裁决公约〉的通知》就"契约性和非契约性商事法律关系"规定:"所谓契约性和非契约性商事法律关系,具体是指由于合同、侵权或者根据有关法律规定而产生的经济上的权利义务关系,例如,货物买卖、财产租赁、工程承包、加工承揽、技术转让、合资经营、合作经营、勘探开发自然资源、保险、信贷、劳务、代理、咨询服务和海上、民用航空、铁路、公路的客货运输以及产品责任、环境污染、海上事故和所有权争议等,但不包括外国投资者与东道国政府之间的争端。"

第二节 国际商事仲裁的特点与性质

★热身问题:

营业地在中国的 A 公司与营业地在美国的 B 公司签订了大豆买卖合同。双方拟达成一个争议解决条款,你觉得应当选择诉讼还是仲裁?

一、国际商事仲裁的特点

比较而言,国际商事仲裁具有如下特点:

一是国际性。国际性是指当事人双方或一方不是内国国民或住所不在内国,或争议的标的物或需要履行的行为在境外,或设立、变更或终止民商事法律关系的法律事实发生在境外。国际商事仲裁不同于国内经济仲裁。国际商事仲裁是一种涉及国际因素的仲裁制度,具有广泛的国际性。国际商事仲裁一般涉及国际贸易、经济合作、运输、海事等方面的关系中所发生的争议,其裁决通常需要外国予以承认及执行。而且,从事国际商事仲裁的仲裁机构往往还聘请一些外国籍人担任仲裁员,以体现其国际性。而国内经济仲裁是一种适用于内国当事人之间的仲裁制度,一般只涉及国内经济贸易方面的争议,有的国家还规定只有法人或其他经济组织之间的争议才能提交仲裁,仲裁员也多来自内国国民,其裁决也只在内国执行,因而属于国内程序法的范围。

二是机构的民间性。就机构的性质而言,国际商事仲裁机构只具有民间团体的性质,各

---

① 《民事诉讼法》第 288 条规定:"涉外经济贸易、运输和海事中发生的纠纷,当事人在合同中订有仲裁条款或者事后达成书面仲裁协议,提交中华人民共和国涉外仲裁机构或者其他仲裁机构仲裁的,当事人不得向人民法院起诉。当事人在合同中没有订有仲裁条款或者事后没有达成书面仲裁协议的,可以向人民法院起诉。"

仲裁机构是相互独立的,彼此之间没有上下级隶属关系,也不存在级别管辖、地域管辖等限制;而审理国际民商事纠纷的法院,则是国家司法机关,法院之间有上下级关系。

三是私法性。国际商事仲裁不同于国际仲裁。国际商事仲裁属于国际私法的范畴,它只解决具有涉外因素的自然人或法人之间的商事争议,以及自然人或法人与他国国家或国际组织之间的商事争议。仲裁庭作出的仲裁裁决是终局性的,对双方当事人均有约束力,如一方不履行裁决确定的义务,另一方当事人可以根据国际条约或国内法的有关规定申请有关法院强制执行。而国际仲裁则属于国际公法的范畴,它是指各主权国家发生争端时,由各当事国选定一名或几名仲裁员组成仲裁庭,根据国际公法或者依照公平原则和平解决该项争端的一种制度。国际常设仲裁法院作出的国际仲裁并无强制力,其裁决依赖于当事国的自觉履行。

四是自治性。就管辖权来源而言,国际商事仲裁的管辖权完全来自双方当事人的合意,建立在双方当事人自愿达成的仲裁协议的基础上,因而是非强制性的;而法院审理国际民商事诉讼的管辖权则来自国家的强制力,是由法律赋予的,非当事人双方的授权,只要一方当事人提起诉讼,法院就可以管辖,不必有双方当事人的合意。就当事人的自治性而言,国际商事仲裁中当事人的自治性大大超过国际民商事诉讼中当事人的自治性。国际商事仲裁中的当事人可以选择审理案件的仲裁员,可以合意选择仲裁程序,而国际民商事诉讼的当事人既不能选择审理案件的法官,更不能选择诉讼程序,必须遵守法院地国家的诉讼程序法。

五是保密性。国际商事仲裁的保密性是指仲裁一般不公开审理,当事人协议公开的,才可以公开审理。就审理程序的公开性而言,国际商事仲裁程序一般都是不公开进行的,即使双方当事人要求公开审理,也仍由仲裁庭作出是否公开审理的决定。而法院审理国际民商事争议,除极少数涉及国家秘密或个人隐私的之外,原则上必须公开进行。

六是灵活性。灵活性是指仲裁不像诉讼那样严格遵守诉讼程序法的规定,而且当事人可以约定适用法律原则来判案,无须像诉讼那样严格依法律判案。仲裁还可以与调解相结合,审理气氛比诉讼宽松。

七是仲裁裁决的终局性和强制力。国际商事仲裁裁决的终局性和强制力是指仲裁裁决是终局性的,有约束力。各国立法和司法实践都明确承认根据争议双方当事人签订的仲裁协议所作出的裁决的法律效力,并赋予仲裁裁决和法院判决同等的强制执行力。如果一方当事人不按事先约定自觉履行仲裁裁决,另一方当事人可以依照有关的公约、协议和执行地国的法律申请强制执行。就作出的裁决而言,国际商事仲裁裁决实行一裁终局制,任何一方当事人均不得向法院上诉;而在国际民商事诉讼中则一般实行二审或三审终审制,只有终审判决或过了上诉期而未上诉的一审判决才具有法律效力。

二、国际商事仲裁的性质

关于国际商事仲裁的性质,至今还没有被普遍接受的观点,传统学说认为仲裁具有司法性,或者契约性,或者兼具司法性和契约性,即混合理论,而晚近以来兴起了自治理论。[①]

(一)司法权说

司法权说(jurisdictional theory)认为,国家具有监督和管理发生在其管辖领域内的一切

---

① 参见黄进、宋连斌、徐前权:《仲裁法学》,中国政法大学出版社2008年版,第9—11页。

仲裁的权力。① 该理论承认仲裁源于当事人之间的协议,但同时强调,在仲裁协议的效力、仲裁员的权力、仲裁员的仲裁行为以及仲裁裁决的执行等方面,其权威性均由国家的法律所控制②,是国家承认和授权的结果。一般而言,审判权属于国家主权的一种,只有国家才能行使审判权,如果没有仲裁地国家法律的授权,仲裁员不能行使通常只能由法官才能行使的权力。③

(二) 契约说

传统的契约说(contractual theory)认为,仲裁是基于当事人的意志和同意创立的,完全建立在当事人合意达成的仲裁协议的基础上,没有仲裁协议就没有仲裁。仲裁员是当事人的代理人,他所作出的裁决就是代理人为当事人订立的契约,对当事人具有约束力;当事人有义务自动执行,否则胜诉方可向法院申请强制执行。现代契约论摒弃了仲裁员是当事人的代理人的说法,认为仲裁本质上是私人机制,当事人的合意是仲裁的基础,当订立作为主合同一部分的仲裁协议时,当事人便确立了他们认为更具优越性的有关仲裁的各项权利,裁决是合同关系的直接后果。

(三) 混合说

混合说(mixed theory)认为,仲裁的司法性和契约性同时存在,且不可分割。现实中的仲裁明显地具有司法性和契约性双重性质:一方面,仲裁来源于仲裁协议,而仲裁协议无疑是一种契约,因而,仲裁协议的效力应依适用于契约的同一准则去确定,仲裁员的任命、仲裁规则的选择、仲裁实体问题准据法的确定等也主要取决于当事人之间订立的仲裁协议;另一方面,仲裁程序一般都要遵循仲裁地法,仲裁不可能超越于所有法制之外,仲裁协议的有效性以及仲裁裁决的承认和执行最终归由法院决定。英国著名学者施米托夫就指出,从理论上看,仲裁包括两方面的因素:合同因素与司法因素。合同因素明确地表现在各国普遍接受的各项原则中,如仲裁必须建立在当事人之间的仲裁协议的基础上,仲裁庭超出当事人授予的管辖权限作出的裁决无效等。司法因素出现在许多规则之中,如仲裁员必须公正,遵守自然正义的各项要求,仲裁裁决与法院判决原则上可以采用同样的执行方式。④

(四) 自治说

自治说(autonomous theory)是在20世纪60年代发展起来的一种新学说。自治理论主张不能把仲裁跟司法权或契约联系起来判断仲裁的性质,仲裁实际上是超越司法权或契约的,具有自治性。持自治理论的学者们把仲裁的产生和发展归结为商人们注重实效的结果,是商人们首先在不顾及法律的情况下创设并发展了仲裁,而后才得到了法律的承认。

三、国际商事仲裁的优势

★对于本节开端的热身问题"营业地在中国的A公司与营业地在美国的B公司签订了大豆买卖合同。双方拟达成一个争议解决条款,你觉得应当选择诉讼还是仲裁?"实际上,从国际商事仲裁的特点来看,其与其他争议解决方式各有特色,也各有优劣。

---

① 司法权说又有两大派别:一是判决论(the judgment theory),认为仲裁员的任务是判案,所作裁决是行使司法权的产物;二是认为仲裁员的权威来源于履行职责地的国家,包括仲裁员代行判案的代表论(the delegation theory)和仲裁员权力来源于地方法的地方法论(the municipal law theory)。参见宋连斌:《国际商事仲裁管辖权研究》,法律出版社2000年版,第1—12页。

② William W. Park, "The Lex Loci Arbitri and International Commercial Arbitration", 32(1) *International & Comparative Law Quarterly* 27, (1983).

③ 参见杨弘磊:《中国内地司法实践视角下的〈纽约公约〉问题研究》,法律出版社2006年版,第14页。

④ 〔英〕施米托夫:《国际贸易法文选》,中国大百科全出版社1993年版,第598页。

第二十一章 国际商事仲裁的概念和性质

相对于诉讼,国际商事仲裁的两大优势是诉讼所不可比拟的:

一是中立性。中立性意味着国际商事仲裁可以允许当事人选择一个"中立的"地方,或者选择一个"中立的"仲裁庭来解决他们之间的争议。国际商事仲裁的自治性意味着在国际商事仲裁中双方当事人享有多方面的选择自由:(1)当事人可以选择仲裁的形式和机构;(2)当事人可以选择仲裁地点;(3)当事人可以选择仲裁员;(4)当事人可以选择仲裁审理程序;(5)当事人可以选择仲裁适用的法律。当事人选择的自由也就保证了争议解决方式的中立性以及可信赖性。

二是仲裁裁决的全球流通性。1958年订立的《纽约公约》是联合国在国际贸易法领域最重要的条约之一,也是国际仲裁制度的基石。公约为外国和非国内仲裁裁决的承认和执行提供了全球统一的标准,保证了仲裁裁决能够同国内裁决一样得到承认,并普遍能够强制执行。截至2022年年初,公约已经有169个缔约国。绝大部分国家都已成为公约的缔约国,从而保证了一项国际商事仲裁裁决的自由流通。只要被申请人在此169个国家中任一国家有财产,申请人都可以到财产所在国申请承认与执行。而无论对于国际商事调解还是国际民事诉讼,都没有此类优势。①

在其他方面,仲裁与诉讼的差别如表21.1:

表21.1 仲裁与诉讼的差别

	国际商事仲裁	国际民事诉讼
机构的性质	民间团体的性质	法院是国家司法机关
管辖权来源	当事人的仲裁协议	来自国家的强制力,是由法律赋予的
程序的公开性	一般不公开进行	原则上必须公开进行
当事人的自治性	可以选择仲裁员、仲裁程序、仲裁地点	遵守法院地国家的诉讼程序法
裁决	一裁终局制	一般实行二审或三审终审制

但国际商事仲裁并非完美:其成本高昂,时间拖延,对于复杂的争议难以对多方当事人进行合并审理;由于仲裁裁决的非公开性,也无所谓先例的指引,相互冲突的仲裁裁决也并非罕见;近年来司法化倾向也较为严重,各国在对仲裁的司法监督方面宽严不一,增加了仲裁裁决结果的不确定性。② 因此,当事人在订立合同时需要综合考量上述因素。

【推荐参考资料】

1. 〔英〕维杰·K.巴蒂亚、〔澳〕克里斯托弗·N.坎德林、〔意〕毛里济奥·戈地编:《国际商事仲裁中的话语与实务——问题、挑战与展望》,林玫、潘苏悦译,北京大学出版社2016年版;

2. 〔美〕克里斯多佛·R.德拉奥萨、理查德·W.奈马克主编:《国际仲裁科学探索:实证研究精选集》,陈福勇、丁建勇译,中国政法大学出版社2010年版;

3. 〔西〕帕德罗·马丁内兹-弗拉加:《国际商事仲裁——美国学说发展与证据开示》,蒋

---

① 尽管联合国贸易法委员会2019年达成了《联合国关于调解所产生的国际和解协议公约》,海牙国际私法会议达成了《选择法院协议公约》(2005年)和《承认与执行外国民商事判决公约》(2019年),但这些公约的缔约方数量都无法与《纽约公约》相媲美。

② See Redfern and Hunter on International Arbitration, pp. 31-37.

小红、谢新胜等译,中国社会科学出版社2009年版;

4. 〔英〕艾伦·雷德芬、马丁·亨特等:《国际商事仲裁法律与实践》,林一飞、宋连斌译,北京大学出版社2005年版;

5. 赵秀文主编:《国际商事仲裁法》(第二版),中国人民大学出版社2014年版;

6. 赵秀文:《国际商事仲裁现代化研究》,法律出版社2010年版;

7. 陈福勇:《未竟的转型——中国仲裁机构现状与发展趋势实证研究》,法律出版社2010年版;

8. 黄进、宋连斌、徐前权:《仲裁法学》,中国政法大学出版社2008年版;

9. 韩健:《现代国际商事仲裁法的理论与实践》(修订本),法律出版社2000年版;

10. 赵健:《国际商事仲裁的司法监督》,法律出版社2000年版。

第二十二章

国际商事仲裁协议

第一节 国际商事仲裁协议的概述

★热身问题：

营业地在中国的 A 公司与营业地在美国的 B 公司签订了大豆买卖合同。双方拟达成一个仲裁条款，应该包括哪些基本的内容？

一、国际商事仲裁协议的概念

国际商事仲裁协议（international commercial arbitration agreement）是指当事人同意将其之间一项确定的契约性或非契约性的法律关系中已经发生或可能发生的一切争议或某些争议交付仲裁的协议。[①] 国际商事仲裁协议是仲裁机构或仲裁员受理争议案件的依据，没有国际商事仲裁协议，就不能进行国际商事仲裁，因此，国际商事仲裁协议是国际商事仲裁的基石。

国际商事仲裁协议既可以在争议发生之前签订，也可以在争议发生之后签订；既可以选择当事人所属国家的仲裁机构，也可以选择第三国或国际性的仲裁机构，还可以选择有关国家承认的临时仲裁机构。但无论如何，一份有效的国际商事仲裁协议在法律上应满足以下条件[②]：

（1）国际商事仲裁协议的主体必须适格。订立国际商事仲裁协议的双方当事人或他们的合法代理人依照应当适用的法律，必须具有合法的资格和能力，如果当事人依据应当适用的法律为无行为能力者，则国际商事仲裁协议无效。

（2）国际商事仲裁协议必须是特定的法律关系双方当事人共同的真实意思表示，应在自愿、平等、协商的基础上达成一致意见，不允许一方当事人将自己的意志强加于另一方当事人。

（3）国际商事仲裁协议的内容应当合法，仲裁协议中提交解决的争议事项应具有可仲裁性。即当事人约定的仲裁事项必须是按照有关国家的法律可以通过仲裁方式解决的，不得违反仲裁地国或裁决地国法律中有关强制性的规定，也不得与这些国家的公共政策相抵触。

---

① See Article 7 of the UNCITRAL Model Law on International Commercial Arbitration.
② 参见何其生主编：《国际私法入门笔记》，法律出版社2019年版，第425页。

(4) 国际商事仲裁协议的形式一般是书面的。书面协议包括当事人所签署的仲裁协议书、合同中的仲裁条款以及当事人在往来书信中或电报中的仲裁意思表示。按照《纽约公约》的规定,国际商事仲裁协议需要采用书面形式。① 但近年来对"书面"的解释呈现逐渐宽松和扩大的发展趋势。

二、国际商事仲裁协议的形式

根据国际商事仲裁法律与实践,国际商事仲裁协议大致分为两类:

(1) 仲裁条款(arbitration clause)。仲裁条款是指在争议发生之前,双方当事人在合同中所订立的将有关争议提交仲裁解决的专门条款。它是国际商事仲裁协议的基本形式。常设仲裁机构一般都拟定有自己的示范仲裁条款,推荐给当事人在订立合同时采用。

示例 22.1 中国国际经济贸易仲裁委员会示范条款

示范仲裁条款(一):凡因本合同引起的或与本合同有关的任何争议,均应提交中国国际经济贸易仲裁委员会,按照申请仲裁时该会现行有效的仲裁规则进行仲裁。仲裁裁决是终局的,对双方均有约束力。

示范仲裁条款(二):凡因本合同引起的或与本合同有关的任何争议,均应提交中国国际经济贸易仲裁委员会_____分会(仲裁中心),按照仲裁申请时中国国际经济贸易仲裁委员会现行有效的仲裁规则进行仲裁。仲裁裁决是终局的,对双方均有约束力。

(2) 单独的仲裁协议(a separate arbitration agreement)。单独的仲裁协议是指双方当事人在争议发生后订立的,表示愿意将此争议交付仲裁的专门协议。单独的仲裁协议独立于主合同之外,多是在合同中没有仲裁条款,或者在仲裁条款不明确而无法执行的情况下,双方当事人在争议发生后根据需要共同达成的书面协议。如果有了单独的仲裁协议,则无须在合同中另订仲裁条款。一般而言,单独的仲裁协议与仲裁条款具有同等的法律效力,它们都是仲裁机构受理案件的依据。

传统的仲裁条款和单独的仲裁协议都是以书面形式呈现,因此,1958 年《纽约公约》第 2 条规定,当事人以书面协定承允彼此间所发生或可能发生之一切或任何争议,如关涉可以仲裁解决事项之特定法律关系,不论为契约性质与否,应提交仲裁时,各缔约应承认此项协议。"书面协定"一语是指当事人所签订或在来往函电中所载明之契约仲裁条款或仲裁协议。但随着通讯技术的现代化,仲裁协议的形式日渐电子化或数据化,为此,2006 年,联合国国际贸易法委员会专门对此进行了解释,认为"书面协定"并非详尽无遗,并允许利害关系人根据

---

① 《纽约公约》第 2 条:
当事人以书面协定承允彼此间所发生或可能发生之一切或任何争议,如关涉可以仲裁解决事项之特定法律关系,不论为契约性质与否,应提交仲裁时,各缔约国应承认此项协议。
称"书面协定"者,谓当事人所签订或在来往函电中所载明之契约仲裁条款或仲裁协议。
当事人就诉讼事项订有本条所称之协议者,缔约国法院受理诉讼时应依当事人一造之请求,命当事人提交仲裁,但前述协定经法院认定无效、失效或不能实行者不在此限。

所涉国家的法律或国际条约,寻求对仲裁协议有效性的承认,从而扩大仲裁协议形式的范围。①

在我国,尽管仲裁协议主要包括仲裁条款和单独的仲裁协议两类,但其在实践中的表现形式则多种多样。《仲裁法解释》第1条就规定,以合同书、信件和数据电文(包括电报、电传、传真、电子数据交换和电子邮件)等形式达成的请求仲裁的协议,属于其他形式的仲裁协议。

三、国际商事仲裁协议的内容

★一般而言,不论何种形式的仲裁协议,一般都包括仲裁意愿、提交仲裁的事项、仲裁地、仲裁机构、仲裁规则以及裁决的效力,具体如下:②

(一)**仲裁意愿**。双方当事人愿意把争议提交仲裁是仲裁协议中最重要的内容,没有明确的仲裁意愿,就失去了提请仲裁的基础。

(二)**仲裁事项**。当事人在仲裁协议中应首先明确表示把他们之间的何种争议提交仲裁。在仲裁条款中一般应规定:"凡因本合同所发生的争议,应提交××仲裁机构仲裁。"目前,各国有关仲裁的立法和各常设仲裁机构的规则,都在原则上承认当事人可以自由商定仲裁协议的内容,但同时也都在不同的程度上对之有所限制。如仲裁协议的内容不得违反一国公共秩序,不得把一国法律规定不属于仲裁管辖的事项提交仲裁等。

(三)**仲裁地点**。仲裁地点是仲裁协议的主要内容之一。仲裁地点的选择,实际上直接关系到仲裁的结果,关系到有关当事人的利益,因此这个问题往往成为当事人在订立仲裁条款时争执的焦点。

(四)**仲裁机构**。一般而言,确定仲裁机构的做法有两种:一是在常设仲裁机构进行,二是由临时仲裁庭进行特别仲裁。如果被选择的国家有几个仲裁机构时,还应明确具体由哪个仲裁机构进行仲裁。当事人在仲裁协议中应当清楚地写明仲裁机构的全称,这样,有利于准确决定仲裁机构,对于国际商事仲裁的顺利进行至关重要。浙江逸盛石化有限公司与卢森堡英威达技术有限公司申请确认仲裁条款效力案[二维码案例]就是涉及仲裁机构的案件。

(五)**仲裁规则**。仲裁规则是双方当事人和仲裁庭在整个仲裁活动中所应遵守的行为规范。国际上对仲裁规则选择的通行做法是,适用受理案件的仲裁机构所制定的仲裁规则。此外,也有一些国家的仲裁机构允许当事人选择其他仲裁规则。

(六)**裁决效力**。仲裁裁决的效力是指裁决是否为终局的,对双方当事人有无约束力以及能否再向法院上诉要求变更等。一般都在仲裁协议中写明:仲裁裁决是终局的,对双方当事人都有约束力,任何一方都不能向法院上诉要求变更。

2010年《联合国贸易法委员会仲裁规则》附件中的"示范仲裁条款"是一个要素比较齐全且比较具有灵活性的条款,可为实践所借鉴。

---

① 参见联合国国际贸易法委员会第三十九届会议2006年7月6日通过的关于1958年6月10日在纽约制定的《承认及执行外国仲裁裁决公约》第2条第2款和第7条第1款的解释的建议。

② 《仲裁法》第16条。

示例 22.2 2010《联合国贸易法委员会仲裁规则》附件"合同中的示范仲裁条款"

任何争议、争执或请求,凡由于本合同而引起的或与之有关的,或由于本合同的违反、终止或无效而引起的或与之有关的,均应按照《联合国国际贸易法委员会仲裁规则》仲裁解决。

注——各方当事人应当考虑增列:
(a) 指定机构应为……(机构名称或人名);
(b) 仲裁员人数应为……(一名或三名);
(c) 仲裁地应为……(城市和国家);
(d) 仲裁程序中使用的语言应为……。

第二节 国际商事仲裁协议的效力

★热身问题:

营业地在中国的 A 公司与营业地在美国的 B 公司签订了大豆买卖合同。双方在合同中达成一个在中国国际经济贸易仲裁委员会仲裁的条款。

(1) 发生争议后,中国 A 公司拟在美国起诉,是否可行?

(2) 假定后主合同因为违反美国出口管制方面的强制性规定无效,那么,合同中的争议解决条款是否因此而无效,一方当事人能否根据仲裁条款,通过仲裁请求赔偿损失?

(3) 假定中国的 A 公司向中国国际经济贸易仲裁委员会提起仲裁,美国 B 公司向仲裁庭提出管辖权异议,同时单独向中国法院提出确定仲裁条款无效的申请,谁来决定仲裁条款是否有效?

一、国际商事仲裁协议效力的概念

仲裁协议的法律效力,是指一项有效的仲裁协议对有关当事人和机构的作用或约束力。对于此问题,学理及各国法律的相关规定基本上一致,但由谁来认定这种效力则有所不同。

有效的仲裁协议是有关仲裁机构行使仲裁管辖权的重要依据之一。世界各国的仲裁机构只能受理有仲裁协议的案件。仲裁庭受理争议的范围也仅限于仲裁协议中明确规定的事项,对于任何超出仲裁协议范围的其他事项,仲裁庭一般无权受理。因此,仲裁庭或仲裁机构不能受理没有仲裁协议的任何案件。

仲裁协议排除了法院对该争议案件的管辖权。双方当事人一旦达成仲裁协议,就应受仲裁协议的约束,如果发生争议,应提交仲裁解决,而不得向法院提起诉讼。如果一方当事人不遵守仲裁协议的约束,向法院提起诉讼,则争议的另一方可以根据仲裁协议要求法院拒绝受理案件,法院亦应依照双方当事人所订立的仲裁协议停止诉讼程序。[①] 河南协鑫光伏科

---

① 《仲裁法》第 5 条规定:"当事人达成仲裁协议,一方向人民法院起诉的,人民法院不予受理,但仲裁协议无效的除外。"

技有限公司诉半导体材料株式会社、苏州世宗半导体材料有限公司侵权责任纠纷案[二维码案例]就是仲裁协议排除法院管辖权方面的案例。

仲裁协议是保证仲裁裁决具有强制执行力的法律前提。有效的仲裁协议是执行有关仲裁程序的依据。在裁决作成之后,一般情况下当事人都能自动执行。如果败诉方拒不履行仲裁裁决,胜诉方即可向有关法院提交有效的仲裁协议和裁决书,请求法院强制执行该裁决。

二、国际商事仲裁协议的独立性

国际商事仲裁协议独立性是当代各国仲裁法都接受的原则。按照这一原则,仲裁协议是与主合同相分离、各自独立的契约,其效力不受主合同的影响,主合同无效或失效时,并不必然引起仲裁条款的无效或失效,仲裁协议的效力应单独判断。关于仲裁协议的独立性问题,理论上有不同主张:

传统观点认为,仲裁协议是主合同不可分割的部分。主合同无效,合同中的仲裁条款也无效。作为主合同一部分的仲裁条款,是针对合同法律关系起作用的。既然主合同无效,依附于主合同的仲裁条款因此失去了存在的基础,当然也就失去效力。

现代观点认为,仲裁条款与主合同是可分的。主合同是对当事人之间实体权利义务的约定,仲裁条款作为从合同,是对当事人之间纠纷解决方式的约定。仲裁条款为当事人实现其实体权利提供了救济手段,该特殊性质决定了仲裁条款的独立性,并形成了仲裁条款自治说(doctrine of arbitration clause autonomy)。①

仲裁条款自治说得到了国际社会的广泛承认。仲裁条款的独立性主要表现在以下两个方面:

一是两者的可分割性。主合同是当事人履行商事义务的条款,从合同是作为当事人必须遵循仲裁义务的条款。如果仲裁后主合同义务如期履行,那么从合同就无须履行了。

二是两者的独立适用性。仲裁的过程中,对于仲裁事项,经过当事人的同意,可以对合同争议适用的特定法律作出某些变更、让步,乃至和解、撤诉,而仲裁条款一经成立则是不可改变、撤销的;有的情况下,当事人可以对主合同的效力提出异议,但不得对仲裁条款的效力提出异议;如果对主合同争议事项依然有分歧,不得另行申请司法诉讼解决,仍然要依照仲裁协议诉诸仲裁。

在仲裁条款独立性上,我国《仲裁法》第19条第1款规定,仲裁协议独立存在,合同的变更、解除、终止或者无效,不影响仲裁协议的效力。《民法典》第507条也规定,合同不生效、无效、被撤销或者终止的,不影响合同中有关解决争议方法的条款的效力。

仲裁协议独立性问题还涉及主从合同问题。在成都优邦文具有限公司、王国建申请撤销深圳仲裁委员会仲裁裁决案中,最高人民法院认为:"本案系当事人申请撤销我国仲裁机构作出的涉港仲裁裁决的案件。案涉担保合同没有约定仲裁条款,仲裁庭关于主合同有仲裁条款,担保合同作为从合同应当受到主合同中仲裁条款约束的意见缺乏法律依据。仲

---

① 参见中国《民法典》第507条以及《仲裁法》第19条第1款。

庭对没有约定仲裁条款的担保合同进行审理并作出裁决,担保人王国建申请撤销该仲裁裁决中涉及其作为担保人部分的裁项的理由成立。"① 由此可见,在主合同与从合同中仲裁条款的约束性上,我国法院的立场是主合同中的仲裁条款对于从合同没有约束性。

在仲裁协议是否存在以及效力的认定上,我国法院积累了丰富的实践经验,运裕有限公司、深圳市中苑城商业投资控股有限公司申请确认仲裁协议效力案;意利埃新能源科技(天津)有限公司与北京万源工业有限公司申请撤销仲裁裁决案;肯考迪亚农产品贸易有限公司(Concordia Agritrading Pte Ltd)、山东晨曦集团有限公司申请承认与执行英国仲裁裁决案[二维码案例],就是这方面的案例。

三、国际商事仲裁协议效力的认定机构

一般来说,法院和仲裁庭均有权对某一特定仲裁协议的有效性作出认定。

1. 仲裁庭。根据自裁管辖权(competence-competence)原则,仲裁庭有权对其管辖权异议作出决定,显然也包括仲裁庭有权认定仲裁协议的效力。我国《仲裁法》第 19 条第 2 款规定,仲裁庭有权确认合同的效力。

2. 法院。法院依照法律应当事人的申请,在仲裁庭作出管辖权决定之后对其决定进行审查,或者在裁决作出后对仲裁庭的管辖权特别是仲裁协议的效力作出认定。法院的此种权力既是对仲裁的支持,也是对仲裁的监督。《仲裁法》第 20 条第 1 款规定:"当事人对仲裁协议的效力有异议的,可以请求仲裁委员会作出决定或者请求人民法院作出裁定。一方请求仲裁委员会作出决定,另一方请求人民法院作出裁定的,由人民法院裁定。"②

当事人对仲裁协议的效力有异议,应当在仲裁庭首次开庭前提出。同时,《仲裁法解释》第 13 条规定,当事人在仲裁庭首次开庭前没有对仲裁协议的效力提出异议,而后向人民法院申请确认仲裁协议无效的,人民法院不予受理。仲裁机构对仲裁协议的效力作出决定后,当事人向人民法院申请确认仲裁协议效力或者申请撤销仲裁机构的决定的,人民法院不予受理。

法院或者仲裁庭在对国际商事仲裁协议的效力作出决定时,考虑的主要因素有:该特定的仲裁协议应当适用的法律;仲裁协议本身不得违反裁决地国或裁决执行地国法律中有关的强制性规定,如涉及可仲裁事项的问题、有关当地的社会公共利益等问题的规定。③

近年来,从我国司法实践的角度来看,在仲裁协议效力的认定上呈现支持仲裁的倾向,如下例:

---

① 《最高人民法院关于成都优邦文具有限公司、王国建申请撤销深圳仲裁委员会(2011)深仲裁字第 601 号仲裁裁决一案的请示的复函》,[2013]民四他字第 9 号,2013 年 3 月 20 日。
② 《仲裁法》第 26 条规定:"当事人达成仲裁协议,一方向人民法院起诉未声明有仲裁协议,人民法院受理后,另一方在首次开庭前提交仲裁协议的,人民法院应当驳回起诉,但仲裁协议无效的除外;另一方在首次开庭前未对人民法院受理该案提出异议的,视为放弃仲裁协议,人民法院应当继续审理。"
③ 赵秀文:《论国际商事仲裁协议的有效性及其适用法律》,载《法学家》1993 年第 5、6 期。

示例 22.3 ▶ 中轻三联和塔塔公司销售合同案[①]

> 2015年3月,中轻三联和塔塔公司签署了涉案《销售合同》,《销售合同》第17条中文译文为:"凡因执行本合约或与本合约有关的发生的一切争议应由合约双方友好协商解决。如果不能协商解决,应提交新加坡国际贸易仲裁委员会按照美国的仲裁规则进行仲裁,仲裁裁决的是终决的,对双方都有约束力。"[②] 由于新加坡没有所谓的"新加坡国际贸易仲裁委员会",这一仲裁条款就被称为"病态仲裁协议"(pathological arbitration agreement)。然而,在此案件中,北京市第四中级人民法院裁定认为:"从纽约公约内容、国际商事仲裁的发展趋势到我国司法解释的规定分析,放宽对仲裁协议效力要求,尽量使仲裁协议有效,不仅有利于尊重当事人选择仲裁作为解决争议方式的本意,也有利于促进和支持仲裁的发展,为国际商事仲裁营造良好的法治环境。根据法院在仲裁司法审查中持支持和鼓励仲裁的司法理念,以及在涉及国际商事仲裁中尽量确认仲裁协议有效的原则,并结合上述涉及仲裁协议效力法律适用的分析,本院认定涉案的仲裁协议有效。"[③]

当然,并不是所有"病态仲裁协议"都能有效。《仲裁法》第16条规定了三个基本要素:(1) 请求仲裁的意思表示;(2) 仲裁事项;(3) 选定的仲裁委员会。仲裁协议对仲裁事项或者仲裁委员会没有约定或者约定不明确的,当事人可以补充协议;达不成补充协议的,仲裁协议无效。进一步,第17条规定,有下列三种情形之一的,仲裁协议无效:(1) 约定的仲裁事项超出法律规定的仲裁范围的;(2) 无民事行为能力人或者限制民事行为能力人订立的仲裁协议;(3) 一方采取胁迫手段,迫使对方订立仲裁协议的。

★热身问题分析:

在热身问题中,营业地在中国的 A 公司与营业地在美国的 B 公司签订了大豆买卖合同。双方在合同中达成在中国国际经济贸易仲裁委员会仲裁的条款。

对于第一个问题,发生争议后,中国 A 公司拟在美国起诉的问题。如果仲裁条款有效,B 公司应该向中国国际经济贸易仲裁委员会提起仲裁,而不是在美国提起诉讼。

对于第二个问题,假定后主合同因为违反美国出口管制方面的强制性规定无效,那么,

[①] 北京市第四中级人民法院民事裁定书,(2017)京04民特23号。

[②] "病态仲裁协议"这一概念源于1974年国际商会名誉会长富莱德(Frédéric Eisemann)文章中的表述。"病态仲裁协议"大致有三种情形:提交仲裁还是提起诉讼的不一致性、仲裁协议具体内容的不确定性、仲裁协议不具有可操作性。See Frédéric Eisemann, La clause d'arbitrage pathologique, in *Commercial Arbitration-Essays In Memoriam Eugenio Minoli* 129(1974).

[③] 实践中,最高人民法院根据司法实践总结了如下情形规定在《仲裁法解释》中,具体如下:

第3条:"仲裁协议约定的仲裁机构名称不准确,但能够确定具体的仲裁机构的,应当认定选定了仲裁机构。"

第4条:"仲裁协议仅约定纠纷适用的仲裁规则的,视为未约定仲裁机构,但当事人达成补充协议或者按照约定的仲裁规则能够确定仲裁机构的除外。"

第5条:"仲裁协议约定两个以上仲裁机构的,当事人可以协议选择其中的一个仲裁机构申请仲裁;当事人不能就仲裁机构选择达成一致的,仲裁协议无效。"

第6条:"仲裁协议约定由某地的仲裁机构仲裁且该地仅有一个仲裁机构的,该仲裁机构视为约定的仲裁机构。该地有两个以上仲裁机构的,当事人可以协议选择其中的一个仲裁机构申请仲裁;当事人不能就仲裁机构选择达成一致的,仲裁协议无效。"

合同中的争议解决条款是否因此而无效,一方当事人能否根据仲裁条款通过仲裁请求赔偿损失的问题,从前述正文的讨论来看,主合同无效,并不必然导致仲裁条款无效,仲裁条款具有相对独立性。当事人可以根据仲裁条款提请仲裁。

对于第三个问题,假定中国的 A 公司向中国国际经济贸易仲裁委员会提起仲裁,美国 B 公司向仲裁庭提出管辖权异议,同时单独向中国法院申请确认仲裁条款无效,谁来决定仲裁条款是否有效的问题,《仲裁法》第 20 条第 1 款规定:"当事人对仲裁协议的效力有异议的,可以请求仲裁委员会作出决定或者请求人民法院作出裁定。一方请求仲裁委员会作出决定,另一方请求人民法院作出裁定的,由人民法院裁定。"

【推荐参考资料】

1. 高菲、徐国建:《中国临时仲裁实务指南》,法律出版社 2017 年版;
2. 晏玲菊:《国际商事仲裁制度的经济学分析》,上海三联书店 2016 年版;
3. 汪祖兴、郑夏:《自治与干预:国际商事仲裁当事人合意问题研究》,法律出版社 2016 年版;
4. 刘晓红:《国际商事仲裁协议的法理与实证》,商务印书馆 2005 年版。

第二十三章

国际商事仲裁中的法律适用

第一节 国际商事仲裁法律适用概述

国际商事仲裁往往涉及不同国家的当事人,同时,由于各国的法律规定不同,解决争议依据不同国家的实体法或程序法会产生不一样的结果。因此,国际商事仲裁的法律适用问题是一个很关键的问题。

一、国际商事仲裁法律适用的概念

国际商事仲裁的法律适用,是指在国际商事仲裁中,适用何种法律来判定国际商事仲裁协议的有效性、仲裁程序所遵守的规则、仲裁当事人的实体权利义务、仲裁裁决的法律效力及其承认和执行。

在国际民事诉讼中,法院处理法律适用问题主要涉及两个方面:程序问题和实体问题。程序问题通常依照法院地法,而实体争议则需要根据法院地的冲突规则确定准据法。国际商事仲裁法律适用则不同于国际民事诉讼中的法律适用,其突出特点在于仲裁当事人具有很大的自主性来行使意思自治,可以选择仲裁协议所适用的法律、仲裁程序法、仲裁实体法,而不必拘泥于仲裁地法律的限制。国际商事仲裁不同于国内商事仲裁,与国际商事仲裁有关的法律制度至少有四种:

(1) 适用于仲裁协议的法律;
(2) 适用于仲裁程序的法律,即仲裁法(lex arbitri);
(3) 适用于争议实体问题的法律或相关法律规则;
(4) 适用于裁决的承认和执行的法律。

二、国际商事仲裁法律适用的立法模式

现代各国有关国际商事仲裁法律适用的立法规定极为分散,归纳起来,大致有以下三种模式:

一是在仲裁法中规定法律适用规则。在此种模式下,有的国家的仲裁法仅规定仲裁程序法的适用规则;有的除仲裁程序法以外,还规定了仲裁协议的准据法、仲裁实体法的适用规则。如2016年修订的《韩国仲裁法》就在第20条规定了程序事项的法律适用规则,在第29条规定了实体问题的准据法。

二是在国际私法中规定仲裁的法律适用规则。例如,《瑞士联邦国际私法法规》在第12章"国际仲裁"中就对国际商事仲裁的法律适用分别进行了规定,其中第178条规定了仲裁协议的法律适用规则,第182条规定了仲裁程序的法律适用规则,第187条则规定了仲裁裁决适用实体法的规则。我国2010年《法律适用法》第18条也就仲裁协议的法律适用进行了规定。

三是在民事诉讼法中规定仲裁的法律适用规则。有些国家在民事诉讼法中对仲裁制度作出规定,并就仲裁的法律适用专门规定。例如,在《德意志联邦共和国民事诉讼法》第十编"仲裁程序"中,第1042条规定了仲裁程序法的适用规则,第1051条规定了仲裁实体法的适用规则。

除了国内立法以外,一些重要的有关国际商事仲裁的国际法律文件(如《国际商事仲裁示范法》等)、国际商事仲裁机构的仲裁规则,也会就国际商事仲裁的法律适用问题作出规定。

第二节　国际商事仲裁协议的法律适用

★热身问题：

营业地在中国的A公司与营业地在美国的B公司签订了大豆买卖合同。双方在合同中约定,"有关争议、纠纷或诉求应当提交仲裁解决;仲裁应在中国北京中国国际经济贸易仲裁中心进行,并适用现行有效的《联合国国际贸易法委员会仲裁规则》"。美国B公司在北京法院申请确认仲裁协议无效。该仲裁协议是否有效？如何确定该案的准据法？

关于认定仲裁协议效力的准据法,无论是形式要件还是实质要件,国际上都有不同的理解和做法。

一、当事人意思自治

现代各国在处理涉外合同的法律适用问题时,都采用当事人意思自治原则。仲裁协议既然是当事人之间的合意,当事人当然有权选择支配仲裁协议的准据法。实践中可能出现的问题是：主合同的法律与仲裁协议的法律的关系如何。统一论认为,如果主合同中含有仲裁条款,且合同中含有法律选择条款,则仲裁协议作为主合同的一部分,亦应适用主合同的法律作为处理仲裁协议的准据法;区别论则与之相反,认为主合同关系到当事人之间权利义务的实质问题,而仲裁条款关涉合同发生争议后的仲裁程序问题,主合同中所选择的法律主要处理的是当事人间的实质问题,而非支配仲裁协议有效性的法律,二者应有所区分。[①] 尽管二者并没有定论,但实践中,当事人单独为仲裁协议或仲裁条款约定准据法的情况较为少见。

二、仲裁地法或裁决地法

当事人未明示选择仲裁协议的准据法时,通常是以仲裁地法或裁决地法作为仲裁协议

---

① 参见韩健：《现代国际商事仲裁法的理论与实践》(修订本),法律出版社2000年版,第115页。

的准据法。《纽约公约》第 5 条第 1 款中规定,仲裁协议依当事人作为协定准据之法律系属无效,或未指明以何法律为准时,依裁决地所在国法律系属无效,可以成为拒绝承认与执行的理由。由此可见,当事人未选择准据法的,以裁决地国法作为仲裁协议的准据法已是各国普遍接受的做法。我国《法律适用法》第 18 条也规定:"当事人可以协议选择仲裁协议适用的法律。当事人没有选择的,适用仲裁机构所在地法律或者仲裁地法律。"

三、最密切联系原则

在当事人没有选择仲裁协议的准据法的情况下,最密切联系原则亦可用于决定仲裁协议的准据法。英国法院的实践中就有此方面的案例。英国上诉法院在一起案例中提出了确定仲裁协议准据法的三个步骤:一是当事人明示选择法律;二是当事人默示选择法律;三是适用与仲裁协议具有最密切和最真实联系的法律。① 但即使根据最密切联系原则,实践中一般也都是直接适用仲裁地或裁决地法,只有在仲裁地或裁决地无法确定的情况下,才依各种客观标志,例如法院地,合同缔结地,争议标的所在地,当事人的住所、国籍、惯常居所、营业地等,来综合评估和确定仲裁协议的准据法。

另外,为了体现支持仲裁的国际趋势,尽量使其有效的原则(*in favorem of validitatis*)也得到很多法院实践的广泛认同,即适用能使仲裁协议保持有效的法律。

四、中国法的规定

对于仲裁协议的法律适用问题,《法律适用法》第 18 条规定:"当事人可以协议选择仲裁协议适用的法律。当事人没有选择的,适用仲裁机构所在地法律或者仲裁地法律。"此规定确定了两个原则:一是主观的当事人意思自治原则;二是适用客观的仲裁机构所在地法律或者仲裁地法律。但如果当事人没有选择涉外仲裁协议适用的法律,也没有约定仲裁机构或者仲裁地,或者约定不明的情况下,就面临确定准据法的难题。对此,《法律适用法解释(一)》第 12 条进一步规定,人民法院在此情况下可以适用中国法律认定该仲裁协议的效力。② 例如,中粮酒业与香港 Gloria Vino 确认仲裁协议效力案[二维码案例],就适用瑞士法律确认了仲裁条款的有效性。

★热身问题分析:

结合上述规定,对于前述热身问题,根据《法律适用法》第 18 条,可以确定仲裁地在北京,因此应该适用中国法作为案件的准据法。在该假定的案件中,尽管仲裁条款中约定的

---

① See Sulamerica CIA Nacional De Seguros SA & Ors v Enesa Engenharia SA & Ors [2012] EWCA Civ 638.
② 关于仲裁协议的准据法,《最高人民法院关于审理仲裁司法审查案件若干问题的规定》(2017 年)又规定了 3 条:
第 13 条:"当事人协议选择确认涉外仲裁协议效力适用的法律,应当作出明确的意思表示,仅约定合同适用的法律,不能作为确认合同中仲裁条款效力适用的法律。"
第 14 条:"人民法院根据《中华人民共和国涉外民事关系法律适用法》第十八条的规定,确定确认涉外仲裁协议效力适用的法律时,当事人没有选择适用的法律,适用仲裁机构所在地的法律与适用仲裁地的法律将对仲裁协议的效力作出不同认定的,人民法院应当适用确认仲裁协议有效的法律。"
第 15 条:"仲裁协议未约定仲裁机构和仲裁地,但根据仲裁协议约定适用的仲裁规则可以确定仲裁机构或者仲裁地的,应当认定其为《中华人民共和国涉外民事关系法律适用法》第十八条中规定的仲裁机构或者仲裁地。"
在前述三条中,第 13 条强调了合同与仲裁协议的法律适用应该有所不同,后两条则更多地体现了支持仲裁协议有效的倾向。

"中国北京中国国际经济贸易仲裁中心"这一名称有误,但根据《仲裁法解释》第3条的规定,仲裁协议约定的仲裁机构名称不准确,但能够确定具体的仲裁机构的,应当认定选定了仲裁机构。因此,该案中的仲裁协议应该认定有效。

第三节 国际商事仲裁程序问题的法律适用

★热身问题:

营业地在中国的A公司与营业地在美国的B公司签订了大豆买卖合同。双方在合同中约定:"有关争议、纠纷或诉求应当提交仲裁解决;仲裁应在中国北京中国国际经济贸易仲裁委员会进行,并适用其现行有效的仲裁规则。"在仲裁中,美国B公司向仲裁庭申请对中国A公司采取财产保全措施。

问题:仲裁庭能否直接采取财产保全措施?

一、仲裁程序问题的法律适用概述

尽管相对于诉讼来说,仲裁当事人具有更大的自主性来行使意思自治,可以选择仲裁程序所适用的法律,但是商事仲裁并不存在于法律的真空中,仲裁也受到相关法律的约束。国际仲裁程序的一般流程,见图23.1。

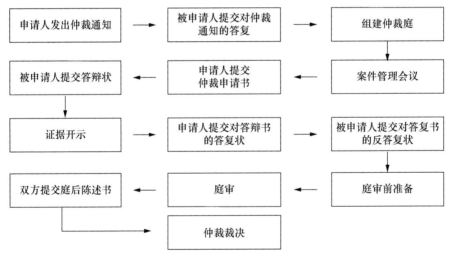

图 23.1 国际仲裁程序的一般流程

(一)仲裁程序的法律适用与仲裁程序法

仲裁程序的法律适用,是指适用于仲裁活动和行为本身的法律,即制约和规范仲裁程序的法律。适用于国际商事仲裁程序事项的法律既包括仲裁程序法,同时也包括仲裁规则。

严格意义上的仲裁程序法即仲裁法(lex arbitri)。仲裁法是有关国家制定的可用以控制仲裁和在当事人无约定时可对仲裁起到协助和支持作用的法律。仲裁程序法通常表现为单独的仲裁法,如中国的《仲裁法》;有时也可能包含在民事诉讼法典等程序法中;英美法系国家的判例法和大陆法系国家的司法机关作出的相关司法解释也构成仲裁程序法的组成部分。

(二) 仲裁程序法的内容

实践中,仲裁程序法的内容繁简不一,但通常都包括了解决仲裁过程所涉及的下列主要问题:可仲裁事项的范围,仲裁协议效力的认定,仲裁文书的送达,仲裁员的指定、回避与撤销,仲裁庭的权力和责任,仲裁程序中临时性保全措施的采取、证据的收集和使用,仲裁裁决作出的形式及对裁决异议的处理,仲裁裁决的承认与执行等。

关于仲裁程序法的选择与适用,国际上并没有统一的立法和实践,即便是那些同意当事人选择仲裁程序法的国家,其规定的限制条件也各不相同。

(三) 仲裁程序问题法律适用的特征

仲裁程序问题的法律适用具有两大特征:

一是仲裁程序问题法律适用的双重性。双重性主要体现在两个方面:一方面仲裁是由当事人或当事人与仲裁庭已经同意或采用的程序规则进行规范的;另一方面仲裁程序还需要遵守仲裁地的法律规范。承认仲裁的这种双重性非常重要。但是在某些情况下,仲裁程序并不绝对地从属于一国的司法制度,仲裁所依据的程序法不仅仅是仲裁地法。换句话说,当事人可以选择仲裁地以外的仲裁程序规则和仲裁程序法。

二是仲裁程序法具有独立性,独立于仲裁实体法。仲裁程序法所属法律体系可独立于仲裁实体法所属法律体系的观点已得到了确认。早在 20 世纪 70 年代初英格兰法院审理的"詹姆斯·米勒诉威瑟沃斯街房地产公司"(James Miller & Partners Ltd. v. Whitworth Street Estates(Manchester)Ltd.)案[①]中就已明确将仲裁程序法与仲裁实体法相分离,实际上就是承认当事人可以基于不同的考虑分别选择仲裁程序法和实体法。

二、仲裁程序法与仲裁规则

仲裁规则是指各国仲裁机构根据其本国仲裁法,或者国际组织成立的国际商事仲裁机构根据特定的国际法制定的关于如何进行仲裁的程序规则。仲裁程序法与仲裁规则是两个既有区别又有密切关系的概念。

仲裁程序法通常被称为仲裁的"法庭法"(curial law)或"仲裁法"(lex arbitri),是世界各国通过国内立法或国际立法的方式,单独或者集体制定的规范商事仲裁的法律规范的总称;国际商事仲裁规则是由各有关的商事仲裁当事人、商事仲裁机构或其他民间机构所制定的规范商事仲裁活动的程序规则。

仲裁程序法与仲裁规则紧密关联。仲裁程序法是本国仲裁机构制定仲裁规则的依据,仲裁规则必须符合本国仲裁程序法的基本原则,否则法院可以仲裁裁决违反仲裁程序法为由而将其撤销。两者在通常情况下是不会发生矛盾的。但是,当仲裁庭适用了当事人自行约定的仲裁地以外的仲裁规则进行仲裁时,该仲裁规则就有可能与仲裁地的仲裁程序法的强制性规定产生冲突,此时,仲裁庭只有服从于仲裁地程序法的强制性规定,才能避免产生其作出的裁决被撤销的后果。

仲裁规则会就仲裁程序规定具体的操作规范,但因为仲裁规则自身的修改,也会产生适

---

① [1970] A.C. 584.

用问题。例如,中国农业开发公司诉巴黎贸易公司案[二维码案例]就涉及适用新旧仲裁规则问题。

仲裁程序法与仲裁规则的区别主要表现在[①]:

(1) 制定主体不同。仲裁程序法是由国家立法机关制定颁布的法律、法规和司法机关作出的解释,其制定主体通常为一国的立法机关;而仲裁规则则是由各仲裁机构制定供仲裁庭和当事人直接适用的程序规则,其制定主体通常为民间性质的各个仲裁机构。

(2) 调整范围不同。仲裁程序法调整的范围更为广泛,既包括仲裁庭及其内部运作事项,又包括仲裁庭的外部运作事项,如法院强制证人作证、采取证据保全措施、撤销仲裁裁决或拒绝执行仲裁裁决等;而仲裁规则仅调整仲裁庭的内部运作关系,如仲裁的申请、答辩与反诉,仲裁员的指定与确认,请示仲裁员的回避与替代,仲裁地点与仲裁规则的选择与决定,仲裁审理程序的终结,裁决作出的形式、期限,更正及解释,等等。

(3) 法律效力不同。仲裁程序法具有普遍性的法律效力;而仲裁规则的效力仅局限于相关的仲裁机构、仲裁员、当事人以及其他仲裁参与人,而且仲裁规则必须服从于相关的仲裁法。对于商事仲裁法中的任意性条款,当事人、仲裁庭和仲裁机构可以选择是否适用,但对于其中的强制性条款,当事人、仲裁庭和仲裁机构都必须严格遵守。对此,很多仲裁规则都有明文规定。譬如,2010年新修订的《联合国国际贸易法委员会仲裁规则》第1条第3款规定:"仲裁应按照本《规则》进行,但本《规则》任一条款与仲裁所适用的某项法律规定相抵触,且各方当事人又不得背离该法律规定的,以该法律规定为准。"

(4) 司法程序不同。仲裁程序法是管辖法院干预商事仲裁的依据;而仲裁规则只是法院干预商事仲裁时需要考虑的因素,即主要只是依据仲裁规则的执行情况来对仲裁程序进行监督,并且一个非常重要的前提是,仲裁规则的相关内容不违背仲裁法的规定。

三、仲裁程序法适用的理论依据

(一) 仲裁地法

传统理论认为,仲裁程序受仲裁地法支配。其主要有以下几个依据:

第一,从国际公法的角度来看,主权是国家固有的重要属性,是国家对内最高、对外独立的权力。根据属地管辖权,一国对在其领域内进行的仲裁享有监督、控制的权力,仲裁的合法性及效力都来自仲裁地法。

第二,从国际私法的角度来看,早在"法则区别说"时代,就有学者根据"场所支配行为"的理论得出仲裁程序受仲裁地法支配的结论。

第三,从国际商事仲裁本身来看,在一般情况下,仲裁地法与仲裁程序之间的联系十分密切,自一方当事人提请仲裁到仲裁裁决得到执行的过程中,仲裁协议效力的认定、仲裁文书的送达、仲裁庭的组成、仲裁员的权利和义务、仲裁程序中的临时措施、证据的收集和使用、裁决的作出等问题无不受制于仲裁地法。仲裁地理所当然地成为确定仲裁法适用问题时需要考虑的最重要连结因素。

[①] 参见何其生主编:《国际私法入门笔记》,法律出版社2019年版,第444—445页。

(二) 当事人意思自治原则

国际商事仲裁在性质上有契约说、自治说等理论,当事人选择仲裁程序所适用的法律是当事人意思自治的重要体现。国际商事仲裁在程序上适用当事人意思自治原则,主要表现为一国境内的仲裁,遵照当事人的意图按照另一国的程序法进行。譬如仲裁在瑞士进行,但是当事人通过约定要求适用德国的程序法。不过,国际商事仲裁并不处于法律真空中,不存在"绝对的契约自由"原则和"绝对的当事人意思自治"原则。在上述例子中,当事人和仲裁员都需要考虑两个程序法:当事人选择的德国程序法和瑞士法中强制性的程序法。这说明当事人在选择仲裁程序法时,双方的自由是要受到限制的。

(三) 非本地化理论

1. "非本地化"理论的内容

自20世纪60年代以来,在国际商事仲裁的理论和实践中涌现出一种否定"所在地理论",力图使国际商事仲裁程序完全摆脱仲裁地法的控制和支配的发展趋向,这一理论被称作国际商事仲裁的"非本地化"理论(delocalisation)。

"非本地化"理论认为,国际商事仲裁可以不受仲裁地法的限制,可以独立于仲裁地法进行;仲裁裁决的法律效力也不必由仲裁地法赋予,仲裁裁决即使不依仲裁地法作出也同样有效,并可在他国得到承认和执行;裁决在申请强制执行之前不受任何国家法院的监督,任何国家的法院均不能行使撤销此项裁决的权力。

按照这一理论,当事人可以超脱于仲裁所在地国家法律的控制之外,在其合同中约定,仲裁不受任何特定的国家的程序法的调整,仲裁的程序规则将由当事人自由选定;或者由仲裁庭根据符合当事人利益的目的选择适用于仲裁程序的法律,而非仲裁地的强制程序规则。

2. "非本地化"理论的目标

非本地化理论能实现如下的目标:一是保证仲裁不管在什么地方进行,同一个仲裁庭能够以同样的仲裁程序进行仲裁;二是保证不管由哪一个仲裁庭进行仲裁,也不管仲裁在何处进行,所适用的程序规则都应该是相同的。两个目标的本质都是一样的:目的是在每个案件中使仲裁进行的地点变得毫不相干,仲裁庭能够适用相同的仲裁程序规则,从而使仲裁当事人最大限度地享受到程序的正义和公平。

非本地化理论的出现,主要有如下一些原因:首先,作为一项基本原则,国际商事仲裁不应受差异极大的各个国家国内法律缺失的支配,特别是某些国家的内国法律制度极不完善,或者不适应现代国际商事仲裁实践的需要。其次,仲裁法仅仅是程序方面的规则,在国际商事仲裁中,这些规则完全可以由当事人自己制定或者由仲裁庭代为制定。最后,调整仲裁程序的法律应该是仲裁裁决执行地国家的法律,而不是仲裁进行地国家的法律。因为只有仲裁裁决执行地国的法律才是唯一的可以根据公共秩序的理由拒绝承认和执行仲裁裁决的法律。

根据非本地化理论,"浮动裁决"(floating award)的概念也应运而生。所谓"浮动裁决",是指通过当事人协议,使仲裁不附属于任何特定内国法律体系所作出的裁决[①],浮动裁决通常也会被冠以其他名称,诸如"非国内"裁决(unnational award)、"非本地"裁决等。

---

① See Pieter Sanders, "Trends in the Field of International Commercial Arbitration", 2 *Recueil Des Cours* 270 (1975).

3. "非本地化"理论评析

"非本地化"理论是在国际商事仲裁领域出现的一种新的发展动态,是"意思自治"理论同"所在地"理论矛盾与冲突的结果。然而,支持"非本地化"理论的国家为数并不多,这一理论自身还存在不少难以克服的缺陷。①

首先,"非本地化"理论期望建立一种完全摆脱任何国内法约束的自治仲裁体系,这是不符合现实的。国际私法上的"意思自治"并不是绝对的,当事人的自由约定不得违反公共秩序和法律的强制性规范,已是各国普遍接受的原则。基于这一原则,在国际商事仲裁中,当事人不能通过协议排除仲裁地国的仲裁法中强制性规则的适用。当事人关于仲裁规则的约定,也不能违反仲裁地国仲裁法中的强制性规定。

其次,在由主权国家组成的国际社会中,要让国家完全放弃对其境内的仲裁活动的监督和管理,是既不可能也不必要的。而且有时国际商事仲裁还必须借助于法院依其当地法律给予的协助和支持才可能开展正常的仲裁程序。

最后,"非本地化"理论完全无视仲裁地法在国际商事仲裁实践中所起的积极作用,也会给国际商事仲裁程序的进行和仲裁裁决的承认与执行带来困难和不便,这也正是各国国内立法很少接受这一理论的真正原因。

"非本地化"理论虽有不足,但西方国家商业界却多持支持态度。按此种理论进行的仲裁,在当事人能自动履行裁决,即不存在就裁决的有效性或可执行性问题诉诸法院的可能的情况下,是可以摆脱国内法的限制和法院的监督,从而充分实现当事人意思自治的。其实,即使那些批评"非本地化"理论的学者也并不都反对这种理论,只是担心在法律根据不充分和各国司法实践未广泛认可的情况下,其裁决的有效性无法得到保证而已。②

四、中国法的规定

中国法律对于仲裁程序问题的法律适用没有进行直接规范,但仲裁地在中国境内的仲裁程序,无疑要遵守中国仲裁法的强制性规范。

★热身问题分析:

对于前述的热身问题,根据《中国国际经济贸易仲裁委员会仲裁规则》(2015版)第23条第1款的规定,当事人依据中国法律申请保全的,仲裁委员会应当依法将当事人的保全申请转交当事人指明的有管辖权的法院。进一步的问题是仲裁庭或仲裁委员会为什么不能直接采取财产保全措施?这是因为《仲裁法》第28条规定,一方当事人因另一方当事人的行为或者其他原因,可能使裁决不能执行或者难以执行的,可以申请财产保全。当事人申请财产保全的,仲裁委员会应当将当事人的申请依照民事诉讼法的有关规定提交人民法院。③

---

① 参见何其生主编:《国际私法入门笔记》,法律出版社2019年版,第447页。
② 参见韩健:《现代国际商事仲裁法的理论与实践》(修订本),法律出版社2000年版,第272页。
③ 《民事诉讼法》第103条规定:"人民法院对于可能因当事人一方的行为或者其他原因,使判决难以执行或者造成当事人其他损害的案件,根据对方当事人的申请,可以裁定对其财产进行保全、责令其作出一定行为或者禁止其作出一定行为;当事人没有提出申请,人民法院在必要时也可以裁定采取保全措施。人民法院采取保全措施,可以责令申请人提供担保,申请人不提供担保的,裁定驳回申请。人民法院接受申请后,对情况紧急的,必须在四十八小时内作出裁定;裁定采取保全措施的,应当立即开始执行。"

第四节　国际商事仲裁实体问题的法律适用

★热身问题：

营业地在中国的 A 公司与营业地在美国的 B 公司签订了大豆买卖合同。双方在合同中约定："有关争议、纠纷或诉求应当提交仲裁解决；仲裁应在中国北京中国国际经济贸易仲裁委员会进行，并适用其现行有效的仲裁规则。"双方当事人并未选择合同所适用的法律。

问题：本案需要根据《法律适用法》确定应该适用的法律吗？

一、概述

国际商事仲裁实体问题适用实体法（substantive law），它是确定争议双方当事人权利义务所适用的准据法，是判定争议是非曲直的主要法律依据，对争议的最终裁决结果具有决定性的意义。如何确定和适用仲裁的实体法，是国际商事仲裁的核心问题。它直接制约着仲裁的结果，影响着国际商事仲裁当事人的切身利益。

国际商事仲裁的实体法与支配当事人之间商事关系或者商事合同的法律是一致的。但仲裁实体法的确定与法院确定国际合同的法律适用仍有着许多不同的地方。

（1）如果当事人选择了仲裁实体法，仲裁庭将尊重当事人的选择，适用当事人选择的法律；

（2）在当事人未作法律选择时，仲裁庭可适用仲裁地国的冲突规则、仲裁员本国的冲突规则或仲裁员认为适当的其他冲突规则，来确定仲裁适用的实体法。

（3）仲裁员还可以不援引任何冲突规则，而直接适用他认为适当的实体法规则，或者根据公允与善良原则进行裁决。

二、国际商事仲裁实体问题准据法的确定方法

从国际商事仲裁的实践和立法来看，国际商事仲裁中实体法的确定可以分为两类：一类是当事人通过协议明确选择了仲裁实体法；一类是当事人选择不明确或未选择实体法的。

（一）当事人通过协议明确选择仲裁实体法

当事人通过协议明确选择仲裁实体法时，应当尊重当事人对法律的选择。仲裁的基础乃是当事人的合意，即当事人通过协议，根据其同意的目的和条件赋予仲裁员以裁决案件的权力。因而，如果当事人就他们之间的商事关系约定受某一法律支配，仲裁员有义务尊重当事人的这种合意，适用当事人所选择的法律。例如，瑞士科玛集团有限公司诉江苏纺织工业（集团）进出口有限公司案[二维码案例]就适用当事人选择的新加坡法律来处理实体问题。

（二）根据冲突法规则确定仲裁实体法

当事人没有明示选择仲裁实体法时，仲裁庭可以根据冲突法规则确定仲裁实体法。与诉讼不同，仲裁庭在运用冲突规范确定仲裁实体法时，可以在多种冲突规则之间进行选择，包括仲裁地国冲突规则、仲裁庭认为合适的冲突规则、最密切联系原则。

（1）依仲裁地国的冲突规则。此种做法的理论基础是，当事人选择了仲裁地，也就间接

地选择了仲裁地的冲突法规则,其优点在于具有统一性和可预见性。不足之处是过分强调了仲裁地法在国际商事仲裁中的作用,且可能导致所适用的冲突规则与案件没有真实联系的结果。例如,在当事人没有约定仲裁地的情况下,仲裁庭可能在两个或多个国家听审,仲裁地的识别就可能变得困难。

(2)依仲裁庭认为合适的冲突规则确定准据法。在当事人未作法律选择的情况下,应赋予仲裁庭广泛的自由裁量权,由仲裁庭综合考虑各方面的因素,决定可适用的冲突规则,诸如仲裁员本国的冲突规则、裁决可能被执行的国家的冲突规则等。此种做法给予了仲裁庭较大的自主权和灵活性。

(3)最密切联系原则。在合同领域,在当事人没有选择准据法的情况下,最密切联系原则是确定合同准据的最主要原则,已为各国所普遍接受,也应是国际商事仲裁领域确定商事争议法律适用的主要方法之一。

(三)直接确定仲裁实体法

当事人没有明示选择仲裁实体法时,仲裁庭还可以根据案件情况直接确定实体法。晚近,在仲裁实践中出现了"直接适用实体规则"的方法,即仲裁员不必确定和依靠任何冲突规则,而是根据案情需要,直接确定应适用的实体法规则。

三、仲裁实体问题准据法的表现形式

从国际商事仲裁的实践来看,仲裁中适用的实体法,主要有以下几种:

(1)国内法。国内法一直是国际商事交往中当事人选择准据法的主要对象,是处理国际商事争议的主要法律依据之一。

(2)国际条约。随着国际商事公约大量增加,缔约方也越来越多,适用国际条约的几率逐渐增加。有些国际公约具有直接适用的效力,例如,《联合国国际货物销售合同公约》就规定,缔约方的当事人之间订立的货物销售合同中,如未排除公约的适用,则公约可适用于当事人的货物销售合同。

(3)国际惯例。由于国际商事惯例是实践的直接产物,并随着国际经济贸易的发展不断得到修改,因而特别能够适应现代国际商事交往发展的需要,在国际商事仲裁中常常成为仲裁庭处理当事人之间商事争议的法律依据。

(4)合同条款。当事人之间的合同,一般都明确规定了当事人的实体权利和义务。如果当事人不遵守合同条款的规定,应承担由此而引发的责任。在合同合法有效的情况下,合同条款是仲裁庭处理当事人之间争议的核心依据。

四、中国法的规定

在我国,《法律适用法》第2条规定:"涉外民事关系适用的法律,依照本法确定。其他法律对涉外民事关系法律适用另有特别规定的,依照其规定。"因此,《法律适用法》是我国处理涉外民事关系法律适用的一般法。

考虑到法院是我国法律适用的主要机关,以及仲裁的相对独立性,《法律适用法》的规定

并不需要强制性遵守。我国不少仲裁机构在仲裁规则中都制定了自己的法律适用规则。①

> **中国国际经济贸易仲裁委员会仲裁规则(2015版)**
>
> 第49条 裁决的作出
> (一)仲裁庭应当根据事实和合同约定,依照法律规定,参考国际惯例,公平合理、独立公正地作出裁决。
> (二)当事人对于案件实体适用法有约定的,从其约定。当事人没有约定或其约定与法律强制性规定相抵触的,由仲裁庭决定案件实体的法律适用。
> ……

该条规定的法律适用相对简单,即有当事人约定的适用当事人的约定,当事人没有约定,由仲裁庭自行裁量,但强调了"依照法律规定"和"公平合理、独立公正地"友好裁决。

★**热身问题分析:**

对于热身问题中双方约定在中国北京中国国际经济贸易仲裁委员会的仲裁,由于双方当事人并未选择合同所适用的法律,根据前述《中国国际经济贸易仲裁委员会仲裁规则》第49条的规定,由仲裁庭决定案件实体的法律适用。由此可见,仲裁庭不需要根据《法律适用法》确定应该适用的法律。但考虑到中国和美国都是《联合国国际货物销售合同公约》的缔约国,适用该公约应该是处理该案件准据法的合理选择。

【推荐参考资料】

1. 寇丽:《现代国际商事仲裁法律适用问题研究》,知识产权出版社2013年版;
2. 杨玲:《国际商事仲裁程序研究》,法律出版社2011年版;
3. 赵秀文:《从相关案例看ICC仲裁院裁决在我国的承认与执行》,载《法学》2010年第3期;
4. 谢新胜:《国际商事仲裁程序法的适用》,中国检察出版社2009年版。

---

① 《北京仲裁委员会仲裁规则》(2019)
第69条 法律适用
(一)仲裁庭应当根据当事人选择适用的法律对争议作出裁决。除非当事人另有约定,选择适用的法律系指实体法,而非法律冲突法。
(二)当事人未选择的,仲裁庭有权根据案件情况确定适用的法律。
(三)根据当事人的约定,或者在仲裁程序中当事人一致同意,仲裁庭可以依据公平合理的原则作出裁决,但不得违背法律的强制性规定和社会公共利益。
(四)在任何情况下,仲裁庭均应当根据有效的合同条款并考虑有关交易惯例作出裁决。

第二十四章

国际商事仲裁裁决的撤销

★热身问题：

营业地在中国的 A 公司与营业地在美国的 B 公司签订了大豆买卖合同。双方在合同中约定："有关争议、纠纷或诉求应当提交仲裁解决；仲裁应在中国北京中国国际经济贸易仲裁委员会进行，并适用其现行有效的仲裁规则。"案件裁决后，美国 B 公司认为仲裁裁决对其不公，拟向法院申请撤销该仲裁裁决。

问题：

(1) 美国 B 公司该向美国法院还是中国法院申请撤销仲裁裁决？
(2) 仲裁裁决在什么样的情况下才能被撤销？
(3) 法院能否通知仲裁庭在一定期限内重新仲裁？

一、仲裁裁决的种类

根据仲裁裁决在仲裁程序所处阶段的不同，仲裁裁决大体上可分为两种：最后裁决和临时裁决。

最后裁决(final award)是最终处理当事人之间一项或多项争议问题的仲裁裁决。

临时裁决(interim award)是用于处理某些具有预先性或先决性的程序问题的仲裁裁决。在仲裁过程中，通过临时裁决确定某些程序问题或先决问题，是使仲裁能够顺利进行的有效方式。临时仲裁在实践中又存在多种形式，包括初裁决或预裁决(preliminary award)、中间裁决(interlocutory award)和部分裁决。

部分裁决通常属于临时裁决。在仲裁程序中，对争议的某一特定问题，如管辖权、准据法或实体争议作出单独的裁决，通常是处理争议的部分裁决。但在有些大陆法系国家，则对部分裁决和临时裁决进行区分。部分裁决(partial award)被认为是用于处理当事人之间关于货币款项争议实体问题的裁决，而临时裁决则是指处理预先性或先决性程序问题的裁决。①

除了上述分类外，仲裁裁决还有一种不同的分类：一是缺席裁决(default award)，即仲裁庭在一方当事人没有参与或拒绝参加仲裁程序的情况下作出的裁决。二是合意裁决(consent award)，是仲裁庭根据当事人达成的和解协议作出的裁决。在国际商事仲裁程序

---

① 参见韩德培主编：《国际私法》(第三版)，高等教育出版社、北京大学出版社 2014 年版，第 648 页。

中,当事人可以就其争议达成和解协议,根据和解协议作出的裁决即为合意裁决。

二、对仲裁裁决的异议

对仲裁裁决提出异议,是由当事人对仲裁裁决的有效性提出否定看法,要求管辖法院对裁决进行司法审查,从而撤销仲裁裁决的情形。

(一)申请撤销裁决的管辖法院

一般应向仲裁地国法院或裁决作出地国的法院提出,具体向哪一级法院提出,各国法律均有规定。1958年《纽约公约》第5条第1款(戊)项规定,裁决对各造尚无拘束力,或业经裁决地所在国或裁决所依据法律之国家之主管机关撤销或停止执行者,可以不予执行。从该条的规定可以看出,"裁决地所在国"撤销是公约所认可的一种方法

(二)申请撤销仲裁裁决的时限

各国法律对提出异议的时限规定不同,但都相对比较短,以免当事人有意拖延时间,影响裁决的承认和执行。我国《仲裁法》第59条规定,当事人申请撤销裁决的,应当自收到裁决书之日起6个月内提出。

三、撤销仲裁裁决的理由

对仲裁裁决提出异议的理由,归纳起来主要有:

1. 裁决本身的问题。主要包括两个方面:一是法律和事实问题。提出异议的当事人可能称裁决在法律适用和事实认定上有错误,或者称仲裁裁决不符合法律规定的某些形式或内容要求,但这种情况在实践中极少发生。二是裁决的形式要求,仲裁裁决未写明裁决理由、日期、仲裁地,以及仲裁员没有签署裁决书等。

2. 管辖权问题。主要包括三个方面:一是仲裁庭没有管辖权时作出的裁决;二是超越管辖权作出的裁决;三是仲裁庭有管辖权但未处理当事人提交的所有待裁事项。

3. 其他程序问题。主要是没有适当组成仲裁庭,即仲裁庭的组成没有按照当事人的约定或者仲裁规则的规定,或仲裁程序没有依照当事人在仲裁协议中的约定进行,或没有给当事人适当的开庭和听审通知,或没有平等对待当事人,让双方当事人享有充分和适当的机会提出申辩等。

4. 公共政策问题。如果仲裁裁决违反了仲裁地关于可仲裁性要求或公共政策要求,仲裁地法院将撤销裁决。

四、重新仲裁制度

在当事人向法院申请撤销仲裁裁决后,通常会有三种处理结果:撤销仲裁裁决、驳回撤销仲裁裁决的申请、通知仲裁庭重新仲裁。重新仲裁制度是指在当事人提起撤销裁决的过程中,在一定条件下,法院中止撤销程序,要求仲裁庭重新进行仲裁程序,并就有关争议作出裁决的制度。一般来说,发回重新仲裁的条件是:(1)仲裁协议有效;(2)不涉及仲裁庭的管辖权;(3)不违反社会公共利益。在此方面,《最高人民法院关于王国林申请撤销中国国际经济贸易仲裁委员会华南分会(2012)中国贸仲裁字第3号仲深裁裁决一案的请示的复函》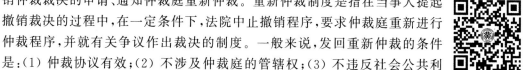就涉及重新仲裁

问题。

对于重新仲裁的仲裁庭组成,如果重新仲裁的理由涉及仲裁庭的组成问题,不可由原仲裁庭审理;而重新仲裁的理由不涉及仲裁庭的组成问题,例如,涉及裁决的事项不属于仲裁协议范围或者仲裁程序与仲裁规则不符等,可由原仲裁庭审理。重新仲裁的审理范围取决于法院认定的仲裁裁决所存在的瑕疵和缺陷的范围。

五、中国法的规定

★对于前述热身问题的案件,由于仲裁在中国北京中国国际经济贸易仲裁委员会作出,该裁决是中国涉外仲裁裁决。对于美国B公司该向美国法院还是中国法院申请撤销仲裁裁决的问题,根据《仲裁法》第58条的规定,当事人可以向仲裁委员会所在地的中级人民法院申请撤销裁决。

对于该仲裁裁决在什么样的情况下才能被撤销的问题,考虑到此裁决是涉外仲裁裁决,应和国内仲裁裁决的撤销有所区分。在仲裁裁决的撤销问题上,中国实行将国内裁决和涉外裁决区分的区别制,二者的理由存在不同(见表24.1):

表24.1 中国撤销国内仲裁裁决和涉外仲裁裁决的不同理由

国内仲裁裁决	涉外仲裁裁决
《仲裁法》第58条 当事人提出证据证明裁决有下列情形之一的,可以向仲裁委员会所在地的中级人民法院申请撤销裁决: (一)没有仲裁协议的; (二)裁决的事项不属于仲裁协议的范围或者仲裁委员会无权仲裁的; (三)仲裁庭的组成或者仲裁的程序违反法定程序的; (四)裁决所根据的证据是伪造的; (五)对方当事人隐瞒了足以影响公正裁决的证据的; (六)仲裁员在仲裁该案时有索贿受贿,徇私舞弊,枉法裁决行为的。 人民法院经组成合议庭审查核实裁决有前款规定情形之一的,应当裁定撤销。 人民法院认定该裁决违背社会公共利益的,应当裁定撤销。	《仲裁法》第70条 当事人提出证据证明涉外仲裁裁决有民事诉讼法第二百八十一条第一款①规定的情形之一的,经人民法院组成合议庭审查核实,裁定撤销。 《民事诉讼法》第291条第1款 对中华人民共和国涉外仲裁机构作出的裁决,被申请人提出证据证明仲裁裁决有下列情形之一的,经人民法院组成合议庭审查核实,裁定不予执行: (一)当事人在合同中没有订有仲裁条款或者事后没有达成书面仲裁协议的; (二)被申请人没有得到指定仲裁员或者进行仲裁程序的通知,或者由于其他不属于被申请人负责的原因未能陈述意见的; (三)仲裁庭的组成或者仲裁的程序与仲裁规则不符的; (四)裁决的事项不属于仲裁协议的范围或者仲裁机构无权仲裁的。

需要指出的是,裁决作出地的中国法院并不能直接撤销该裁决,而是要考虑法院内部的报核制度。2017年《最高人民法院关于仲裁司法审查案件报核问题的有关规定》(2021修正)第2条第1款对于申请撤销我国内地仲裁机构的仲裁裁决案件规定,各中级人民法院或者专门人民法院办理涉外涉港澳台仲裁司法审查案件,经审查拟认定仲裁协议无效、不予执行或者撤销我国内地仲裁机构的仲裁裁决,应当向本辖区所属高级人民法院报核;高级人民

---

① 2017年《仲裁法》原文为"第二百五十八条第一款",但根据2023年修订的《民事诉讼法》,实为"第二百九十一条第一款"。

法院经审查拟同意的,应当向最高人民法院报核。待最高人民法院审核后,方可依最高人民法院的审核意见作出裁定。

对于第三个问题,法院能否通知仲裁庭重新仲裁的问题,《仲裁法》第61条规定,人民法院受理撤销裁决的申请后,认为可以由仲裁庭重新仲裁的,通知仲裁庭在一定期限内重新仲裁,并裁定中止撤销程序。仲裁庭拒绝重新仲裁的,人民法院应当裁定恢复撤销程序。根据2021年最高人民法院《全国法院涉外商事海事审判工作座谈会会议纪要》第104条的规定,申请人申请撤销仲裁裁决,人民法院经审查认为存在应予撤销的情形,但可以通过重新仲裁予以弥补的,人民法院可以通知仲裁庭重新仲裁。人民法院决定由仲裁庭重新仲裁的,通知仲裁庭在一定期限内重新仲裁并在通知中说明要求重新仲裁的具体理由,同时裁定中止撤销程序。仲裁庭在人民法院指定的期限内开始重新仲裁的,人民法院应当裁定终结撤销程序。仲裁庭拒绝重新仲裁或者在人民法院指定期限内未开始重新仲裁的,人民法院应当裁定恢复撤销程序。因此,如果人民法院经审查认为存在应予撤销的情形,则可以通知仲裁庭在一定期限内重新仲裁。

第二十五章

国际商事仲裁裁决的承认与执行

第一节 国际商事仲裁裁决的承认与执行概述

★热身问题：

营业地在中国的A公司与营业地在美国的B公司签订了大豆买卖合同，双方发生争议，根据如下仲裁条款提交仲裁：

（1）双方约定在国际商会仲裁院仲裁，但仲裁协议明确约定仲裁地在上海，此为内国裁决还是外国裁决？

（2）双方约定仲裁机构为中国国际经济贸易仲裁委员会，但仲裁协议明确约定仲裁地在巴黎，此为内国裁决还是外国裁决？

一、国际商事仲裁裁决

国际商事仲裁裁决有内国裁决和外国裁决之分。如果裁决作出地国和被申请承认和执行裁决地国是同一国家，被申请承认和执行地国通常认为该裁决属于内国裁决。对于内国裁决，不仅裁决作出地在内国，而且裁决的执行地也在内国。而外国仲裁裁决通常是指在外国作出的仲裁裁决。

二、国际商事仲裁裁决的国籍

确定某一仲裁裁决是外国裁决而不是内国裁决，也就是商事仲裁裁决的国籍认定问题，事关当事人实现权利的方式以及法院对仲裁裁决的监督方式的运用。对此，国际社会主要有两个标准：

1. 仲裁地标准

以裁决作出地作为划分内国仲裁与外国仲裁的标准。譬如《纽约公约》第1条第1款规定，仲裁裁决，因自然人或法人间之争议而产生且在申请承认与执行地所在国以外的国家领土所形成者，其承认与执行适用本公约。

2. 非内国裁决标准

对于非内国标准的理解，同样参照《纽约公约》第1条规定，在一个国家请求承认与执行一项仲裁裁决，而这个国家不认为其是内国裁决时，也适用本公约。根据该项规定，凡是根据内国法律认为不属于内国裁决的,也可以视为外国裁决,不管这种裁决是否在本国境内作出。① 因为在国际商事仲裁的立法和实践中,部分国家出于特定的考虑,将在本国领域内作出,又在本国申请承认与执行的裁决认定为非内国裁决。在瑞士德高钢铁公司申请承认与执行仲裁裁决案［二维码案例］中,我国法院就作出了非内国裁决的认定。

从国际社会的立法和实践来看,仲裁地标准为国际社会所广泛接受,非内国裁决标准仅是少数国家的规定。

三、国际商事仲裁裁决的承认与执行

国际商事仲裁裁决的承认通常是指被申请承认国法院对已作出的仲裁裁决赋予一种法律效力上的认可。对在仲裁阶段已经作出的裁决,"承认"旨在阻止任何再在新的程序中提起的可能性。

示例 25.1

> 一家汽车公司对一家汽车零部件生产商提起诉讼,因为汽车零部件生产商对汽车公司的履行存在瑕疵。假设在汽车公司起诉之前,双方已经将所涉争议提交仲裁解决,并且仲裁庭作出了有利于汽车零部件生产商的仲裁裁决。在这种情况下,汽车零部件生产商可以向有管辖权的法院申请承认已作出的仲裁裁决。如果法院同意承认该裁决,那么法院对裁决的承认就可以作为对汽车公司将该争议提请诉讼的有效抗辩,从而避免对已作出裁决的争议进行重复评判。

国际商事仲裁裁决的执行是指法院通过采用法律制裁手段,强制仲裁的败诉方履行仲裁庭作出的终局性的、具有约束力的仲裁裁决中规定的义务。实践中,承认通常被认为是执行仲裁裁决的必要前提。只有法院承认了仲裁裁决的效力,才能启动对该裁决的执行程序。

示例 25.2

> 在上述案例中,假设仲裁庭作出了有利于汽车公司的裁决,裁决汽车零部件生产商应当交付无质量瑕疵的产品并赔偿汽车公司因之前瑕疵履行所受损失。如果汽车零部件生产商只交付了合格的产品但拒绝对汽车公司所受损失进行赔偿,汽车公司可以向法院申请执行该裁决。在这种情况下,如果法院同意执行该裁决,法院可以采取法律制裁手段直接对汽车零部件生产商的银行账户或交易账户进行冻结或者划拨。

承认和执行国际商事仲裁裁决这一司法行为的完成实际上存在着"承认"和"执行"两个前后相互独立的阶段。有时二者是可以相分离的,即只需要"承认"而无须"执行"。因为商

---

① 例如,1985 年的《比利时司法法典》第 1717 条第 4 款:对于不具有比利时国籍,或者居所、成立地、分支机构和营业所不在比利时的双方当事人,比利时法院将不对他们在比利时仲裁而获得的仲裁裁决行使撤销权。该规定就可能将在比利时境内作出的裁决不作内国裁决来认定。

事仲裁裁决要取得既判力和执行力必须取得法院的承认,而与此同时又并非所有的商事仲裁裁决都需要经过执行程序,只有含有给付内容,并且败诉方不自动履行的商事仲裁裁决才需要强制执行。

四、中国法的规定

在判断仲裁裁决的国籍方面,我国是《纽约公约》的缔约国,公约所规定的标准也自然适用于我国。1986年《最高人民法院关于执行我国加入的〈承认及执行外国仲裁裁决公约〉的通知》中规定,根据我国加入该公约时所作的互惠保留声明,我国对在另一缔约国领土内作出的仲裁裁决的承认和执行适用该公约。最高人民法院的通知明确将"另一缔约国领土"作为判断标准,但对于外国仲裁机构在中国境内作出的裁决则未置可否。因此,依照《纽约公约》的"领域标准",如果某外国仲裁机构作出的仲裁裁决的裁决作出地或仲裁地是中国,当该裁决提交中国法院申请承认和执行时,中国不一定将该裁决认定为外国裁决,而可以将其认定为内国裁决。

《民事诉讼法》第304条规定,在中华人民共和国领域外作出的发生法律效力的仲裁裁决,需要人民法院承认和执行的,当事人可以直接向被执行人住所地或者其财产所在地的中级人民法院申请。被执行人住所地或者其财产不在中华人民共和国领域内的,当事人可以向申请人住所地或者与裁决的纠纷有适当联系的地点的中级人民法院申请。人民法院应当依照中华人民共和国缔结或者参加的国际条约,或者按照互惠原则办理。由此规定可以看出,中国在仲裁裁决国籍确定上采纳了非内国裁决标准。

★**热身问题分析**:

在上述两个标准下,对于热身问题分析如下:

一是双方约定在国际商会仲裁院仲裁,但仲裁协议明确约定仲裁地在上海,此为内国裁决还是外国裁决?根据《最高人民法院关于执行我国加入的〈承认及执行外国仲裁裁决公约〉的通知》,仲裁地在上海,此裁决应为内国裁决;根据《民事诉讼法》第304条的规定,也应为内国裁决。

二是双方约定仲裁机构为中国国际经济贸易仲裁委员会,但仲裁协议明确约定仲裁地在巴黎,此为内国裁决还是外国裁决?根据《最高人民法院关于执行我国加入的〈承认及执行外国仲裁裁决公约〉的通知》,仲裁地在巴黎,此裁决应为外国裁决①;根据《民事诉讼法》第304条的规定也应为外国裁决。经过2023年的修订,《民事诉讼法》在内外国仲裁裁决的区分标准上实现了一致。

---

① 《中国国际经济贸易仲裁委员会仲裁规则》(2015版)
第7条 仲裁地
(一)当事人对仲裁地有约定的,从其约定。
(二)当事人对仲裁地未作约定或约定不明的,以管理案件的仲裁委员会或其分会/仲裁中心所在地为仲裁地;仲裁委员会也可视案件的具体情形确定其他地点为仲裁地。
(三)仲裁裁决视为在仲裁地作出。

第二节 联合国《承认与执行外国仲裁裁决公约》评述

★热身问题：

营业地在中国的 A 公司与营业地在美国的 B 公司签订了大豆买卖合同。双方在合同中约定："有关争议、纠纷或诉求应当提交国际商会仲裁院仲裁解决，并适用其现行有效的仲裁规则。仲裁地在法国巴黎。"后仲裁庭在中国北京开庭审理了该案件，裁决 A 公司向 B 公司赔偿 100 万美元。B 公司向北京市第四中级人民法院申请执行，而 A 公司主张不予执行。

问题：北京第四中级人民法院在什么样的情况下才能对仲裁裁决不予执行？

联合国《承认和执行外国仲裁裁决公约》(Convention on the Recognition and Enforcement of Foreign Arbitration Awards) 又称为《纽约公约》[①]，是有关仲裁裁决承认与执行的国际公约。1958 年 6 月 10 日，由联合国经济及社会理事会在纽约召开的国际商事仲裁会议上通过，1959 年 6 月 7 日起生效。该公约已取代了 1923 年《日内瓦仲裁条款议定书》和 1927 年《日内瓦执行外国仲裁裁决公约》，为执行外国仲裁裁决提供了保证和便利，在世界范围内得到了广泛的接受和实施，截至 2022 年年初，缔约国已达到 169 个。《纽约公约》的基本内容如下：

一、互惠保留

互惠保留，即缔约国可以仅仅对由公约的另一个缔约国作出的裁决进行承认与执行，并保留不对非缔约国裁决承认与执行的权利。以 Weizmann Institute of Science v. Neschis 案[②]为例，美国法院认为对于列支敦士登的裁决不能适用《纽约公约》，因为在案件申请时的 2002 年，列支敦士登还不是公约的缔约国。

然而，一国作出互惠保留并不意味着完全拒绝承认与执行非缔约国国家的仲裁裁决，而是拒绝通过适用公约来承认与执行这样的裁决。在这种情况下，仲裁裁决一般是通过其他的途径来寻求承认与执行的。

二、商事保留

商事保留，即允许缔约国规定公约仅适用于其内国法中规定的商事关系。值得注意的是，越来越多的案例表明内国法院更倾向于对"商事保留"采用更为宽松的解释，这也正好与《国际商事仲裁示范法》中对于"商事"一词的扩大解释相照应。

三、当事人提交的文件

为了使适用《纽约公约》的裁决得到承认和执行，《纽约公约》第 4 条在形式上的要求较

[①] 公约中文文本参见全国人大网：http://www.npc.gov.cn/wxzl/gongbao/2000-12/26/content_5001875.htm.
[②] 229 F. Supp. 2d 234 (S.D.N.Y. 2002).

为简单。申请承认和执行的当事人仅需要向法院提交:(1)经正式认证的裁决正本或经正式证明的副本;及(2)协议正本或经正式证明的副本。

如果裁决和仲裁协议不是以申请承认和执行国正式语言作成,还须提供经正式证明的译本。一经提供了必要的文件,法院将许可承认和执行,除非具备公约列明的一个或多个拒绝理由。

示例 25.3 中国包装设计公司在荷兰申请执行 CIETAC 裁决案[①]

申请人中国包装设计公司是一家中国公司,被申请人 SCA Recycling Reukema Trading B.V. 为一家荷兰公司,双方在合同执行过程中发生纠纷,中国公司按照合同仲裁条款的约定提交中国国际经济贸易仲裁委员会(CIETAC)进行裁决,CIETAC 裁决荷兰公司向中国公司履行相关违约责任。后荷兰公司拒绝履行仲裁裁决,中国公司向荷兰 Zutphen 法院申请执行,荷兰公司提出抗辩,其中包括中国公司向法院提交的仲裁协议未按照纽约公约的要求以荷兰语提供。最终,Zutphen 一审法院采用了灵活的方式处理此抗辩,认为仲裁协议未以荷兰语提供的事实是不重要的,未能提供仲裁协议的荷兰语译本不构成拒绝执行的理由,批准了 CIETAC 仲裁裁决的执行。本案中,荷兰法院认为仲裁协议未以荷兰语提供的事实是不重要的,并且根据《纽约公约》第 5 条的规定,指出未能提供经正式证明的译本并不构成拒绝承认和执行国际商事仲裁裁决的理由,但实践中,需要尽量符合申请承认和执行地国家法律的要求。

四、承认与执行的费用限制

《纽约公约》第 3 条奠定了公约的核心思想,即各缔约国应当承认公约下的裁决具有约束力,公约规定缔约国应尊重执行地国的程序,并用第 4 条和第 5 条的相关规定来处理国际商事仲裁裁决的承认与执行。而对于上述要求的唯一限制是"不得较承认与执行内国仲裁裁决附加过苛之条件(onerous)或征收过多之费用"。

因为在公约的框架下并不可能建立一套统一适用于各缔约国的程序规定,因此公约特别规定应当尊重承认与执行地国的程序。但是,司法实践并不都与公约起草者们心目中所期待的相一致。为了保证公约的执行,起草者们便加入了"不得较承认与执行内国仲裁裁决附加过苛之条件或征收过多之费用"的限制。

五、拒绝承认与执行外国仲裁裁决的理由

对于承认与执行国际仲裁裁决的条件,《纽约公约》采取否定式加以排除,即规定如下可

[①] 参见韩健、林一飞主编:《商事仲裁法律报告》(第 1 卷),中信出版社 2005 年版,第 229—231 页。

以拒绝承认和执行国际商事仲裁裁决的理由[①]：

（一）被申请人提出证明的情形

一是仲裁协议当事人无缔约能力或仲裁协议无效。仲裁协议的有效性，依赖于订立仲裁协议的当事人的行为能力以及适用于该仲裁协议的法律规定。如果根据适用于当事人行为能力的法律，当事人在签订仲裁协议时是无行为能力人，或者，如果根据适用于仲裁协议的准据法，仲裁协议无效，则法院可以拒绝承认与执行该裁决。

二是仲裁违反正当程序。仲裁违反正当程序通常包括两个方面：未给予作为裁决执行对象的当事人以适当通知或者作为裁决对象的当事人未能申辩。未给予适当通知（no proper notice）是指对作为裁决执行对象的当事人未曾给予有关指定仲裁员或者进行仲裁程序的适当通知。而未能提出申辩（unable to present the case）是指作为裁决执行对象的当事人由于一些情况未能在仲裁程序进行的过程中进行申辩，没有获得平等的陈述机会。但如果当事人拒绝参加仲裁或在仲裁程序中有意回避，故意放弃行使权利的机会，则不应影响仲裁裁决的承认与执行。

三是仲裁庭超越权限。如果仲裁庭的裁决涉及仲裁协议未曾提到或者不包含在仲裁协议内的争议，或者裁决内容含有超出仲裁协议范围的事项，则属于仲裁庭超越权限裁决。对于超裁事项，如果能进行区分，法院可以对于仲裁庭权限范围内的事项予以承认与执行；否则，则可以拒绝承认与执行。

四是仲裁庭的组成或仲裁程序不当。根据《纽约公约》的规定，仲裁庭的组成或仲裁程序不当涉及两种情形：仲裁机关的组成或仲裁程序与当事各方间的协议不符，或者，当事人之间无协议时，仲裁庭的组成或仲裁程序与仲裁地所在国法律不符。

五是仲裁裁决不具有约束力或被撤销或停止执行。此要求包含了两种拒绝承认与执行仲裁裁决的情形：请求承认和执行的裁决对当事人尚无约束力，或者裁决被裁决作出地国或裁决所依据法律所属国的主管机关撤销或停止执行。

对上述被申请人提出和证明的情形，在《最高人民法院关于申请人保罗·赖因哈特公司与被申请人湖北清河纺织股份有限公司申请承认和执行外国仲裁裁决一案请示的答复》[二维码案例]中，最高人民法院指出，法院不得依职权审查。

---

① 《纽约公约》第5条
一、裁决唯有于受裁决援用之一方向申请承认及执行地之主管机关提具证据证明有下列情形之一时，始得依该方之请求，拒绝承认及执行：
（甲）第二条所称协定之当事人依对其适用之法律有某种无行为能力情形者，或该项协定依当事人作为协定准据之法律系属无效，或未指明以何法律为准时，依裁决地所在国法律系属无效者；
（乙）受裁决援用之一造未接获关于指派仲裁员或仲裁程序之适当通知，或因他故，致未能申辩者；
（丙）裁决所处理之争议非为交付仲裁之标的或不在其条款之列，或裁决载有关于交付仲裁范围以外事项之决定者，但交付仲裁事项之决定可与未交付仲裁之事项划分时，裁决中关于交付仲裁事项之决定部分得予承认及执行；
（丁）仲裁机关之组成或仲裁程序与各造间之协议不符，或无协议而与仲裁地所在国法律不符者；
（戊）裁决对各造尚无拘束力，或业经裁决地所在国或裁决所依据法律之国家之主管机关撤销或停止执行者。
二、倘声请承认及执行地所在国之主管机关认定有下列情形之一，亦得拒不承认及执行仲裁裁决：
（甲）依该国法律，争议事项系不能以仲裁解决者；
（乙）承认或执行裁决有违该国公共政策者。

（二）法院自行查明的情形

根据《纽约公约》第 5 条第 2 款的规定，法院可以依职权查明的情形包括两种：一是争议事项不具有可仲裁性；二是违反法院地国公共秩序。

1. 争议事项不具有可仲裁性

对于争议事项的可仲裁性，学界将其分为主体的可仲裁性（subjective arbitrability or arbitrability *ratione personae*）和客体的可仲裁性（objective arbitrability or arbitrability *ratione materiae*）。主体的可仲裁性主要关注的是根据所适用的法律，国家公共机关或其他类似实体能否成为仲裁协议的当事人，以及该特定实体所涉争议可否提交仲裁解决的问题。一些国家对此类特定实体所涉争议提交仲裁的能力加以限制。客体的可仲裁性主要关注的是依照所适用的法律，当事人将他们之间特定法律关系的客体所涉争议提交仲裁的可能性。一般而言，争议事项的可仲裁性是指客体的可仲裁性。

归纳起来，主要有以下事项涉及争议的可仲裁性问题：一是当事人无权自由处分或无权通过和解解决的争议事项。例如，我国《仲裁法》第 3 条规定，依法应当由行政机关处理的行政争议，就不能提交仲裁解决。二是关于个人身份、婚姻关系和隶属于家庭法调整的争议事项。例如，我国《仲裁法》第 3 条规定，婚姻、收养、监护、扶养、继承纠纷，不能提交仲裁。三是涉及公共和社会利益的特定法律事项，诸如知识产权的权属和有效性、反托拉斯和竞争法、破产、证券、腐败和欺诈等，但此领域相关问题的不可仲裁性正在被逐渐突破。[①] 从法律效果上看，如果一份仲裁裁决在被申请承认和执行的法院地国具有不可仲裁性，则法院可以拒绝承认与执行。

2. 违反法院地国的公共秩序

在国际上，公共政策始终缺少详尽的界定[②]，各国对其认识不一。英国法官伯勒（Borrough）说："它就像一匹脱缰的野马，一旦你骑上它，你不知道它将带你到何方。"[③]为了界定公共政策的概念，国际法协会组建专家组调研，并于 2000 年发布《关于以公共政策为由拒绝执行国际仲裁裁决的临时报告》（Interim Report on Public Policy as a Bar to Enforcement of International Arbitral Awards，以下简称"《公共政策临时报告》"），于 2002 年发布《关于以公共政策为由拒绝执行国际仲裁裁决的最终报告》（Final Report on Public Policy as a Bar to Enforcement of International Arbitral Awards，以下简称"《公共政策最终报告》"）。在《公共政策最终报告》中，公共政策被分为三个方面：法律的基本原则、强制性规则和国际性义务。[④]

（1）法律的基本原则。在 2002 年的《公共政策最终报告》中，实体法的基本原则的示例有：有约必守原则（*pacta sunt servanda*）、禁止滥用法律原则、禁止无偿征用原则、禁止歧视原则和保护无行为能力者原则等。[⑤]关于程序法的基本原则，在《纽约公约》拒绝承认与执行外国仲裁裁决的理由中，第 5 条第 1 款所规定的程序性审查事项，诸如违反正当法律程序、

[①] 参见韩德培主编：《国际私法》（第三版），高等教育出版社、北京大学出版社 2014 年版，第 597—610 页。
[②] Deutsche Schachtbau-und Tiefbohrgesellschaft mbh v Ras Al Khaimah National Oil Company [1987] 2 Lloyd's. Rep. 246 at 254.
[③] Richardson v Mellish, (1824) 2 Bing 229, 252.
[④] 参见《公共政策最终报告》第 6 页。
[⑤] 同上。

仲裁程序与当事人的约定不符或者裁决不具有约束力等,经常与公共政策交织在一起。在一些国家,如德国和瑞士,违反正当程序可以构成对公共政策的违反。① 在《公共政策最终报告》中,程序性公共政策例子有:仲裁庭不公正;裁决是因欺诈或受到了贿赂的诱使或影响而作出;违反自然正义;仲裁员的任命中当事人地位不平等;仲裁裁决与另一个在申请执行法院已经生效的判决或仲裁裁决相冲突(即既判力问题)。② 在联合国贸易法委员会关于公共政策的有关报告中,程序性公共政策包括贪污、贿赂、欺诈以及其他类似的严重情形。③

(2) 强制性规则。每一个公共政策规则都是强制性的,但并不是每一个强制性规则都能够构成公共政策。到底什么样的强制性规则能够构成公共政策,下述三种方法可以为中国法院考虑:一是考察案件与中国法律的联系程度。如果案件争议并没有涉及或直接违反中国的强制性规定,则我国法院应尽量不适用公共政策制度。二是考察国际体制的需要,即分析强制性规则所蕴含的外部政策和内部政策。外部政策和内部政策的区分方法,现在越来越多地为一些国家法院适用。例如,在 Scherk v. Alberto-Culver Co. 案④中,美国联邦最高法院认为,国内公共政策不同于国际公共政策。在该案中,美国和德国当事人之间达成买卖合同,同时该案也涉及商标权转让的问题。双方约定任何与合同有关的纠纷均提交巴黎国际商会仲裁院仲裁。但关于商标权的纠纷,当时在美国不能以仲裁方式解决。联邦最高法院最后还是执行了这一裁决。同样,在证券⑤、反托拉斯⑥等领域,美国法院认为,国际公共政策是促进国际贸易和世界和平的必要元素,应优先于国内法所体现的国内公共政策。⑦ 在 2001 年加拿大 Society of Lloyd's v. Saunders 案⑧中,加拿大公司认为英国劳氏公司在安大略省推销其承保项目的再保险,违反安大略省证券法所规定的信息披露义务。这一义务是安大略省的根本性和实质性法律规则,而违反这一义务通常属于公共政策范畴。然而,加拿大法院认为,违反这一规定并不一定违反加拿大的公共政策。本案中的合约符合案件的准据法英国法,但不符合加拿大法,而国际私法正是协调这种不一致以保护市场的规则。拒绝承认英国的判决有可能造成世界保险市场的混乱,而且国际礼让原则也拒绝公共政策的适用。三是注重客观说,即对于违反中国强制性规则的情形,如果认定构成违反公共政策,则必须违反中国的基本法律制度、损害中国的根本社会利益。

(3) 国际性义务。国际义务是否能够成为国际社会共同遵守的公共政策,取决于相关的义务能否成为对整个国际社会的义务。而对于对国家集团的义务和双边义务,如果存在国际条约,相关国家则可以违反国际条约为理由拒绝承认与执行。在不存在条约的情况下,

---

① Hanseatisches Oberlandesgericht Hamburg, 12 March 1998, *ICCA Yearbook Commercial Arbitration*, vol. 29 (2004), p. 663; Italian party v Swiss company, Berzirksgericht Zurich, 14 February 2003, *ICCA Yearbook Commercial Arbitration*, vol. 29 (2004), p. 819; A SA v British Virgin Islands, Tribunal Fédéral (Federal Supreme Court, Switzerland, 2003), *ICCA Yearbook Commercial Arbitration*, vol. 29 (2004), p. 840.

② 《公共政策最终报告》第 7 页。

③ Report of the UNCITRAL Commission, commenting on public policy as understood in the New York Convention and Model law, UN Doc. A/40/17, paras. 297, 303.

④ 417 U.S. 506 (1974).

⑤ Shearson/American Express Inc. v McMahon, 482 U.S. 220 (1987); Rodriguez de Quijas v Shearson/American Express Inc., 490 U.S. 477 (1989).

⑥ Mitsubishi Motors Corp. v Soler Chrysler-Plymouth, Inc., 473 U.S. 614 (1985).

⑦ Gary Born, *International Arbitration: Cases and Materials*, Wolters Kluwer, 2011, pp. 430-438.

⑧ 2001 Ont. C. A. LEXIS 48.

则视相关国际义务的性质来决定公共政策是否能够适用。①

我国法院对公共政策的适用有严格的限制,其主要用于维护我国的基本法律制度、社会的根本利益和善良风俗。在确定公共政策的方法上,法院可以综合考虑六种因素:(1)案件的国际性质以及与我国法律的联系;(2)法院地法律制度和国家利益的根本性;(3)国际体制的需要;(4)裁判结果的一致性;(5)损害结果的客观性和严重性;(6)国际义务的性质,即是否属于对整个国际社会的义务。

六、中国法的规定

我国于1987年1月22日加入《纽约公约》,并同时声明:(1)中国只在互惠的基础上对在另一缔约国领土内作出的仲裁裁决的承认和执行适用该公约;(2)中国只对根据中国法律认定为属于契约性和非契约性商事法律关系所引起的争议适用该公约。

由于中国是《纽约公约》的缔约国,公约所规定的拒绝承认与执行他国仲裁裁决的理由,也是中国应遵守的理由。《民事诉讼法》第304条规定,在中华人民共和国领域外作出的发生法律效力的仲裁裁决,需要人民法院承认和执行的,当事人可以直接向被执行人住所地或者其财产所在地的中级人民法院申请。被执行人住所地或者其财产不在中华人民共和国领域内的,当事人可以向申请人住所地或者与裁决的纠纷有适当联系的地点的中级人民法院申请。人民法院应当依照中华人民共和国缔结或者参加的国际条约,或者按照互惠原则办理。

★**热身问题分析:**

在前述的热身案件中,仲裁庭在中国北京开庭审理了该案件,裁决中国A公司向美国B公司赔偿100万美元。B公司向北京市第四中级人民法院申请执行,而如果A公司主张不予执行,则需要证明存在《纽约公约》第5条第1款所存在的情形;如果存在第5条第2款所规定的争议不具有可仲裁性或违反我国的公共秩序的情形,则法院亦可主动查明。

第三节　国际商事仲裁裁决在中国的承认与执行

★**热身问题:**

营业地在中国的A公司与营业地在美国的B公司签订了大豆买卖合同。双方在合同中约定:"有关争议、纠纷或诉求应当提交国际商会仲裁院仲裁解决,并适用其现行有效的仲裁规则。仲裁地在法国巴黎。"后仲裁庭在中国北京开庭审理了该案件,裁决A公司向B公司赔偿100万美元。B公司向北京市第四中级人民法院申请执行,而A公司主张不予执行。

问题:北京第四中级人民法院能否直接作出不予执行仲裁裁决的裁定?

国际上对国际商事仲裁裁决的承认与执行,主要可以通过以下途径:依《纽约公约》承认与执行;援用双边或多边条约中规定的有关仲裁裁决承认与执行的规定承认与执行;依互惠原则承认与执行;依国内法承认与执行。国际商事仲裁裁决在中国的承认与执行也不外乎上述几种方式。

---

① 参见何其生:《国际商事仲裁司法审查中的公共政策》,载《中国社会科学》2014年第7期,第143—163页。

一、中国与《纽约公约》

1986年第六届全国人大常委会第十八次会议决定我国加入《纽约公约》,并声明了互惠保留和商事保留。根据公约的生效程序,1987年4月22日,《纽约公约》正式对我国生效,按照我国法律规定,除了保留或声明的条款外,中国加入或批准的国际公约可以直接在中国领域内适用,不必再将其转化为国内法,所以《纽约公约》的适用,标志着我国对其他缔约国仲裁裁决的承认与执行将以《纽约公约》为标准。

为了顺利实施《纽约公约》,最高人民法院于1987年4月10日发布了《关于执行我国加入的〈承认及执行外国仲裁裁决公约〉的通知》(以下简称"《执行〈纽约公约〉的通知》")。根据通知的内容,中国法院对国际商事仲裁裁决的承认与执行主要以《纽约公约》为准则。

二、管辖

《执行〈纽约公约〉的通知》第3条规定,仲裁裁决的一方当事人到我国法院申请承认和执行在另一缔约国领土内作出的仲裁裁决,应由我国中级人民法院受理。这一规定提高了我国承认与执行外国裁决的审级,即我国中级人民法院为审查此类裁决的一审法院,而非基层法院。

《执行〈纽约公约〉的通知》中规定,对于当事人的申请,除了应由中级人民法院管辖以外,还写明了地域管辖,即受理被执行人为自然人的,受理法院为其户籍所在地或者居住地;被执行人为法人的,为其主要办事机构所在地;被执行人在我国无住所、居所或者主要办事机构,但其财产在中国境内的,为其财产所在地。

三、当事人提交的文件

申请人申请承认和执行裁决时,必须提交:

(1) 申请书(中文书写,内容包括申请人及被申请人的名称,执行的依据,执行标的物名称、数量及所在地,被执行人的经济状况等);

(2) 裁决书正本以及我国驻仲裁地国家使领馆对裁决书正本的认证;

(3) 仲裁协议书或含有仲裁条款的合同正本以及仲裁地公证机关的公证和我国驻当地使领馆的认证。

如果当事人向法院申请时不具备这些条件,应要求当事人进一步提供,但上述原因不构成《纽约公约》规定的拒绝承认和执行的理由,故不得以当事人未提交以上要求的全部资料为由裁定不予承认和执行相关仲裁裁决。

四、申请承认和执行的期限

申请人向法院申请承认和执行仲裁裁决,必须在我国法律规定的申请执行期限内提出。根据《民事诉讼法》第250条的规定,申请承认和执行仲裁裁决的期限为2年,并适用诉讼时效中止、中断的规定。例如,德国S&H食品贸易有限公司申请承认和执行德国汉堡交易所商品协会仲裁法庭仲裁裁决案[二维码案例]就涉及申请执行期限的问题。

五、内部报告制度

1995年颁布的《最高人民法院关于人民法院处理与涉外仲裁及外国仲裁事项有关问题的通知》(2008调整)决定对人民法院受理具有仲裁协议的涉外经济纠纷案、不予执行涉外仲裁裁决以及拒绝承认和执行外国仲裁裁决等问题建立内部报告制度。该通知一共有两项内容：一是指出确认仲裁协议无效时应当呈报上级法院；二是指出在拒绝承认与执行外国裁决时也应当层报上级法院进行审查。

因此在下级法院不予承认与执行外国裁决时，均应层报本辖区所属高级人民法院进行审查；如果高级人民法院同意不予执行或者拒绝承认和执行，应将审查意见报最高人民法院。此项规定将不予承认及执行外国裁决的权力转移至最高人民法院，只有最高人民法院才能拒绝承认与执行外国裁决。上述通知使得我国承认与执行外国裁决的内部报告制度得以确立。

2017年《最高人民法院关于仲裁司法审查案件报核问题的有关规定》(2021修正)以司法解释的形式确认了上述规定。该规定第2条规定："各中级人民法院或者专门人民法院办理涉外涉港澳台仲裁司法审查案件①……不予承认和执行外国仲裁裁决，应当向本辖区所属高级人民法院报核；高级人民法院经审查拟同意的，应当向最高人民法院报核。待最高人民法院审核后，方可依最高人民法院的审核意见作出裁定。"

★**热身问题分析：**

在内部报告制度下，针对前述热身问题，由于该案的仲裁地在法国巴黎，此仲裁裁决属于外国裁决。在B公司向北京市第四中级人民法院申请执行而A公司主张不予执行的情况下，北京第四中级人民法院不能直接作出不予执行仲裁裁决的裁定而应当向北京市高级人民法院报核。北京市高级人民法院经审查拟同意的，应当向最高人民法院报核。待最高人民法院审核后，北京第四中级人民法院方可依最高人民法院的审核意见作出裁定。

【推荐参考资料】

1. 何其生：《国际商事仲裁司法审查中的公共政策》，载《中国社会科学》2014年第7期；
2. 中国国际经济贸易仲裁委员会编：《〈纽约公约〉与国际商事仲裁的司法实践》，法律出版社2010年版；
3. 林一飞编著：《中国国际商事仲裁裁决的执行》，对外经济贸易大学出版社2006年版；
4. 杨弘磊：《中国内地司法实践视角下的〈纽约公约〉问题研究》，法律出版社2006年版；
5. 李虎：《国际商事仲裁裁决的强制执行——特别述及仲裁裁决在中国的强制执行》，法律出版社2000年版。

---

① 《最高人民法院关于仲裁司法审查案件报核问题的有关规定》规定的司法审查案件不限于外国仲裁裁决的承认与执行，其第1条规定所称仲裁司法审查案件，包括下列案件：(1)申请确认仲裁协议效力案件；(2)申请撤销我国内地仲裁机构的仲裁裁决案件；(3)申请执行我国内地仲裁机构的仲裁裁决案件；(4)申请认可和执行香港特别行政区、澳门特别行政区、台湾地区仲裁裁决案件；(5)申请承认和执行外国仲裁裁决案件；(6)其他仲裁司法审查案件。

后　记

曾经幻想在北大讲台为本科生讲授国际私法会是什么样的情形。如今,四年已过,回想起每次上课的情形确有很多感受。

一是听者众讲者乐。每年至少230人的大课,在500人的大教室里,相伴一整个学期。这种满眼望去都是"听众"的场景在其他场合很少遇到。

二是那美妙的键盘声。不记得是哪年的一次课,讲到兴趣处,突然发现课堂是如此安静,只听见全场"噼里啪啦"的键盘声,动感而有节奏。那声音是如此美妙,让我从此爱上了这有韵律的键盘声。

三是那从未缺席的挑战。北大的课堂是安静的,也许是两节课的时间让学生倍感珍惜,很少有人站起来打断我课堂上的思绪,但同学们的问题不会缺席,课间休息或下课后各种想过的或没想过的问题会扑面而来。这种挑战较之于如何准备一次可以引起同学们兴趣的课程,有过之而无不及。2022年秋季学期,我整理了课后为同学们答疑的邮件,整整76页,满满是"辛苦"后的成就感。

当然,北大的课堂从不乏挫折感,或"我需要进一步核查资料后再回复你"的自我怀疑,也不乏北大"树洞"里的吐槽,这些都成为我每年更新讲义、筹备课程的动力。然而,在一年一度学生的"匿名评价"中,不少同学指出,教材一直是困扰他(她)们学习国际私法的因素。虽然每年都为课程推荐了教材,但和讲课内容确有差距,于是课件似乎成为了同学们考试前的"救命稻草"。为此,结合课堂的讲授,写一本符合需求的教材,渐成想法,并有幸纳入了北大教材的出版规划。

本书最大的特点就是贴近课堂。课程的结构安排、逻辑顺序、案例设计虽每年会有微调,但大体如本书。"王婆卖瓜",自认本书有点"追求":

一是力求"有点趣味"。国际私法虽然不是法学的"冷门绝学",但术语偏僻,思维环节众多。如何以简单的事例或案例说明复杂的问题,较为耗神。为此,我以真实案例为素材,设计了很多虚拟案例。在此方面,连续十年在英文刊物的综述实践[①],为我提供了很好的素材资源。为了增加课堂的趣味性,我努力在案例设计中增加一些有趣的因素、离奇的情节和意想不到的"包袱",这在婚姻家庭、继承两章体现得尤为明显。

二是努力"有些追求"。"适应国家经济社会对外开放的要求,培养大批具有国际视野、

---

① 参见发表于 Chinese Journal of International Law（Oxford University Press）的 2013—2022 年 "Chronology of Practice: Chinese Practice in Private International Law".

通晓国际规则、能够参与国际事务和国际竞争的国际化人才"①,这是美好的愿景,也是努力的方向。为此,本书将工作做到细节处。例如,主要专业词汇后附英文注释;增加中英文文献资料;增加国际条约和国际惯例的分析、应用与比较。

三是力争"有些鲜活"。罗斯科·庞德说,法学家的头脑中必须有一幅明确的图景,以便在他们构设创造性活动的方向、条理化活动的方向和系统化活动的方向时提供指导。② 有鉴于此,本书一方面注重描绘课程内容的"图景",以此激发学生的想象力,对国际私法形成整体性印象,对具体领域有全球性的认知。例如,在"合同之债的法律适用"和"非合同之债的法律适用"两章中,除基础理论的轮廓分析以外,反映当今世界主流实践的中国、美国和欧盟三个主要经济体的规定,是构建"图景"纵深的重要因素。另一方面,本书对主要知识点进行场景式设计,即将知识谱系和知识点与具体案例或事例相结合,解剖真实案情,设计虚拟案情,将理论融入"场景",使之更加鲜活。③

书的成稿,必须感谢梁西先生。临别武大,先生回忆说常梦见未名湖畔散步的情景,告诉我一定将讲义形成文字,年年积累,终会成著作。

书能成稿,必须感谢我上课的"听众们"和我所在的"未名何畔"团队,已记不起有多少回他(她)们以各种方式参与书稿的讨论、修改与核校。

而稿能成书,则必须感谢北京大学出版社许心晴等编辑老师,是她们的聪慧与包容,才使本书如今"有模有样"。

对于本书,尽管贴近课堂,也曾用心良苦,但能力有限,具体成效如何,留待读者评说。

2023 年 8 月 23 日于北京大学陈明楼

---

① 语出《国家中长期教育改革和发展规划纲要(2010—2020)》;2023 年《关于加强新时代法学教育和法学理论研究的意见》中亦有类似表述。
② 参见〔美〕罗斯科·庞德:《法律史解释》,邓正来译,中国法制出版社 2002 年版,第 219 页。
③ 参见发表于 2022 年《北大法学进阶》中的拙文《国际私法的"图景"与"场景"》。